江西古代书院研究

李才栋 著

图书在版编目（CIP）数据

江西古代书院研究 / 李才栋著. —北京：知识产权出版社，2022.10
（学者文丛）
ISBN 978-7-5130-8361-4

Ⅰ.①江… Ⅱ.①李… Ⅲ.①书院–教育史–研究–江西 Ⅳ.①G649.299.56

中国版本图书馆CIP数据核字（2022）第173925号

责任编辑：张　珑　　　　　　　　执行编辑：苑　菲

学者文丛

江西古代书院研究

李才栋　著

出版发行：知识产权出版社 有限责任公司	网　　址：http://www.ipph.cn
电　　话：010-82004826	http://www.laichushu.com
社　　址：北京市海淀区气象路50号院	邮　　编：100081
责编电话：010-82000860转8574	责编邮箱：laichushu@cnipr.com
发行电话：010-82000860转8101	发行传真：010-82000893
印　　刷：北京中献拓方科技发展有限公司	经　　销：新华书店、各大网上书店及相关专业书店
开　　本：710mm×1000mm　1/16	印　　张：29
版　　次：2022年10月第1版	印　　次：2022年10月第1次印刷
字　　数：396千字	定　　价：116.00元

ISBN 978-7-5130-8361-4

出版权专有　侵权必究

如有印装质量问题，本社负责调换。

丛书编委会

主　任：王金平　张艳国
副主任：殷　剑　谢晓国　周毛春　胡小萍
　　　　叶廷峻　谢　康　文　鹏
秘书长：夏克坚
成　员：（按姓氏笔画排序）
　　　　王文勇　王志强　邓　琳　卢小平
　　　　刘　婷　刘永红　孙　扬　严红兰
　　　　杜　枅　李为政　张劲松　张晓娇
　　　　陈　丽　周雨然　俞王毛　徐新爱
　　　　涂序堂　梅　那　常　颖　章可欣
　　　　雷振林

积累学术文化，创新大学文化

南昌师范学院七十周年校庆"学者文丛"代总序

张艳国[*]

今年金秋时节，我们就要迎来南昌师范学院七十周年校庆了。七十年弹指一挥间，攻坚克难，写就光辉校史；七十年"筚路蓝缕，以启山林"，教育培训、师范教育的累累硕果汇入江西高等教育历史长河，为江西高等教育发展贡献了样本和经验；七十年勠力同心，奋发有为，提振精气神，不懈怠、不折腾、不停步，紧跟时代，赶上时代，形成了体现南昌师范学院师德师魂、师风师貌、校风校纪、学规学风、学者学术、学生学习、学科专业、社会服务内涵个性和本质特征的大学精神、大学文化。

七十年接续发展，学校严守自己的学统文脉，坚守自己的初心使命，一路走来，由小到大，由弱变强，不断彰显高校办学特色，办社会满意的师范本科院校，赢得了社会好评。在发展历程中，学校数易其址，几易其名，发展创新成果来之不易，历史记忆是办学治校宝贵的文化教育资源。考论江西高等教育之源，学校是江西省最早的四所高等院校之一，是"老八所"本科院校之一。虽说"英雄不论出身"，但历史总

---

[*] 张艳国，南昌师范学院党委副书记、校长，江西师范大学中国社会转型研究省级协同创新中心首席专家、教授、博士研究生导师。国家"万人计划"（国家高层次人才特殊支持计划）哲学社会科学领军人才、中共中央宣传部文化名家暨"四个一批人才"、国务院政府特殊津贴专家、国家社科基金重大项目首席专家，兼任中国史学会史学理论研究分会副会长、江西省历史学会会长。

归是历史,回望历史、牢记历史、尊重历史,在总结历史经验、掌握历史规律的基础上,充分发挥历史主动性、积极性、创造性,可以看清我们前行的路,更好地开创未来。

七十年前,为谋发展之大计,满足江西省人民对优秀中学教师的渴望,江西省人民政府于1952年4月1日在南昌市豫章中学小礼堂举行江西省中等师资进修学校成立仪式,这也是南昌师范学院的奠基礼。1952年5月,学校开设为期三个月的第一期培训班,集中培训全省中学和师范学校的校长、教导主任以及骨干教师,共计208名。办学四年,学校就培训骨干学员873名,极大缓解了新中国之初江西省基础教育师资不足的压力。1956年3月,在进修培训取得良好办学成绩的基础上,江西省政府决定扩大江西省中等师资进修学校规模,批准筹建南昌师范专科学校。新挂牌的南昌师范专科学校首设语文、数学、俄文、地理四个专修科,招收应届高中毕业生,同时开设教师进修部和教育行政干部轮训部,进行师干培训。其时,南昌师范专科学校是江西省仅有的四所普通高等院校之一,也是其中唯一一所为满足基础教育需要而建立的高校。办学两年间,南昌师范专科学校培养专科毕业生400余人,培训体育教师900余人,集训校长、教导主任2200余人,当时堪称全省基础教育师资力量进修培训的重镇。1958年,江西省人民政府决定创建八所本科高等院校,其中就有在南昌师范专科学校基础上设立的江西教育学院。当时,因南昌师范专科学校校址被调拨给新建的江西大学使用,致使学校师生搬至庐山办学。1958年10月,学校在庐山人民艺术剧院召开了江西教育学院成立大会暨新生开学典礼。从1958年到1962年,江西教育学院主要发挥师范教育功能,为高中应届毕业生提供学历教育通道。1969年,江西教育学院与江西师范学院、江西大学文科合并,先后成为江西井冈山大学、江西师范学院的重要组成部分。1979年,为适应江西基础教育发展需要,江西教育学院重新恢复办学建制,复苏进修培训、高师函授办学功能。1980年,学校的中文系、数学系、外文系开始招收走读本科生,由此恢复了普通本科教育。1999年,江西教育学院恢复普高招生,重启专科办学,但普高教育确定为21世纪江西教育学院的主攻方向。2005年,学校探索新的办学模式,在赣州市成立江西教育学院赣南分院,专职培养小学教师。2008年,为适应新的高等教育发展形势,学校购置南昌经济技术开发区瑞香路地段近500亩土地,建设学校新校区。2009年10月,学校的教育系、旅游系、中文系、外文系共计2000余名师生先行搬到瑞香路新校区。2010年10月,江西教育学院的办学主体搬到昌北校区。自此,学校办学重心由青山湖校区迁至瑞香路校区。2012年,江西教育学院普通高等教育在校生规模首次达到6000余人,远程培训和集中面授中小学教师超过400万人,学校成为江西省成人教育的"领头羊",也成为江西省基础教育领域名副其实的"工作母机"。自2008年开始,学校"改制办本"工作便紧锣密鼓地展开。全校围绕"改制办本"目标,在省政府暨教育厅指导下,上下一心齐努力,夯实达标各项工作。2013年1月,学校通过教育部组织专家组进行的"改制更名"评议。由江西教育学院更名为"南昌师范学院",学校的办学性质和方向也变更为一所普通本科院校。"改制更名"后,南昌师范学院确定立足江西、服务社会的办学目标,坚持面向基层、服务基层的办学宗旨,发挥自身办学优势,打通教师职前培养和职后培训,努力在江西建设一所有特色高水平应用型普通本科师范院校。2019年,学校顺利通过教育部普通高等学校本科教学工作合格评估。七十年的发展历程,大体上就是我在"校庆铭文"开篇中所概括的:"学脉相传七十载,桃李芬芳满天下。建校之初,其辛也艰;改革发展,其果也实。七秩耕耘正风华,矢志育人再扬帆。"

进入中国特色社会主义新时代,在"十四五"时期,学校党委科学预判高等教育发展形势,明确"南昌师范学院在哪里"的问题意识,科学确立从"十四五"开始"分三步走"的发展战略,向着建设一所新型的高质量、有特色的南昌师范大学目标奋勇前进。目前,学校已被列入江西省教育厅"十四五"新增硕士学位授予单位立项规划重点建设单位;学前教育专业获批教育部国家一流本科专业建设点;学前教育、音乐学、英语三个专业顺利通过普通高等学校师范类专业第二级认证;获批首批国家语言文字推广基地,等等。学校把握新时代高等教育发展新形势、新要求、新任务,研究并驾驭新时代高等教育发展规律,站在江西看南昌师范学院,站在中部看南昌师范学院,站在全国看南昌师范学院,站在世界教师教育看南昌师范学院,学校坚守教师教育底色,守牢育人育才本色,彰显服务基层特色,聚焦师德师风亮色,"四色"有机融合,打造"金色"教师教育,学校找准坐标系,找对参照系,定规划、有目标,"对标对表"做实核心办学指标、打好攻坚发展"组合拳",凝心聚力、提振精神、鼓足勇气、真抓实干,奋战"申硕更大"新目标,以新的目标牵引学校发展踏上新征程。

　　历史之路我们已经走过;面向未来并不遥远,严峻挑战摆在我们面前。如何科学回答"南昌师范学院在哪里?""在新时代办一所怎样有教师教育特色的师范本科院校?""师范教育究竟是个什么'范'?"等问题,如果想要直接进行浅层次回答当然很容易;但如果想要进行深层次回答,并且回答准确、回答好,的确很难。在校庆七十周年来临之际,我们推出南昌师范学院七十周年校庆"学者文丛",就是想借此回答这些问题,并借此积累学术文化,创新大学文化,助力学校内涵式高质量发展。

　　大学是什么?按照中国传统的说法,"大学"是大人之学;"大学之道,在明明德,在亲民,在止于至善"❶。意思是说,大学是教育成年人立德修身、处世为人、止于至善的教育机构和文化阵地。通俗地说,就是"教做好人"之学。在近代意义上,教育家马相伯说,所谓大学之"大",并非指校舍之大、学生年龄之大、教员薪水之高,而是指道德高

---

❶ 朱熹撰,徐德明校点:《四书章句集注》,上海古籍出版社、安徽教育出版社,2001年,第4页。

尚、学问渊深①。大学就是要培养有道德、有修养、有学问、有才干的有用人才。无独有偶,我的博士研究生导师、华中师范大学前校长、著名历史学家、教育家章开沅先生多次在演讲中论述说,所谓高校之"高",是指学历高、文凭高、学问高、道德高、文化高、素质高。由此看来,"大"和"高",是大学或高校的重点和关键。因此,大学是培养人才、传承文化、积累文化、创新文化的地方,大学是由学校、教师、学生和社会组成的教育共同体。这个教育共同的要素(元素)是互动耦合的关系,教师乐教、学生乐学、政府乐办、学校积极、家长支持紧密互动,相互支撑,聚合功能;在这个要素群中,各要素都十分重要,缺一不可。

大学是干什么的? 明确了何为大学,也就回答了大学的主业主责、教育功能这个问题。毫无疑问,大学所为,全在于帮助学生"成人立人"。围绕人做教育工作,教人成为有用之才,用古人的话说,是"己欲立而立人,己欲达而达人",设身处地,推己及人,行仁教之法②。用当代教育家章开沅先生的说法,是立足于人类命运、人类未来,"最重要的是做人教育"③。总之,为党育人、为国育才,培养社会主义的建设者和接班人,"培养一个人才,振兴一个家庭,造福一方社会"④。培养人,使人自立成才、有用有为,做有责任的中国人,做有义务的社会公民,做有家国情怀、有使命担当、有人文精神的人类一分子,首先在人格上要是一个"大写的人",在道德上是一个"高尚的人",在才干上是一个"有益于人民的人"⑤。

自古以来,教与学就是一个矛盾统一体,它体现为教学互动,教学相长⑥。在大学里,从来都存在教学"双主体"的矛盾互动。从受教育

---

① 《马校长就任之演说》,《大公报》,1912年10月26日。
② 张艳国:《〈论语〉智慧赏析》,人民出版社,2020年,第110页。
③ 章开沅:《章开沅演讲访谈录》,华中师范大学出版社,2009年,第172页。
④ 张艳国:《家长委员会在高校人才培养中的地位和作用》,《中国大学教学》,2016年第11期。
⑤ 毛泽东:《纪念白求恩》,《毛泽东选集》第二卷,人民出版社,1991年,第660页。
⑥ 胡平生、张萌译注:《礼记·学记》下册,中华书局,2017年,第698页。

一方说,学生是教育的中心,围绕学生、关照学生、服务学生、提升学生是大学教育的根本任务;从教育者一方来说,教师是教学的中心,投入教学、倾力教学、亲情教学,教育教学是教师的唯一职责和最重要使命。在教育体系和教学资源配置中,两者不可偏废,必须评估好、处理好。但是,从教与学的互动和矛盾关系平衡来说,教师是教学主体,"教也者,长善而救其失者也"[1],他是决定教学质量、教学效果的主导和矛盾的主要方面,学生则是学习的主体,他是决定学习能力、学习效果的主要方面。从根本上讲,由于教师具有教导、指导、引导、疏导的重大作用,因此,一所大学的文化、大学精神主要还是由教师引领的。从这个意义上说,没有教师,就没有教学过程,也没有教学文化。虽然我们常说,衡量一所高校的教育质量看学生,衡量一所高校的学术水平看教师,但是,由于教师在高校里具有道德、言行、价值的主导性和支配性,因此,在一定意义上讲,大学文化、大学精神也出自大学教师。由此可见,教师及教师队伍建设在大学发展中具有非常重要的地位,甚至起决定性作用。

大学教师为何如此重要?除了抽象地说,大学教师是教育的主导者外,更重要的则是,大学教师还是师德师风的引领者,探求知识、追求真理、关切人类命运的领跑者和示范者,特别是在他们中间,有着灿若星河、生生不息、标志着求知求真求善最高水平的名学者和"大先生",他们既是学术的标杆、知识创新的推手,又是社会的脊梁。所以著名教育家梅贻琦先生说:"所谓大学者,有大师之谓也,非谓有大楼之谓也。"[2]大学重视教师队伍建设,这是抓一般,抓经常,抓根本;关键的是,要培养教师中的教师,即培养教育家、学问家,培养那些堪称"大先生"的好老师。学术大师、学术名家和大先生,他们是大学的教育标志、学术高度和学术名片,他们体现和代表着大学的学术质量和教育

---

[1] 胡平生、张萌译注:《礼记·学记》下册,中华书局,2017年,第705页。
[2] 梅贻琦:《梅贻琦谈教育》,辽宁人民出版社,2015年,第7页。

知名度。吸引学生报考入校、影响学生人生规划与行程的,往往是一所大学的著名学者。我曾到东北师范大学、南京师范大学访问。在交流中我注意到,两所学校极具教育眼光和学术眼光地为著名历史学家、教育家日知先生,著名心理学家、教育家高觉敷先生铸立铜像,这两尊铜像在学生和来访人员中极具魅力和吸引力,瞻仰者常年络绎不绝,铜像四周四季鲜花不断。山东大学建设的"八马同槽"文化园,也是如此。"八马同槽"❶,既是高等教育界的经典佳话,也是大学文化的宝贵案例。他们之所以能够成为大学的教育名片、学术名片,产生被家长、学生追慕的"社会效应",除了他们所达到的学术高度令人敬佩外,最重要的则是他们的教育情怀和学术追求体现为一种伟大的精神和高尚的文化,他们视学术为生命,书写了感天动地的学术人生、教育人生,产生了"润物细无声"的文化辐射力、渗透力和育人功能。在他们身上,终生学习,毕生钻研,进入人生自觉,达到学习的"知之,好之,乐之"的精神境界❷,达到学术的"独上高楼,为伊消得人憔悴,蓦然回首"三重治学境界❸,使教育与学术臻于善美,这实为大学文化、大学精神的灵魂。我们发自内心地尊崇学术大师的精神品格、意志情操、学术贡献,就是对大学文化、大学精神的推崇、敬仰和弘扬。

在南昌师范学院建校七十周年之际,学校围绕大学文化开展校庆活动,就是要固守大学文化的根,守牢大学精神的魂,不忘我们从起点出发走向未来的本,用现代大学文化、大学精神培养我们的下一代和接班人。其中一项重要的内容,就是出版一套校庆学者文丛,它由袁牧(1925—2015)、周文英(1928—2001)、吴东兴(1931)、李才栋(1934—2009)、郑清渊(1935—2016)、刘法民(1945)、谢苍霖(1947—2006)、李满(1953)、孙宪(1954)、赖大仁(1954)(按出生先后排列)十位名家之

---

❶ "八马同槽"的典故,是说新中国之初,山东大学拥有八位享誉中外的文、史、哲大家名家,令人敬仰。参见许志杰:《山大故事》,山东大学出版社,2013年,第69页。

❷ 张艳国:《〈论语〉智慧赏析》,人民出版社,2020年,第104页。

❸ 王国维:《人间词话》,上海古籍出版社,2008年,第6页。

作构成，涉及中国逻辑史、中国书院史、马列文论、语文教育、拓扑学、文化研究、国画艺术、文艺评论、文艺美学、生物教育等学科领域。他们在学校的学科专业建设上，数十年如一日，潜心学问，精心育人，是南昌师范学院令人尊敬的大学者、好老师。"一代人有一代人的学术"，学术总是在传承中发展进步。我们出版这套"学者文丛"，就是要以教育文化样本形态，厘清学校发展的大楼与大师关系，彰显深蕴学校发展史中的学术文化，揭示学校倡导的学术标识，弘扬大学文化、大学精神，让师生从中受到教育和启示，激励后人，传承学术，滋养学脉，培养涌现出更多的学术名家大师，使学校为传承江右文化、建设时代新文化作出更大贡献，为建设一所新型的高质量有特色的南昌师范大学提供深厚的文化资源和强有力精神动力！

是为序。

2022年国庆节于南昌

序

姚公骞

李才栋教授的《江西古代书院研究》一书，是继《白鹿洞书院史略》之后的又一部新著。我有幸获睹其部分原稿，深佩其披荆拂莽之勤。盖《白鹿洞书院史略》乃就书院之一典型，穷源竟委，为研究中国教育史树一标鹄，辟一门径；今则又从江西一地区有关书院的源流盛衰，作大范围的研讨，视野廓开，门径广辟。循此以往，将见中国书院史亦必杀青有日，盖由点而线，由线而面，作者之宏谋远识，是可以想象得到的。

中国的古代教育一直以私学为主。历代虽有所谓官学，然而不是仅限于贵族，范围甚窄；就是流于形式，或竟同虚设。科举制度兴起后，官学更属具文，讲诵几乎全废，司其职者但督试衡文而已，教育之旨丧失殆尽。偶有一二有识者，亦曾有所更张，起颓振靡，可是，为时不长，人亡教熄，又复如故。所以，今日之治中国古代教育史者倘舍私学而专于官学中求之，则无异缘木求鱼，距中国古代教育之实际，不啻霄壤。苟能以私学为主，再参之以官学，责其实效，则庶几历史之真相有重现之一日。李才栋教授致力于书院史之研究几二十年，窥其旨趣，殆亦以为当从历史之实际出发，而不应仅仅依靠官方典制为满足，这是很有见地的。

中国古代私学兴起于春秋战国之际，佥谓肇端尼父，而盛于稷下。秦火之后，百家传授，多凭老儒指画口诵，师弟相接，赖以不坠。受业者遂不得不以师法相标榜，盖师法一失，则无所凭借，无源之水，无本之木，为世人所不重。沿及东汉，世家大族之势力日盛，除操纵政治经济外，文化亦为其所垄断，教育一途，遂由师法而流于家学。强宗巨姓多以累世专治某经之家学相标榜。迄于后世，虽世家大族之旧门第已衰，由科举崛起之新门第取而代之，而标榜家学之风尚，相沿不替，所谓"家学渊源""家学根底"，为世人所称道，所忻羡，历久不衰。

唐宋以降，印刷业起，刻印与弆藏图书日趋便利，书院之名，适时而出，始为藏书之所，终为讲学之地。讲学之风兴起之由，来自儒学之哲学化，来自"格物致知、正心诚意、修身齐家"之讲求。初意亦在力矫汉儒治经之失，今文杂谶纬，古文唯训诂。均不足以"治国平天下"，因之大儒辈出，倡言"格物致知""正心诚意""修身齐家"，以为"治国平天下"之本。当时之士，耳目为之一新，遂群趋而和之而学之。惟其所讲求者虽旨归相同，而途径不一，各持一端，学派蜂起，检《宋元学案》《明儒学案》便知派分户异之崖略。有这么多的学派，有这么多的传人，其所以能自树立者，端赖讲学，而书院正是他们借以讲学的好地方、好场所。有人说，书院之讲学是受到佛教禅宗讲堂说法的影响而骤兴的。此说也有点道理。然而，中国古代教育之两大传统——师法与家学，终将结合起来，乃教育发展之客观趋势，有其内在的必然性，书院之兴起，正是这一必然性的具体表现，是师法与家学相结合的产物。

江西之书院发端颇早，本书已言之甚详。然其盛也，端赖理学与心学在江西之盛行。朱熹之学虽称闽学，然其影响于江西者亦至钜。同时起而与朱熹相抗衡者，则有江西陆九渊之学，我特称之为赣学者。南宋一代之学术，实以标举"道问学"之闽学与标举"尊德性"之赣学为两大旗帜，而江西学人遂多以陆九渊为宗。降及后世，虽因格于功令，而不得不朱陆兼治，貌示调停，然觇其实质，则仍隐然陆学也，如元之吴澄、明之吴与弼与清之李绂等，莫不皆然。由此又可窥见有明一代王阳明之学在江西之盛行，实属学术发展之所必至，盖陆王一脉，源流有自。王阳明曾公开申言"仆尝欲冒天下之讥，为象山一暴其说"，以发扬陆学为己任。故王学在江西特别盛行。黄宗羲至谓"姚江之学，惟江右为得其传",此言不虚,盖王学是在赣学的基础上发展起来的。有陆学而后始有王学,由理学而后发展为心学。江西在中国学术文化史上有着承先启后的地位,是毋庸置疑的。

宋明之间,江西讲学之风特盛,故书院之兴建亦特多。教育与学术迭相鼓煽,互为因果,风气为之大开。然当时之书院与近世的学校有着很大的区别,盖书院因人而盛,因人而传,有名师而后有名书院。师存院兴,师去院寂,除有少数书院因续有名师主讲,或得官府之重视而先后延聘名家主持,致使书院之名得以保存者外,大多兴废旋踵,徒存遗迹。故江西先后兴建的书院为数虽然很多,而此兴彼歇,变动不居,欲求能较长时期存在者为数则极少。加之,名家讲学并不一定都建书院,公署、客舍、游宴之地,甚至私人住宅亦可用来作讲学之所,这种地方虽不获书院之名,而确有书院之实,主讲者与专听讲者且结成终身的师生关系。盖师法与家学相结合,书院虽是一个好形式,但在当时也不是唯一的形式,有的称会,有的称社,有的称讲会,有的则是会讲而已。至于官办之书院,如省、府、县所在地,后来类多有之,其间情况颇为复杂,有好有坏,有一时好,一时坏,它们的名称延续较长,有较固定的收入借以维持,倘笼统视为培养人才的教育之所,则恐珷玞珠玉,一概混同,无当于史矣。

明清之际,程朱之学已趋僵化,陆王之学亦告颓废,讲学之风遂亦衰敝不振。学术界有识之士乃转而究心于接近科学的实学。惟江西士人之大多数却一变而驰骛于八股。此中原委说来话长,非片言可尽。这里需要着重指出的是,此时江西书院的大多数也相率由讲学之所一变而为会文之地。所谓会文,就是习举业,学八股制义,书院成了研讨八股文的场所,如明泰和胡直为王学传人,但其在句容任学职时,"方率业举,日课诸士文",即贤者亦不能免。正如明吉水邹元标说的:"人生堕地,高者自训诂帖括外,别无功课;自青紫荣名外,别无意趣,恶闻讲学也,实繁有徒。"这是当日的真实情况。沿此以降,直至近代,江西

也和全国一样,书院这种教育形式每况愈下,终于走到了它的尽头,近代学校教育才以新的姿态登上了历史舞台。

我于教育史素无研究,纯属外行,蒙作者不弃,索序于我,情殊难却。只好略抒鄙见,不知作者以为然否?尤幸读者有以教之。谨序。

1993年2月于南昌北面斋

前　言

古代的书院曾在我国学校发展史上占有重要的地位,是我国传统文化中的一颗灿烂的明珠。

我国学校教育发展的历史除可按照社会发展史的阶段分为奴隶社会的学校、封建社会的学校、半封建半殖民地社会的学校、社会主义社会的学校外,尚可根据学校教育、教学本身的特点划分为三个发展阶段。早在远古,唐尧、虞舜、夏、商、周的时代,已有关于庠、序、学、校的名称,然而那并非真正独立、专门的学校,只是社会上层建筑的综合机构。真正独立设置,专门从事教育的学校始于春秋时期。那就是以孔子为代表的私学开始,由教师向学生言传、身教、传道、授业、解惑的师授学校。这是我国学校发展的第一个阶段。我国学校教育发展的第二个阶段始于唐代,那时由于雕版印刷技术的发展,推广,印版书的流传,作为人类文明进步的阶梯——书,在学校教育中的作用得到了进一步发挥。这时的学校中教师说书讲学,学生读书求学。教师校书、注书,以至著述、立说,亦以书的形式广为流传。学生则以读书作为主要的学习方式。因此,我们可以把这种学校称为读书学校。这时既有从中央到地方的官学系统,也有书院和私塾,而实际影响大的还是书院(高级的)和私塾(启蒙的)。学校教育发展的第三个阶段则是从十九世纪六十年代开始的。这时引进了外国的班级授课制度,成为班级授课的学校。近代大工业、大农业生产发展的需要和提供的条件使班级授课制度的产生成为现实。随着社会生产力的发展,尤其是科学技术的进步,学校教育还将得到进一步的发展。

书院作为学校教育发展第二阶段的一种学校,曾经是官学的补充。

而书院无论在培养目标、教育效应、师生关系、学术成果、经费筹措等各个方面都有自己的优势。尤其随着理学的产生,书院与理学建立了不解之缘,在学生德行、道艺的培养方面书院更发挥了自己的长处,而官学却日趋僵化,慢慢丧失其作为教育的主要职能,往往不过是祠庙和衙门。书院也就成为我国学校发展第二阶段建立在启蒙教育基础上实施大学教育(古代的与从事启蒙教育的小学相对而言的大学教育)的主要场所。

书院的存在已有一千多年的历史,在我国文化的积累、知识的传递、人才的培养以至于中国人民思维发展方面都起了不可磨灭的巨大作用,积累了丰富的办院与教育、教学经验。所有这些,使我们看到过去,而且通过对过去的研究可以加深我们对于古往今来教育发展规律,以及教育科学领域多种范畴、多种矛盾、多种事物之间关系的认识。

本书所称江西书院系指今日江西省所辖地域内历史上存在过的、具有学校性质且属于大学程度的书院。再说一遍,这里所谓"大学",乃指我国古代相当于"小学"程度的学校的继续,即相当于俗称"蒙馆"之上的"经馆"。

江西素称人文之乡,在书院建设方面素具盛名。一是起步早,其中高安的桂岩书院,德安的东佳书堂,在"早"这一点上各有特色。二是数量多,仅《光绪江西通志·书院》所载,就有526所,而加上其他各种史籍、志书、文集、笔记、碑刻所载,则大大超过此数,足有千余所之多。删去其中明显的仅为藏书楼馆、祠堂庙宇、行帮会馆、启蒙馆塾之后,亦有大约940余所。三是影响大,白鹿洞书院堪称"天下书院之首"❶,濂溪书堂则是理学与书院结合的首篇,象山、鹅湖曾经被列入"天下四大书院"之中,复古、青原的书院讲会曾经成为明代讲会活动的中心。总之,江西的书院在中国具有一定的代表性,对海内外亦有相当的影

---

❶ 王昶《天下书院志序》。

响,因此研究江西的书院,其价值将大大超出江西的范围。

我虽学习和研究江西书院的历史已有二十余年,然基于学识浅薄,此书能否真正反映江西书院发展之历史轨迹,总结历史经验,实不敢自以为是。但愿赐恩终读,倘能再赐教一二,那就不胜感激之至。

目录

第一章 江西古代书院的产生和唐、五代的江西书院 ……001
- 第一节 江西古代书院的产生 ……001
- 第二节 唐代江西的书院 ……012
- 第三节 五代时江西的书院 ……026
- 第四节 庐山国学的性质及其与书院建设的关系 ……038

第二章 北宋时江西的书院 ……049
- 第一节 北宋江西书院发展概况 ……049
- 第二节 北宋"四大书院"与白鹿洞书院在当时的历史地位 ……061
- 第三节 北宋江西书院择例 ……075

第三章 南宋时江西的书院 ……095
- 第一节 南宋江西书院概况 ……095
- 第二节 朱熹与江西书院 ……112
- 第三节 陆九渊、陆学门徒与江西书院 ……138
- 第四节 鹅湖之会与鹅湖书院 ……160
- 第五节 南宋江西书院择例 ……171

第四章 元代江西的书院 ……193
- 第一节 元代江西书院概况 ……193
- 第二节 吴澄与江西书院 ……221
- 第三节 元代江西书院择例 ……231

第五章 明代江西的书院 ……245
- 第一节 明代的文教政策与弘治以前的江西书院 ……245
- 第二节 明正德、嘉靖间江西书院建设 ……264

第三节　明代江西书院的讲会与会讲 …………………………288
　　第四节　张居正废毁书院与隆庆、万历年间江西书院的发展 ………306
　　第五节　明末江西书院 ……………………………………………322
第六章　清代江西的书院 ………………………………………………335
　　第一节　顺治间清廷对书院的控制和江西书院的修复 …………335
　　第二节　康熙间江西书院的发展 …………………………………347
　　第三节　雍正、乾隆、嘉庆间的江西书院 ………………………371
　　第四节　道光至清末的江西书院 …………………………………403
结束语 ……………………………………………………………………427
后　记 ……………………………………………………………………439

第一章 江西古代书院的产生和唐、五代的江西书院

第一节 江西古代书院的产生

一、书院名称的由来

书院之称谓始于唐代。宋王应麟《玉海》论及书院时说:"院者取名周垣也。"这就是说用一圈土墙将书围起来,好似古代的图书馆。我们现在也时常将图书馆简写成"圕"。

先是有官家的书院。唐代京都有"丽正书院""集贤书院"始于玄宗开元年间。有的学者说这是书院之始❶。笔者却不以为然。为此,不妨复述一下"丽正书院""集贤书院"的历史情况。

丽正书院,亦称丽正修书院、丽正殿书院。据《旧唐书·职官志》载:开元五年(717年),"于乾元殿东廊下写四部书以充内库,置校定官四人"。《新唐书·百官志》则载:开元六年(718年)"乾元殿更号丽正修书院,置使及检校官,改修书官为丽正殿直学士"。开元十一年(723年),"置丽正殿修书学士","光顺门外亦置书院"。开元十二年(724年),"东都明福门外,亦置丽正书院"。《玉海》则载:开元十一年春,于大明宫光顺门外,建丽正书院。

首称丽正书院,继而改名为集贤书院。据《旧唐书·玄宗本纪》载:开元十三年(725年)夏,"改集仙殿为集贤殿。丽正殿书院改集贤殿书院"。《新唐书·百官志》则载:开元"十三年,改丽正修书院为集贤殿书

---

❶ 陈登原在《中国文化史》重说:"书院之始,起于唐玄宗时,有丽正书院,集贤书院。"

院"。《新唐书·艺文志》载:"大明宫光顺门外,东都明福门外,皆创集贤书院。"由此,集贤殿书院或集贤书院院址共有四处,分置于原乾元殿,原集仙殿及大明宫光顺门外,东都明福门外。

《旧唐书·职官志》载:"开元初,褚无量、马怀素、元行冲相次知乾元殿写书。及在丽正,乃有使名。张说代元行冲,改院为集贤,以说为大学士知院事。"关于马、褚、元、张在新旧唐书中均有传。《旧唐书·张说传》载:玄宗"召说及礼官、学士等,赐宴于集仙殿,谓说曰,'今与卿等贤才同宴于此,宜改名集贤殿'。因下制改丽正书院为集贤殿书院。授说集贤院学士,知院事。""时,中书舍人徐坚(在《新唐书》中称陆坚),自负文学,常以集贤院学士多非其人,所司供膳太厚。尝谓朝列曰:'此辈於国家何益,如此虚费。'将建议罢之。说曰:'自古帝王功成则有奢纵之失,或兴池台,或玩声色。今圣上崇儒重道,亲自讲论,刊正图书,详延学者。今丽正书院天子礼乐之司,永代规模不易之道也。所费者细,所益者大。徐子之言,何其隘哉'!玄宗知之,由是薄坚。"

《新唐书·百官志》又载:集贤书院"五品以上为学士,六品以下为直学士。宰相一人为学士知院事。常侍一人为副知院事。又置判院一人,押院中使一人。玄宗尝选耆儒日一人侍读,以质史籍疑义。至是置集贤院侍讲学士,侍读直学士。其后又增修撰官、校理官、待制官、留院官、知检讨官、文学直之员。""募能书者为书直,及写御书人"。又据《旧唐书·职官志》载:"集贤学士之职,掌古今之经籍,以辨明邦国之大典。及天下图书之遗逸,贤才之隐滞,则承旨而征求焉。其有筹策之可施于时,著述之可行于代者,较其才艺,因其学术而申表之。凡承旨撰集文章,校理经籍,月终则进课于内,岁终则考最于外。"

丽正书院、集贤书院之职掌,据《旧唐书·职官志》所载:"汉魏以来,职在秘书。梁于文德殿内藏聚群书;北齐有文林馆学士;后周有麟趾殿学士,皆掌著述。隋平陈之后,写群书正副本,藏于宫中,其余以实秘书外阁。炀帝於东都观文殿东西厢贮书。自汉延嘉至隋皆秘书掌国籍,而禁中之书,时或有焉。"这里所讲的秘书机构系古代中央国家行政机构之一,近似明清之翰林院。黄本骥在《历代职官表》中也把文林馆、麟趾殿、集贤殿与翰林院归入一类。黄氏又将汉代秘书监与唐代集贤书院、明清文渊阁职掌相类比。

丽正书院、集贤书院,作为朝廷掌经籍、征集贤才、侍读、侍讲、承旨筹策、撰述、待制、辨明邦国大典而备顾问应对的馆阁,不仅与后世聚徒讲学的书院不同,而且与当时的国子学、四门学亦不能并论。故清人袁枚在《随园随笔》中称:"书院之名,起于唐玄宗时,丽正书院、集贤书院皆建于朝省,为修书之地,非士子肄业之所也。"也就是说,丽正、集贤书院之设,只是书院名称的始用,并非具有学校性质的书院的始建。

有的论者或许会说,侍讲、侍读不是讲学吗?实际上这不过是为帝王作文学或者经学的侍从,以备顾问应对或质询经义、诗文而已。当然,如果一定要讲是学的话,那也是中国古代的一种专为帝王准备的帝王学。至于校理、撰集诸类业务需要具备相当的水平,且皆有官员定期考校。集贤书院学士一般都由大臣兼领,其中不乏饱学之士,亦可能利用书院藏书众多的条件聚徒设教。而院中"书直"之流亦可能就此从师学艺,与学士以师、弟子相称,可以说这里确有教育的作用,然而这都不是丽正、集贤书院本身的使命、职掌,今天的著名图书馆中一批学有专长的研究馆员、副研究馆员与助理馆员、年轻的资料员也常有师徒相称,也进行教育与培养,但决不可将北京图书馆与北京大学混为一谈,当然更不能与民办大学相比。

唐代除丽正书院、集贤书院这种官家的修书院、藏书院外,尚有民间的书舍、书屋、书楼、书堂、书院之类藏书、修书的设施。在唐人诗文以及地方志书中不乏这样的记载。仅《全唐诗》中就有以唐代书院为题的诗篇十余首之多。如卢纶的《同耿拾遗春中题第四郎新修书院》《宴赵氏昆季书院因与会文并率尔投赠》,王建的《杜中丞书院新移小竹》,杨巨源的《题五老峰下费君书院》,杨发的《南溪书院》,李群玉的《书院二小松》,贾岛的《田将军书院》等。至于有关书堂、书楼之类的记载则更多了。当时即使远离京师的庐山亦有书堂多处,如侍郎刘轲早年曾在庐山建有凌云书堂(后人亦称之为刘轲书堂)。陈舜俞《庐山记》就曾记载说:"凌云庵旧称凌云书堂,即唐刘轲书堂。"又如庐山金印峰有李廷筠书堂。李尝举进士为四门博士。再如李白于天宝十四年(755年)曾隐居庐山,亦曾建有书堂,后人称之为李太白书堂。另有名符载者,亦曾隐居庐山。志书载其聚书万卷,则其所建草堂虽未冠以书堂之名,则已有书堂之实。然而这类藏书、读书的书院、书堂等,还不属于具有学校性质、聚徒讲学的书院。

二、具有学校性质书院产生的各种条件

具有学校性质的书院是在私家聚书、藏书的基础上产生并发展起来的。欧阳玄在《贞文书院记》说:"以故家积书之多,学者就其书之所在而读之,因号为书院。"这与古来的士子肄业之所——"精舍""精庐"有一定的继承关系。

自汉至隋,私家授学之地称"精舍",亦称"精庐"。《后汉书·姜肱传》载"姜肱字伯淮,彭城广戚人也","博通五经,兼明星纬,士之远来就学者三千余人","盗掠其衣资,后悔,乃就精庐求见,皆叩头谢罪"。《后汉书·刘淑传》载"刘淑字仲承,河间乐成人","少学,明《五经》,遂隐居立精舍讲授,诸生常数百人"。《后汉书·檀敷传》称"檀敷,字文有,山阳瑕丘人","少为诸生,家贫而志清,不受乡里施惠,举孝廉连辟公府皆不就。立精舍教授,远方至者常数百人"。《后汉书·李充传》载"李充,字大逊,陈留人",亦"立精舍讲授"。《后汉书·包咸传》载"包咸,字子良,会稽曲阿人","少为诸生,受业长安,师事博士右师细君,习《鲁诗》《论语》",后"往东海立精舍讲授"。陈登原先生在他的名著《中国文化史》中说:"在唐以前,私人授学之所,名曰精舍。谢承《后汉书》

云:陈实,字仲弓,归家立精舍讲授,诸生数百人。董春,会稽余姚人,立精舍,远方门徒从学者常数百人。诸生多升讲堂,鸣鼓三通,横经捧手请问者百人,追随上堂问难者百余人。此即书院之前身。六朝以后,此风愈盛,僧道又各有精舍,以授其徒。此盖书院之前身云。"

汉代人讲学"精舍",重师承关系。主要依靠师长讲授,讲究师法、家法。皮锡瑞《经学历史》说:汉"以经术造士","大师众至千余人。前汉末已称盛",而《后汉书》所载,"比前汉为尤盛","所以如此盛者,汉人无无师之学,训诂句读,皆由口授;非若后世之书,音训备具,可视简而诵也。书皆竹简,得之甚难,若不从师,无从写录;非若后世之书,购买极易,可兼而载也。"

隋唐之时,情况逐渐变化,这与社会生产力的发展有密切的关系。一是社会生产力的发展使脱离直接从事物质生产的人数增多,求学之士剧增,学校勃兴,势在必然。二是雕版印刷技术的发明、流传,逐渐造成求学方式的转变,使"训诂句读,皆由口授"的局面变为"可视简而诵"了。明胡应麟《少室山房笔丛》称:"雕版肇自隋时,行于唐世,扩于五代,精于宋人。"书堂、书舍、书楼、书院之建设,与雕版印刷技术的推广、书的流传有密切关系。这也为具有学校性质的书院的产生,创造了必要的条件。

中唐以后,由于宦官乱政、军阀混战、土地兼并以及各种社会矛盾的激化,官学废坏,"士病无所于学"[1]。也正由于天下大乱,士人只得相机避乱于比较安定的山林;再由于禅林大师立精舍、设讲坛,讲经说法,四方僧徒、信士云集的影响,或者还有道观法师的影响,从而使前述这种私人藏书、读书的书院、书堂逐渐演化为学者讲学授徒,士子读书求师的场所。这就使过去仅有图书馆性质的书院或书堂发生了质变,成为具有学校性质的书院、书堂。这一质变在中国这块广阔的疆域中,有先有后,有快有慢,有的甚至逆转。最早出现具有教学性质的

---

[1] 朱熹《石鼓书院记》。

书院,究竟在什么时候?这是学术界长期以来一直有争论的问题。

三、关于具有学校性质书院起始时间的争论

对于我国古代具有学校性质书院产生的时间,至少有下列几种看法。一种看法认为,具有学校性质的书院始于唐代。朱熹就是持这种见解的。他曾在《石鼓书院记》中写道:"石鼓据烝湘之会,江流环带,最为一郡佳处,故有书院,起自唐元和间,州人李宽之所为。"元代,吴澄撰《乐安县鳌溪书院记》称书院"肇于唐,盛于宋"。至清代乾嘉年间,著《天下书院总志》的王昶说:"至唐末……乡大夫之有力者,始各设书院,教其子弟。"当代陈登原先生亦持此说。他在《国史旧闻》中写道:"石鼓起自唐元和间。""《玉海》与谢山均不数及石鼓,自是于理未衷,盖以石鼓创始最早,声名最广故也。"

另一种看法认为,具有学校性质的书院始于五代。1930年,周予同先生在《中国学校制度》一书中说:"南唐昇元中,因庐山白鹿洞建学馆,……于是含有学校性质的书院才始出现。"1934年出版的盛朗西先生编著的《中国书院制度》也说,"书院之制创于唐末五代","书院以白鹿洞为最早","白鹿洞南唐时号为庐山国学","顾实亦一学馆耳","意者学馆聚书,为士人读书之所,故亦称之书院"。章柳泉先生在《中国书院史话》一书中亦说:"作为讲学授徒作育人才的书院,始于南唐昇元四年建立的白鹿洞学馆,亦称'庐山国学'。"

再一种看法认为,具有聚徒性质的书院始于北宋。明清之际的王夫之在他的《宋论》中说:"咸平四年,诏赐《九经》于聚徒讲习之所,与州县学校等,此书院之始也。"而宋人洪迈在《容斋随笔》中论述,"州县书院",亦自"太平兴国五年,以江州白鹿洞主明起为褒信主簿"始。近来亦有许多学者主张:书院之名虽始于唐,而真正有教学活动的书院则始于宋。

宋代有书院,甚至有很多书院,这都是毫无疑问的。北宋时书院已

有相当发展,后人还有所谓宋初四大书院、六大书院、八大书院之类的说法。它作为一种学校制度,教育措施,当时已成为人们社会生活的重要方面,北宋的许多著名人物都是书院培养出来的。可以说,北宋在人才培养方面,书院已有举足轻重的地位。南宋时,书院又有进一步发展,作为一种学校制度,由于朱熹、陆九渊、吕祖谦、张栻等人努力积累经验而趋于成熟。这种模式对其后七百多年的书院建设与教学,产生了巨大的影响。

然而,书院也和任何事物一样,都有一个由小到大、由初创向成熟的发展过程。宋代是书院发展的高峰,但这个高峰并不是突然出现的。事实上,宋代很多名书院均建于前代。石鼓书院、东佳书堂始于唐;龙门书院始于后唐,华林书院始于南唐,嵩阳书院始于后周。有的书院虽建于宋,但却有前代的基础,岳麓书院虽始建于开宝九年(976年),但前代已有僧人"念唐末、五季湖南偏僻,风化陵夷,习俗暴恶,思见儒者之道,乃割地建屋,以居士类,凡所营度,多出其手。时经籍缺少,又遣其徒市于京师,而负以归。士得屋以居,得书以读"❶。白鹿洞书院,虽于宋太平兴国二年(977年)得到太宗皇帝的赐书,然而在五代即有江西李氏官建的庐山国学为基础。仅就江西而言,在北宋以前的书院即有桂岩书院、景星书院、李渤书堂、皇寮书院、飞麟学塾、登东书院、东佳书堂、留张书院、匡山书院、华林书院、梧桐书院、云扬书院、光禄书院等十余所之多,很难说白鹿洞书院的建立不受它们的影响。由此可见,认为宋代才具有学校性质的书院的说法是不妥当的。

五代有书院,但不能说书院出现于五代。长期以来,人们把始建于南唐的庐山国学说成是中国最早的书院,其实这是一种误解。实际上庐山国学并不是具有学校性质的书院。

---

❶ 欧阳守道《赠了敬序》,载《巽斋集》。

四、我国具有学校性质的书院始于唐代

从事教学活动的书院大约始于中唐时期,约在唐德宗贞元年间(785—805年)至唐宪宗元和年间(806—820年)。

许多教育史工作者对书院的起源进行了很多考察,大致可以确定,具有教学性质的书院最早见于志书的,一为四川遂宁的张九宗书院;一为江西高安的桂岩书院;还有一所就是石鼓书院。

张九宗书院在今四川遂宁市境内,据志书记载,其创始人为张九宗。《光绪遂宁县志》载:"唐贞元初,刺史乔琳立学宫,礼儒士而得张九宗。"张登贞元九年进士,"为戎州刺史,以治称,历同、华、普、遂、邛五州刺史,兼御史大夫"。后"三十年,九宗守乡郡,复立废学"。张建书院如于出仕之前应在贞元间,如于归守乡郡之时,则在元和间。

桂岩书院在今江西省高安县境内,约建于元和年间。

石鼓书院在衡阳石鼓山,唐元和间(806—820年)李宽(一说李宽中)之所为。据《同治衡州府志》所载:"石鼓书院在石鼓山,旧为寻真观。唐刺史齐映建合江亭于山之右麓。元和间,士人李宽结庐读书其上,刺史吕温尝访之,有题寻真观李秀才书院诗。"据《全唐诗》载,吕温《同恭日题寻真观李宽中秀才书院》全文如下:

闲院开轩笑语阑,江山并入一壶宽。

微风但觉杉香满,烈日方知竹气寒。

披卷最宜生白室,吟诗好就步虚坛。

愿君此地攻文字,如练仙家九转丹。

《同治衡阳县志》又说:"李宽,唐处士也。当元和中吕温谪刺衡州,以文学饰吏治,游宴觞咏,风雅称盛。州城外石鼓山,自贞观初,刺史宇文炫开东岩西溪,为眺览名地。宽为山主,乃改道观为学舍,其后因之立学、祠先圣。及招诸生弦诵其中,本自宽也。"对于石鼓书院的环境,黄清老在《石鼓学田记》中还有进一步描述:"石鼓山,衡之附庸也。奇峰耸拔,中高而外秀。烝湘二水左右环之,既合,汤汤浩浩同归

于洞庭。书院当二流之交,回澜亭渊,远嶂森列,楼阁如在虚空中。盖湖南第一圣地也。唐元和间,州人李宽中结庐读书其上。"

范成大于乾道九年(1173年)南游,过石鼓山,作《石鼓山记》,载入《骖鸾录》,将石鼓列入四大书院。他说:"始诸郡未命教时,天下有书院四:徂徕、金山、岳麓、石鼓。"马端临《文献通考·学校考》中,将石鼓与睢阳、白鹿、岳麓并列为天下四大书院。景祐二年(1035年)朝廷曾为赐额,绍熙间,朱熹曾为作记,并兼论书院起源。

张九宗、幸南容、李宽办书院的时间,记载虽较粗略,然而在公元八世纪末至九世纪初,我国已有从事于教学活动的书院,这是可以确定的。也就是说,将近1200年前我国已有书院这种类型的古代大学。因此,不能说有明确教学活动记载的书院或者成为制度的书院始于宋。唐代的书院,据后人简略追述的有关教学活动的记载,以及现存的原始材料表明,当时已有关于书院的教学活动的规章制度。江西德安东佳书堂(亦称"义门书院""陈氏书堂",唐代归江州浔阳县管辖),即是一例。

东佳书堂系江州陈氏所建。陈氏于唐僖宗时曾因数世义居得到朝廷旌表。南唐昇元间又立为义门。宋初又受到朝廷表彰、敕赐,直至宋仁宗嘉祐间才奉朝命分庄散处各地。查现在多种支派的《江州陈氏义门宗谱》,其中大都载录有:"大唐大顺元年庚戌、七世长、银青光禄大夫、检校右散骑常侍、守江州长史、兼御史大夫、赐紫金鱼袋崇立《陈氏家法三十三条》。"在这份家法中,我们可以找到我国早期有关书堂、书屋的规章,从而了解我国早期的书院建设,了解唐代大学与小学的关系,了解家族的普及教育与其家族社会生活的关系。

这份家法规定:"立书堂一所于东佳庄。弟侄子孙有赋性聪明者令修学,稽有学成者应举。除现置书籍外,须令添置。于书生中立一人掌书籍,出入须令照管,不得遗失。宾客寄止延待于彼,一一出东佳庄供应、周旋。""立书屋一所于住宅之西训教童蒙。每年正月择吉日起馆，至冬月解散。童子年七岁令入学，至十五岁出学。有能者令入东佳。逐年于书堂内次第抽二人归训，一人为先生，一个为副。其纸笔墨砚并出宅库，管事收买应付。"这份家法虽立于大顺元年（890年），然陈氏于僖宗朝（874—888年）已因义居得旌，书堂之建，很可能就在僖宗朝，甚至可能更早些，而至迟应不迟于大顺间。这份既非后人追述，亦非口耳相传，已被世代承继刊于各种版本江州陈氏谱牒卷首的文献资料，应该是可信的。

有关东佳书堂的文献资料很多，《宋史·陈兢传》载：陈"崇为江州长史，益置田园，为家法戒子孙，择群从掌其事，建书堂教诲之。僖宗时尝诏旌其门，南唐又立为义门，免其徭役。崇子衮江州司户，衮子昉试奉礼郎。""建书楼于别墅，延四方之士，肄业者多依焉。"《湘山野录》载："吴故国五世同居者十家，尤著者江州陈氏……建家塾，聚书，延四方学者，伏腊皆资焉。江南名士，皆肄业于其家。"《全唐文》与江西一些地方志中尚刊载了南唐徐锴的《陈氏书堂记》。其全文尚存，可凭稽考。徐文说："浔阳庐山之南有陈氏之书楼。其先盖陈氏宜都王叔明之后。"其后陈伯宣"来居庐山。遂治籍于德安之太平乡常乐里合族同处。迨今千人，室无私财，厨无异爨，长幼男女以属会食，日出从事，不畜什夫隶焉。大顺中崇为江州长史……能嗣本业如百数年"。陈氏"以为族既庶矣，居既睦矣，当礼乐以固之，诗书以文之。遂于居之左二十里曰东佳，因胜据奇，是卜是筑，为书楼，堂庑数十间，聚书数千卷，田二十顷，以为游学之资，子弟之秀者弱冠以上皆就学矣"。自龙纪元年（889年）"以降崇之子蜕，从子渤，族子乘登进士第，近有蔚文尤出表焉，曰逊，曰范，皆随计矣。四方游学者，自是宦成名立盖有之"。又据明文德翼《求是堂集》所载：江州陈氏经过世代积聚，至宋初，所藏书、帖"号天下第一"。就此足以确证，书院之教学活动始于唐代。

中唐以后直至唐末，书院既有藏书，又有教学，将此二者结合起来，并由私家或地方公众举办，这就形成了一种在当时来说是新型的教学机构,既不同于隋唐官学,也不同于汉代"精舍"的学校。

有人认为,不能单从名称上来看待书院的起源问题,要看实质。汉代的"精舍",甚至春秋战国时期的某些私学,即是私人聚徒讲学、四方学子云聚的古代大学,也就是最早的书院。这是关于书院起源的另一种见解。这种见解是不妥当的,须知藏书是书院的重要特点。书院中师生的活动大都围绕着书来展开的。大师讲书、著书,书院藏书、刻书,士子读书、传书,这就带来了书院在教学方面的许多特点。这是先秦私学和汉代"精舍"所不曾具备的。我们不能否认先秦私学和汉代"精舍"作为"大学"在中国教育史上的地位,也不能否认书院对于"精舍"有一定的承继关系,但决不能混淆它们与书院的区别,忽略书院的特点。书院既以大量藏书为其先导,反映了时代的进步,藏书有其特殊使命,是教学活动的特殊条件,这种教育机构只能产生于印版书盛行的唐代后期。尽管宋、元、明、清时都有人把自己创办的书院称之为"精舍",然而,这种"精舍"已有书院的时代特征,而非汉代的原型。就这点来讲,在具有教育性质的书院产生以后,不但有人把书院称之为"精舍",还有称之为"义学""义塾""学塾""学舍""草堂""道院""会馆"等。从教育的承继关系来看,确实不能光看名称,要看实质。但是由私家创建、将藏书与教学相结合,又高于"蒙学"的书院的产生,这是一个飞跃,也就是说,我国学校教育有了实质性的变化。

唐末具有学校性质的书院与隋以前的"精舍",同为私家(包括个人、家族、学派、地方公众)聚徒讲学之所。两者之间具有继承关系。然而唐代的书院与汉代的"精舍"已有区别,区别在于书院属于新的生产力发展水平的必然产物,是以雕版印书为基础而发展起来,以藏书与教学相结合的学校。这种有自己办院与教学的特殊条件的学校,指导学生认真读书,要求学生以自行理会作为基本的教学途径,因而产生了自身独特的学风。

唐末具有学校性质的书院与开元间的丽正书院、集贤书院,虽同有书院之名,然而两者却具有不同性质,并无直接承继关系。唐代具有学校性质的书院继承了民间、私人藏书机构的使命,藏书、修书、传书、读书,并使它与教学、祀祭结合起来,这是民间文教事业的继承与发展。正如马端临在《文献通考》中所叙,这是"留意斯文"的贤士大夫们需要和力量的表现,它与作为"天子礼乐之司"的丽正、集贤书院所表现的中央政权机构掌握经籍,笼络儒臣、振兴礼乐、加强集权统治的作用是不同的,两者虽同有巩固中央集权专制制度的社会效果,然而却是不同社会力量的表现。一是朝廷馆阁,一是乡党私学;一是宫廷侍从文化,一是民间士绅文化;有朝野之分、官民之别。

第二节 唐代江西的书院

一、唐代江西最早的书院——桂岩书院

桂岩书院在唐洪州高安县境内。地处县城北六十里之洪城桂岩,即在今江西宜春地区高安县华林乡。因1958年修建水库,书院原所在村庄已被淹没。据《同治高安县志》所载,桂岩书院"在高安郡北六十里",其地"环两山之间厥地邃而深,水泉清冽而草木敷茂者,即桂岩也"。

桂岩书院的创始人为高安幸南容(746—819年),南容又名显,字惕微。"少颖异,卓荦不群,日记数千言。稍长,益笃于学,文名籍甚"。荐举于乡,登德宗贞元九年(793年)进士。与柳宗元、刘禹锡,李绛等同榜,结为"道义交","共励名节",其中尤与柳宗元关系特别密切。据《高安洪城幸氏宗谱》所载:柳宗元《唐故开国子祭酒文贞公墓志铭》称,幸"居胶庠时以能文著。宗元甫龄,闻公哲名,每致翘慕。比应京试,得接公颜。宇量汪汪,问学渊涵。质之素闻,若合左卷。倾盖之顷,即不忍释去,遂为故交。相与讲论不寘。阅数年,赖君淬励,乃幸叨末荐。既而君果联名穆寂,宗元亦获附骥,又与同年李绛、刘梦得四

人相得益欢,自誓生死无相背负"。

幸先官邯郸郡守,后召为太常卿。据《高安洪城幸氏宗谱》所载,崔群《唐开国子祭酒文贞公传》云,幸"历守邯郸郡,异政卓然,名播海内。自德宗末年以来,太常官非其人,赞相失职,朝仪废弛"。宪宗登基,"励精图治",重幸"行谊","召为太常卿"。幸至"整肃朝仪,赞相礼乐,百官各得其职,朝不易班,位不乱次"。由此得到宪宗器重,升之为国子祭酒,兼太子宾客。

幸南容作为国子监的长官,似颇有成绩,崔群赞说:"一时礼教为之重新,始复太宗旧制。且师道庄严,践履笃实,超然物表,顿洗陋习。太学诸生咸沐作育之化焉!"正如柳宗元所称"德日著,名日彰"。唐朝廷曾命其出使吐蕃,据说幸"气直词壮,不辱使命"。

宪宗元和九年(814年),幸南容告老归里。柳宗元赠其序说:"登太常之籍,膺邯郸之召。北会元戎,直道自达,吾侪器其略。南聘天朝,相礼述职,公卿多见其仪。"又序其所作《联珠集》云,"比词联韵,奇藻逸发,烂若编贝,灿若贯珠,虽枚生、长卿,无以尚之"。

幸南容仕宦二十年,能得告归老于乡里,可谓如"脱去樊笼",得以修旧好,肆力文学,一面著述,一面聚徒讲学,"颇获士望"。桂岩书院,地处山间。据幸元龙《桂岩书院记》称:南容"尝卜此山,开馆授业"。可见该书院不单是藏书之所在,实系聚徒讲学书院之雏形。

关于桂岩书院的特定条件,高安县志办公室彭石居君颇有研究。他在《桂岩书院考》一文中有所论述,其主要论点如下。

首先,桂岩书院的创办适应了唐代科举制度的需要。唐代取士以进士科为主,而考进士以诗赋为主。讲究声律和对偶化的诗赋,要求士人熟读群书,博记故事,储备对偶资料。求举的文士纷纷搜书藏贮,深研苦读。幸南容正处于唐朝开元以后国势由盛转衰时期。少年时逢安史之乱,中年以后,唐朝社会出现了战乱后的相对稳定,他致力功业,勃发进取,年近五十,金榜题名。他曾屡试京门,深知科场取士之难,尤感日课子弟之切,是利禄所在,更使他清楚地看到给本族子弟创造读书求仕条件的重要,这是幸氏创办书院的初衷,也成为传统。直到南宋,幸南容后裔幸元龙在《桂岩书院记》中说,"日与诸弟课书其中,相勉以振祭酒遗绪",并在临终前反复叮咛,"凡事不须与人争,一意读书科举有名,此乃大争气也"。足见科举对幸氏桂岩书院的影响之深。

其次,幸南容的声望与办学实际经验是创办桂岩书院的重要条件。幸"以经术历事两朝,文事武备",在任时,已孚众望。告老之日,"公卿大夫,咸饯都门,联韵诗歌,以荣其行"。唐宪宗封其为渤海郡开国子,死后谥号"文贞"。在《高安洪城幸氏宗谱》中有一首署名浙东涂文华写的挽诗,更对其推崇备至。诗曰:

遍野愁云锁帝乡,九天奎璧失光芒。

儒林不见儒冠主,翰苑惟存翰墨香。

丹桂几株悲夜雨,芳兰深径泣寒霜。

可怜桃李思春冷,挥泪扣墙欲断肠。

幸南容不愧为学有专长,德高望重的名师。他在告退之前正主持国子监,唐宪宗在诏书中说他"在翰林有论恩之益,兼宫僚有辅导之功。掌教成均,师道惟严"。幸氏"克敦五典,敷教惟契,菁莪朴棫,作人唯文"。在治经施教,育人选才的实践中,深谙收经藏典,储书教士的要旨,亦把选育人才当作自己一生的乐事。归家之后,他建馆储书,聚徒授业,一时之间,据《高安洪城幸氏宗谱》所载,幸氏洪城"应桥车马驰逐,长途游客如织"。

再次,幸氏家族的地位给这所家族书院的创办提供了经济上的可能。幸南容,祖籍沧州青池(今河北沧县东南)。万岁通天元年(696年),其曾祖父"茂宏丞南昌,因家高安之洪城里"。柳宗元说,幸南容"南昌郡丞茂宏公曾孙,江南一时阀阅称显者以公家为最"。作为称显江南的赫赫望族,其田园之富,佃客之多可想而知。按照唐王朝的规定,一个国子祭酒可得到相当多的永业田和职分田。虽然中唐以后均田被废,但土地兼并加剧,当时的朝官无不广占良田,庄园遍布全国。得官的士人实际上都是大小不等的庄主。洪城就是一个大庄园。其间,祠宇、古刹,依山临溪,瀑布、泉流,落涧穿谷,"凝眸四顾,山居错杂,鸡犬相闻,俨若图画"。内中广有良田,溪流之上,"逆溯大陂,石闸天成","溉田千顷,不假凿筑"。来往的宾客多为达官贵人,"桥通车马往来频,雕鞍影衬长虹丽",种种开支,全靠佃户的劳作,"手足胼胝苦力田","日暮犁锄带月肩"。正是这些,才使幸氏过上优裕的生活,并有财力去创建书院。直至宋代,幸元龙重修桂岩书院时,亦能"不事生产作业,礼贤下士,居官居家,四方学子云集"。

最后,桂岩书院的教学活动,与佛教的宗教活动有较密切的关系,这也体现在他对院址的选择上。查《洪城居址全图》,书院远离村落,偏隅一山,与慈云寺遥相对峙。图说,"西峙慈云宝福,晨钟暮鼓,古刹存焉"。幸氏优游山水,临风抚琴,杖履登坡,倚松而憩,追求一种归隐逍逸的生活。而且幸氏所处的唐代中期正值佛教大兴,仕人崇禅依佛,几成风气。其挚友柳宗元在贬谪失意之后,也成为天台宗的佛教信徒,这对幸氏不能不发生影响。宗元在幸氏的墓志铭中曾经感叹"予辈屡蒙窜黜,驰驱柳间,日不暇息",然而即在此时,他依然"与公音问不辍"。柳又说幸氏的告归是"脱去樊笼";而幸氏直到临终之年,仍邀宗元"考槃于洪城之涧"。

据幸元龙《桂岩书院记》所载:桂岩书院自幸南容创办之后,至其孙幸轼,咸通七年(866年)中三史科,中和二年(882年)为太子校书郎,家徙于郡城,"书院自是芜矣"。

自元和九年(814年)幸南容归里创办书院起至中和二年(882年),唐代桂岩书院存在的时间约为66年。这是江西书院史上最早的书院,也是中国最早的聚徒讲学书院之一。桂岩书院在南宋、明清尚有多次兴复,亦有更多的史迹可寻。

二、李渤其人与江西书院

许多教育史书把白鹿洞书院称为最早的书院,而叙述白鹿洞书院的史事,必从李渤始。虽然不能认为白鹿洞书院是中国最早的书院,但是,李渤对后来白鹿洞书院的建设确有很大的关系。不仅如此,他对唐代江西书院的建设亦有相当大的贡献。

李渤(773—831年),字濬之,资情颖脱,不求仕进,刻志于学。唐德宗贞元间,与仲兄李涉同隐于庐山。读书、交游于五老峰一带。李渤在其居处曾畜养白鹿一头,相当驯顺,经常随行左右,并能听从驱使,入市沽酒,传递信件。所以,这头白鹿就被当地山村居民奉为神鹿,并将李渤称为白鹿先生,将他居住的山谷称为白鹿洞。

李渤隐居白鹿洞时的作为,在《新唐书·李渤传》中略有记述。传称:"渤与仲兄李涉皆隐庐山。尝以列御寇拒粟,其妻怒,是无妇也;乐羊子舍金,妻让子,是无夫也。乃摭古联德高蹈者,以楚接舆、老莱子、黔娄先生、於陵子、王儒仲、梁鸿六入图象赞行。"力求仿行之。

朱熹在讲到李渤隐居白鹿洞时说:"当时学者多从之游,遂立黉舍。"王懋竑《朱子年谱》亦有这类说法。由此看来,李渤当时在白鹿洞似乎已经建立了一所有相当水平的、类似书院那样的学校。可惜朱、王二人,或者其他人都没有找出足以佐证这种说法的更多依据。

李渤隐居庐山时,曾在栖贤寺留下遗迹。栖贤寺在五老峰东南,白鹿洞前贯道水,径回流而汇入栖贤寺前溪中,经"三峡",穿栖贤桥而出。相传李渤隐居时曾与寺僧交友,并在此读书。所以,后人将栖贤寺古迹称为李渤读书处。

李渤隐居时亦曾优游于山石林泉之中,访寺庙,游古迹,考察过历史名物。到过湖口石钟山,考察过石钟山名之由来,引起了历时千年的争议。在苏轼的名著《石钟山记》中就提到李渤对石钟山名的考察。苏对李颇有讥讽之言。这是针对李渤的同名作而发的。后世学者,尤其是现代的一批中学语文教学参考资料和大学文选教材盛赞苏东坡的精辟见解和求实精神,不怕艰难亲自登舟考察,等等。苏著《石钟山记》长期被选入大中学校语文教材,因此白鹿先生几乎成了一位反面人物。查李渤《石钟山记》原文"水经云,彭蠡之口有石钟山焉。郦元以为下临深潭,微风鼓浪,水石相搏,响若洪钟,因受其称。有幽栖者寻纶东湖,沿澜穷此。遂跻崖、穿洞,访其遗踪。次于南隅,忽遇双石,欹枕潭际,影沦波中。询诸水滨,乃曰石钟也。有铜铁之异焉。扣而听之,南声涵湖,北声清越,抱止响腾,余韵徐歇。若非泽滋其山,山涵其英,联气凝质,发为至灵。则安产兹奇石乎!……"作为幽栖者的李渤对石钟山之名的来源是作了一番调查研究的。曾"跻崖、穿洞",还"询诸水滨"。所以在苏东坡之后的南宋,周必大在《游石钟山录》中说道,"至下钟石广福院山路梗塞,攀缘而上亦有一石阔丈余可扣击","水涯尚有一响石,而线路临深潭蔓草蔽之","李渤所谓南声、北音亦未为无根"。而罗洪先于嘉靖二十五年(1546年)过湖口作《游石钟山记》称,"临渊上下两山皆若钟形,而上钟尤奇"。这是关于石钟的又一种说法。应该说,郦、李、罗三说可以并存,而东坡先生只是重复郦说而已。李渤对石钟的考察是比较实事求是的。

李渤隐居庐山时,曾留下了想为《游西林寺》的诗篇。原文如下:

卜地初心在此山,水能生月即离尘。

如今再结林中社,可羡当年会里人。

由此诗看,李渤在山中交游颇广,与其他隐居者尚有联会、结社活动。

《新唐书·李渤传》记载,李渤兄弟隐居庐山"久之,更徙少室"。元和初,用户部侍郎李巽和谏议大夫韦况荐,唐宪宗诏以右拾遗。初,渤上书辞。其时洛阳令韩愈作《遗李渤书》劝其出山。书称:"有诏河南敦喻拾遗公,朝廷士引颈东望,若景星、凤鸟始见,争先睹之为快。方今天子仁圣,小大之事皆出宰相,乐善言如不得闻,自即大位,凡所出而施者无不得宜。勤俭之声,宽大之政,幽闺妇女,草野小子饱闻而厌道之。愈不通于古,请问先生,兹非太平世欤?……若此时也,拾遗公不疾起与天下士乐而享之,斯无时矣。""想拾遗公冠带就车,惠然肯来,舒所蓄积,以补缀盛德之阙,利加于时,名垂将来……"渤心善其言,出山,家居东都洛阳。元和九年(814年)"以著作郎召,渤遂起"至长安。岁余迁右补阙,以直"忤旨",下迁。元和十三年(818年)上书主张博引海内名儒,大开学馆,擢库部员外郎。不久又触权臣言,谢病归。

元和十五年(820年)穆宗李恒即位,召拜渤为考功员外郎。据《旧唐书·李渤传》载,"十一月,定京官考",渤"不避权幸,皆行升黜。"奏上未有音讯,"出为虔州刺史"。渤在虔州(今赣州)为百姓做了几件好事,奏还信州(今上饶)所移税钱二百万,免赋米二万石,废冗役一千六百人。未满岁,再迁江州刺史,时在长庆元年(821年)。长庆二年,白居易除杭州刺史取襄阳路赴任,途经江州,重临遗爱草堂,与李渤相会,白居易有诗八首。这八首诗中就有《赠江州李十使君员外十四韵》《题别遗爱草堂兼呈李十使君》。江州李十传君或李十员外就是江州刺史李渤。《题别》诗原文如下:

曾住炉峰下,书堂对药台。

斩薪萝径合,依旧竹窗开。

砌水亲开决,池荷手自栽。

五年方暂至,一宿又须回。

纵未长归得,犹胜不到来。

君家白鹿洞,闻道亦生苔。

诗题下尚有"李亦庐山人,常住白鹿洞"的小注。"五年方暂至"恰好是元和十三年(818年),即白居易离江州司马贬所,至长庆二年(822年),前后五个年头。

李渤任江州刺史时,曾对其白鹿洞旧居加以修缮,植木、引流、创建台榭,使之成为一处名胜之地。李渤在江州亦有新作为。一是奏免江州贞元二年（786年）逃户旧欠。事情的原委是，度支使要向江州追征三十六年前逃户积欠钱四千四百一十贯。李渤上疏说："度支所收贞元二年流户赋钱四百四十万。臣州治田二千顷，今旱死者千九百顷。若徇度支使所敛，臣惧天下谓陛下当大旱责民三十年逋赋。臣刺史，上不能奉诏，下不忍民穷，无所逃死，请放归田舍"。穆宗只得下诏蠲免。另一件是治南湖即甘棠湖水，筑长堤，以利防洪、灌溉、养殖，与行旅交通。据《同治九江府志》载，"甘棠湖，在府治南，一名景星湖，唐刺史李渤堤湖西"，"后人怀其德，因名其湖曰甘棠"。又载，李渤"筑南湖堤立斗门，减水势以利民，号为甘棠湖"。李翱尚作《江州南湖堤铭》颂其事。

特别需要提到的是李渤在江州的重要作为是创建了两所书院。一为景星书院，一为李渤书堂。这两所书院的名称很可能都是后人所取的，而最早用的是什么名称，已不得而知。据《同治九江府志》记载，"景星书院在郡治东"。"长庆中，渤刺江州，建书院。人故名之曰'景星'。"渤又在郡治浔阳县（辖今九江市区郊区及星子、九江、德安三县）西南使君山之坞建书堂（其原址今属德安县）。据《同治德安县志》记载："李渤书堂，在敷阳上乡使君山之坞，去县西四十里，唐李渤长庆间为江州刺史，见其山水之秀，遂筑堂以为书院。"这两所书院的建设规模、教学活动特点已不得而知。只是志载元代黄泽（字楚望，先内江人，寓居江州）于大德中由江西行省授景星书院山长。元江州路总管王彦弼尝诣景星书院："勉励士学，咨询民莫。"景星书院一说毁于元末，一说毁于明末。而李渤书堂（书院）亦称少室书院，至清代尚为士人凭吊之古迹。清顺治间知县马士宏《题李渤书堂诗》：

江州刺史有书堂，迤幽群峰绕夕阳。
蝌蚪水田池漠漠，云烟鸟迹晚苍苍。
当时白鹿高贤去，无恙青山古道长。
父老何人知旧迹，担囊又问使君乡。

燕日暄(雍正九年贡生,曾任乐平训导)有《使君山访少室书院遗址》称:

逸兴丰暇豫,寻云到邱壑。
行田涉层岗,锐意穷林薄。
林籁动鸣琴,山光悦鸟雀。
幽境含清晖,旷然天地拓,
昔闻贤刺史,风咸星融烁。
壁阁集髦英,清心淬士锷。
典文应未坠,典坟岂精粕。
兹邱擅地灵,先进独草荦。
亭亭偃盖松,冥冥报客鹤。
深情缅古人,冷风下寒箨。

长庆二年(822年)年底,李渤奉召入朝为职方郎中。长庆三年(823年),进为谏议大夫,多有建言,擢给事中。宝历元年(825年)以忤宦官出为桂州刺史,兼桂管观察使。在桂,浚古水渠,兴水利,便交通。逾年以病归。太和五年(831年)召为太子宾客,卒。对于李渤为人,特别涉及他与庐山、白鹿洞的关系,当时人和后人有诗颂扬以为纪念。如王仲舒《寄李十员外》:

百大悬泉旧卧龙,欲将肝胆佐时雍。
惟愁又入烟霞去,知在庐峰第几重。

杨嗣复《题李处士山居》:

卧龙决起为时君,寂寞匡庐惟白云。
今日仲容修故业,草堂焉敢更移文。

许彬《题李宾客庐山草堂》:

难穷林下趣,坐使致君恩。
术业行当代,封章动练垣。
已明邪佞迹,几雪薛萝冤。

报主深如此,忧民讵可论。

名将山共古,迹与道俱存。

为谢重来者,何人更及门。

历代后人在凭吊白鹿洞古迹时往往提及李渤。例如,朱熹刚到白鹿洞时就在诗中写道:

清泠寒涧水,窈窕青山阿。

昔人有幽尚,眷言此婆娑。

事往今几时,高贤绝来过。

学馆余废址,鸣琴息遗歌。

……

在他著名的《白鹿洞赋》中也讲道:

昔山人之隐处,至今永久而流芳。……

在他另一首诗中也说道:

诛茆结屋想前贤,千载遗迹尚宛然。

故作轩亭挹苍翠,将要歌诵答潺湲。

应该说朱熹对白鹿洞书院的兴复本身就包含着对李渤的纪念。在他的诗《白鹿洞书院同尤延之提举杂咏》中是这样写的:

昔人读书地,町疃白鹿场。

世道有升降,兹焉更表章。

矧今中兴年,治具一以张。

弦歌独不嗣,山水无辉光。

荒榛适剪除,圣谟已汪洋。

朱熹还准备在白鹿洞书院立祠祀李渤,只因礼圣殿尚未建成而暂缓,此事由后人完成了。

朱熹以后,在白鹿洞书院,人们纪念昔贤时往往把李渤与朱熹联系起来。如元人黄昇《游白鹿洞》诗就是这样说的:

少室趋朝鬓未斑,独留祠屋碧云间。

紫阳学接千年统,白鹿名高万仞山。

又如明代胡俨《慕白鹿寄余侍讲》,全文如下:

幽栖此地忆前贤,白鹿神游不记年。

独有紫阳遗迹在,石田芝草长苔烟。

这都说明李渤修建白鹿洞和创办书院,在江西书院史上具有重要地位。

三、江州陈氏东佳书堂

东佳书堂亦称陈氏书堂、义门书院,始建于唐。设置在江州浔阳县。浔阳县于杨吴顺义末(926年)分置德安县。《同治德安县志》载:东佳书堂,在敷阳下乡,去县西四十里,东佳山下。东佳山今俗称傅家山。山之东南为悬崖,崖下有紫泉、白石洞等名胜古迹。

东佳山下原有东佳庄,为义门陈氏之别墅。与居处相距二十里。有田二十顷。其起始时间决不会迟于大顺元年(890年)。由唐入杨吴、南唐而至宋。嘉祐七年(1062年),朝庭以陈氏义门族众太多,"下矜存保全之诏",劝其分为二百九十一庄,于是义门陈氏之脉散处大江南北各处。然而书院并未完全废除。只因迁庄后无人经理,而迁建至德安县城河东一里处。日久荒废,崇宁间建为县学,后又毁坏。至明嘉靖十年(1531年),生员公请将废基从民间收回归学地。嘉靖二十六年(1547年),重建书院,改称河东书院。清道光三年(1823年),又重建改称敷阳书院。同治间迁城内。后改敷阳小学。

马令《南唐书》则载:"五世同居者七家,其尤著者江州陈氏。""建书楼于别墅,以延四方之士,肄业者多依焉。乡里率化,狱讼希少,远近叹异之"。昇元三年(939年),"蠲复征役,旌表门闾"。

陈氏义门家法中关于书堂、书屋的条文,前面已有记述,从中可知东佳书堂不仅有数千卷的藏书,而且是教育性质的机构,有属于启蒙性质的家塾——书屋。有高于启蒙水平的大学——书堂。在书堂中不仅包含本族子弟之"俊秀"者,尚有四方前来游学的士子。这既对陈氏子弟的学业有共同切磋相得益彰的作用,且对扩大陈氏家族的社会声望有着重要的意义。故陆游《南唐书》讲:"乡邻化其德。"

《江州义门陈氏宗谱》中尚著录了《推广家法》若干条。其中规定了"男司耕读,女司纺织"。"子孙于蒙养时先当择师,稍长令从名师习圣贤书,教给礼义。不可读杂字,及学刁滑词讼之事,以乖行谊心术。亦不可学诬网淫邪之说。如果资性刚敏,人物清醇者,严教举业,期正道以取青紫。中人以下亦教之知理明义,使之去其凶狠骄惰之习,以承家教。又当教之以忠厚俭朴,因之庶免习为轻浮,以入败类"。由此我们可以进一步比较清楚地看到,在陈氏家学中读书的对象,专指男性成员,大部分成员又仅使之"知理明义","以承家教"。仅少数"资性刚敏""清醇者"才能进入东佳书堂,"严教举业,期正道以取青紫"。学而优则仕,显然是陈氏家学的目标。当然陈氏义门,以忠义标榜,不管是尖子还是"中人以下",都将"圣贤书"作为课本教材,"教给礼义"以正"心术"作为基本内容。

郑文宝《江南余载》亦述陈氏义门之事:"徐锴撰《义门陈氏书堂记》有'男女长幼以属会'之辞。既已授之,又密令写碑人自于末添一'食'字。或问其故。锴曰,'非食,无以义聚。以此一字为陈氏子孙诫耳'。"不仅义聚需"食",义学亦需"食"。陈氏子孙都注意了这个问题。从徐锴的《陈氏书堂记》中可看出,这所书堂已有学田二十顷。关于我国学田的设置,历来有不同的记载。有的讲始于宋,也有的讲始于南唐,就是很少听到哪个讲始于唐的。

《北京大学学报》1981年第六期刊登了孟繁清的文章《元代学田》就认为"学田之设,始于北宋"。他认为,学田自宋仁宗乾兴元年(1022年)所赐之兖州州学田始。并以《皇朝编年备要》所载:"宋仁宗乾兴元年十一月,判国子监孙奭言:'……请以杨光辅为兖州讲书,仍给田十顷,以为学粮。'从之。诸州给学田始此。"等语作证。兖州学田确有其事,以此证明北宋州学田的开始,似尚有理,却不能说明它是中国有学田的开始,因为还有比它更早的。

《辞海》称"南唐时,'庐山国学'已有学田数十顷",把这看作有关学田的最早记载。教育史界很多学者都持这种看法。的确,在史籍中有很多关于庐山国学置田的记载。如陈舜俞《庐山记》称,"南唐昇元中,因洞建学置田"。洪迈在《容斋随笔》中《州县书院》条下则记述,"太平兴国五年以江州白鹿洞主明起为褒信主簿。洞在庐山之阳,尝聚生徒数百人。李煜有国时割善田数十顷,取其廪给之"。"起建议以其田入官,故爵命之"。李焘《续资治通鉴长编》亦有类似说法。庐山国学有田不是数十亩,而是数十顷,有学田,而且似乎是最早的官学田,然而亦非学田之始。

东佳书堂的学田则早于庐山国学田,更早于兖州州学田,大顺元年是公元890年,庐山国学建于公元940年,早五十年。兖州州学建于公元1022年,早132年。从目前的材料看应是中国最早的学田。

从东佳书堂这所家族书院中,我们看到了目前可以说是最早的规章,最早的学田,看到了关于生徒程度的记载,也看到课程内容的大致轮廓。

在陈氏宗谱中还著录了一些宋代名家颂扬的诗篇。这些诗篇的可靠性是要打折扣的。因为在东佳书堂略晚些时候出现的华林书堂史料中,亦有类似的诗篇。究竟原诗作者是为哪所书院所作,尚待考证。

宋至道二年(996年),太宗赵光义命内侍裴愈将御书三十三卷赐于陈氏,并亲书"真良家"三字赐之。陈氏建御书楼藏之。

四、唐代江西其他书院

唐代江西曾有南昌程氏飞麟学塾(后改名虎溪书院,在今新建县境内),有庐陵刘氏的皇寮书院(在今永丰县境内)。

程氏定居南昌以程焴始❶。程焴原籍婺源,唐僖宗时官至御史大夫,数言宦官专政。乾符四年(877年),黜为洪州司马。因黄巢起义,饶、信、池、宣、徽、杭等十六州农民竞起响应。程以黄巢入京称号而致仕。又因归路不通而定居洪州城西洪恩桥,置产竹园。据《同治新建县志》载,程氏于唐代定居洪州时,建飞麟学塾(有的志书称其为书院)延师以教宗族子弟及四方学者,是在唐乾符五年即齐王称霸元年(878年)稍后时。

飞麟学塾(飞麟书院)至南宋嘉定间,焴九世孙程必东(嘉定十六年进士,官至礼部侍郎)、程必简(嘉定十五解线,官至司勋员外郎)重建书院,改名虎溪,有赠学田千亩,四方游学之士集此读书。程氏虎溪书院与邓氏秀溪书院、谭氏浯溪书院、丁氏五溪书院,至宋代号称新建县四书院。

虎溪(飞麟)是相当于"大学"程度的家学。程氏于竹园尚有筠林书屋,在大塘有莲塘书屋(焴孙仕异迁大塘)。宋、元、明、清均有史实可查,并有义仓义田以作供给❷。咸有名家诗文为之记颂❸。清乾隆十四年(1749年),竹园、大塘程氏宗族在府通判程尚赟的支持下,在南昌城德胜门内东万宜巷建程氏书院。

庐陵解氏亦于乾符间定居,建有登东书院。其境今归吉水。康熙初曾子渝改建为泰东书院。

皇寮书院为渝州人刘庆霖所建。刘为唐吉州官员。后寓庐陵,建书院以讲学授徒。其境南唐属吉水,宋仁宗至和间为永丰县境。至宋代庆霖裔孙进士刘炎有重建。

综前所述,据志书记载,唐代江西有书院七所。江州三所,洪州二所,吉州二所,表列于后(表1)。

---

❶ 据《新建大塘程氏宗谱》。
❷ 见《程氏义田记》,载《道光新建县志》。
❸ 见程逢元撰《省城程公书院序》。

表1 唐代江西七所书院

时间	地点	院名	创办人
元和九年(814年)	高安	桂岩书院	幸南容
长庆二年(822年)	浔阳(今九江)	景星书院	李渤
长庆二年(822年)	浔阳(今德安)	李渤书堂	李渤
乾符五年(878年)	南昌(今新建)	飞麟学塾	程焰
乾符末(879年)	庐陵(今吉水)	登东书院	解世隆
大顺元年(890年)	浔阳(今德安)	东佳书堂	陈崇
唐	庐陵(今永丰)	皇寮书院	刘庆霖

就史志所载情况看,唐代书院史料比较粗略,此亦合乎情理。因为这是书院发展的萌芽时期,在史籍中即使是片言只语,也是十分可贵的。

第三节 五代时江西的书院

一、五代时江西书院发展的特殊条件和概况

唐末五代天下大乱,梁、唐、晋、汉、周五个朝代,总共只有五十四个年头,前后换了十四个君主。尤其是中原地带,由于战争,经济文化遭受严重破坏,人民流离失所,人口也大为减少。相比之下,南方却因战争较少比较安定,加上不少北方人迁来居住,甚至有合族南迁的,从而增加了劳动力。劳动人民在获得喘息的条件下努力生产,发展了江南经济。故《资治通鉴》称:"旷土尽辟而桑柘满野。"《十国春秋》则载:有"圩田之便","旱则运水种田,涝则引水出田"。这就使吴、吴越、南汉及继承吴的南唐等国的农业,以及手工业、采矿业生产和内外商品交流方面都有较大的发展。从而使南方在经济发展水平上超过了北方,完成了中国自东晋以来的经济重心南移的过程。

伴随着五代经济重心南移的过程,文化重心也在南移。许多北方

文人来到南方,有的在朝从政,有的在野隐居,都对南方文化的发展作了贡献。尤其是南唐,有两位君主是著名的诗人,大臣中更不乏文学高超之士,因而在文化发展方面的影响更为突出。

马令《南唐书》有两处提到这个问题。在《儒者传》中讲:"呜呼西晋之亡也。左衽比肩,雕题接武,而衣冠典礼会于《南史》。五代之乱也,礼乐崩坏,文献俱亡,而儒衣书服盛于南唐。岂斯文之未丧,而天将有所寓欤?不然,则圣王之大典扫地尽矣!南唐累世好儒,而儒者之盛见于载籍,灿然可观。如韩熙载之不羁,江文蔚之高才,徐锴之典赡,高越之华藻,潘佑之清逸,皆能擅价于一时。而徐铉、汤悦、张洎之徒,又足以争名于天下。其余落落不可胜数。故曰江左三十年间,文物有元和之风,岂虚言乎!"在《朱弼传》之后又说:"呜呼!学校者国家之矩范,人伦之大本也。唐末大乱,干戈相寻,而桥门璧水鞠为茂草。驯至五代,儒风不竞,其来久矣!南唐跨有江淮,鸠集典坟,特置学官,滨秦淮开国子监,复有庐山国学,其徒各不下数百,所统州县往往有学。方是时,废君如吴越,弑主如南汉,叛亲如闽楚,乱臣贼子,无国无之。唯南唐,兄弟辑睦,君臣奠位,监于他国,最为无事。此好儒之效也。皇朝初,离五代之后,诏学官训校《六经》,而祭酒孔维,检讨杜镐苦于讹舛。及得金陵藏书十余万卷,分布三馆及学士舍人院。其书多雠校精审,编秩完具,与诸国本不类。昔韩宣子适鲁,而知周礼之所在。且周之典礼,固非鲁可存,而鲁果能存其礼,亦为近于道矣!南唐之藏书,何以异此。"

现在江西这片地方在五代先隶于吴,其后继者南唐,是南唐与中原"抗衡"的后方。南昌又曾是南唐的南都。在天下大乱的年代,倒也相对安定,为书院的发展创造了特殊的条件。(见表2)

表中留张书院,在今宜丰县境内(其地唐末属洪州高安县)县北六十里云峰坛之麓。张玉,字云仙,唐末移高安之横冈。天复二年(902年)以诗举进士,韩偓引为起居郎。天祐六年(909年)为九江观察使。

唐亡挂冠归，键户不出，构书堂名留张（一说所建为留张道院），讲学其间。留张书院后废毁，至元代裔孙张希文重修，由此更称盛。

表2　江西五代时始建书院六所

时间	院址	名称	创办人
后梁	高安（今属宜丰）	留张书院	张玉
后唐长兴间	太和	匡山书院	罗韬
南唐	奉新	华林书院	胡珰 胡仲尧
南唐	建昌（今永修）	云扬书院	吴白
南唐	奉新	梧桐书院	罗靖 罗简
南唐开宝二年 （时江南奉宋年号）	庐陵（今吉安）	光禄书院	刘玉

云阳书院在洪州建昌县（今永修县境内）。南唐吴白举进士，后谪归，隐居，建书院自处。

光禄书院在今吉安县富田（南唐时属吉州庐陵县），刘玉为庐陵人，仕宋，官至国子监祭酒。开宝二年（969年），中原虽已建赵宋王朝，庐陵其地尚属南唐。

二、匡山书院

匡山书院在吉州太和县（今江西泰和县）东匡山下。创建人为邑人罗韬（一说庐陵人）。罗韬字洞晦，一字晦夫，清修苦学，淡于声利，隐居不仕，号静逸先生。后唐明宗长兴间（930—933年）以文学征授端明殿学士，不久即引疾求归，建书院教学授徒其间。

罗归建匡山书院，志载：后唐明宗曾敕书，赐额。敕书称："朕惟三代盛时教化每由于学校，《六经》散后斯文尤托于士儒。故凡闾巷之书声实振国家之治体。前端明殿学士罗韬积学渊源，莅官清谨，纳诲防几之鉴,允协朕心,赏廉革蠹之箴,顾存良席。寻因养病遵尔还乡,后学云从,馆起匡山之下,民风日益,俗成东鲁之区,朕既喜闻,可无嘉励。兹敕翰林学士赵凤大书'匡山书院'四字为扁额。俾从游之士乐有赡依,而风教之裨未必无小补焉!"

明代曾皋记其事云:匡山之有书院肇自"长兴间。是时天下未有兴学之议。士大夫亦无讲于学者。洞晦罗先生崛起匡山,慨然以圣人之学为己任,朋来自远,书院筑焉!圣殿经阁埒今学宫,明宗嘉而赐额于烁哉。五季希有事也。""先生生而笃修潜养,淡于声利,惠政在郡,清节在朝,辟地匡山,延收四方,启愚发覆,吐词为经。宋儒黄勉斋、饶思鲁去先生且三百年,犹想慕遗风而来。反复精粗,道器之辨,若就先生质证于一堂。学者得闻,遂各有省,敦贻之哉。"

匡山书院至宋重和间(1118年)裔孙罗宏重修。元代邑人康震以书院山长归,重修匡山书院,讲学其中。明清两代均有史迹可考,历代名人亦多有题识。

三、梧桐书院

梧桐书院在洪州奉新县(原为吴洪州新吴县,今为江西奉新县),南府罗靖、罗简兄弟所建。据志称,罗靖,字仁节,人称中庸先生,著有《宗孟集》(已佚)。罗简,字仁俭,人称诚明先生。梧桐书院为罗氏兄弟聚徒讲学之所,因山多梧桐故名。南宋嘉熙年间徐应云作《梧桐书院记》称,罗氏兄弟以义理之学教学乡间,"李氏有江南,国相郡守知其名辟召莫能致,独以徐铉为知己",以布衣终。嘉熙间裔孙罗伯虎"尊祖以善其族,因旧基筑书院,扁以梧峰"。徐应云在记文中以词赞曰:

栖碧梧兮朝阳,若有人兮霞裙月裳。

冯水驶兮泱泱,若有人兮遡风而航。

蕙有馥兮兰芳,奠桂酒兮椒浆。

企潜直兮心莫忘,凯云驭兮徜徉。

惠我后人兮世其昌,山水无尽兮先生不亡!

有的文章讲梧桐书院建于唐。他们的根据大概是《光绪江西通志》中的一段话:"梧桐书院在奉新县罗坊镇南唐罗靖罗简讲学之所。"若是断句为:"梧桐书院在奉新县罗坊镇南,唐罗靖、罗简讲学之所。"这就会以为该书院建于唐。而勘察实地,梧桐山在罗坊镇之北,因此,应断句为:"梧桐书院在奉新县罗坊镇,南唐罗靖、罗简讲学之所。"另外,徐记既然称二罗"独以徐铉为知己",有的资料甚至讲曾从徐铉游,可以确定二罗为南唐人。因此本书将梧桐书院列入南唐而不列入唐代。

还有一个问题,有的学者认为,梧桐书院是理学派的书院。根据就是徐应云《梧桐书院记》说:"先生兄弟筑精舍于山之阳,以义理之学授其徒。"这里有两个问题:一个是徐记作于嘉熙间,正是理学盛行之时,徐应云为罗氏撰记,有所附会,在所难免。另一个是讲他们以义理之学授其徒,是否可以确定二罗兄弟已是处于成熟阶段的构成理学派的理学家。众所周知,理学门徒只推周敦颐为始祖,至朱熹才集其大成。因此,将建于南唐的梧桐书院说成是理学派的书院似属牵强。

四、华林书院

华林书院亦称华林书斋、华林学舍、华林书堂,在洪州奉新县境内离县城西南五十里的华林山。对于它的起始时间,有的学者根据地方志称其建于北宋雍熙中(984—987年)。笔者则以为,其起始时间,应该往前推,至少可上推至南唐。

《同治奉新县志》记载华林书院始建于雍熙中。原文如下:"华林书院在华林山。《宋史》雍熙中,邑人胡仲尧构学舍于华林山别墅,萃书万卷,大设厨廪,以延四方游学之士即其也。"《光绪江西通志》可能是根据县志,说:"华林书院在华林山,宋雍熙中,邑人胡仲尧家塾。"可是查对《宋史·胡仲尧传》,意思并不一样。传载,胡仲尧"构学舍于华林山别墅,聚书万卷,大设厨廪,以延四方游学之士。南唐李煜时尝授寺丞。雍熙二年诏旌门闾,仲尧赴阙谢恩"。这里所讲雍熙二年(985年),只是诏旌门闾的时间,非胡仲尧构学舍的时间,而构学舍的时间很可能还在授寺丞之前。县志引文似背离了《宋史》的原意。而通志因循其说,距离就更大了。再看宋《太宗皇帝实录》上也讲,"雍熙二年十二月","洪州上言:奉新县民胡仲尧三世义居,置书堂,聚游学之士。诏旌表门闾"。也只是说雍熙中"洪州上言","旌表门闾",并非断定胡仲尧建书堂于此时。

笔者以为,可以肯定胡仲尧确曾大构学舍,然并不能因此断定华林书院始于胡仲尧。据《同治奉新县志》和《甘竹胡氏十修族谱》所载,与胡仲尧同时,并与胡仲尧有通家之好的徐铉《华林胡氏书院记》称"……迺即华林之阳,独开元秀之墅。祖孙一德,洙泗同风,传经者已数代,肄业者尝千人"。又据《道光奉新县志·垅墓志》载,"侍御胡魆"有"五子",长子"珰居华林,以书堂闻天下"。查胡氏家乘,魆生珰,珰生令严,令严生元凤,元凤生仲尧、仲容、克顺等。正是"祖孙一德","传经数代"。书堂始于珰,尚有其他材料可以作证。又据宋淳祐六年(1246年),魆十二世孙胡逸驾《祭华林始祖御史魆公祖妣耿氏夫人二墓文》称:"唯长子珰独居华林,家风孝友。""元秀峰下,建立书院,筑室百区,广纳英豪,藏书万卷"。又如明正统十三年(1448年),裔孙胡伯沂等《祭二世祖珰公墓文》载"我祖独留华林,嗣祖创业,筑室山峰。家传孝义,累世簪缨。建学招徒,玉树森森,四斋肄业,讽诵讴吟。名闻海宇,声蕃古今。才昭奎壁,孝感天心。纶音征召,帝悦人钦"。可见"珰居华林以书堂闻天下"之语,非仅指珰居华林而已,乃是说珰已有书堂。

胡珰生平年代,记载不一。然而"后晋开运三年"(949年)葬于华林,几种史料记载一致。后晋开运三年即南唐保大四年。书堂建置应早于此年,故非始于雍熙中,至少要上推至南唐甚至更早。

据有人考证,宋太平兴国年间,徐铉曾为华林书院作记。现在有其一人所作记文两篇。一篇收录在胡克顺编辑的《徐骑省文集》(亦名《徐公文集》)中,篇名为《洪州华林胡氏书堂记》。另一篇是前面提到的《华林胡氏书院记》。两文基本内容相似,故有人怀疑后者有假。有的学者曾经认定,华林书院始于雍熙中,有的却说,既然《华林胡氏书院记》的写作时间为太平兴国年间,从而又断定华林书院始于太平兴国年间。但是他们又认为王禹偁的《寄题义门胡氏华林书院》一诗,作于淳化五年(994年),故又说华林书院应始于淳化间。前后矛盾确实使人有些难于适从。

华林书院在五代,在宋初曾经是有过相当影响的。四方游学之士常数十、数百人。据载,王钦若曾在此处读书,除徐铉外,王禹偁、李虚己、孙仅等人曾撰文记述其事迹。在《同治奉新县志》《甘竹胡氏十修族谱》中,著录了许多诗篇。其中有宋真宗赵恒的诗,所谓"金口赞":

一门三刺史,四代五尚书。

他族未闻有,朕今止见胡。

另外宋初名人学士寄题之诗很多,他们是:王禹偁、李昉、张泊、钱若水、李至、宋白、贾黄中、句中正、王纶、陈亢、赵赴、吴淑、王钦若、李虚己、晏殊、陈从易、陈靖、舒雅、李宗谔、杨亿、吕祐之、和嶙、梁周瀚、朱昂、吕文仲、姚秘、朱台符、孙何、陈尧叟、贾宜、张孝隆、王洞、师顽、张素、孙迈、赵惟和、宋琪、张齐贤、张秉之、冯起、陈象舆、刁才衎、黄夷简、李巽、曾致尧、李建中、乐史、何蒙、阮思道、刘鹭、许坚、魏野、段少连、向敏中、高绅、苏轼、王随、钱易、宋湜、刘筠、宋绶、柳植、梁灏、邺雍、牧湜等❶。这些诗的真实性不一定全靠得住,因为像杨亿、钱若水、宋琪、张齐贤等人的诗同时也著录在他家的谱牒之中。写诗诸人中绝大多数也不见得到过华林书院,只是胡氏家族有人去京师求作的。但终究可以看出这所书院的影响。其中王禹偁的《寄题义门胡氏华林书院》一诗就收录在《小畜集》中,全文如下:

---

❶ 据谢先模《宋人佚诗一束》,载《文学遗产》1984年第三期。

水阁山斋架碧虚，亭亭华表映门闾。

力田岁取千箱稻，好学家藏万卷书。

施对杯盘烧竹笋，别开池沼养溪鱼。

吾生未有林泉计，空愧前贤卧直庐。

杨亿把它与江州陈氏义门东佳书堂、南康军洪氏义门雷塘书院看作是鼎峙于江南的三所名书院之一。至于有人著录的杨亿《题华林书院诗》，"闻说华林院，名将阙里偕"与陈氏宗谱中的《题东佳书堂诗》："闻说东佳院，名将阙里偕"……何者为真，就有待考证了。

近几年对于华林书院的特点有许多介绍。如有的学者写文章说，这是一所家族创办的书院。这种讲法大体上是不错的。杨亿在《雷塘书院记》中正是介绍了这三所义门之家所创的家族的书院。义门胡氏，把累世办学，传继"孝友"家风当作义门聚居生活的重要方面。书院（书堂）为家族创办，要依赖家族的经济基础、思想和组织上的条件。同时书院（书堂）对义门的全部生活的延续发挥积极作用，是维持聚居生活的重要手段之一。当然这种家学，并不封闭。正如陈氏一样，同时招延宾客留止，以求与本族子弟互相切磋、共同长进和提高义门声望。华林书院不仅是家族的书院，而且华林山别墅就是胡氏家族聚居之处。这点与陈氏不同。陈氏是在数十里外的东佳庄另建书堂。华林山别墅却是既有全族人的生活设施，又有教育和交际设施"大院"。

有的学者还认为，"华林书院涂上了一层浓厚的道教色彩"，这也有一定道理。现将其要点简述如后❶。

其一，从书院的环境看，据徐铉《洪州华林胡氏书堂记》记载，胡氏以为"学者当存神闲旷之地，游目清虚之境"，"然后粹和内充，道德来应。于是列植松竹，间以葩华。涌泉清池，环流于其间，虚亭菌阁，鼎峙于其上。处者无敎，游者忘归，兰亭、石室不能加也"。"昔陶丘公、李八百皆修道于此。是知人境相得，其道乃光，勤而行之，古犹今也"。

---

❶ 见谢先模、徐冰云《浅论华林书院的特色》，载《广延墨客收经籍》。

可见胡氏利用了华林山故有的"山水特秀、英灵所躔"的自然环境，又加以人为所造而构成了这种学道、修真的人文条件。其二，从华林墓葬情况看，据《甘竹胡氏十修族谱》载，胡仲尧本人即"葬于八百洞右。盖生玩吟咏憩息于其间，死亦思羽化藏玉于其所"。这反映了胡氏世代信奉道教的心理状况。再从华林书院建址情况来分析，认为至今华林山还有不少道教遗址。如万年宫的牌坊、召神台、浮云宫石洞等。其中浮云宫石洞上"八百洞天"石刻犹存。亦可说明古代华林书院与道教宫观的关系。最后，从一些名士的题咏分析，认为有不少诗句充满了浓郁的道教气息。如张泊的诗中写道"草堂临洞壑，仙药满庭除，近接真灵境，时回长者车"即是一例。当然还可以找到一些。过去讲书院多讲禅林对书院的影响，有的学者发现了华林书院与道教的"密切"关系，虽然仅就以上几点看，大都尚属粗线条的，或者说是外部的东西，在教学内容方面尚未发现更多史料，然而仍然是很有意义的。

从许多介绍华林书院的文章看，华林胡氏以子孙的科举成就当作自己的光辉业绩，把入仕从政当作自己的荣耀事功，功名利禄是华林书院培养子弟的根本目标。正如冯起诗中所讲的，是为"词登科第名尤振"，他们鼓吹的是一门多少刺史，五代几多尚书（其实这里不过是几个尚书省的官员，员外郎之类），胡氏子孙中了多少个进士，等等，不过由此可见，他们虽受道家影响，却并非出世成仙，还是儒家，还是讲"学而优则仕"，治国平天下的。

华林书院是以儒家经典当作基本的教材。他们讲经史、诵诗书、习礼乐，为的是家传孝义，目标是与洙泗同风。正如张齐贤诗中讲的"儿孙歌舞诗书里，乡党犹游礼让中"，朱台符所说的"万卷诗书堆四槛，四方宾客到儒家"。

唐宋同科举重进士科，而进士科重诗赋。因此吟诵诗词也就成为华林书院的重要内容。在延待交往之中，亦需以诗歌酬答。淳化五年（994年），胡氏派人赴京，据王禹偁《诸朝贤寄题洪州义门胡氏华林书斋序》称:"今岁寿宁节,胡氏子有献华封之祝者,上益嘉之,特授试秘书省校书郎,面赐袍笏,劳而遣焉,且颁御书,以光私第。用有位于朝、有名于时者,校书皆刺谒之,且盛言其别业有华林山斋,聚书万卷,大设厨廪,以延生徒,树石林泉,豫章之甲也。愿得诗什夸大其事,自旧相、司空而下,作者三十有几人。铨次官记,烂然成编。"在宗谱中也就大量地搜罗诗歌留待后人,并光门楣。所以曾致尧在诗中讲其"宾友尽为文苑客"。那么是否可讲他就是专讲文学的书院呢?这也难说。一是正如前面讲的,儒家经传仍然是他们的基本内容,二是因为宋初书院注重诗赋、辞章并非就此一家,乃其时之社会风尚也。有人说它是文学派的书院。这似不妥。要说是,那么华林书院的主持人、讲师们是哪一派的文学家?其流派有何特征?它是怎样形成和发展的?这一切始终未见科学的回答。所以,华林书院只是得到朝廷和一部分文学家关照的书院而已。

还有一个问题是关于女学问题。有的学者坚持华林书院作为古代的大学已有女生,并且认为:"在这样的环境中,妇女有充分受收育的机会。"他们的理由,一是有男女膳堂。二是有母仪、闺训。三是向敏中的诗句"花凝玉勒含烟露,酒泛金樽醉绮罗。"这是醉倒女生。四是据晏殊逸诗云"乡党名流作绛帐"。杨亿题诗中云"塤篪乐韵谐""讲学搴纱幕",而断定不仅有女生,而且像马融绛帐授徒那样,尚有女乐。就从以上的这些情况来证明书院有女生,这是不能成立的。笔者以为义居之家千百口人,严格注意纲常伦理,家法森严,其中最重的一条就是"男女大防",叔嫂之间需注意"授受"之别。故需"以属会食",分男女膳堂。在这种家族中,男耕读,女则纺织与操持家务,且受到王权、神权、族权、夫权的种种限制,怎可能有"充分受教育的机会"。至于"母仪""闺训"之类,这自然是许多封建家族训迪女子的内容。但这也绝不是"充分受教育的机会",而恰好是进行"女子无才便是德"的驯化。这与培养女大学生完全是两回事。至于依据诗人引用的典故就得出醉倒女生、置办女乐这类结论是不妥的。即使有女乐,也只姬妾、女奴而已,这又与女大学生有什么关系呢?华林书院设于华林山别墅之中,其中还聚居了胡氏家族男、女、老、少数十、百、千人,因此有妇女、女膳堂,有婚姻嫁娶之类活动,对妇女有讲求"母仪",要进行"闺训",然这却不能证明书院已有"女大学生"。我们不能任意从古诗文中片言只字就想象美化古代大家族的宗法组织,更不能盲目地去歌颂。在当时的物质生活和宗法制度的条件下,不仅女子没有"充分"受教育的机会,男子又何尝有"充分"受教育的机会呢?

华林书院在五代、北宋时影响颇为突出,在南宋及后代仍有史实可查,然而就其在全社会中的地位和作用看,相对而言就大不如从前。鼎峙江南三书院已让位于南宋四大书院了。

五、关于书院、书堂称谓可否通用或混用的问题

关于书院、书堂之称自唐末、五代起时常通用或混用,这是我们研究唐、五代书院时经常遇到的问题。事实上不仅在唐、五代,即使在宋、元、明、清时,都仍有混用的现象。如先属江州、后隶南康军的白鹿洞书院曾一而再地被称为"书堂",事见北宋时郭祥正所作《白鹿洞书堂记》与南宋陆九渊的《白鹿洞书堂讲义》。北宋著名理学家周敦颐于嘉祐间建江州濂溪书堂,而后数百年中被人们称之为濂溪书院。江州义门陈氏有东佳书堂。而关于洪州奉新县华林书院,徐铉就有两篇内容略同的记文传世。一为《华林胡氏书院记》(存《道光奉新县志》,有人认为可能是假的),另一篇名《洪州华林胡氏书堂记》(存《徐公文集》,这篇据说是胡克顺选编的,大概不会假)。查文献资料,华林胡氏之学舍,时称书堂(除见于《徐公文集》外,尚见于《宋实录》《道光奉新县志·圹墓志》),时称书斋(见王禹偁《诸朝贤寄题洪州义门胡氏华林书斋序》),诸种称呼时常混用。故胡"珰居华林,以书堂闻天下"之说可以证明华林书院(学舍、书堂、书斋)之始建时代。

当然,并不是唐宋间所有的书堂都曾被称为书院,也不是当时的书院都已被称为书堂,例如唐高安桂岩书院、衡阳石鼓书院、宋潭州岳麓书院、应天府睢阳书院即未闻被称为书堂。而宋大中祥符间建昌军南丰瞿氏华林书堂亦未见又称之为书院。

然而确有相当一批书院在史籍中曾被称为书堂的。除前述的白鹿洞、濂溪、东佳、华林外,我们还可以找出不少例子。例如,黄震(东发)在《得斋记》中说道,建昌军江"仁甫之学,本宗象山,领袖临汝书堂二十余年"。考临汝书堂在抚州临川县,余干饶鲁、休宁程若庸曾掌其教。据《宋元学案·双峰学案》提到程氏时称:"冯去疾创临汝书院于抚州,复聘为山长。"吴澄(草庐)即是程若庸任教临汝书院时的门徒。吴澄曾有《临汝书院重修尊经阁记》传世。记载,"冯侯去疾提率江南西路常平茶盐事,至官三日,以其先师徽国文公朱先生尝除是官而不及赴,乃于抚州城外之西南","创临汝书院,专祠文公为学者讲道之所"。

又如,柳诒征先生在《江苏书院志初稿》中提到,江苏"讲学之所,著称历代者,当首推明道书院"。"初,大程子尝为上元簿,摄邑事"。"孝宗时,祠于学。宁宗时,改筑新祠。立精舍,置堂长及职事学者。时称明道先生书堂"。真德秀于嘉定间作《明道先生书堂记》述其事。《景定建康志》载,淳祐间天子"亲洒明道书院四大字赐为额"。而景定志中所载关于明道书院文字,甚至在规制条例中,书院、书堂两称呼,依旧混用。再如,宋江南东路徽州朱熹故里有紫阳书院,历史颇为长久。至明清之际仍盛名。然而蔡杭于南宋淳祐间为徽州《朱子语类》刊刻而作的《徽州刊刻朱子语类后序》称:"新安旧有紫阳书堂,而紫阳之书未备也。"这里也把书院与书堂两词混用。还有江南西路隆兴府武宁县有柳山书院,该书院原系唐平章柳浑隐居读书之所,后人建有柳贞公祠。绍兴间祠毁,绍定中邑人陈光荣(字功显)重建为书舍。章鉴《柳贞公祠堂记》称:"绍兴劫烬,隐居功显一新之,且辟讲肆之所,曰柳山书堂。"柳山书堂毁于开庆间,至宋末始改建祠宇。而《同治武宁县志》则称:"柳山书院毁于开庆兵燹,改建祠宇。"南宋间,南康军白鹿洞书院、江州濂溪书院、建宁府建安书院、隆兴府东湖书院、瑞州西涧书院、抚州临汝书院均有盛名,而《同治万年县志》所载《饶鲁传》称:"诸道部使者率以礼聘之,历主白鹿、濂溪、建安、东湖、西涧、临汝诸书堂。"看来在饶鲁执教的时代,或者说至少在这个时候,这几所书院同时被人称为书堂。

综上所述,足以说明唐宋间,书院、书堂两名称可以混同,往往混用,或者通用。

第四节　庐山国学的性质及其与书院建设的关系

前节已经提到有一些学者认为,具有学校性质的书院始于五代,也就是建于昇元年间的庐山国学。胡适、周予同、盛朗西等人都持这种见解。周、盛两位先生的见解,已经述及,胡适的见解是:"白鹿洞在历史上占一特殊地位,有两个特殊原因,第一因为白鹿洞书院是最早的书院。南唐昇元中建为庐山国学,置田聚徒,以李善道为洞主……""为书院的四个祖宗"之一。❶笔者认为,庐山国学虽与书院建设有密切的关系,但其本身并不是书院。本节着重说明庐山国学与古代书院的区别和联系。

一、庐山国学概况

南唐庐山国学亦称白鹿洞国学、白鹿国庠、匡山国子监、白鹿寺等,建于昇元四年(940年),与昇元二年(938年)建于金陵秦淮河畔的国子监是相类似的学校。正如马令《南唐书》所说:"南唐跨有江淮,鸠集典坟,特置学宫,滨秦淮开国子监,复有庐山国学,其徒各不下数百,所统州县往往有学。"

前节已经说到,今天江西这片地方是南唐重要的疆域,是南唐与中

---

❶ 胡适《庐山游记》。

原抗衡的后方,南昌曾为其南都,而庐山则更是李璟、李煜发迹之地,所以南唐朝廷对它特别关注。建学之初即"选太学之通经者授以他官、俾领洞事"❶。而后,中主李璟尚亲自视察过白鹿洞。

建隆二年(961年),李璟自金陵迁都南昌,途中暂驻落星渚(即当时江州德化县星子镇,今为星子县城)。李璟会齐王李景达"于庐山,历览胜境",与"从臣宴浃旬日而去"。就在这时,又视察了庐山国学❷。他在庐山国学看到学生江为的题壁诗句"吟登肖寺旃檀阁,醉倚王家玳瑁筵",极表赞赏。

庐山国学的史料中,我们可以找到李善道、朱弼、陈贶、刘元亨及毛炳等人的记载。

李善道,刘舜俞《庐山记》称:"以国子监九经李善道为洞主,以主教授。"此后,《玉海》《文献通考》及各家《白鹿洞志》都是这样说的。

朱弼,马令《南唐书》、陆游《南唐书》、吴任臣《十国春秋》都为其立传。弼字君佐,建州建安(今福建建瓯)人。开宝初诣金陵,举明经第一,授国子助教,知庐山国学。据载,当时庐山国学纪律松弛,"学官旷职"。"弼至则一切绳之礼法。每升堂讲释,生徒环立,各执疑难,问辩蜂起,弼应声解释,莫不造理,虽题非己出,而事实联缀,宛若宿构。以故诸生诚服。来学者亦数倍平时达数百人"。

李善道、朱弼均为庐山国学之主持者,都是"授以他官,俾领洞事"的人。两人不同时,更非一人为洞主,一人为助教。

陈贶,据马令《南唐书》载:"南闽人。性沉澹,志操古朴而不苟于仕进。一卧庐山三十年。学者多师事焉。""元宗以币致之……欲授以官。贶固不受。赐粟帛遣还归隐"。龙衮《江南野史》称:"处士陈贶者,闽中人,少孤。贫,好学。出游庐山。刻苦修进诗书至数千卷,有诗名闻于四方。慵于取仕,隐于山麓。岁时伏腊,庆吊人事都未暂往,

---

❶ 李焘《续资治通鉴长编》。

❷ 马令《南唐书》。

时辈多师事之。……嗣主闻之,……以币征之……贶不受告辞……放还旧居。"马令《南唐书》复称:"刘洞,庐陵人,少游庐山。学诗于陈贶。"江为:"游庐山白鹿洞师事处士陈贶。"

刘元亨,虔州南康县人❶。马令《南唐书》载:"黄载就学于庐山,事虔人刘元亨。"《同治星子县志》载:"刘元亨,字子嘉,少好学,开宝中入庐山白鹿洞隐居自娱。博贯经史,素有仪行。时诸生近百余人。以其令闻素著,咸以师礼事之。"《同治南康府志》载:"报功祠。在崇圣祠中祀历代有功于洞者……洞主刘元亨。"田琯《白鹿洞书院志》称刘元亨为"洞师"。此外尚有毛炳。据陆游《南唐书》载,毛"隐居庐山时,为诸生讲,得钱即沽酒"。

在天下大乱而江南却相对比较安定时,前往庐山国学读书人士是很多的。最多的时候约有数百人,其中不乏知名人士。据各种史料记载,可考其姓名的有:李中、刘钧、杨徽之、孟贯、刘式、江为、伍乔、刘洞、卢绛、蒯鼇、诸葛涛、魏羽、李寅、李续、孟归唐、何昼、王俨、夏宝松、许坚、黄载、彭会、罗颖、段鹄等。

其中如李中,字有中,江州德化(今九江市)人。曾在南唐为新淦、淦阳、吉水令,水部郎中等,著有《碧云集》。记载有两首关于庐山国学的诗,其中一首,《送相里秀才之匡山国子监》:

气秀情闲杳莫群,庐山游去志求文。

已能探虎穷骚雅,又欲囊萤就典坟。

目豁乍窥千重浪,梦寒初宿五峰云。

业成早赴春闱约,要使嘉名海内闻,

另一首是《壬申岁之任淦阳再过庐山国学感旧寄刘钧明府》:

三十年前共辛苦,囊萤曾寄此烟岑。

读书灯暗嫌云重,搜句石平怜藓深。

各历宦途悲聚散,几看流辈成浮沉。

---

❶ 详见《同治南康县志》,《宋元学案补遗》。

再来物景还依旧,风冷松高猿犹吟。

壬申为开宝五年(972年),看来李中、刘钧都是庐山国学早期的学生。这也从另一方面证明了吴任臣《十国春秋》对庐山国学起始时间的判断是可靠的。

伍乔,庐江人,据马令《南唐书》称:"性嗜学,以淮人无出己右者,遂渡江入庐山国学,苦节自励。"乔读《易》,"探索精微,迨数年"。又善诗,赴试得第一。"时称主司精于衡鉴","元宗命勒乔程文于石,以为永式。署宣州幕府,考满迁考功郎。卒于官"。《全唐诗》中有伍乔诗数首,其中就有关于庐山书堂之诗。

江为,其先宋州人,避乱居建阳。本是很有才华的诗人,曾在庐山国学,师事处士陈贶学诗,前后二十年,得真传。马令《南唐书》称其有"风人之体"。李璟视察白鹿洞,虽"见其诗称善久之",然并未重用这个人。江为本人"自谓俯拾青紫",但是"诣金陵求举",却"屡黜于有司"。江为曾借隋朝故事讽谕朝政,其《隋堤》诗称:

锦缆龙舟万里来,醉乡繁盛忽尘埃。
空余两岸千株柳,雨斗风花作恨媒。

后终究"怏怏不能自已,欲束书之越",而被逮,判死罪。吉水夏宝松曾随江为学诗,"与处数年终就其业"。

江为是企图外逃被杀的。也有逃跑成功的,如《东都事略》载杨徽之,"字仲猷,建州浦城人也。世尚武力,父陆始业儒。徽之少好学,同邑江文蔚善赋,江为善诗,徽之遂与齐名。游学于庐山。是时福建属江南,江南亦置进士科。徽之乃间道走中朝应举,遂登进士第。官至兵部侍郎"。《宋史》称其"尝肄业于浔阳庐山。时李氏据有江表,乃潜服至汴洛"。"周显德中,举进士"。杨同乡孟贯,亦与杨同学庐山国学,亦过江谒周世宗,呈所作诗文,授职。

又如何昼,永新人,据《同治永新县志》所载,"少读书庐山白鹿洞,初习进士业,试南唐,屡黜,乃渡江,谒宋祖,陈所为书二十卷"。"开宝壬申登第,官至凤翔观察推官,以文学闻于时"。

又如蒯鳌,宣城人,精于文章有才思,据陆游《南唐书》载:"为有司所摈,终国亡不仕。久之,游京师,擢进士第。"

还有卢绛,在马令《南唐书》中,对他的生平事迹有所记载:"字晋卿,南昌人也。读书略通大义。不事事,常以博弈角抵为务。乡里鄙之。绛惭愤入庐山国学与诸葛涛、蒯鳌相善。诸生笥箧稍丰,辄强取之。山下桑门,亦苦其无赖。号为庐山三害。会朱弼为国学助教,规其过,遂亡去。"其实这个人很有才华。据马令《南唐书》:"后入金陵诣后主上书陈京口至涧壁要冲之地,宜立栅屯戍,其余利害数十事。书上未报。""王师克池州,授陵波军都虞侯、淞江都部署。王师屡攻秦淮口水栅,绛数拒之。皇甫继勋、郑彦华等忌绛名出己,说后主遣绛出……"陆游《南唐书》称绛"上书论事未报……以善战闻,开宝中密说主后曰:'吴越仇雠,腹心之疾也。他日必为北兵响导以攻我。臣屡与之角,知其易与。不如先事,出不意灭之。'后主曰:'然则大朝且见讨奈何?'绛曰:'臣请诈以宣,歙叛。陛下声言伐叛。且赂吴越乞兵,吴越之兵势不得不出。俟其来拒击之。而臣蹑其后,国可复也。灭吴越则国威大振,北兵不敢动矣。'后主不听""王师来讨……守秦淮水栅战屡胜,诸将忌其能,共说后主遣绛出"。金陵陷落后,卢曾继续转战,兵败投降,被杀。

又有刘洞,庐陵人,少年即离家入庐山国学,向陈贶学诗。

二、庐山国学与早期书院建设的关系

庐山国学正如前面引文已经表明的那样,是南唐李氏朝廷官家创办,任命官员主持的学校,是与秦淮河畔国子监具有相同性质的官学。因此,后人称其为辟雍、国子监,并非民间士人聚徒讲学的书院,而是官方文化的表现,列入国家建置的机构,因而不是书院,当然也不是最早的书院。

然而庐山国学与早期的书院却有密切的联系。

首先从关系上看,庐山国学是白鹿洞书院的前身。北宋的白鹿洞书院是在它的基础上改建或重建的。从地点、房舍、学田、影响乃至名称上都有密切的联系。

再从办学和教学情况看,也不能否定庐山国学对早期书院的影响。庐山国学教学授徒,就现存史料看,主要是传授与阅读儒家孔孟经书,除此之外,也学习史籍、诗文及诸子百家文献。好几种版本的《白鹿洞书院志》均记载了庐山国学学生刘式的后代刘清之,曾藏有当时刘式手书《孟子》《管子》等书,据说系"洞中日课"。马令《南唐书》的传记中提到庐山国学诸生的特长。卢绛曾为南唐著名军事家。黄载"精究经史,能为文章"。孟归唐"能诗",并与邻生"讼诗"。江为善诗。刘洞、夏宝松亦善诗。江为与刘洞在庐山多年,曾向陈贶这位诗人学诗,等等。可见诗赋是庐山国学教学的重要内容之一。庐山国学的办校和教学的经验,诸如选择环境比较安定,交通又比较方便的校址,选派有相当造诣的教师掌教,师生之间质疑问难,学生互相切磋,取长补短,确立固定的有长期保证的经费来源。师徒各有专攻,有的善诗,有的学《易》,各有所长。大师悉心讲学,学子闻风聚合,等等。这对后来的白鹿洞书院,以及其他书院的办院和教学活动都有很大的影响。在有关庐山国学的史料中,有两件值得特别注意的事。一件是它曾置田数十顷,收取田租以支付学校的各项开支。这是前面已经分析过的。另一件是它除了采取"个别传授"这种古来就有的教学形式外,还采取了"升堂讲说"的教学形式。这个问题在我们现在的《教育学》教学中,曾经弄得很混乱,这里,不妨稍加论述。

近年来,在高等师范、教育学院采用的教育学材料中,均有班级授课始于资本主义社会的说法,而在此之前,则仅有个别教学的论断。如有的《教育学》教材认为,教学是通过一定的形式进行的。古代各国学校中盛行的是个别教学形式。我国封建社会的书院、私塾的教学也属于这种形式。当时,虽然教师也集许多学生于一堂,但是是采用个别传授和学习的形式进行教学的。……欧洲在十六、十七世纪产生了班级上课的形式,即课堂教学的形式。而另一本《教育学》则认为:"班级上课制度是一定历史条件下的产物。在封建社会,学校采用的教学组织形式是个别教学。"还有一本《教育学》则说:"班级授课制是一定历史条件的产物。……古代各国学校中盛行的是个别教学形式。我国封建社会的各种官学、书院和私学的教学大都是采用这种形式。它没有固定的入学时间、修业期限和共同的授课时间,教师只对个别学生进行传授。"总之,这些教材普遍认为:过去只有个别教学,这种教学不存在一群学生共同的受教和学习活动,也没有固定的入学时间和修业期限,等等。

笔者认为,若说班级授课这种教学组织形式始于资本主义,似尚为得当,但进而声称过去仅有个别教学这样一种形式就不妥当了。就我国教育史上的精舍、书院、禅林及官学的教学而言,其中除"教师只对个别学生进行传授"的教学组织形式外,尚有一种相当普遍的形式,那就是"升堂讲说",尤其在书院中这是一种相当重要的教学组织形式。

我们在有关古代教育的文献中,可以看到不少关于"升堂讲说"的论述。早的可以上溯到汉代的精舍,大师说经,学者数百、数千。这还可以旁及佛家的禅林,唐代高僧说法,听者亦由百上千,甚至上万人。这都是一个教育者,在同一时间内,面对一定数量的受教育者,就同一教学内容展开的共同的教学活动,而且采取了讲演、讲叙,讲解的教学方法。庐山国学实行"升堂讲说"这种教学活动更是生动的写照。

前面已经提到,马令《南唐书》中关于朱弼……知庐山国学……升堂讲释的记载。生徒"各执疑难,问辨蜂起,弼应声解说",其所指固然有学徒出题、问难的因素,然而,朱弼却是在"生徒环立"的前提下"应声解说","以故诸生诚服""皆循规范"。可见教师面对的是一定数量的学生,进行的是同一内容的说教答疑。这并不是个别教学,不过是采用了讲述、讲解、谈话相结合的教学方法而已。陆游《南唐书》所载，则明说是"升堂讲说，座下肃然"，更非个别教学了。在往后的书院中，这种"升堂讲说"的事例更是屡见不鲜，其中有一些著名的讲说就曾在相当长的时间内成为人们的话题。如，南宋淳熙间朱熹兴复的白鹿洞书院，就有"升堂讲说"的记载。其中陆九渊白鹿洞之讲则更是其典型实例。据《象山年谱》载，淳熙八年二月，"访朱元晦于南康"，时元晦为南康守，请陆登白鹿洞讲席"先生讲'君子喻于义，小人喻于利'一章毕，乃离席言曰：'熹当与诸生共守，以无忘陆先生之训。'再三云：'熹在此不曾说到这里，负愧何言。'乃复请先生书其说。先生书讲义。寻以讲义刻于石。"这就是著名的《白鹿洞书堂讲义》。对于上述的讲说活动，既不能否认它属于教学活动，又不能将其归入个别教学的范围，应该是另一种教学形式。

又如，陆九渊尚在应天山（后改名象山）精舍讲学。

再如，嘉定间，黄榦与同门友李燔、胡泳、陈宓等人在白鹿洞聚会，榦讲"乾坤二卦"。其时山南山北士子群集，称盛。朱熹弟子陈文蔚亦有白鹿洞讲义。

应该说在南宋的书院中，这类例子是很多的。正如程若庸有《斛峰书院讲义》，文天祥有《西涧书院释菜讲义》，这都是书院升堂讲说的实录❶。

宋代官学亦有讲说。淳熙间陆九渊曾在国学讲说春秋，就是一例。亦据《象山年谱》所载，"淳熙九年壬寅先生四十四岁"，"秋初，先生赴国学"，"始讲书"，"八月十七日，讲春秋六章"，"淳熙十年癸卯，先生四十五岁，在国学。二月七日讲春秋九章。七月十五日，讲春秋五章。十一月十三日，讲春秋四章"。这些讲说均有讲义留于后世。朱熹在绍熙五年应司马迈之请亦有玉山之讲。这都是教学，然又不是个别教学。

---

❶ 见《宋元学案·巽斋学案》与《宋元子案·双峰学案》。

元代,也有许多有关大师讲课的记载。如理学大师吴澄在隆兴路学讲《修己以敬》章。又如,程端礼在集庆路江东书院讲学,有《集庆路江东书院讲义》传世。

明代,著名理学家胡居仁曾与"罗一峰、娄一斋、张东白为会讲于弋阳之龟峰、余干之应天寺"。王守仁、湛若水率门人到处讲学。王守仁大弟子王畿在"林下四十余年,无日不讲学。自南都及吴、楚、闽、越、江、浙皆有讲舍。莫不以先生为宗盟,年八十,犹周流不倦"。他的《白鹿洞读讲》石碑至今尚存。徐阶、欧阳德、聂豹、程文德"为会于灵济宫","学徒云集至千人"。至于无锡东林书院、京师首善书院的讲学活动亦曾声播海内,名扬后世。这些,都不能归结为个别教学。

清代,大师讲学的事例甚多,也不囿于个别传授,在此不再一一例举了。

综上所述,不可否认,在我国古代教育发展史上,确实曾经长期存在一种不能简单归结为个别教学的另一种教学组织形式,在聚徒式的书院和官学中,往往以个别教学为主要的教学组织形式,但仍存在着这一种并非个别教学的教学组织形式,这是一种不容漠视的历史存在。至于在讲会式的书院(如复贞书院、复古书院、青原会馆、东林书院等)和宣讲式的书院之中,这种"升堂讲说"则是一种独立存在的基本的教学形式。总之,它曾是一种重要的教学组织形式。对于这种教学组织形式,应该在我们现在的教育学中,予以充分肯定。当然,这并不是说"升堂讲说"是书院的主要教学形式,只是不能否定它而已。

我国书院始于唐,从书院的产生的追述中,使我们进一步看到了这种新的学校制度的产生与社会生产力发展的密切关系。书院正是在雕版印刷产生、发展、推广、应用的基础上产生,并不断发展、完善的。聚书读书是书院的重要特征。书院的教学方法和教学形式都与书的产生密切联系,也因此与古代的"精舍"有所不同。

书院产生于民间,是在民间人士聚书的基础上发展起来的。在研究书院制度时往往要在判断什么是书院时,明确书院的一个重要特征是起始于私家创立,是民间文化、乡党力量的表现。

从书院的一开始,我们就可以发现它不属于启蒙教育,而属于高于启蒙教育的教育层次,东佳书堂关于"书堂""书屋"的规定便是很好的说明。

第一章 江西古代书院的产生和唐、五代的江西书院

第二章 北宋时江西的书院

第一节 北宋江西书院发展概况

一、北宋江西书院发展的条件和新建书院概况

自唐末到五代,经过百多年的藩镇割据、群雄争斗、农民战争、外族入侵,至北宋初年,赵宋王朝统治在以汉民族为主体的地区才逐渐安定下来。在这一百多年中,尤其是五代这几十年中不仅政权更替频繁,而且封建社会维护等级名分宗法制度的伦理纲常亦遭破坏。因此赵宋皇朝取得政权以后,面临着怎样从各方面重整纲常,以巩固中央政权的统治。为此,除军事、政治、经济的各种措施外,特别强调思想文化方面的措施。尊孔读经,偃武修文,发扬儒家"德治"传统,或者说"内法外儒"的传统,强调"建国君民,教学为先",重视教育文化成为基本国策。重用儒生成为基本的"组织"措施。

当时,士人的门第出身已不是踏入仕宦之门的主要依据。科举制度的发展,"学而优则仕""唯有读书高"的思想进一步提倡而且付诸实行。既为赵宋皇朝扩大统治基础提供了更为有利的条件,也为比较贫寒出身的下层士人提供了上升的机会。

宋代科举,在科目方面虽不及唐代之滥,然而举额却空前扩大。增加的幅度甚至使一些主持贡举的官员也"紧跟不上"。如开宝三年(970年)原只取进士8名,太祖见未及第者多,乃予诸科十五举以上终场者106人,并赐出身。开宝六年(973年)李昉知贡举,取宋準等11

人,赵匡胤不悦,又殿试于讲武殿,取诸科96人,皆赐及第。❶由皇帝殿试和人数倍增,均开一创例,也为此后冗官之滥张本。

又如太宗赵光义太平兴国二年(977年),御讲武殿复试,取进士190人,诸科207人,十五举以上184人,共500人,为自古未有。端拱元年(988年)已取128人,复召下第人殿试,又取700人。❷

再如真宗咸平三年(1000年),赵恒亲试,共取各科登第者1800人。❸大有唯恐人少、不嫌人多之势。

宋初科举不仅数量多,而且及第之后得到优厚待遇,有名,有利,不必如唐之再试吏部而直接授官。进士登上第者不数年赫然显贵。仁宗朝13举前三名共39人,未至公卿者仅5人。故人们把进士看作未来的宰相(储相)。

宋廷对科举的政策可称为严其考试,广其名额,厚其荣禄,以故士子趋之若鹜,埋头苦读,一心追求功名。真宗赵恒曾作《劝学诗》称:

富家不用买良田,书中自有千钟粟。

安房不用架高梁,书中自有黄金屋。

娶妻莫恨无良媒,书中有女颜如玉。

出门莫恨无随人,书中车马多如簇。

男儿欲遂平生志,《六经》勤向窗前读。

读书风气兴盛,士子皓首穷经苦读以求登科。然而宋初的官学却并未认真兴办。中央官学除京师国子监外,虽然景德四年(1007年)建了西京国子监,以后又有所谓北京国子监、南京国子监,但在太祖、太宗、真宗三朝在学生徒一般都只有数十人、上百人而已。州郡县校亦少有建置。据黄书光《宋代地方官学考析》统计,江西、安徽、浙江、江苏、广西五省(今五省范围)建于大中祥符四年(1011年)之前州县学14所,与200余州县数相比约为5%多一点。江西仅有兴国、临川、奉新、

---

❶ 参见马端临《文献通考·选举考》。

❷ 参见马端临《文献通考·选举考》。

❸ 参见马端临《文献通考·选举考》。

信丰四所县学和南安军一所州郡学,占当时63县的6%,13郡州的7%。读书出路既然好,而官学不能满足需要,于是就促进了书院这种较少受到地域、身份限制的学校的发展。尽管有的地方虽有官学,但也只能满足本地士子读书要求,书院则不然。

宋代由于五代战乱,豪门贵族势力没落,而庶族地主经济发展,佃户对地主人身依附关系逐渐松弛。这些不仅对生产力是种解放,而且在文化上也有了进一步迫切要求,促进了乡党之学的书院的发展,作为士绅文化、民间文化的要求和力量的表现,书院成为社会文化生活甚至政治生活上的重要事物,不仅引起了社会的关心,并且引起了朝廷的重视,赐书、赐额、赐予主持人官职之例屡见史籍。

江西书院的发展除了一般条件外,尚有特殊条件。五代时,中原一片混乱,而江西则相对比较安定,故南唐在经济文化方面的领先地位,为江西文化教育的发展奠定了基础。因此,宋初江西的书院建设发展较快,在整个北宋时期,书院的发展也是比较突出的。约建书院39所,见表3。

表3　北宋江西建的39所书院

时间		院址	院名	创办人	备注
宋开宝九年	976年	德化 (今属庐山)	白鹿洞书院 (白鹿洞书堂)		
宋太平 兴国初	976—979年	南昌 (今属新建)	秀溪书院 (易南精舍)	邓晏	
宋太平 兴国间	976—983年	南昌 (今属新建)	香溪书院	邓武	
宋太平 兴国间	976—983年	宜黄 (今属乐安)	慈竹书院	乐史	
宋太平 兴国间	976—983年	建昌 (今属安义)	雷塘书院	洪文抚	

续表

时间		院址	院名	创办人	备注
宋太平兴国间	975—983年	丰城	莲溪书院	李从 李琮	
宋太平兴国间	976—983年	南丰	南丰书院（曾氏书舍）	曾致尧	
宋初	约976年	玉山	怀玉精舍	杨亿	
宋祥符间	1008—1016年	分宁（今修水）	樱桃洞书院	黄中理	
宋祥符间	1008—1016年	分宁（今修水）	芝台书院	黄中理	
宋祥符间	1008—1016年	南丰	华林书屋	瞿元肃	
宋天禧间	1017—1021年	龙泉（今遂川）	新兴书院		
宋景祐·宝元间	1034—1039年	宜黄	鹿冈书院	杜子野	
宋景祐·宝元间	1034—1039年	南城	盱江书院	李觏	
宋康定间	1040年	分宁（今修水）	景濂书院	周敦颐	周讲学处后人命名
宋庆历元年	1041年	萍乡	宗濂书院	周敦颐	周讲学处后人命名
宋庆历间	1041—1048年	龙泉（今属万安）	云冈书堂		周与二程游学于此
宋庆历间	1041—1048年	新余	云轫书院	张和	

续表

时间		院址	院名	创办人	备注
宋庆历·皇祐间	1041—1053年	宜黄	静逸书院	载琳	
宋庆历·皇祐间	1041—1053年	乐平（今属万年）	白羊书院	陈峤	
宋嘉祐初	1056—1060年	永丰	东园精舍（龙云书院）	刘炳 刘炽	
宋嘉祐间	1056—1063年	宜黄	涂时甫书屋	涂济	
宋嘉祐间	1056—1063年	临川	兴鲁书院	曾巩	
宋嘉祐六年	1061年	建昌（今属安义）	社平书院	陈思悦	
宋嘉祐六年	1061年—	德化（今九江）	濂溪书堂（濂溪书院）	周敦颐	
宋嘉祐末年	1061—1063年	赣县	清溪书院	赵抃 周敦颐	赵为知州周为通判
宁熙宁间	1068—1077年	新昌（今宜丰）	义方书院	蔡湮	
宁熙宁间	1068—1077年	分宁（今修水）	徐氏书院	徐禧	
宁熙宁间	1068—1077年	星子	凝之精舍	刘涣	
宁熙宁·元丰间	1068—1085年	分宁（今修水）	流芳书院	祝林宗	
宋元祐间	1086—1093年	南城（今属资溪）	进修书院	石松	
宋元祐间	1086—1093年	建昌（今属安义）	秀峰书院	黄元祀	

续表

时间		院址	院名	创办人	备注
宋绍圣间	1094—1097	太和	清节书院	肖楚	肖楚讲学处，后人命名
宋崇宁间	1102—1106年	新建	浯溪书院	谭焕	
宋大观年	1107—1110年	新昌（今宜丰）	卢氏书院		
宋政和间	1111—1117年	南丰	溪山精舍	曾纵 曾悟	
宋宣和间	1119—1125年	龙泉（今遂川）	孙氏书院（盘窝书院）		
宋宣和间	1119—1125年	乐平（今属万年）	高扬书院	王友颜	
宋靖康间	1126—1127年	宜黄	定庵书院	王革	

此外尚有建于宋代，究竟是北宋还是南宋，无法查考的书院约19所。

他们是：

太和	清溪书院	杨球；
新建	三洲书院	夏文政；
新建	柳塘书院	邹一唯；
新建	东山书院	罗伯高；
丰城	敷山书院	孙余庆；
永丰	湖头书院	金汝砺；
永丰	螺田书院	陈贯岩；
吉水	白云书院	陈云章；
南城	龙眼书屋	宁文智；

南城（今属资溪）	庵山学舍	石永寿；
永丰（今广丰）	霞溪书院	张旗；
乐平（今属万年）	南图精舍	胡预；
乐平	西溪书院	刘有仁；
石城	琴江书院；	
婺源	万山书院	程傅宸；
乐安	道山书院	陈澄；
南安（今上犹）	东山书院（浍滨书院）；	
南安（今上犹）	明道书院；	
乐安	沂水书院	曾思文。

建于北宋的40所书院分布如下：

洪州	8所；
江州	1所（另有一所先属江州后属南康军）；
南康军	5所；
抚州	6所；
建昌军	6所；
吉州	5所；
瑞州	2所；
袁州	1所；
临江军	1所；
饶州	2所；
信州	1所；
虔州	1所；
南安军	1所。

二、北宋江西书院建设的若干特点

至北宋，书院（指具有学校性质的书院）的特点逐渐清楚地表现出来。所谓特点主要是与当时的官学相比较而言。

在唐代,朝廷已建立了相当完备的官学系统。在宋代,庆历兴学以后,逐渐建立起地方官学系统。而书院虽然有着补官学之不足的"职能",但它从一开始就不同于官学,而属于"民办"。同样是民办,却也有多种类型。有的是学者自设进行教学(其中还有尚需依靠"教授自资")的。在江西,像李觏的盱江书院,杜子野的鹿冈书院,罗靖、罗简的梧桐书院,王革的定庵书院,戴琳的静逸书院大概都属于这种类型。这种书院的兴废往往是紧随着学者本人的去留。如杜子野去世后,鹿冈书院随之消失。盱江书院尽管数百年来多有修葺,但与李觏的盱江书院已有不同,那是南宋以后地方官吏和士绅所公建的。有的书院是乡绅独立或集资兴办,然后聘名师设教的,如洪州丰城莲溪书院。也有的是学徒凑集资财协助老师建立的,像洪州邓晏讲学的秀溪书院。

有的书院是地方大宗族所建立的。这种书院经济力量雄厚,延续性长,影响大,出的人才也很多,如东佳书堂、华林书院都是义门办的书院。还有建昌(今属安义)的洪氏雷塘书院和陈氏社平书院,后者是嘉祐间,陈氏分庄后办的。分宁黄氏的樱桃洞、芝台书院,祝氏的流芳书院,南昌(后划其赣江西部为新建)程氏的飞麟书院(或称飞麟学塾、后改名虎溪书院)都是强宗大族办的。书院成为这些大族世代猎取功名、维持衣冠世家地位的重要手段。有的教育史著作把书院说成仅仅是中、小地主政治、经济要求在文化教育上的表现。由此看来,不一定恰当。

有的书院,带有家塾性质,主要教授族乡子弟,同时招延四方来学之士。当然也有纯粹培养本族、本房子弟的。除了前面提到的一部分外,还有像宜黄的涂时甫书屋、乐氏慈竹书院、南丰曾氏溪山精舍,以及孙琛办的白鹿洞书堂,都带有家塾性质。也有的书院是地方官吏倡导、地方公众集资聘师,或官吏自任教师的。如宋初的白鹿洞书院和周敦颐在分宁、萍乡、虔州办的书院都可算作这种类型。从创办人的身份再细分,则有的是隐逸林下的处士、学者,有的是在野官僚,也有的就是在朝当权者办在家里的。还有的可能是有钱的"布衣"办的。

如果从教学内容上分,有的着重义理之学,有的则偏于诗赋辞章,有的侧重考究经典,有的讲究务世之学。有的可能纯粹为科考作准备。杨亿在《雷塘书院记》中有一段话能够说明一些问题:"……处士之兄子待用举进士得乙科,同时侪流登是选者以十数。初覆一箦,盖由椎轮,后来之人贯鱼而进。以锡善流光之庆,加讨论传习之资,圭组相辉,将珥貂于七叶;生徒益盛,必著录者万人,然后臻夫极也。"这也表明科举对某些书院、某些读书人的深刻影响。总之,其时书院的类型众多,办学形式和教学目标尚无统一的固定模式,常因院、因师而异。相对于官学,有很大的灵活性。

在不少书院中,教师不仅讲学,同时也从事学术研究,著书立说。如罗靖讲学梧桐书院,李觏讲学盱江书院,杜子野授徒鹿冈书院,都同时进行学术研究,着力于著述。唐至北宋,江西的书院,并无科举名额,因此书院本身不能直接给学徒以进身的资格。尽管不少人求学的最终目的离不开"登科"和"入仕",但在书院中,生徒闻风而至的直接目的则往往是求取、研究学问。有的求经书之义理,有的探辞章之奥秘,也有的学经世、致用之术。有的攻《易》,有的学《春秋》,有的研究《诗》《书》。师生互相切磋,质疑问难,探究学问。这种风尚也是一般官学所没有的。

正因为书院较官学而言有着比较自由的探究学问的风气,又可因院、因师规定自己的教学目标、讲授内容,所以很容易使它成为不同学派研究学问、交流思想、扩大影响的活动场所。就江西的情况来说,当时杜子野、李觏、曾巩等人探究的义理,与周敦颐的就有着明显的不同,黄庭坚作为苏东坡的学生则又另树一帜。围绕王安石的变法,江西不少书院的创办人、教师至少从思想上不同程度地卷入了这场争论。黄庭坚、石松、胡良孺、胡田等均因元祐党案受到牵连。李觏的学生邓润甫、曾巩的兄弟曾布却是王安石变法的积极支持者。正因为这样,各种学术思想为了表现自己,也推动了书院的发展。

有的书院尽管受到官方(朝廷和地方官)的支持,题(赐)额、置(赐)田、赠(赐)书、拨款,甚至更对其主持者授以官职。但那些未改或尚未改办的书院仍属"民办"。还是像马端临所讲的,属于广义的"贤士大夫留意斯文者"自行设置的"乡党之学"。它不同于"有司奉诏旨所建","或作或辍,不免具文"的州县之学。

与自行设置直接相联系的是自筹资金。宋初,朝廷忙于军事部署和建立中央集权的政治体制,仍然无暇顾及地方教育事业的发展。还因为当时中原经济破坏严重,朝廷难以筹集相当财力来举办学校。正是在官学缺乏的条件下,各地自筹资金的书院应运而率先发展起来了,从而既满足了士人求学的要求,也为朝廷的急需培育了人才。

比较安定的环境对书院的发展也有很大影响。如黄中理的祖父黄赡原籍金华,本是杨吴分宁令,后弃官游湖湘间,最后还是选择了分宁这块比较安定的土地安家。黄赡子侄先后登南唐进士第,黄中理在北宋初期办起了樱桃洞、芝台两书院。吕祖谦讲"儒先往往依山林,即闲旷以讲授"[1],可能就是这个道理。这也是书院所特具的条件,官学则难以随意择址或迁移。

庆历、熙宁几次兴学,官学虽一度颇有生气,但官学本身也是时举时罢。在大多数情况下,官学不过徒有虚名而并无实际教学,或仅有课考,形同虚设。后来黄宗羲在《明夷待访录》中批评官学"科举嚣争,富贵熏心","以朝廷之势利一变其本领",而"士之有才能学术者往往自授于草野间"。这段话可能有偏颇,也不一定专指北宋而言,然而还是反映了北宋时的历史真实。即人才的培育,往往是"乡党之学"比"州县之学"发挥了更大的作用。与官学相比,书院倒是比较实在地做学问、培养人才的地方。尤其是在有大师讲学,四方学子闻风慕名而来的时候,更是如此。

---

[1] 吕祖谦《白鹿洞书院记》。

有的教育史著作将书院与官学各自的特点,看成是书院与官学机构的对立。虽然有一定的道理,但是,却忽视了它们还有互相补充的方面。书院正是以私家自行设置,乡党自筹资金,多种办学形式,因院、因师确定方针,选择教学内容,学者研究学问,学子闻风聚会,师生质疑问难等作为它的特色,从办学形式、发展规模到传授内容、学术活动、教学方法各方面补充了官学的不足。马端临在《文献通考》中说,"未有州县之学,先有乡党之学"。以后虽有了州县之学,仍有乡党之学,而其"田土之锡,教养之规,往往过于州县之学",正说明书院大有补官学不足之效。

书院正是因它自身的特点在政治动乱、战火不断、官学衰落的年代得以出现,并在经济比较发达,环境相对安定的江南率先发展起来。

三、北宋书院发展的两个阶段

书院与社会政治、经济的发展,与教育的发展如官学、私塾、科举制度等,与文化学术思想的演变有密切的联系。因此,书院发展的历史,也有其一定的阶段性。

唐、五代是我国古代书院发展的草创时期。书院作为一种学校制度而兴盛、发展则是在宋代。

宋初由于朝廷对文士的急需,科举取额剧增,而地方官学因遭五代混战的破坏,趋向衰落,这就促使私家所创书院的发展。吕祖谦讲:"国初斯民新脱五季锋镝之厄,学者尚寡,海内向平,文风日起,儒先往往依山林,即闲旷以讲授,大师多至数十百人。"❶这就是北宋开初书院发展的概况。

北宋书院发展的历史,大体上可分作两个阶段。第一个阶段自建隆元年至庆历兴学(960—1043年)。这时的学者大都聚徒讲学于书院。正如南宋袁燮所说,书院与在其中讲学的大师"集一时俊秀相与

---

❶ 吕祖谦《白鹿洞书院记》。

讲学,涵养作成之功亦既深矣。而问其乡校,惟兖、颖二州有之,余无闻矣"❶。第二阶段自庆历四年始至靖康元年(1044—1126年)。这时由于范仲淹、王安石、蔡京几次兴学,无论东、西、南、北京的国子监,还是各府、州、军、监,以至县城的地方官学都有所扩展和建置,形成了书院与官学并存的局面。

有人认为,北宋书院自庆历以后就没落了。他们还以王祎在《游鹿洞记》中的一句话为据,即书院至"崇宁末乃尽废",举白鹿洞书院于皇祐末(1054年)被毁的事例为证。事实并非如此,北宋几次兴学虽然来势似乎很猛,但大都未能坚持始终,处于几起几落的状况。仁宗庆历四年(1044年),范仲淹为参知政事,定策兴学,改革科举,可是次年范罢职,所实行的改革亦半途而废。神宗朝王安石行新法,于熙宁、元丰两次兴学,亦未贯彻始终。即使在元丰元年(1078年),官学的建设也仅是"州府学官共53员,诸路惟大郡有之,军监未尽置"❷。仅从数量看,也还不能取代书院的地位。再就实效看,庆历兴学只不过要求"士学三百日"即令应考授官职。可见,这三百日只能是一种临考前的准备、补习、集训而已,并非一种长期的人才培养。对士人的真正培养和教育,必然还得依靠民间的书院和个人的苦读。所以袁燮讲:"国朝庠序之设,偏于海内自庆历始,……兴学之后,虽陋邦小邑亦弦诵相闻,而课其绩效乃有愧于私淑诸人。"❸我们还可就江西(今江西省所辖范围)书院发展的情况看,始建于北宋的大约四十来所书院中,有五分之三始于庆历之后。由此可见,认为庆历以后我国书院制度已经没落的说法是不妥当的。当然,由于种种原因,书院时有兴废的情况在所难免,而作为一种教育机构、学校制度,则于北宋之世仍大量存在,并发挥了作用。

以白鹿洞书院为例,北宋时,曾有三起三落。其三落:第一次是太

---

❶ 袁燮《四明教授厅续壁记》。
❷ 见《历代职官表·历代职官简释》。
❸ 袁燮《四明教授厅续壁记》。

平兴国五年(980年),洞主明起因献田得官而去,书院逐渐废弃。第二次于咸平间,因无人管理,"莽为邱墟"。第三次毁于"皇祐末之兵火",自此"鞠为茂草"。这三落,都与朝廷几次兴学无直接关系。而且孙琛于皇祐五年(1053年)重建白鹿洞书堂,恰好在庆历兴学之后。这也说明兴办官学与书院建设这两件事,并非水火势不两立。

至于崇宁以后,仅就江西省范围来看,书院亦有新的修举。如新建浯溪书院,新昌(今名宜丰)卢氏书堂,南丰溪山精舍,龙泉(今名遂川)盘窝书院,乐平高扬书院(其所在地于明代归万年县),宜黄定庵书院等。可见,尽管王祎的《游鹿洞记》也是著名的篇章,但作为书院败落的佐证是不成立的。

北宋书院的发展,尤其在崇宁前后与政局已有紧密的关系。蔡京等人压制反对派的活动已波及书院,有人甚至可能利用书院的活动作为与蔡京等人抗衡的手段❶。某些书院的主持者,亦已卷入其中,至南宋,这种与政局相关的情况则尤为明显。

我们还应注意到,庆历年间是宋代理学家们开始从事学术活动并草创书院从事教学活动的时期,理学家们的活动使书院的教育从目标和内容上发生了变化,强调心性修齐,使书院产生了新的特色。

第二节 北宋"四大书院"与白鹿洞书院在当时的历史地位

白鹿洞书院素称天下"四大书院"之一,或北宋四大书院之一。白鹿洞书院坐落在江西,研究江西书院发展的历史,必然要研究白鹿洞书院及其与四大书院的关系。

白鹿洞书院是在南唐庐山国学的旧基上建立起来的,是北宋始建最早的书院之一。尽管人们谈论"四大书院"时,甚至把它说成"之首",但这尚待进一步的研究。

---

❶ 参见程珌《洺水集》,载《策问·学校》。

一、关于"四大书院"之说

在学术界,对于"四大书院",历来就有许多不同的说法。有的说,宋初天下就有四书院;有的说,有四所大书院或名书院;有的说这四所,有的说那四所;有的又说六所或八所。哪八所也众说纷纭。

关于四大书院,查阅史籍未见北宋人说及。北宋只有杨亿关于鼎峙江南东、西路三书院东佳、华林、雷塘的介绍。最早讲四大书院的,从目前材料看,应是南宋人。南宋孝宗乾道九年(1173年),著名的诗人范成大(1126—1193年)游衡山,瞻仰石鼓书院。他在后来写成的《骖鸾录·衡山记》中说道:"始诸郡未命教时,天下有书院四:徂徕、金山、石鼓、岳麓。"考徂徕书院在山东徂徕山,为石介(1005—1045年)所建。金山书院即茅山书院,处士侯遗所建。石鼓书院前章已有介绍。岳麓书院在长沙岳麓山,宋开宝九年(976年),在刘鳌倡议下,潭州知州朱洞在僧人办学的基础上始建。

随后不久,淳熙六年(1179年),吕祖谦(1137—1181年)应朱熹(1130—1200年)请求撰《白鹿洞书院记》说:"国初斯民新脱五季锋镝之厄,学者尚寡。海内向平,文风日起,儒先往往依山林,即闲旷以讲学。大师多至数十百人。嵩阳、岳麓、睢阳及是洞尤著,天下所谓四书院者也。"❶范、吕均为名家,说四书院,相隔六七年,差异竟如此之大。可见,即使在南宋,对四大书院的说法就很不一致,后来很多人讲四书院,虽然多数接近吕氏主张,但仍时有异同。

袁燮在《四明教授厅读壁记》中讲到北宋的书院时,提到白鹿洞、岳麓、嵩阳、茅山四书院后,又提到戚同文、孙复、胡瑗、石介四人讲学的书院睢阳、泰山、安定❷、徂徕,共列八所书院。

王应麟《玉海》论"宋朝四书院"说:"宋有戚氏,吴有胡氏,鲁有孙、

---

❶ 据《金华丛书》本《吕东莱文集》,嵩阳书院在河南登封建于后周,睢阳书院在河南商邱,朱时为应天府故亦称应天府书院,原为戚同文讲学处。

❷ 安定书院在湖州建院,命名较迟,而胡瑗"教授吴中"在哪所书院失考。

石二氏,各有道德为人师。"这里有睢阳、安定、泰山、徂徕四所书院。又将白鹿洞书院、岳麓书院、应天府书院,嵩阳书院列于四书院标题之下。录吕祖谦语:"嵩阳、岳麓、睢阳及白鹿洞为尤著。天下所谓四书院也。"这里又是四所,去掉重复的(睢阳即应天府)共有七所。王又于白鹿洞书院条目内叙:"至道三年八月,南康建昌县洪文抚于所居雷湖北创书舍集学者。太宗飞白一轴曰:'义居人',以赐之。"这是讲雷塘(雷湖)书院。又说:"江州陈氏义居,至道初遣内侍裴愈就赐御书。"这是讲东佳书堂,也就是义门书院(陈氏书堂)。于岳麓书院条目内叙:"书院南风雩亭下,别建湘西精舍。""开禧中建南岳书院。""衡州石鼓山有书院,起唐元和中。"这又是三所书院。前后相加,《玉海》共叙十二所书院。

马端临《文献通考·学校考》称白鹿洞书院、石鼓书院、应天府书院、岳麓书院为"宋兴之初,天下四书院"。并以"西京嵩阳书院""江宁府茅山书院"附载,又谓二者"后来无闻",独四书院之名著。同书《职官考》则言,宋初四书院,白鹿、嵩阳、岳麓、应天府。复称:"此四书院之外,又有茅山书院。"

吴澄《鳌溪书院记》称:"斯时也,私设黉宫广集学徒以补学之缺,如李渤之于白鹿,曹诚之于睢阳是也,上之人以其有裨于风化,笺赐额敕,以风励天下,与河南嵩阳、湖南岳麓号为四大书院。而衡之石鼓亦赐额,此先宋以前之书院也。"❶

嘉靖间,有吴世良者题诗鹅湖书院,在注中说:"天下四大书院,嵩阳、岳麓、白鹿洞、鹅湖。"吴世良诗碑现存鹅湖书院。至清代康熙间重建鹅湖书院,有人仍将其与白鹿洞并论。江西铅山知县施德涵曾重建鹅湖书院。其《重建鹅湖书院序》称:"海内称四大书院,西江有二焉。故鹅湖讲堂与白鹿洞并峙千古。"❷

---

❶ 载《同治乐安县志》与《吴文正公集》。
❷ 载《同治铅山县治》。

石文焯《白鹿洞书院志序》中说："天下之书院自宋始盛,夫以天下之大,于江之北立嵩阳,于江之南立岳麓、石鼓、白鹿,为四大书院。"石序作于康熙五十九年,载毛德琦《白鹿书院志》。

卢松《黎川书院记》："至宋时天下大书院四,则师儒所自营也。嵩阳、岳麓、鹿洞、东林,皆名儒躬主讲席,守先待后从之游者彬彬称盛焉。"❶卢松当时担任新城(今江西黎川)知县,他将东林书院列入四大书院之中,这又是一种新见解。

全祖望《答石痴征士问四大书院帖子》将天下四大书院分为北宋四大书院与南宋四大书院。就北宋四大书院,全于顾及范成大、吕祖谦、王应麟、马端临诸说后称:石鼓"未几改为州学,则其为书院不久",孙复、石介之祖徕"较之睢阳、白鹿、嵩阳则稍晚出","金山当是茅山","其后无闻"。故全承《玉海》之说,以嵩阳、睢阳、岳麓、白鹿洞为北宋四大书院。就南宋四大书院,全称"自金源南牧,中原板荡,二阳鞠为茂草",故"岳麓、白鹿以张宣公、朱子而盛,而东莱之丽泽,陆氏之象山并起齐名。四家之徒遍天下,则又南宋之四大书院也"。

近世研究书院的学者逐渐摆脱了"四书院"的陈说,提出了自己的新见解。

盛朗西《中国书院制度》说："宋初海内四大书院实有六:石鼓、白鹿、应天、嵩阳、岳麓、茅山是也。"

陈东原《中国教育史》称："至五代,印版书院既已发明,藏书之事,不必专赖官家。而因学宫之废弛之故,私人之聚书教授者,乐书院之名,因相率沿用。故宋初有四大书院。但各书所载四大书院之事微有异同。《文献通考》以白鹿洞、石鼓、应天、岳麓为四大书院,而云嵩阳、茅山后来无闻。据《玉海》则列嵩阳而遗石鼓。故宋初的书院,著名实有六个,皆起于私人创建。"

陈登原《国史旧闻》以为:"《玉海》与谢山均不数及石鼓,自是于理

---

❶ 载《同治新城县治》。

未衷。盖以石鼓创始最早,声名最广故也。然而其所谓四大书院,无宁为八大书院。石鼓一也,白鹿二也,龙门三也,嵩阳四也,岳麓五也,应天六也,徂徕,金山七也、八也。"将龙门书院作为名书院是陈登原先生第一次提出来的。依据是《宋史·张去华传》中有关于龙门书院的简单介绍。张去华"父谊,字希贾,好学不事产业。既孤,诸父使督耕陇上,他日往视之,见阅书于树下,怒其不亲穑事,诟辱之。谊谓其兄曰:若不就学于外素志无成矣。遂潜诣洛阳龙门书院与宗人沇銮、湜结友,故名闻都下。长兴中,和凝掌贡举,谊举进士"。

就上述众多的说法,涉及的又何止八所、十二所呢。究竟哪几所算是四大书院呢?所谓四书院,是有四大书院还是仅有四书院,或四所著名书院,这又是一问题。

应该明确,无论是唐、五代,还是北宋,我国有史记载的书院均不止四所。吕祖谦说,"国初……大师数十百人",这就是说,宋初已有数十百所书院。就江西情况看,唐代有书院七所,始建于五代的书院有六所,而始建于北宋的有四十所左右。若从全国而言,理应大大超过此数。由此可见,若是讲只有四书院或者六书院、八书院都是不妥当的。

讲"四大书院"是否妥当呢?如果这个"大",仅说是"规模大",也不见得妥当。因为前面提到的那些书院,就其规模来讲,并不都很大。吕祖谦讲"尤著"颇有道理。有的书院因建立较早而有盛名,如石鼓书院。有的则有名师讲学而著名,如睢阳原为戚同文讲学之地,泰山有孙复,徂徕有石介,嵩阳有程颐,东林有扬时。有的则与朝廷赐敕有关,如岳麓、茅山之类。因此若说当时有一批比较著名的、影响较大的书院,则比较恰当。

全祖望曾将天下四大书院分为北宋四大书院和南宋四大书院。其实这所谓北宋四大书院也是南宋人说的。前面已经说到范成大游石鼓山,讲石鼓是四书院之一;而吕祖谦为白鹿洞写记,首次将白鹿洞列入"尤著"者之中,都在很大程度上反映了当事者的兴趣和需要。说白

鹿、石鼓是北宋的名书院，毋宁说是南宋某些人心目中的名书院。这以后，所谓四书院之说，也往往与论者所处的环境有关系。宋室南迁以后淮土多居京口（今镇江），建淮海书院自处，亦有自称大书院的（参见《续文献通考》）。施德涵重建鹅湖书院，余成教当过鹅湖山长，均将鹅湖列入四大书院中。余成教在白鹿立碑记白鹿洞事，称鹅湖、白鹿均为四大书院之一。总之，从历来论者的情况看，究竟以何者载入四大书院之列，有很大的随机性。因此，我们今天大可不必拘于某一名人，某种陈说而不敢越雷池一步。

自唐至宋初，就全国范围讲，在数十百所书院中，的确有些书院影响较大，前面的引文中已经提到。

近人盛朗西、陈东原则突破了四书院的框框。他们提出六书院之说，这种说法得到学术界广泛的赞许。近几十年来多数教育史、书院史书，均称六书院。而陈登原又进一步提出了八书院的见解。鉴于自古以来，关于四书院各家之说的差异性和随机性，盛朗西等能冲破成见提出六书院或八书院的说法，这是很有见解的，但若能广泛吸取有关唐至宋初名书院的各种记载和论说，那么，应该注录的名书院，就远不是六所或八所了，诸如东佳、华林、雷塘、石鼓、白鹿、岳麓、嵩阳、睢阳、徂徕、茅山、泰山、安定，濂溪等似均可列入唐至北宋比较著名书院中，它们大都在书院发展史上有过相当大的影响，并有知名之士为之记述。过去长期存在所谓宋初"四大书院"的说法，理应随今日书院研究的深入有所改变，有所发展。

二、北宋时白鹿洞书院是否堪称四大书院之一

白鹿洞书院始建于北宋初年，长期以来被人们称为天下四大书院之一，或北宋四书院之一。正如毛德琦《白鹿书院志》所说，白鹿洞于"宋初置书院，与睢阳、石鼓、岳麓并名天下"。

前面已经提到，最早把白鹿洞列入四大书院之中的是吕祖谦，称：

嵩阳、岳麓、睢阳及白鹿洞是天下所谓四大书院。后来王应麟的《玉海》在谈到书院制度时,基本照录了吕祖谦的这段话。但南宗乾道间,范成大论述北宋四大书院竟剔去了白鹿洞,似令人惊奇,其实是颇有道理的。

从现有材料看,最早论述所谓北宋"四大书院"的是范成大和吕祖谦二人。二人意见很不一致。其不同之处,特别引人关注的就是白鹿洞该不该算是北宋四大书院之一。范没有具体摆出这种看法的理由。吕则在《鹿洞书院记》中提到了"李渤隐居""书院创于南唐""太宗驿送《九经》"这几件事。进一步阐述吕祖谦所持观点的王应麟(1223—1296年),在《玉海》中对白鹿洞书院沿革是这样介绍的:

唐李渤与兄涉俱隐白鹿洞。后为江州刺史,即洞创台榭。

南唐昇元中,因洞建学馆,置田以给诸生,学者大集,以李善道为洞主,掌教授。当时谓之白鹿国庠。❶

宋太平兴国二年(977年)❷,"知江州周述言,庐山白鹿洞学徒数千百人,请赐《九经》肄习。诏从其请,乃驿送之"。五年(980年),"以白鹿洞主明起为褒信主簿"。咸平五年(1002年),"敕有司重修缮,又塑宣圣十哲之像"。祥符初,"直史馆孙冕请以为归老之地"。皇祐五年(1053年),冕子"孙琛即故址为学馆十间,榜曰:白鹿洞之书堂,俾子弟居而学焉"。淳熙六年(1179年),"南康守朱熹重建"。八年(1181年)十一月"赐国子监经书"。

既然谈的是北宋四大书院,那就只能以北宋的史实来说明书院的规模。因此,关于李渤隐居和白鹿国庠(庐山国学)的史实,就不能成为北宋时白鹿洞书堂成就卓著,影响巨大的理由。同样的道理,朱熹的兴复也不能用来说明北宋时期的情况。

就北宋的史实进行研究,首先需要考察的,就是白鹿洞书院在北宋

---

❶ 有称"庐山国学""白鹿洞国学",甚至"白鹿洞寺""庐山国子监""匡山国子监"的。
❷《玉海》行文为三年,据多数本子改二年。

时期的学徒人数问题。《玉海》引周述言，"白鹿洞学徒数千百人"。《文献通考·学校考》也说，白鹿洞书院"学徒数千百人"。新中国成立前出版的一些教育史书籍大都因循这种说法。前几年出版的《中国古代教育史》和《中国文学史》更直截了当地讲，宋初白鹿洞书院有学徒"数千人"。可是据《文献通考·职官考》《同治南康府志》《同治星子县志》、毛德琦《白鹿书院志》、吴宗慈《庐山志》以及朱熹的《白鹿洞牒》《申修白鹿洞书院状》和《延和殿奏事》❶所载，宋初白鹿洞书院学徒仅为"数十百人"。

究竟哪种说法比较可靠呢？

我们先从白鹿洞所处的地理位置来分析。白鹿洞原处于山林之中，有"泉石之胜"，无"市井之喧"。明初，王祎游白鹿洞，此地尚为"虎狼出没之地"。解缙寻找书院遗址，作《庐阳书屋记》也说此"地僻而民少"❷。这个地方实难容纳千人就学。1946年，蒋介石曾指令白鹿洞一带为中正大学永久校址，中正大学亦始终未正式派员前往接管和整理。❸即使在今天，白鹿洞遗址要同时接待数千旅游者观光，恐怕也是相当困难的。

再从当时洞主明起本人的学术声望看。宋太宗赵光义于太平兴国五年，仅给他一个县主簿的职位。明起所以得官的原因也有两种说法，一种是《宋会要稿》和《玉海》的说法，即起"以讲学为业故有是命"；另一种是李焘《续资治通鉴长编》和洪迈《容斋随笔》的说法，即白鹿洞"尝聚生徒"，"李煜有国时，割善田数十顷，取其租廪给之"，"于是起建议以其田入官，故爵命之。白鹿洞由是渐废"。如果后者确有其事的话，其声望就很难使大量学子闻风向往了。

就南唐白鹿国庠（庐山国学）的历史情况看，史籍所载当时的生徒人数也不完全一致。如毛德琦《庐山志》载"昇元中以李善道为白鹿洞

---

❶ 载《朱子大全》。
❷ 载《同治星子县志》和《解缙集》。
❸ 吴宗慈《庐山续志》。

主,学徒百人,皆为时望"。《同治星子县志·刘元亨传》说,刘元亨在"开宝中入庐山白鹿洞……时诸生近百人"。吴宗慈《庐山志·刘元亨传》则载"诸生百余人咸师事之"。马令《南唐书》载,南唐"滨秦淮开国子监,复有庐山国学,其徒各不下数百"。洪迈《容斋随笔》也说:"洞在庐山之阳,尝聚生徒数百人"。虞集《兴复洞田记》讲,"南唐时学者之盛犹数百人"。陆游《南唐书·朱弼传》则讲:朱弼"每升堂讲说座下肃然","徒自四方来者,数倍平时"。由以上史料不难看出:①庐山国学平时之学徒人数"常百余人",或"百人",或"近百人",笼统的讲法亦可用"常数十百人";②朱弼任教,四方来学者数倍平时,为最高纪录,有学徒"数百人";③南唐时绝无学徒千人,或数千百人之记载。

关于北宋时期白鹿洞书院的人数,我们还可以从宋与南唐之间军事行动的历史背景进行分析。太平兴国二年(977年)距南唐灭亡不久,开宝八年(975年)冬,曹彬俘南唐后主李煜。开宝九年(976年)江南州郡皆降,独江州胡则集众固守。宋将曹翰围攻四月余,城破,"纵兵悉取货财而屠其民"❶。郑文宝《江表志》称:"翰攻陷江州,杀戮殆尽,谓之洗城。"既然如此,第二年怎可能复有数千士子,十倍,数十倍于南唐庐山国学之学徒,聚集于当时江州州治德化县星子镇的白鹿洞安心读书呢?即使在南唐庐山国学最盛时曾百学徒的话,此时恐怕只会四散而难以增多了。所以,李焘与洪迈之说,明起献田得官,一走了之,书院废弃,这倒是比较靠得住的。

总之,太平兴国年间,白鹿洞是绝不可能有上千学生的。

从五代至宋,江西(今江西省所辖范围)的书院,学徒千人的记载,粗略统计只有三起。一起是北宋李觏讲学的南城盱江书院,前后一二十年,"东南闻风而至者数千人"❷。然而《宋史》《宋元学案》只讲他"以教授自资,学者常数十百人"。再一起就是南宋陆九渊讲学应天山(后

---

❶ 此据《宋史》及《宋史记事本末》。马令《南唐书》称"围城三年"。
❷ 《同治南城县志》。

改名象山),"居山五年,阅其簿,来见者逾数千人"❶。这也是累计数。另外,南康洪氏雷塘书院,杨亿讲它"……生徒益盛,必著录者万人,然后臻夫极也"❷。看来似乎仅为奋斗目标,并非实有。在江西,后来的鹅湖、白鹭洲、濂溪、东湖、阳明、友教、豫章等著名书院,都没有创数千学徒这个纪录。朱熹是南宋理学大师,他亲自讲学白鹿洞,在《乞赐白鹿书院敕额》中,自己讲仅有学徒一二十名。

在《光绪江西通志》和府县志的《人物志》中,提到明起为"白鹿洞主,掌教授、学徒数百人"。此说较接近实际,故为近来某些文章所采取。❸然而,这种说法还有夸张的成分。

各家公认的北宋四大书院之一的岳麓书院,在北宋的影响比白鹿洞要大,地理条件比白鹿洞好,北宋间有史实可以查考的时间也比白鹿洞长。然而,它仅有学徒数十人。❹朱熹的《白鹿洞牒》《申修白鹿洞书院状》,在现有记载关于白鹿洞书院规模的史料中,是比较早的,并直接依据实录和图经阐述,是比较可靠的材料,其中《延和殿奏事》更不会是无根据的。朱熹是竭力主张兴复白鹿洞书院的,他绝不可能有意识地缩小历史上书院学徒人数;相反倒有可能渲染其规模,然而,也只是将数十人、近百人笼统地说成数十百人,这种说法的含义就是数十人,或近百人,并非数百人。

笔者以为,《玉海》所载白鹿洞学徒"数千百人",纯系"数十百人"之误。估计也可能只是传抄、刻印时把"十"变成了"千",后人以讹传讹,出现了"数千百人",甚至"数千人"的说法。总之,宋初白鹿洞书院的学徒人数不多,办学时间也不长。

南唐庐山国学的下限是开宝八年(975年)冬。北宋地方人士办学馆(书院、书堂)的时间,可以从曹翰陷江州之后,即开宝九年(976年)

---

❶ 李绂《象山年谱》。

❷ 杨亿《雷塘书院记》。

❸ 参见陈元晖、王炳照《书院制度简论》。

❹ 王应麟《玉海》。

夏秋，也就是太平兴国元年算起。如果李焘和洪迈关于明起献田得官，书院渐废的说法可靠，那么办学时间的下限应在太平兴国五年（980年）。这是第一段，一共五个年头。如果照毛德琦《庐山志》的讲法："自有南康而洞事浸浸坠矣。"查方志南康军建置于太平兴国七年。那么这一段最多也只有七个年头。

咸平五年，白鹿洞是否有教学活动，书院情况怎样，均无记载，只好存疑。因为自古以来徒有其名，而无教学的书院是经常有的。咸平五年后，据《朱子年谱》讲，则又"沦坏日久，莽为邱墟"。祥符初，朝廷将白鹿洞赐于孙冕为归老之地，孙冕"未至洞而卒"❶，仅"还葬其所"。这与书院的教学更是两回事。

皇祐五年（1053年），孙琛"为学馆十间"。可是很不幸，又"毁于皇祐末之兵火"❷。至皇祐六年，从此"鞠为茂草"。

由此可见，北宋时期，白鹿洞书院的教学活动时间，确有史实可考的，前后一共只有七个或者九个年头。自开宝九年（976年）算起，至靖康二年（1127年），北宋朝廷统治江西总共有152年的历史，白鹿洞书院仅有七年或者九年的教学活动，时间实在太短。

北宋朝廷曾向白鹿洞书院送过书、下令塑过像。这些事曾为朱熹大加鼓吹、神化。其实从许多材料看，这种事在当时就带有普遍性，如咸平四年朝廷就下令诸路郡县所有学校和聚徒讲诵之所，各赐《九经》一部。❸

关于北宋时白鹿洞书院的影响，陈舜俞《庐山记》和郭祥正《书堂记》虽未详述，然而，从侧面的材料也可以看出，人们在当时就并不怎样看重白鹿洞书院。例如前面提到的杨亿在《雷塘书院记》中列举了"鼎峙江东"的三所著名书院，江州陈氏东佳书堂，洪州胡氏华林书院与南康洪氏雷塘书院，而未提及白鹿洞。杨亿生长在信州玉山县，祖

---

❶ 毛德琦《庐山志》。
❷ 夏炜《白鹿洞书院志序》，载李应升《白鹿洞书院志》。
❸ 据《宋会要稿》。

父杨文逸仕南唐为玉山令,从祖杨徽之曾经是南唐庐山国学的学生。他本人为淳化进士,曾任翰林学士兼史馆修撰。他参加编写过《太宗实录》,同总领编辑《册府元龟》。此人"博览强记","才长于史",决不是一个寡闻的人。他当然不会不知道从庐山国学到白鹿洞书院的盛衰沿革。他将雷塘这个与白鹿洞同在南康军的书院列入鼎峙江东的名书院之中,而剔白鹿洞于鼎峙者之外,大概不能说仅仅是为了给南康洪氏捧场。如果白鹿洞在当时确是教学兴盛,生员众多,影响巨大,即使要为洪氏捧场,也完全可以将雷塘与白鹿洞并列为南唐或江东互相辉映的双星,而不必舍近求远讲三者鼎峙了。

据地方志记载,这"鼎峙江南"的三所书院在北宋时,其学徒人数、历史影响确实大大超过当时的白鹿洞书院。

范成大谈到的石鼓、岳麓两书院,作为"天下"名书院已为许多学者公认。当时它们的影响之大,也是白鹿洞所不能相比的。

石鼓书院在前章已经介绍了。近人陈登原说它"创始最早,声名最广"❶。

岳麓书院,"开宝九年,潭州守朱洞始创于岳麓山抱黄洞下,以待四方学者;作讲堂五间,斋序五十二间"。"咸平二年谭守李允则益崇大其规模",并"塑先师十哲之像,画七十二贤"❷。咸平四年"以国子监经籍赐书院"❸。"祥符五年山长周式请于太守刘师道广其居"。"式以行义著,八年召见便殿,拜国子主簿,使归教授。给诏因旧名赐额,仍增给中秘书。于是书院之称闻天下"❹。

即是创建较迟的茅山与徂徕两书院,据尚残存的史料看,亦有白鹿洞所不及之处。

茅山书院即金山书院,或侯处士书院,在金坛。据《宋会要稿》记

---

❶ 王应麟《玉海》。

❷ 王应麟《玉海》。

❸ 《同治长沙县志》。

❹ 王应麟《玉海》。

载:"仁宗天圣二年五月,知江宁府光禄卿王随言:处士侯遗于茅山营葺书院,教授生徒,积十余年,自营粮食。望于茅山斋粮剩数就庄田内量给三顷,充书院赡用。从之。"

徂徕书院为石介所建。在山东徂徕山。徂徕山下有白河湾、竹溪等处,唐代李白、孔巢父等尝隐此,"号竹溪六逸,后石介因故址筑居读书"❶。《宋史》称,介"以易教授于家,鲁人宗之号徂徕先生"。全祖望讲,"石守道与孙明复相师友,讲学力行,鲁人宗之"。二人隐居筑室创建书院,聚徒讲学,著书立说,先后征为国子监直讲,"学者从之甚众,太学由此而盛"❷。

这样看来,范成大所以未把白鹿洞当作四大书院之一,理由是很清楚的:①白鹿洞在南唐闻名四方时是国学而非书院;②由于北宋白鹿洞书院学徒不多,时间很短,影响有限。

最早将白鹿洞书院列入四大书院的是吕祖谦。吕为白鹿洞书院作记,时在淳熙六年(1179年)。这篇文章是经朱熹、吕祖谦二人反复交换意见的产物。此事可以从朱、吕往来书信中得到证实。❸王懋《朱弦子年谱》也讲:"东莱之文实本朱子之意也。"其时程学地位未尊,兴建书院一事,受到朝野讥笑和非议。既然要为兴复书院一事广寻根据,记文中难免有所渲染,将白鹿洞书院列入北宋四大书院也是不难理解的。范成大游衡阳石鼓山,时在乾道九年(1173年)二月,《骖鸾录》成书于其后不久。此录先于吕记五六年,其时尚未有兴复白鹿洞书院之事,且观范与朱亦非同道,当然不可能提前几年为朱熹兴复一事大张声势。白鹿洞书院闻名全国,影响后世,实在是朱熹兴复书院和吕祖谦为之鼓吹之后的事情。特别在理宗皇帝对朱熹大加表彰,封国公、从祀孔庙,"亲书《白鹿洞书院揭示》颁于学宫"之后❹,白鹿洞书院的地

---

❶ 肖协中、赵新编著《新刻泰山小史》。
❷ 《宋史·孙复传》。
❸ 朱熹《答吕伯恭书》。
❹ 《宋史·理宗记》。

位随着朱熹的声名而大大提高。讲它是南宋和此后最著名的书院之一，可谓得当。

四大书院的命题自乾道九年（1173年）范成大提出，至今已有八百多年的历史，出现了各种各样的表述方法。这反映了书院发展中的不平衡性。当然也反映了古代学者，由于自己所处环境及其思想倾向而出现的随意性。范成大于乾道末讲四书院，这是现存历史材料中可以找到的就四大书院最早的介绍。他讲岳麓、石鼓，因为他正在湖南旅行。刚看了岳麓，又正在石鼓。金山在他家乡邻近之处，而石介讲学徂徕则在北宋有较大影响。至于白鹿洞则自皇祐末烧毁，已有120多年，早已无闻了。何况它本来就不是什么大书院。过了六七年，吕祖谦因朱熹兴复白鹿洞而撰写《白鹿洞书院记》，此时朱熹已成学界泰斗。为兴复白鹿洞书院，开创自己的事业需要造舆论、找根据，而白鹿洞恰好可以找到李渤、李璟，可以找到赵宋的太宗与真宗两位皇帝，首次将白鹿洞引入四书院之列，这是理所当然的。后世有人修复鹅湖书院，题诗鹅湖书院，传教鹅湖书院，又将鹅湖列入四大书院的行列。鹅湖之会在中国教育史、哲学史上意义重大不容置疑。然而，朱陆鹅湖集会时，并无鹅湖书院。这次会讲亦非书院之会讲，更非鹅湖书院之讲会。作为纪念鹅湖集会而建立祀祭四先生的鹅湖书院，却没有鹅湖集会的这种影响，因而也称不上什么全国著名的四大书院之一。然而，硬要把它也列入四大书院之中，这只不过是随意性而已。

无论是随意性的问题还是发展中的不平衡性问题，都是我们在研究时值得注意的。前者说明学者的态度，后者说明了书院本身的特点。从前者，我们应吸取的教训是怎样严肃对待历史上的不同介绍；从后者，则应看到由于政治、经济、文化等种种条件的变化，学术中心的迁移，各个书院在各历史阶段发展的不平衡性，这是书院本身发展的规律。因此我们总结书院发展的历史经验，就不能局限于某个地区、某所书院、某个历史阶段,而重心转移本身,则也是值得研究的课题。

第三节 北宋江西书院择例

北宋江西书院各有自己的经历和特点,不能一一列举,仅择其典型介绍于后。

一、鼎峙江南义门三书院

杨亿(974—1220年),在《雷塘书院记》中将浔阳陈氏东佳书堂、豫章胡氏华林书院与南康洪氏雷塘书院称作鼎峙江南三书院。❶其中东佳、华林两书院前面已经提到,下面再介绍一下雷塘书院的大概。

雷塘书院亦称雷湖书院,亦称雷湖书堂,在建昌县(雷塘今属安义),为义门洪氏家塾,创建人洪文抚。洪文抚在《宋史》有传。《宋史·孝义传》记载:文抚六世义居,"就所居雷湖北创书舍,招徕学者"。至道中(995—997年),"本军以闻,遣内侍裴愈赍御书百轴赐其家","文抚遣弟文举诣阙贡土物为谢","太宗飞白一轴曰'义居人'以赐,并命文举为江州助教","自此每岁遣子弟入贡,必厚赐之","又命有司修书堂以淑子孙"。南康洪氏是大族,衣冠之家,书院延续的时间也很长。不仅"子弟之秀者咸肄业于兹",且四方来学者竟不远"千里""贯鱼而进"。洪文抚侄洪待用登咸平三年(1000年)进士,官至都官员外郎。洪亶亦登庆历进士。

文抚裔孙洪师民,博学多才,登熙宁三年(1070年)进士,为石州司法参军,娶黄庶之女为妻。黄庭坚曾与这位妹夫诗文相酬。元祐间,洪师民重建洪氏书院,取名招贤。黄庭坚曾前来讲学。洪师民四子,洪朋,字龟父,幼孤,受业于祖母李氏。手不释书,落笔成文,尤长于

---

❶ 杨亿《雷塘书院记》称:"学馆之南有雷塘焉,因以为名,且志其地。先是浔阳陈氏有东佳书堂,豫章胡氏有华林书院。皆聚坟索以延俊髦,咸有名流为之记述,讲道论义,况力敌以势均,好事乐贤,复争弛而并鹜,宜乎与二家鼎峙于江东矣。"

诗,舅黄庭坚尝谓龟父笔力扛鼎,异日不患无闻。但两贡礼部不遇,荐举知临川,早卒。著有《清非集》,书屋"清非斋",黄庭坚曾为作铭。洪刍,字驹父,绍圣元年(1094年)进士,靖康初为谏议大夫,有诗名,坐事流放,尝著《豫章职方乘》《老圃集》等。其书屋"壁阴斋",庭坚亦为作铭。洪炎,字玉父,元祐三年(1088年)进士,先为知县,累迁知颍州,迁秘书少监。高宗初为中书舍人,有《西渡集》等,著述甚富。黄庭坚为作《照旷斋铭》。洪羽,字鸿父,绍圣四年(1097年)进士,曾知台州,斋名"翛然堂"。四洪与黄庭坚的学术倾向均趋蜀学,炎、羽皆受"元祐党案"株连。他们皆为江西诗派后继者。

朱熹也曾在南康军任内表彰洪氏义居办事有"天情人心"。

东佳、华林、雷塘三书院创办者陈氏、胡氏、洪氏皆为义门。其中陈氏聚居十三世,人口三千余。这类大家族在唐宋之间是不少的。仅《宋史·孝义传》中就罗列了数十家,如江州德化许氏(许祚)、信州俞氏(俞隽)、信州李氏(李琳)、建昌瞿氏(瞿肃)、吉州永新颜氏(颜诩),仅德安即有陈、王、梅、郑数家。聚居家族是血亲、宗法、地域、礼教结合的产物。作为社会的细胞,为维护以宗族为基础的古代社会制度起着积极的作用。有人研究聚居大族能够凝聚不散,至少有四方面的因素。其一是由尊崇祖先而发展起来的家长专制,其二是由历代祖先积聚下来的家族财产公有制,其三是由家族全体成员相对公平的共同生活消费制,其四是建立维护共同生产、生活和维护家长统治的伦理道德观念,这是聚居的精神支柱。因此,聚居之家都非常重视道德观念的灌输,必然读"圣贤之书","教人忠孝"之类。办学设教成为聚居生活的不可缺少的方面。当然,培育人才也有利于提高聚居生产和生活的管理水平,提高家族的社会地位,以至"取青紫"而发展家族势力。在有关的志书中也有关于建昌南丰瞿氏办学,以及古州永新颜氏训迪子弟的记载。

就现有材料看,陈氏所建书屋和书堂,在体制上是比较完备的,有

15岁以前和15岁以后两个层次。前者对家族男子具有普及教育的性质,后者则是有选择地培养优秀人才的高等教育,并接待宾客游学。胡氏华林、洪氏雷塘未见如此明确的划分,但均有接待游学的内容。

聚居大族,虽然是强宗,有相当社会地位,甚至是大土地所有者,与朝廷有一定的联系,但却并不一定是朝廷的当权者。他们的书堂或者书院是私家创办的乡党之学,对巩固家族组织,巩固社会秩序是起积极作用的。在一些史籍中也提到"邻里化其德",可见其影响之大。

二、宋初江西几所比较著名的书院

这里介绍几所江西比较著名的书院。它们大都设置较早,在地方有一定影响。

洪州南昌县邓晏讲学的秀溪书院,曾在太平兴国间产生过相当影响。邓晏,字宁夫,南昌(今南昌西北隅置新建县,其故里隶属新建)人。以家学精于易,乡里讲学之处为易南精舍(精舍始建年代似应上溯至五代,但未见明确记载,故未列入五代书院名录之中)。太平兴国二年,江南已定,洪州郡学亦已"式新",但教席乏人。安抚使王明,因有司之请,惧"教化之不行",而访求老成博达者为师,郡邑长吏,士人共以邓晏荐。邓被聘,执教二年,成绩显著。当道欲为奖荐,晏却恳辞数四,求归。诸生愿执鞭而从之西者众。其原有易南精舍隘而不能容,于是在门人、宗族、乡绅、郡邑长吏的赞助下,晏乃度地建屋,地美、材良、制宏。"建大堂于后日崇礼堂,中设孔子位,翼以颜、曾、思、孟,外困以门,周环以垣",名曰"秀溪",益广云集之众生。孔武仲与邓晏孙文定有文字交,为之记。记中讲到邓晏教学"惟率以身,惟率以心,惟务和易,勤谨。夫勤谨则有功,和易则易从,以身以心则有典,则是作人之效月异而岁不同"。看来邓晏是一位深受学生欢迎的教师。这是宋代南昌最早的书院之一。邓晏的弟弟邓武建有香溪书院。

秀溪书院是洪州最早的书院,而抚州最早的书院当数慈竹书院。

创办人是乐史。乐史(930—1007年),字子正,抚州宜黄人。先以有文辞而仕南唐,为秘书郎。入宋曾为平原主簿,后辞官归隐。太平兴国五年(980年)举进士,故文天祥《乐安县进士题名记》称,抚州郡进士自"乐公史而始"。他是《太平寰宇记》的作者,宋初著名文学家、史学家、地理学家和教育家。大约就在他举进士前隐居读书时创办了这所书院,这所书院的原址在今乐安县。乐史曾作《慈竹诗》以劝世。诗序称:"予知陵州,见城郭村坞中有慈竹,生向内,不离根本,非独物象之奇,实乃草木之义门也。唐王勃、乔琳虽各为赋而孝慈之惩劝无闻焉,因为诗以识之。"据《同治乐安县志》载:"慈竹书院在县西,慈竹出自陵阳,连理而无旁枝,乐侍郎史移植庭阶,枝干森耸,迥异凡竹,此书院由名也。何太虚有赋,黄业轩有诗,其孙翰式廓堂宇课肄后昆,罗近溪复为之记。"据《同治宜黄县志·选举志》载,乐史为"太平兴国五年"进士,其子乐黄中、乐黄目、乐黄棠为淳化三年(992年)进士,乐黄庭为咸平二年(999年)进士,一门五进士,有文名,这大概都可算作是乐史创办书院在登科入仕方面取得的成果。

宋初,洪州丰城尚有莲溪书院,亦称书堂、书舍。原址在丰城筱塘,为丰城李氏家塾。据《道光丰城县志》载,"李从,字伯顺","多赀""能让",兄弟和睦,均产予之。"里征课,不能偿者,代之输",又勤于讲学,英才多从其游。其"子琮,字世京","辟馆延师丰饩以待学者"。琮子李秉,于仁宗朝登进士为司马光等人所器重。"琮以子贵封工部侍郎"。李氏曾延请邑名士周谔主讲席。周,字元甫,太平兴国年间,数举于乡,曾入韩亿幕。韩绛为安抚曾荐至京召对赐学究。谔有文采,其文曾极为苏东坡所赞赏。明李南素《重修莲溪书院记》说:"书院即家塾也。古无是名,至宋始盛。我李自侍郎公迁自湖茫,它务未遑也,而首凿地为溪凡二百余顷,台于中,屋于台,而莲于溪焉。莲取其花中君子,使学者将学为君子也。溪取源头活水,使学者知吾道之有本也。屋于中,取其宁静致远,使学者无外物之扰也。大哉我祖创制命名之义乎！当是时延周子谞以讲学，肖圣哲像以展礼，且资给四方来学者。人咸以义馆称之，文风大振。我李锺甲第者奕世，而他名公巨卿亦往往出其中，其皆为书屋教养之效也。"

北宋著名文学家杨亿，字大年，祖籍福建蒲城，因其祖父杨文逸在南唐曾任玉山县令，出生于玉山。玉山地方史料称杨亿有怀玉精舍。不过有人认为这个材料靠不住。理由是杨亿的祖父杨文逸虽任南唐玉山令，但入宋后就携带杨亿回建州蒲城居住。杨亿十一岁从建州被送往开封，由太宗赵光义亲试，亿卒于任未有归隐事。但玉山确有杨氏后裔，怀玉亦有精舍史话，不论杨氏何人所建，精舍一事似非无中生有。如系文逸所建，则起始年尚需上推至南唐。至南宋时，汪应辰、朱熹等人曾在此讲学。朱熹名曰"草堂"。有司与门人扩建为怀玉书院。

三、南丰曾氏的几所书院

建昌军（治所在南城县，宋称军，元称路，明、清为府）南丰县有南丰书院。原系曾氏旧宅。后改为地方公建，以至朝廷官设的书院。

曾氏世居南丰（曾巩四世祖延铎即居南丰地），历史比较悠久。曾氏学舍约建于宋初，甚至更早，至少可以追溯至曾致尧时。据县志记载，"旧有书院在奉亲坊，曾密公旧宅，曾巩有《学舍记》"。言幼时从先生受书的情况，"十六七时窥《六经》之学与古今文章有过人者，知好之则于是锐意欲与之并"。就在此学舍中。

曾致尧（947—1012年），字正臣，太平兴国八年（983年）进士。官至京西转运使，历知泰、泉、苏、扬、鄂诸州。任礼部郎中复改户部。著述有《僊鼋羽翼》《广中台志》《真言集》等。欧阳修有《曾谏议神道碑》记其事。王安石作《户部郎中赠谏议大夫曾公墓志铭》。以孙曾布为相，赠密国公。致尧七子：易从，咸平三年（1000年）进士，官至舒州军事推官。易知，咸平解试，累官虔州知州。易直，与长兄同榜进士。易简，景德间以神童荐，不幸早逝。易占，天圣二年（1024年）进士，为曾巩之父。易平、易持均为庆历解试。

曾易占（989—1047年），字不疑，少年即以荫补太庙斋郎，为宜黄、临川县尉，以举三司法中进士官至太常博士，知如皋、玉山等县。卒，王安石为撰《太常博士曾公墓志铭》。易占主张治天下必先名教、次省事、次择人，然后立制度，信赏罚，重号令，务本以率之，节用以持之，荒灾可以理服，盗贼可以术消，先定其本，则末亦从而举矣。易占生六子九女。六子为：晔、巩、牟、宰、布、肇。

自太平兴国至宣和间，南丰曾氏中进士者三十余人，有功名者近百。这都与曾氏学舍——南丰书院有一定关系，可谓影响远深。

曾氏学舍（一所家族书院）何时改建成地方公建的书院已不可考。《同治南丰县志》有宝祐中知军杨某建祠的记载，并笼统讲宋时有书院，曾巩为之记。所以，将曾氏学舍作为南丰书院之前称，将起始时间列入宋初。而志载，至元间毁于兵火。至正间知州史文彬复建于奉新坊。祀曾氏"诸贤"，则是元代朝廷官办的南丰书院。

曾巩（1019—1083年）兄弟中，曾晔皇祐四年（1052年）解试，曾巩、曾牟、曾布嘉祐二年（1057年）进士，曾宰嘉祐六年（1061年）进士，曾肇治平四年（1067年）进士。以曾巩的学术地位最高，而曾布的政治影响最大。

曾巩，字子固，生而警敏，读书数百言脱口趣诵，年十二试作文论援笔而成，辞甚伟甫，冠名闻四方，欧阳修见其文而奇之。中进士后，为太平州司法参军，编纂史馆书籍，迁馆阁校勘，集贤校理，为实录检讨官，出通判越州，徙襄州、洪州，加龙图阁知福州，南剑州，判三班院，除史馆修撰，中书舍人，翰林学士。卒谥文定，世称南丰先生。有《元丰类稿》等。他不仅是著名的文学家，也是著名的思想家、教育家。这是众所周知的。

曾布（1035—1105年），字子宣。幼师兄巩，同年登进士。历宣州户曹等职。王安石执政荐之，改太子中允、崇政殿说书。累迁集贤校理,判司农寺兼校正中书六房公事。擢修起居注,为右正言,知制诰。入学士院为学士兼三司使。元丰初为龙图阁侍制知桂州,又进龙图阁直学士知秦州。后为翰林学士户部尚书,元祐间除龙图阁学士知太原府,移知真定、河阳等府。复入翰林。绍圣间,迁承旨,转大中大夫,知枢密院事。徽宗即位,以定策功,授银青光禄大夫,守尚书右仆射兼中书侍郎。议以元祐、绍圣均为有失,欲以"大公至正"消释朋党。明年建议改元建中靖国以示参用,自不罢政。崇宁二年(1103年)授观文殿大学士,知润州,又连贬廉州司户、衡州安置。五年(1106年)授大中大夫,提举嵩山崇福宫,卒。复观文殿大学士,封鲁国公,谥文肃。曾布作为王安石改革事业积极参加者,并继续坚持改革,主张团结各派,共赴国难,解除政治危机,又不与蔡京之流合污,不失为有见地之政治家。南丰曾氏在北宋一百多年中,世代有人在朝,功名赫赫,人才辈出,应与曾氏家塾有重要关系。"百年树人",此一例。

曾巩兄弟亦建有书院名曰"兴鲁",在抚州临川城内,据李绂《兴鲁书院记》称:"孔子之道传于曾子。曾子之后有文定公子固先生起于抚州实传曾子之学。抚城中香楠峰为先生兄弟故居。有书院曰兴鲁,先生尝讲学其中,东近盐埠岭,建坊亦以兴鲁名,今石础犹存"。"书院在郡城中最踞雄胜之势,左环林木,右依县学,绝纷嚣,宜讲习,且诸生诵法孔子颜名兴义莫良于兴鲁"。在清中叶以后,成为抚州著名书院。清末,改抚州府中学堂,原址现为抚州六中。

曾巩侄曾纵[肇二子,元丰七年(1084年)解试,官至浙东转运使],侄孙曾悟二人,父子尚创立溪山精舍。精舍建有崇文阁广储诸经史子集百家及其先世文集、石刻,又礼聘良师,集诸子弟及有游学者,"游艺于其间"。悟自为记。悟字蒙伯,苏辙外孙,杨时门人,宣和三年(1121年)进士,靖康间为亳州(治所在今安徽亳县)士曹。金兵南侵,被俘,不屈而死。精舍遂改为忠节祠,与堂兄忞同祀。曾忞,字仲常,巩孙,太学内舍生,以荫任郊社斋郎,累官司农丞,通判温州,须次于越,建炎三年(1129年)金人陷越,不屈而死。

四、双井黄氏樱桃洞、芝台书院

宋代洪州分宁县(今江西修水)双井黄氏为著名世家大族。婺州金华人黄瞻,系黄庭坚(1045—1105年)六世祖,以策干南唐李氏朝廷,为著作佐郎,洪州分宁令。分宁本南唐与马殷犬牙相交之处。瞻为县令,使两地之民各不相侵陵,水旱相移食。故楚马氏政权亦授以兵马副使,"将楚兵20年"。后瞻弃官游湖湘间。因"念山川重深可以僻世,无若分宁,遂将家居"。瞻子元吉,买田,聚书,长雄一邑。始建宅于修溪之上,子弟亦有登南唐科甲者。元吉之孙中理复率其族徙居城西20里之双井。所谓双井乃是其南溪心有双井。泉水甘甜洁净,当地居民汲取造茶。双井周围产名茶,名曰双井茶,亦名洪州白茅,被品为"草茶极品"。黄中理始筑樱桃洞与芝台书院,广聚图籍达数万卷。诸子孙皆以文学知名,于宋为盛。四方游学者常数十百人,宋庠(字公序,996—1066年),宋祁(字子京,998—1061年)兄弟亦曾"挟策来游",后同登天圣二年(1024年)进士第,庠为状元。二人均成为北宋著名的政治家、文学家。庠官至同中书门下平章事,有《宋元献集》。祁曾任国子监直讲,太常博士,判国子监,翰林学士,史馆修撰。曾参与庆历新政,领衔奏请兴学,与欧阳修都是著名教育家、史学家,同修《新唐书》等。官至尚书、翰林学士承旨,著有《宋景文集》。《宋史》称:"庠自应举时与祁俱以文学名擅天下。"

中理长子茂宗,字昌裔,登大中祥符八年(1015年)进士,授崇信军节度判官,"才高笃行",为两书院教师,子弟、生徒文学渊源皆出于他的培育。平辈兄弟滋(茂懿)、湜(茂询)、淳(茂伦)、涣(茂锡)、灏(茂先)、浃(茂逸)、注(梦升)、渭(子元)、浚(茂实)皆登科甲,号称十龙。

黄注少与欧阳修善。二人同于天圣八年(1030年)中进士。两人才华相若,可惜早丧。遗著《破碎集》《公安集》《南阳集》惜皆不传。欧阳修为撰墓志铭,称:"黄氏世为江南大族,自其祖父以来,乐以家资赈乡里,多聚书以招四方之士。梦升兄弟皆好学,尤以文章意气自豪。予少家隋州,梦升从官于隋。予为童子立诸兄侧,见梦升年十七八,眉目明秀,善饮酒说笑。予虽幼,心已独奇梦升。后七年予与梦升皆举进士于京师。""其文读之,博辩雄伟,意气奔放,若不可御"。"梦升素刚不苟合,负其所有,常怏怏无所施,卒以不得志死于南阳"。黄庭坚跋此墓志称:"叔祖文章,五音纵横,制作之意似徐陵、庾信,不幸得人间四十尔。使之白发角逐于英俊之场,未知与欧阳孰先孰后也。"

黄湜,乃黄庭坚祖父,官至朝散大夫。其玄孙黄犖,官至转运使,提刑,秘阁修撰。与袁燮善。袁撰《秘阁修撰黄公行状》叙述了黄氏家世,称:"以儒学奋于一门,兄弟共学修水上芝台书院,道义相摩,才华竞爽,时人谓之十龙。"

黄庶,字亚夫,黄湜之长子,年二十五以诗赋见长而登庆历二年(1042年)进士。历州郡从事,摄康州,治有声。号青社先生,著有《伐檀集》。其子大临、庭坚、叔达皆大有文名。其同辈兄弟廱、序、庚、昭、庠、廉等亦登进士。宋代双井黄氏族人登进士近半百,可谓盛矣!

黄庭坚,字鲁直,自号山谷道人。黄中理之曾孙、黄湜之孙,黄庶之子。《宋史》称其"幼警悟,读书数过,辄成诵,舅李常过其家取架上书问之,无不通。常警以为一日千里"。登治平四年(1067年)进士。曾教授北京国子监,为留守文彦博赏识。苏轼见其诗文,"以为超轶绝尘,独立万物之表,世久无此作"。由是声名震海内。累官知州,国史编修官。《宋史》称其"学问文章,天成性得"。这个"天成性得",一是出于个人努力,二是出于生长环境。陈师道曾称其诗法于杜甫。然皆不拘于一格。其诗文、书法多自成一体。黄庭坚虽出苏轼门下,确与苏齐名文坛,号称"苏黄"。作为江西诗派之祖的黄庭坚,其成长不是孤立的。这与黄氏家族人才辈出,多以诗文阅世的环境分不开的。有名族、名家、名书院,有名胜之地,学风遂炽盛,群体之中又出佼佼者。这是"百年树人"之又一例证。周必大在《黄文节公祠记》中称:"黄氏本金华人,先生六世祖瞻尝为邑宰,厥后奉亲卜居,殁则就葬,历三世家修水上,家学有声而先生出焉。"

黄氏以创书院而负盛名,与黄氏有姻亲关系的李氏、洪氏、徐氏、刘氏亦皆与书院有密切的联系。建昌李氏有李氏山房,李常主之,藏书万卷,俗称李万卷。苏轼尝为山房撰文记事。建昌洪氏有雷塘书院,熙宁、元丰后之主事者洪师民系黄门女婿。洪氏诸子皆从舅氏学,分宁徐禧为黄庭坚表兄,亦办有徐氏书院,虽为家塾,亦迎接四方来学之士,其子徐俯为黄庭坚外甥,亦有文名。刘涣父子有凝之精舍亦为黄氏姻亲。

双井黄氏两书院不仅造就了人才辈出的黄氏子孙,而且泽及门徒、姻族,成为江南文化中心之一。黄庭坚成为诗坛领袖人物,实非偶然。

在分宁城南马家洲曾建有马洲精舍,祀黄庭坚。文及翁记称"马洲与鹿洞、鹅湖、鹭洲相颉抗",俨然为大书院。其后与濂溪书院合为濂山书院,至今尚有遗迹可寻。

五、李觏与盱江书院

宋代建昌军治南城有盱江书院,史志记载为李觏教授生徒之处。

李觏(1009—1059年),字泰伯,号盱江先生,故里以盱江流经其地,因以为号。其祖居乡里于宋隶南城县,明代新设泸溪县,今改名资溪,为江西资溪人。觏出身贫寒,尝自称"南城小草民""江南贱夫""草莱之民"。幼少即好学,六七岁时候开始"调声韵,习字书,勉勉不忘","十二近文章"。其父曾读书,"未应举,以教其子作诗赋,亦乐施惠,尤直信,生平无所争,不识州县廷",后以不得志死。其时李觏年仅十三岁。据李觏自称:"是时家破贫甚,屏居山中,去城百里,水田栽二三亩,其余高陆,故常不食者。夫人刚正有计算,募僮客烧薙耕耨,与同其利。昼阅农事,夜治女功。斥卖所作,以佐财用。蚕月盖未寝,勤苦竭尽,以免冻馁。而觏得出游求师友,不为家事网其用心,卒业为成人。不然蕞尔小子,为佣保,为负贩,供养犹不足,何暇孳孳学问间耶?"❶

李觏多次贡于乡郡,皆落第而归。倡盱江书院于军治,以教授自资,赡养寡母、妻子,以文章知名,通经术","东南人士推以为冠","乡曲俊从,四方闻风而至从学常数十百人"。庆历三年(1043年)诏建昌军建军学,为教授(一说先时尝应范仲淹之聘教授润州、越州)。余靖于庆历五年(1045年)荐于朝,荐章称,李觏"博学通识,包括古今,潜心著书,研极治乱,江南儒士,共所师法"❷。皇祐元年(1049年)范仲淹又荐称,"李觏前应制科,首被召试,有司失之,遂退而隐,竭力养亲,不复干禄,乡曲俊异,从而师之。善讲论《六经》,辩驳明达,释然见圣人之旨。著书立言,有孟轲、扬雄之风义,实无愧于天下之士"。观其"于经术文章,实能兼蓄,今草泽中未见其比。非独臣,朝廷士大夫亦多知之"。"斯人之才,之学,非常儒也"❸。经范等人多次荐举,先授太学助教,后为直讲,然仍居乡里奉母讲学著述。

嘉祐二年(1057年),国子监奏其为太学说书,旨令赴太学供职。其奏称:李觏"素负才学,博通经史","养道丘壑,聚徒教授,南方士流,皆宗师之"。在诰词中称其"醇明茂美,通于经术,东南士人,推以为冠"。嘉祐三年(1058年)抵太学。次年因胡瑗以病告假而权同管勾太学,复以祖母未祔先茔请假归迁,而卒于家。

李觏一生,贫而好学,视富贵则如浮云,安心草茅之中,教学授徒,著书立说,积极进取,终成学业。其立志学颜渊在陋巷中,做学行高尚之人。其讲学授徒,从学者千余人。所著丰富,有《李觏集》行于世。

对于李觏言、行,往时知之者甚少。其出身低微,而后亦未有较高之社会地位,然而所著之书,所立之说,皆在求"康国济民"。人称其

---

❶ 李觏《先夫人墓志》。
❷ 《直讲李先生年谱》。
❸ 《李觏外集》。

"皆从大处起论",极当时之疾,"真医国之书"❶。《东部事略》称其有"昌国强兵之学"。胡适曾称其为王安石思想之先导。尽管胡氏所讲的理由不见得都很合适,但却引起了人们对李觏及其与王安石关系的重视。

北宋王朝,发展到仁宗朝,其"积贫积弱"之颓势已十分明显、尖锐。内忧外患,危机四伏。面对国家的危机,有识之士皆主张改革。以范仲淹为首的一批思想家、政治家在庆历间进行改革,史称"庆历新政"。李觏则是这次改革的积极拥护者、鼓吹者,甚至可以说是思想上的倡导者。祖无泽讲,觏"常愤疾斯文堕地已甚,谁其极之。于是夙夜讨论文武、周公、孔子遗文、旧制,兼明乎当世之务"❷。李觏从理论上论证了庆历新政,其变法思想成为庆历新政的理论基础。❸说李觏是王安石改革的思想先驱者不无道理。尽管其主张与王氏不尽相同,然更有比较一致之处。王安石在致友人信中曾言"安石愚不量力,而唯古人之学,反求于天下久矣!""盖取友不敢须臾忽也。其意岂止于文章耶?读其文章,庶几得其志之所存,其文是也,则又欲其质,是则固将取以为友焉!""足下又以江南士大夫为无能文者,而李泰伯、曾子固豪士,某与纳焉"。而从李与王的思想观点上论,二人在政治主张,理财思想,人性观点,礼论学说确有相通之处。王安石乃熙宁变法之领导者,必然吸取庆历新政之历史经验教训。李、王思想之沟通,承继是极自然之事,何况二人又居于邻县。李之高足邓润甫是王安石变法的积极参与者。据《宋史》李"门人邓润甫,熙宁中上其《退居类稿》《皇祐续稿》并《后集》,请官其子参鲁,诏以为郊社斋郎"。这也是一项证据。

《同治建昌府志》称:觏"通识博学,包括古今,所学以推明圣经为本,不泥于汉唐诸儒之说"。对礼的看法是李觏思想体系的基础,他将礼看作是顺应欲望之规矩,界度,说"礼之初,顺人之性欲而为之节文

---

❶《李觏外集·祖学士五书》。
❷《直讲李先生文集序》。
❸ 参见姜国柱《李觏思想研究》。

者也"。于人之教化,李觏以为对绝大多数人而言,乃是应"立人以善,立善以教",应教人以善,养善去恶。"学校不立,教法不行",将使"人莫知何人可师,道莫知何道可学"。故"善之本在教,教之本在师"。"师者所以制民命,其可非其人哉"!"择师不可不慎也"。

李觏创办并讲学旴江书院,很难确切断定其始建年代。然李觏之《门人录》提到陈次公"与先生往还者二十年",则应在李觏三十岁左右所收之门徒,故约在景祐、宝元之间。旴江书院生徒很多,不仅有"乡曲俊异,从而师之",且前后二十余年间,"东南闻风而至求学者达千数"。《门人录》载其门徒中知名士有38人。《宋元学案》尚载,邓立节、徐唐、曾巩亦为其高弟。对于曾巩曾否师事李觏,《宋元学案·高平学案》提到旴江(李觏)门人三人。"书记孙介夫先生立节""征君徐先生唐""文定曾南丰先生巩"。在《孙立节传》中提到:"立节,字介夫,宁都人也。师事旴江,而与南丰为友。"然而,姚范、杨希闵、王焕镳三人分别撰写的三部曾巩年谱均未有曾巩师事李觏记载。相反材料却有。王谱称,"景祐三年","入京赴试,未售,与王介甫定交","以前大祇闭门独学,无师友"。并引用曾巩《怀友一首寄介卿》所言"予少而学,不得师友……自得介卿,然后始有……"为证。

《李觏集》载:罗伦《建昌府重修李泰伯先生墓记》称:"郡治北有凤凰冈,先生创书院其下,学者余千人,南丰曾子固,其高弟也。"然而同书之《门人录》却以为,邓润甫"游先生之门明矣,以南丰并称不知何据"。"李直讲生于祥符之己酉,曾南丰生于天禧之己未,以年数考之,则直讲多南丰十岁也。若以直讲,南丰为师友恐不其然。谓其在乡学师之欤?则直讲以庆历三年主郡学,而南丰以是年自洪州归临川"。"谓其在太学师之欤?则直讲以嘉祐二年为太学说书,而南丰以是年登进士第,明年调太平州法曹,乌在其为师友哉!"《门人录》成于景定间,然罗伦、黄宗羲仍以曾巩为李觏门人,我们应看到《门人录》原非李觏门人之完整记录。录称:"按陈次公志先生墓曰:门人升录者千有余人。今姓名可考者仅三十八人。兹而不书,久则愈无可考,故附录云。"《宋元学案》提到之孙、徐、曾三人均未收录。孙传中有"师事盱江,与南丰为友"句。徐传中有"未冠受《春秋》于乡先生吴果……俾受业盱江李觏"。徐为宁化人。《康熙宁化县志》亦有,徐"受《春秋》于乡先生吴果。不两月而诵晰如流,寻以邑令晏君之命,卒业于盱江李泰伯"。

就《门人录》自身也有不能自圆其说之处。录以李觏任教军学、太学时,是否为建昌军学生与太学生为标准,来判断是否可称李觏之弟子。其实此种标准本来就不妥当,在《门人录》所载38名学生中就有既非太学生,亦非军学生徒者,却被断定为李觏门人的,如余畴若即是一例。

李觏乃盱江书院创办人。陈次云《李泰伯先生葛志铭》称:李"以夫子之道教授学者,门人升录千百余人"。《东都事略》称:"四方从学者常数百人。"《宋史》称,"亲老,以教授自资,学者常数十百人。"陈鉴《建昌新建李泰伯祠堂记》载:李"倡办盱江书院讲明正学,从而师之者恒数百人"。《同治南城县志》载:"李觏倡立盱江书院,乡曲俊异,从而师之,东南闻风而至者尝数千人。"书院不同于军学,军学只能召集本军士子之俊秀者,而不能包罗四方闻风而至者。书院则可兼容。盱江书院可以肯定建于庆历兴学之前。曾巩于宝元元年(1038年)始冠。如果以为景祐三年(1036年)与王安石定交前"闭门独学,无师友","皇皇四海,求者小而不获",则并不排斥,曾巩于景祐三年(1036年)至庆历四年(1044年)入州学之前无从师李觏之可能。

总之,李觏授徒并不囿于任教军学或太之学地之时。《门人录》为之限定范围是没有根据的。轻易否定《宋元学案·高平学案》关于曾巩为李觏门弟子的记载,也是不妥当的。

盱江书院于南宋宝祐二年(1254年)由知军杨镇重建。有兴文堂,祀李觏。开庆元年(1259年)知军曾垈又重建,有思贤堂、明伦堂、洙泗堂及诚意、正心、致知、格物等斋。景定三年（1262年）知军钱应孙籍富户犯法田三千亩入于书院。又扩建书院、创殿宇讲堂、荐授书院山长之官。元、明、清皆有史实记载，为建昌郡（军、路、府）书院之首。

六、周敦颐与江西濂溪书院

北宋理学的创始人周敦颐曾长期在江西仕宦与从事教学活动，他出仕不忘讲学，颇有影响。程颢、程颐是他在江西的学生，著名的文章《爱莲说》是在虔州（今赣州）写的。他在江州建濂溪书堂（原址在今九江市庐山区），为晚年讲学会友之地，最后终老江州，遗嘱子孙为江州人，子孙以此为家。

周敦颐（1017—1073年）字茂叔，名敦实，因避英宗讳改敦颐，原籍荆湖南路道州营道（今湖南道县）。其族众而世业儒。其父周辅成，大中祥符八年（1015年）特奏名进士，曾为知县，天圣九年（1031年）卒。时敦颐十四岁，入京师依舅父龙图阁直学士郑向。后以荫补入仕，《周濂溪年谱》记载：康定元年（1040年）为洪州分宁（今江西修水）主簿；庆历元年（1041年）奉檄摄袁州芦溪镇（今隶萍乡）市征局；庆历四年（1044年）至八年（1048年）为南安军（治所大余）司理参军，至和元年（1054年）至嘉祐元年（1056年）知洪州南昌县；嘉祐六年（1061年）至治平元年（1064年）为虔州通判；熙宁四年（1071年）知南康军。

江西地方志以濂溪为名的书院很多，其中周敦颐直接讲过学的地方有以下几处。

分宁（今江西修水），这是周敦颐首次出仕的地方。据《光绪江西通志》《同治南昌府志》《同治义宁州志》所载：周于宋康定庆历间（1040—1044年）为分宁主簿，创立书院，有楼台亭阁，延四方游学之士。元末毁于兵。后重建称景濂书院。成化间又改称濂溪书院。崇祯间合旁侧之黄山谷祠，改称濂山书院。清末改为高等小学堂。

庆历元年，周敦颐监税袁州萍乡芦溪镇，《同治萍乡县志》《光绪江西通志》称其"立书院,袁士业其门甚众",后人称"宗濂书院"。历元、明至清代,仍有史实可寻。《周濂溪年谱》则载:时"袁之俊士,来讲学于公斋者甚众"。看来这所书院就在监税官之"公廨",或者说只是讲学有址,未办书院,或未名之为书院。

萍乡城里也有一所濂溪书院,宋时建,元末毁,至明宏治间由袁州知府朱华倡率地方各界人士重建。

周敦颐为南安司理参军。二程及其门,然未见建书院讲学的记载,直至南宋乾道元年(1165年)军学教授郭见义建屋祀之。淳祐间,建周程书院,后改为道源书院,而几经废兴直至清末。据《同治万安县志》载,周曾与程珦及程灏、程颐同游吉州龙泉县之万安镇(今万安县),讲学于云冈书堂(云冈书院),南宋时改为吉州万安县学。

在南昌,周固然不忘讲学,然未见建书院、书斋、书堂之类的记载。时至南宋淳熙间,隆兴府(治南昌)学教授黄灏才于府学内建濂溪先生祠,朱熹作《隆兴府学濂溪先生祠记》记其事。淳祐二年(1242年)江万里知隆兴府,建宗濂精舍,祀之。

嘉祐六年,周迁国子博士,差为虔州通判,道出江州,曾游览江山胜境,爱庐山风光名迹,"有卜居之意",遂筑书堂于其北麓,堂前有溪,发源于莲花峰下,洁清泔寒,下合于湓江,周"濯缨而乐之",遂寓名"濂溪"(一说廉溪)。友人潘兴嗣的《濂溪先生墓志铭》也说到,周尝过浔江,爱庐山,因筑室溪上名之曰"濂溪书堂"。周对潘说:"此濂溪者异时与子相依其上,歌咏先生之道足矣!"此濂溪书堂成为周敦颐终老之地,子孙亦居于此地。南宋淳熙三年(1176年),知江州潘慈明、通判吕胜己修复重建。朱熹为之记称,先生"世家舂陵,而老于庐山之下,因取故里之号,以名其川曰濂溪,而筑书堂于其上"。淳熙八年(1181年)四月,朱熹离南康军过江州,曾率张杨卿,黄榦等拜谒濂溪书堂周敦颐遗像。朱应邀为诸生讲"太极图义"。周氏后裔宴朱于光风霁月亭。朱书文字以记其事。嘉定间,知州赵崇宪益扩大规模。赵有《濂溪书院开讲祝文》传世。文称"孔孟既没,天其将丧斯文乎?斯文之未丧,则我先生发挥讲明之功也。庐阜之麓,濂溪之湄,先生之书堂有焉。像塑仅设,室宇湫溢,无以兴起士心。先生之道,殆犹郁而未宣也。崇宪奉天子训辞,出守此邦,用敢度其堂之左偏,广筑为学舍二十六区。盖将选邦人之俊秀者,朝斯夕斯,以茂明先生之业。惟先生阴惠我多士,相协厥居,克昌斯文,岂惟予末学不遂徯志,异时人才辈出,将越我国家万年,实嘉赖之"。宋末朝廷设山长之官,主其事。元季吴澄自金陵归江西,曾因病而讲学于此。历明清数代,几经迁移、重修、分拆、归并,直至清末改九江府中学堂。

周通判虔州(今赣州),时知州为赵抃,二人曾同于州治赣县讲学。赵谥清献,故后人命其讲学处为清溪书院。赵周二人尝游赣县龙溪香林寺(后划归万安县),有讲学活动,后人建祠祀之。南宋庆元间,建龙溪书院,清代改名濂溪书院。虔州通判衙署有莲池。嘉祐八年(1063年),曾作《爱莲说》,述莲乃花中之君子也。乾道八年(1172年)通判罗京建爱莲堂,清人建爱莲书院。在赣县亦有濂溪书院,为后人所建,始建时间不可考,仅可知宝庆间,曾有人充山长。虔州后改称赣州,于都乃其属县,明代王门弟子何廷仁、黄宏纲于嘉靖间,亦曾建有濂溪书院,罗洪先曾来此讲学。安远亦有濂溪书院建于隆庆间。

周敦颐知南康军时间很短,有人讲周曾讲学白鹿洞书院,此说不确。因熙宁间,白鹿洞已是一片荒草残壁,淳熙间朱熹知南康军时,曾建祠祀之。南康军治星子县,亦有莲池,爱莲堂和《爱莲说》石碑,均为后人好学,热心者为崇敬周敦颐所建。

周敦颐被尊为理学宗师。故宋、元、明、清许多书院在祀祭先贤先哲时,往往会立主而祀之。

周在江西活动颇久,影响不小,与他讲学相关的濂溪书院共有修水(景濂)、萍乡之芦溪(宗濂)、江州(濂溪)、虔州(清濂)四所。其他的濂溪书院大都仅具有纪念性质,如南安军(治大余县)周程书院、南昌宗濂精舍、萍乡濂溪书院、万安濂溪书院、赣州(治赣县)濂溪书院、于都濂溪书院、安远濂溪书院都是南宋或其后人们所建的。

七、鹿冈书院与杜子野、王安石师生

王安石本人并非书院事业的倡导者或实践者。熙宁、元丰兴学都是兴办、改革自中央到地方的官学。然而王安石本人却曾经是书院的学生。

宜黄有鹿冈书院,为"乡贤"、诗人、学者杜子野建以讲学之处。故亦称杜子野先生书院。杜终身不仕,讲学其中,其办学时间约在景祐至熙宁间。清李绂《碧云山志序》称:"吾郡学问、文章,志节以荆国王文公为第一。而郡志隐逸传称,宜黄杜子野为荆公之师。崇贤乡深山中有鹿冈书院,则杜先生与荆国公讲业之所也。"《同治宜黄县志》载:"杜子野,鹿冈人,熙宁六年特奏名。王荆公尝师事之。荆公为相,见之邸。荆公问所欲。指壁间颜鲁公所书东方朔像赞碑拓本欲得之。荆公曰,此何足贵,颜石碑在德州可致也。于是辇至临川并以金遗之,公受碑而反其金。"

清代应麟(字圉呈,号坦园,宜黄人)《鹿冈书院考》称:"宜黄居山谷间,郭外地分为三,其北曰岱乡,其东南曰仙乡,西曰崇乡。""乾德五年,李煜割崇仁之仙桂、崇贤、岱贤三乡立宜黄场,寻改为县。终于宋之世宜邑人物莫崇为盛""如十四都之乐子正,四都之杜子野,皆以道德文章流声于世。然子正著作尚千百存其什一,而杜氏只字不遗。岂莫耄年取投井中,如俗所传,甘自晦匿,故至此耶""尝考荆国王公师事子野"。"子野讲学之处,名曰鹿冈书院"。"子野抗怀高尚,骎骎有鹿豕游意,而德望所感,灵鹿来训。如唐李渤之居庐山时有白鹿生,公说法石为点头。""今人呼其里为鹿冈里。古今地以人传,因事而易其故号者甚众。然茂草既鞠沧桑,屡求其故址已不可复识。惟宜黄县志载,崇四都古迹曰,鹿冈书院,注,子野别业。曰:拏云馆,注荆国受业

处。荆国自临川负箧来游,朝夕与子野赏奇析疑,明窗净几断不甚远可知。尝询彼土人士云,洞观岩即擎云馆旧地,香林寺即鹿冈书院废基,两地相望路不盈里,虽无明文可据,其说为近"。黄濯缨鹿冈诗中有"井畔方塘"句,崇四都境有蛟峰、丹井、香林、月池等诗句颇合。"鹿洞四面环山其地凹,故称洞,鹿冈山势渐衍,其地昂故称冈。然自唐贞元至宋淳熙而大兴复。鹿冈自宋熙宁杜公后无闻焉。吊往事而念先贤是在今代之文公哉。"

宜黄杜子野兴建鹿冈书院先后尚有戴琳的静逸书院和涂济的时甫书屋。

静逸书院在宜黄黄坡。据志书所载,戴琳,字伯淳,"博学绩文,尤喜赋诗",性别介严肃。于庆历八年(1048年)和皇祐四年(1052年)二领乡荐,然连拙礼部。于是"弃场屋,无复仕进,讲学授徒意林泉自乐,行宜著闻"。人称静逸先生,有《静逸先生文集》。

涂济与戴琳是不同类型的书院创建人。涂济字时甫,先世自豫章徙家宜黄石麓,筑书屋于石碧,礼高儒先达教育子弟。涂氏子侄,于是而登科入仕者甚多,先后登科或被荐,举者十余人。其中济子侄大馗、大琳,元祐六年(1091年)进士。大经,绍圣元年(1094年)进士。大任,元符二年(1099年)进士。大明,政和八年(1118年)进士。五人相继登进士第,涂氏曾建五桂堂以庆。

第三章 南宋时江西的书院

第一节 南宋江西书院概况

一、南宋江西书院发展的历史条件与新建书院概况

(一)南宋江西书院发展的历史条件

南宋,对赵家皇朝来讲,仅余半壁江山。而老百姓却要承担比北宋时期更多的负担——赋税、徭役、杂科,而且还要遭受外族的侵害、屠杀,官吏、豪强的盘剥、掠夺。因此,整个政局长期动荡不安。

在政坛上,各派势力不断进行较量,主战、主和两派此起彼伏,长期争斗。在如何对待所谓"匪患"和百姓负担,限制豪门等方面也表现出不同的倾向。

然而从总的方面讲,南宋最高统治集团,却是沉醉于南方富庶地区的经济缓慢的增长之中,沉醉于过"太平"日子。"北定中原","恢复故国"的主张渐被诬为所谓"开边"与"多事"。南宋统治者更多想的是内部的稳定,因而承继了北宋王朝的各项政策。崇文、崇儒、中央集权专制的基本国策,对外懦弱妥协,对内残酷镇压。岳飞、陈东、欧阳彻的历史悲剧都是执行这种基本国策的必然结果。

为了进一步稳定这半壁江山,需要思想武器,在这个时候,许多学者提出了巩固统治,解决矛盾的各种"药方"。自高宗起,经孝、光两帝,直至宁宗后期,共八十年的选择,终于在嘉定更化之时,将程朱理学崇为正统的"官学"。废除了庆元间压制理学、压制书院的政策。自此以后,程朱理学、程朱门徒,以及书院都得到了进一步的发展,并走

向高潮。

在教育方面,南宋当局对学校和科举采取并重的方针,既要发展官学,同时继续坚持科举。建炎初(1127年),高宗赵构在扬州行在,就设国子监,置博士二人,时有学生36名。然而不久又东逃西窜,直至绍兴和议后,才于临安岳飞故宅重建太学。设祭酒、司业、博士等官,基本上实施元丰、崇宁学制。赵构虽曾自夸,将不惜百万巨资以养士,但实际上,由于经济上的困境,使得中央官学,尤其是地方官学,都没有得到充足的经费。南宋在科举方面,采取调和的办法,试诗赋,又试策论。其门路既有贡举,又有舍选。

但是,官学、科举都日趋腐败。对此赵汝愚(1140—1196年)和朱熹(1130—1200年)都曾有过评说。赵以为:"中兴以来建太学于行都,行贡举于诸郡,然奔竞之风胜,而忠信之俗微。亦惟荣辱升沉不由学校,德行道艺取决糊名。工雕艺之文,无进修之志,视庠序如传舍,目师儒如路人,季考月书,尽成具文。"朱熹也讲过:"所谓太学者,但为声利之场,而掌其教者,不过取其善为科举之文,而尝得隽于场屋者耳。士之有志于义理者既无求于学,其奔趋辐凑而来者,不过为解额之滥,舍选之私而已。师生相视漠然如行路之人,间相与言,亦未尝闻之以德行道艺之实。而月书、季考者,又只以促其嗜利,苟得冒昧无耻之心。殊非国家之所以立学教人之本意也。"

南宋时期,书院的发达不仅因为官学腐败,经济困难,不能满足士人读书需要,不能满足统治阶级巩固封建秩序的需要。主要的是因为科举考试和学校教育本身的弊病,不能发挥"应有"的教育的作用,引起了赵汝愚、朱熹等人的忧虑,从而积极通过书院这种学校来补足官学和科举在效用上的不足。吴澄在《鳌溪书院记》曾对先宋、后宋书院发展的情况有过深刻的分析。因"乡党间巷之间校序庠塾之制泯然无闻,虽郡邑之学亦有废而不立之时,学者无所于学。于斯时也,私设黉宫广集学徒以补学之缺"。如白鹿、睢阳、嵩阳、岳麓、石鼓,"此先宋以前之书院也"。后来学校大修似乎不需书院,然而书院特别是南迁以后,却日益增多,这是什么原因呢?他接着说,"盖自舂陵之周,共城之邵,关西之张,河南之程数大儒相继特起,得孔圣不传之道于千五百年之后。有志之士获闻其说,始知记诵词章之学为末学,科举之坏人心,而郡邑之间设官养士所司不出乎此,于是新安之朱、广汉之张、东莱之吕、临川之陆暨夫志同道合之人,讲求为己有用之学,则又立书院以表异于当时郡邑之学专业科举之业者,此后宋以后之书院也"。

由于克服和解决各种社会矛盾的需要,由于宋代崇文重儒的政策,加以理学家,也还有文学家、史学家的提倡和推动,不仅理学、文学、史学都得到发展,与这些学术部门相联系成为学术基地的书院,也发展起来,达到了高峰。

书院数量大增,规制逐步严密,经验趋于成熟,不仅与学术发展的关系日益密切,而且与政治斗争结合起来。在斗争中书院几度受压,秦桧压制过书院,但秦桧死后,孝宗时书院大大地发展了。韩侂胄压制过书院,韩被杀后,书院更是到达了一个新高峰。南宋不仅是书院发展高峰时期,也是书院发展的成熟时期。

对于江西来说,五代已有的经济、文化发展的基础,北宋时江西书院发展的盛况,都是南宋江西书院建设继续领先的条件。

(二)始建于南宋的江西书院概况

南宋是我国古代书院发展的高峰时期,尤其江西地区更为突出。就现在所存的史料粗略计算,始建于南宋的书院约有170余所,见表4。

除此以外,尚有新建县西昌书院、萍乡县濂溪书院和庐陵的蒙斋书院。分宜清源书院于咸淳六年(1270年)撤并,以及前章所述近20所书院中,多数亦始于南宋。故始建于南宋的江西书院数有180所左右。其量可观。

表4 始建于南宋的书院

时间		地址	书院名称	创办人	备注
绍兴初	1311年	弋阳	石月书院	余应球	
绍兴初	1131—1138年	安福	竹园书院	刘宏仲	
绍兴四年	1134年	石城	通政书院	李杞	李为知县
绍兴间	1131—1162年	乐平（今属万年）	翠岩书院	叶舜民	
绍兴间	1144—1145年	鄱阳	忠宣书院	洪皓	洪为知州、忠宣之名，为后人命
绍兴间	1131—1162年	德兴	寅宾书院	张焘	
绍兴间	1131—1162年	德兴	银峰书院（银峰私塾）	余翰、余渊	
绍兴间	1135—1162年	玉山	端明书院	汪应辰	汪应辰讲学处，后人命名
绍兴间	1141—1152年	清江（今樟树）	芗林别墅（芗林书院）	向子諲	
绍兴间	1144—1162年	永新	曾若川义学	曾若川	
绍兴十七年	1147年	浮梁（今景德镇）	新田书院	李椿年	
绍兴间	1148—1162年	丰城	龙光书院	陈自俛	
绍兴间	1148—1162年	乐安	子南书院	董德元	
绍兴间	1150—1162年	泰和	文溪书院	曾有凭	
绍兴二十六年	1156年	崇仁	环溪书院	吴文通	
绍兴间	1156—1162年	万安	赖廷简书院	赖廷简	
隆兴间	1163—1164年	吉水	龙城书院	曾三异	
隆兴间	1163—1164年	弋阳（今属横峰）	保训书院	陈康伯	
乾道间	1165—1172年	金溪	梭山书圃	陆九韶	
乾道间	1165—1172年	金溪	槐堂书院（青田书院）	陆氏兄弟	

续表

时间		地址	书院名称	创办人	备注
乾道间	1165—1170年	弋阳	碧落洞天书院		
乾道间	1169—1173年	乐安	杏坞书院	邓氏	
乾道间	1165—1173年	鄱阳	桐岭书院	许氏	
乾道间	1165—1173年	贵溪	桐源书院	高观	
淳熙初	1174年—	南城	曾潭讲堂	傅梦泉	
淳熙初	1174—1177年	余干	东山书院	赵汝愚兄弟	
淳熙间	1175年—	临川	碧润书院	晁百谈	
淳熙间	1174—1189年	永丰	清风书院	刘禹锡	
淳熙间	1174—1189年	分宜	钤阳书院（钤冈书院）	王杭	王为知县
淳熙间	1180—1181年	星子	修江书院	朱熹在建昌籍弟子	
淳熙间	1174—1189年	新建	五溪书院	丁铗	
淳熙间	1174—1189年	新余	万安野馆	李绍兴 刘清之	
淳熙八年	1181年	上饶	带湖书院（稼轩书院）	辛弃疾	
淳熙间	1174—1189年	南昌	隆冈书院	刘邦本	
淳熙间	1174—1183年	安仁（今余江）	玉贞书院	吴绍古	
淳熙间	1174—1189年	新余	柳溪书院	易祓	
淳熙间	1178—1189年	玉山	草堂书院（怀玉书院）		
淳熙间	1176—1187年	德兴	蒙斋书院	程端蒙	
淳熙间	1174—1189年	鄱阳	番江书院	金去伪	
淳熙间	1174—1189年	建昌（今永修）	芎山书院（五吕书院）	吕炎兄弟	
淳熙间	1176—1189年	乐安	心斋书院	董德修	

续表

时间		地址	书院名称	创办人	备注
淳熙间	1187年	贵溪	象山精舍（应天山精舍）	陆九渊 彭兴宗	
淳熙间	1174—1189年	清江（一说在庐陵，即今吉安）	槐阴精舍	刘清之	
淳熙间	1174—1189年	丰城	龙山书院		朱熹曾在此讲学
淳熙间	1174—1189年	丰城	盛家洲书院	盛温如	
淳熙间	1181—1189年	都昌	石潭精舍	彭蠡	
淳熙间	1174—1189年	万安	云兴书社		
淳熙间	1174—1189年	庐陵（今吉安）	梅溪书院	刘氏	
淳熙末	1187—1189年	新建	竹梧书院	裘万顷	
淳熙末	1187—1189年	新昌（今宜丰）	梅花书屋	熊良翰	
淳熙末	1187—1189年	余干（今属万年）	松冈书屋	柴元裕	
绍熙间	1190—1194年	吉水	山松书院	王子俊	
绍熙末	1194年—	都昌	宝林书院	彭芳	
绍熙末	1194年—	清江	阆山书院（紫阳书院）	向浯	朱熹讲学后人命名
庆元二年	1196年—	铅山	稼轩书院（广信书院）	辛弃疾	
庆元三年	1197年—	浮梁（今景德镇）	（瓢泉书院）长芗书院	李齐愈	李为镇监
庆元四年	1198年—	万安	龙溪书院	赵师迪	赵为知县
庆元间	1198—1200年	德兴	柳湖书院	程珙	
庆元间	1195—1200年	上犹	钟鼎书院	钟鼎	
庆元间	1195—1200年	新城（今黎川）	武夷讲堂（崇正书院）		朱熹、黄榦、蔡沈讲学于此

续表

时间		地址	书院名称	创办人	备注
庆元间	1195—1200年	德兴	归轩书院	邹近仁	
庆元间	1195—1200年	都昌	江氏书堂	江璘	
庆元间	1195—1200年	德兴	双挂书院	程烨、程燧	
庆元间	1195—1200年	新淦	金水书院	何珙	何为知县
嘉泰间	1201—1204年	奉新	龙洲书院	余襄	
嘉泰间	1201—1204年	高安	乐善书院	王淹	王为知州
嘉泰三年	1203年	安福	秀溪书院	周奕	
嘉泰间	1201—1204年	泰和	龙洲书院	赵如暮	赵为知县
嘉泰间	1201—1204年	南昌	龙冈书院	李天福	
嘉泰间	1201—1204年	德兴	盘涧书院	董铢	
开禧间	1205—1207年	永丰（今广丰）	吟轩书院（吟阳书院）	吕志逊	
嘉定元年	1208年	临川	莪峰书院	李壁、黄榦	黄为知县
嘉定初	1208—1210年	南昌	拙斋书院	胡梦白	
嘉定四年	1211年	南昌	东湖书院	丰有俊	丰为通判
嘉定六年	1213年	新淦	高峰书院	黄榦	黄为知县
嘉定间	1208—1218年	上饶	克斋	陈文蔚	
嘉定间	1208—1218年	德兴	南隐书院	董煟	
嘉定间	1208—1218年	德兴	拙斋书院	王过	
嘉定间	1208—1214年	南昌	豫章书院		
嘉定间	1208—1224年	清江（今樟树）	清江书院	张洽	
嘉定间	1208—1224年	泰和	柳溪书院	陈德卿	
嘉定间	1208—1224年	泰和	云津书院	刘逢原	
嘉定间	1211—1224年	崇仁	渔墅书院（文溪书院）	陈元晋	
嘉定间	1211—1224年	德兴	南山书院	王渭	
嘉定间	1214—1224年	武宁	黉冈书院	邢凯	

续表

时间		地址	书院名称	创办人	备注
嘉定间	1214—1224年	余干（今属万年）	南溪书院	柴中行	
嘉定间	1214—1224年	永丰（今广丰）	河源书院	周天骥	
嘉定十四年	1221年	永丰（今广丰）	龙山书院	黄维直	
嘉定末	1224年	余干（今属万年）	石洞书院（明来馆）	饶鲁	
宝庆二年	1226年	建昌（今永修）	李氏山房书院（宏斋书院）	李燔 曹幽	
宝庆间	1226—1227年	贵溪	梅雪堂	郑会	
宝庆间	1225—1227年	余干	龙泉书院	彭震	
宝庆间	1225—1227年	赣县	濂溪书院		
宝庆间	1225—1227年	上饶（今属横峰）	白石书院	刘养浩	
宝庆间	1225—1227年	安仁（今余江）	环溪书院	汤汉	
绍定四年	1231年	贵溪	象山书院	袁甫	袁为提举兼提刑
绍定间	1228—1233年	武宁	柳山书院	陈光荣	
绍定六年	1233年	金溪	（槐堂书院）象山书院	陈泳之	陈为知县
绍定末	1233年	鄱阳	番江书院	袁甫	袁为提举兼提刑
端平间	1234—1236年	乐平	万全书院	方贵与	
端平间	1234—1236年	乐平	竹洲精舍	洪士龙	
端平三年	1235年	高安	西涧书院	陈铢	陈为知州
端平三年	1233年	宜春	南轩书院	彭芳	
端平间	1233—1236年	崇仁	文林书院	陈月溪	
端平间	1233—1236年	萍乡	东轩书院	胡安之	
嘉熙二年	1238年	丰城	庵山书院	徐鹿卿	

续表

时间		地址	书院名称	创办人	备注
淳祐元年	1241年	庐陵（今吉安）	白鹭洲书院	江万里	江为知州
淳祐二年	1242年	大余	周程书院（道源书院）	林寿公	林为知军
淳祐二年	1242年	新建（今南昌市区）	宗濂精舍	江万里	江为知府
淳祐初年	1241—1242年	余干	忠定书院	赵崇宪	
淳祐六年	1246年	虔化（今宁都）	梅江书院	夙子兴	
淳祐八年	1248年	临川	临汝书院	冯去疾	冯为江西提举
淳祐间	1241—1252年	庐陵（今吉安）	凤山书院	曾宏甫	
淳祐间	1241—1252年	永丰（今广丰）	瑜山书院	俞琰	
淳祐间	1241—1252年	丰城	龙泽书院	雷宜中	
淳祐间	1241—1252年	乐安	古梅书院	詹元吉	
淳祐间	1241—1252年	万安	鳌溪书院		文天祥曾在此读书
淳祐间	1241—1252年	贵溪	玉溪书院	卢孝孙	
淳祐间	1241—1252年	临川	红泉精舍	曾极	
淳祐间	1241—1252年	赣县	先贤书院（义泉书院）	赵希龙	赵为提刑
淳祐间	1241—1252年	德兴	深山书院	董鼎	
淳祐间	1241—1252年	临川	汝水书院		或系临汝书院之别名
淳祐间	1243—1252年	德兴	觉翁书院	齐梦龙	
淳祐间	1243—1252年	都昌	去非学舍	冯去非	
淳祐十年	1250年	临川	槐堂书院	叶梦得	叶为知州
淳祐十年	1250年	金溪	石林书院	叶梦得	

续表

时间		地址	书院名称	创办人	备注
淳祐十年	1250年	铅山	鹅湖书院（文宗书院）	蔡杭	蔡为提刑
淳祐十二年	1252年	南安（今上犹）	太傅书院	陆镇	陆为知军
淳祐十二年	1252年	新昌（今宜丰）	志学精舍	郭廷友	
淳祐末	1251—1252年	贵溪	石林书院	叶梦得	
宝祐间	1256—1258年	分宁（今修水）	马洲精舍	吴观	
宝祐间	1253—1258年	新余	竹楼书院		文天祥曾设教于此
宝祐间	1253—1258年	吉水	璠龙书院	罗椅等人	
宝祐间	1253—1258年	万安	昂溪书院	段奎斋	
宝祐间	1253—1258年	泰和	南薰书院	肖行叔	
宝祐间	1253—1258年	泰和	石冈书院	肖仪凤	
开庆间	1259年	都昌	东斋书院	陈大猷	
景定初	1260年	乐平（今属万年）	书源书院	胡孟容	
景定间	1262—1264年	新建	万坊书院	万骥	
景定间	1261—1264年	丰城	石峰书院（石峰书堂）	方齐、陈友源	
景定间	1261—1264年	都昌	蒲溪书院	刘元龙	
景定间	1264年	新昌（今宜丰）	熊氏书院	熊襄	
咸淳初	1265年	吉水	龚坊书院	龚义甫	
咸淳四年	1268年	吉水	崇桂书院	廖庄	
咸淳间	1265—1274年	上饶	御书院	徐直谅	
咸淳间	1265—1274年	余干（今属万年）	斛峰书院（斛峰书舍）	李伯玉	

续表

时间		地址	书院名称	创办人	备注
咸淳间	1265—1274年	余干（今属万年）	团湖书院	李宏	
咸淳间	1265—1274年	上饶（今属横峰）	叠山书院	谢枋得	
咸淳间	1265—1274年	丰城	徐孺子书院	徐纯	
咸淳间	1265—1274年	新昌（今宜丰）	荷溪书院	李希周	
咸淳间	1265—1274年	高安	文溪书院	陈仲微	
咸淳间	1270—1274年	余干（今属万年）	水东书院	史泳	
咸淳八年	1272年	兴国	安湖书院	何时	
咸淳八年	1272年	贵溪（今属万年）	道一书院	程绍开	
咸淳八年	1272年	贵溪（今属万年）	鹤林精舍	邵士英	
咸淳八年	1272年	德兴	双溪书院	王炎	
咸淳八年	1272年	乐平	碧梧精舍	马廷鸾	
咸淳八年	1272年	玉山	文定书院	汪氏	
咸淳八年	1272年	玉山	知止书院	詹氏	
咸淳八年	1272年	乐平	披云堂	僧普绕	
咸淳八年	1272年	赣县	登云精舍	刘苍崖	
咸淳八年	1272年	德兴	息斋书院	余芑舒	
咸淳八年	1272年	婺源	湖山书院	胡一桂	
咸淳八年	1272年	德兴	初庵书院	黄棠	

其分布情况如下。

隆兴府（先称洪州，孝宗登基改隆兴府），含南昌、分宁（今修水）、武宁、奉新、丰城诸县书院共21所。另，可能还有新建县的三洲书院、柳塘书院、东山书院和丰城敷山书院共4所。

瑞州,含高安、新昌(今宜丰)县共7所。

临江军,含清江(今樟树)、新余、新淦县共9所。

袁州,含宜春、分宜、萍乡县共5所。

抚州,含临川、金溪、崇仁、乐安县共17所。另外,情况不明的乐安道山书院、沂水书院共2所。

建昌军,含南城、新城(今黎川)县2所。另有南城龙眼书堂、庵山学舍2所情况不明。

饶州,含鄱阳、浮梁(今景德镇)、余干、乐安、德兴、安仁(今余江)诸县共37所。另有乐平南图精舍、西溪书院2所情况不明。

信州,含上饶、永丰(今广丰)、玉山、弋阳、贵溪、铅山诸县共26所。另有永丰霞溪书院一所情况不明。

吉州,含庐陵(今吉安)、吉水、永丰、泰和、永新、万安、安福诸县书院共20所。另有泰和清溪书院、永丰湖头书院、螺田书院、吉水白云书院4所情况不明。

赣州,含赣县、兴国、宁都县共5所。另有石城琴江书院情况不明。

南安军,含南安(今南康)、大余共3所。另有南安东山书院、明道书院2所情况不明。

南康军,含都昌、星子、建昌(今永修、安义)县共9所。

婺源县1所。另有万山书院1所情况不明。

其中未见江州有始建南宋之书院,然并不说明江州无书院或书院不发达。其州治德化县景星、濂溪二书院始终弦歌不绝。而更多的学徒则赴近处白鹿洞书院肄业。

二、南宋是中国书院发展的高峰和成熟时期

首先,从数量上看,以江西为例,始建于唐、五代的书院仅有十余所。北宋,则有了一定发展,达40余所。而至南宋则有170所以上。而且有的始建于唐代的书院在北宋无声无息(如桂岩书院),而至南宋又

有了新的修举。

再从书院与社会的关系、对社会的影响上看,已大不同于北宋、五代、唐代。南宋书院培养了大批人才。《宋元学案》涉及的人物,在南宋时大都与书院有密切关系。"沧洲诸儒""岳麓诸儒""槐堂诸儒""丽泽诸儒"都是以书院命名的。书院成为学派活动的基地,成为培养学派后继者的场所。书院的作用,也从培养人,进而发展学术,形成学派,对社会风气乃至国家政局都发生了重大影响。

就书院本身讲,也趋于成熟。藏书、教学、祀祭进一步结合,由藏书发展到著述刻印,由教学发展到学术交流。由祀祭孔子发展到祀祭各派学术领袖、文化名人、"忠义"之士。书院本身的建设也由家族、私人、生徒、公众发展到官员倡兴,士民共建。书院的教学模式亦趋完善,多种的教学形式,共同的教学规制,多种多样的教学内容,为以后七百年中书院的发展奠定了基础,提供了范例。以朱熹的白鹿洞,张拭(1133—1180年)的岳麓,吕祖谦(1137—1181年)的丽泽和陆九渊(1139—1192年)的象山等书院为代表,总结历史经验,为我国教育的发展作出了杰出的贡献。江西的书院在南宋书院发展中,处于相当突出的地位。

三、南宋书院的发展阶段

北宋书院与经济、政治的关系趋于紧密,至南宋尤甚。南宋书院的发展,与政治,与理学,与理学家的关系极大。

南宋书院的发展大体上可分为三个阶段。

第一阶段自建炎元年起至绍兴末(1127—1162年)。书院讲学最先的带头人是杨时。他在常州龟山书院、东林书院讲学。自宣和至建炎,前后18年之久。史称"东南学者推时为程氏正宗"。❶所以后人讲:"夫道学始于濂溪而成于洛、闽,自龟山辟书院以讲学,于是白鹿、鹅湖

---

❶ 见《宋史·道学传》。

相继而起。"❶杨时及其同道、弟子们反对王安石的"新学",提倡理学,曾对南宋一百多年的学术思想及书院建设有很大影响。但是,南宋初期赵构、秦桧等人为了建立和巩固他们的集权统治,加强思想控制,既禁王学,也禁程学,使许多程学的追随者在朝堂中遭到排挤,迫使其中一些人只得利用书院,以自主讲学的论坛来表现自己。这时新建的书院尚少,就江西来说,大致可确定于南宋的170余所书院中,始建于此时的,不过十分之一。

第二阶段自孝宗隆兴元年(1163年)开始,经光宗朝,至宁宗开禧三年(1207年)。这时,南宋中央集权统治与前些年相比更为稳定,抗战派的势力也有过抬头的机会。在学术方面,开始时,学禁稍解,许多学者自创学派,各立门户,建书院聚徒讲学。他们各抒己见,互相切磋,颇有各家争鸣的气氛。在书院讲学,影响大的"学术带头人"有吕祖谦、张拭、朱熹、陆九渊等。其中影响最大的要数朱熹。朱熹兴复了白鹿洞书院,重修岳麓书院,在此前后还建立了云谷(寒泉)、武夷、沧洲等精舍和书院,还到过许多书院讲学。全祖望谈"南宋四大书院"包括张拭主持过的潭洲岳麓书院、吕祖谦兴办的金华丽泽书院、朱熹兴复的庐山白鹿洞书院、陆九渊主讲的贵溪象山精舍。❷这些可称作当时书院教学、学术活动的佼佼者。

朱熹兴复白鹿洞书院是我国书院发展史上的重要事件。他制定的《白鹿洞书院揭示》,他在白鹿洞采取的种种教学措施,他和他的同道们创造的办院和教学经验,他的弟子们长期坚持的讲会制度,等等,意味着我国古代书院制度的成熟。这时形成的书院模式,成为以后几百年中各派学者建设书院的榜样。

这一阶段,南方书院很多。仅就江西而言,始建书院70余所,其中尚不包括白鹿洞等兴复的书院。宁宗时,由于"庆元党案"的影响,理

---

❶ 江藩《宋学渊源记》。
❷ 全祖望《答石痴征士问四大书院帖子》。

学及理学家们的书院一度受到了压抑。

第三阶段自嘉定元年(1208年)开始。史称"嘉定更化"。理学的地位由屡遭贬斥变为倍受推崇。理学家纷纷进入朝堂,获得高官厚禄。理学,尤其是程朱理学,对巩固中央集权统治的价值,逐渐为南宋最高统治当局所认识、利用。理学家的书院得到朝廷的大力支持,书院建设也到达了宋代的最高峰。

淳祐元年(1241年),理宗赵昀亲自书写了朱熹的《白鹿洞书院揭示》赐给太学生。从此作为《教规》《教条》悬挂在书院和官学之中,成为御颁的指导方针。赵昀曾给许多书院题字、赐额;后来又给许多书院山长授以官职。书院逐步官学化,而成为另一种形式的官学。

四、南宋书院的设官问题

理宗后期,曾给一部分书院山长授以官职,或者选派一部分官吏充当或兼任书院山长,进而又以一部分祠官兼任书院山长。

关于书院设官,在《宋史》《宋元学案》及方志中有很多记载。先是以州郡教授兼书院山长。如淳祐间(1241—1252年),汤汉曾"差信州教授兼象山书院山长"❶。宝祐间(1253—1258年),南安军学教授薛正己兼周程书院(后改名道源书院)山长。❷景定四年(1263年),诏命何基为"添差婺州教授兼丽泽书院山长"❸,徐几为"添差建宁府教授兼建安书院山长"❹。同年又诏"诸授书院山长者并视州学教授"❺。据载:其时,黄嘉为白鹭洲书院山长❻。庐陵刘辰翁、罗畋、泰和彭吕曾先后

---

❶《宋史·汤汉传》。
❷《同治南安府志》。
❸《宋元学案》八十二《北山四先生学案》。
❹《宋元学案·西山真氏学案》。
❺ 欧阳守道《白鹭洲书院山长厅记》,载刘绎《白鹭洲书原志》。
❻《光绪吉安府志》。

授赣州濂溪书院山长❶。星子查翔风以文学荐授江州濂溪书院山长❷。贵溪邱珊甫等授象山书院山长❸。还有如：淳祐间程若庸曾被聘为湖州安定书院山长、抚州临汝书院山长，而至度宗咸淳间，登进士"授武夷书院山长"❹。亦有以庶官兼山长的，如江淮制置使赵善湘建明道书院辟陈植"为干官兼山长"❺。据《景定建康志》载：明道书院"置山长一员，教养之事皆隶焉"。先是帅守从"诸幕官中选请兼充"、如江州周应合以江东抚干兼充，时在开庆元年四月。同年，尝以添差江州教授张显权充。景定以后"从吏部注差"，胡立本"准吏部差正任迪功郎，充建康府明道书院山长"。后来，终于有以祠官兼任书院山长的。《宋史·度宗本纪》载，咸淳五年（1269年）十月，"以汤汉为显文阁直学士，提举玉隆万寿宫兼象山书院山长"。《宋元学案·岳麓诸儒学案》亦载，钟如愚"晚官岭海，引年而归，除南岳书院山长，监南岳庙"。书院设官，白鹿洞书院并不例外，据载，星子进士郭炳文曾出仕"国子典簿，白鹿山长"❻。这种出仕的山长，已不是聘任的布衣，而是朝廷的"命官"。朱熹兴复白鹿洞书院时，曾向朝廷建议，在书院设置洞主官员，终于被理宗所实施。

淳熙间，朱熹兴复白鹿洞书院时，朱熹虽身为地方长官，当时的白鹿洞书院却是体现了唐五代以来，私人创办书院所具有的种种特点。可是，朱熹一再要求朝廷给予批准，备案，赐额，赐书，进而又建议设置洞主官员，并禄比祠官，纳入官制。其目的实在是要使书院成为另一种形式的官学，或者企图以他所倡导的模式来取代、改造当时存在的其他形式的书院和官学。朱熹的设想在理宗以后得以实现。《白鹿洞

---

❶《同治赣县志》。
❷《同治星子县志》。
❸《同治贵溪县志》。
❹《宋元学案·双峰学案》。
❺《宋元学案·木钟学案》。
❻《同治星子县志》。

书院揭示》成为御颁的"指导方针",书院之建"尤多",并间"有设官者"[1]。这就改变了相当一大部分书院的私学性质。

朱熹曾经非议科举,指责官学,徒以利禄声名功利为务,反对务记览,为辞章之学。他主张居敬穷理,高明自得,博大精微,在《白鹿洞书院揭示》的跋语中写道:"熹窃观古昔圣贤所以教人为学之意,莫非使之讲明义理,以修其身,然而推以及人,非欲其务记览、为辞章,以钓声名,取利禄而已也。"此后,不仅白鹿洞书院当作各种学校的典范,《揭示》成为共同的教学方针,而且朱熹及其同道、后学注释的《四书》《五经》均成为各种学校的基本教材,所有这些,都没有根本改变朱熹本人所一再反对的士子追求声名利禄的风气,也没有解决学校之为"声利之场"的"顽症"。朱熹的说教,课本尽管相当程度地取代了古代辞章,完全取代了王安石的《新义》《字说》,但是仍然逃脱不了权作登科入仕敲门砖的命运。朱子的神主祀于祠庙,《揭示》高悬讲堂,经书注释置于案几,增添了新的偶像和经典,然士风依旧,官场依旧。这是一种讽刺,也是古代许多大学问家难以逃脱的可悲命运。

朱熹等人创办的书院曾经是学者自择课题,各抒己见,兼容并蓄的论坛。这种讲坛在当时对促进思想交流,繁荣学术研究确实起过一些积极作用。但是,朱熹及其门人的一再努力,不仅在使书院成为官学,而且在于使朱氏理学亦成为学术讲台上的"官学"。这就使朱熹兴复白鹿洞书院时所继承和发扬的古代书院传统遭到自我否定。其后果,一是不断地加深门户之见,以一种学术见解"独霸"学术论坛、学校讲堂,将一切不同的探索、见解,均斥之为异端、邪说;二是使学校、书院中已经相当微弱的务实之学,受到进一步的排斥。士子或孜孜于辞章,以追求功名,或沉醉于心性,而不能自拔,甚至成为"假道学"而口是心非。总之,朱氏理学也逐渐成为一种精神枷锁。这都是深刻的历史教训。

---

[1] 见《续文献通考》。

过去大多数教育史著作,以为书院设官始于元代。必须肯定,柳诒征先生的《江苏书院志(初稿)》,明白地介绍了南宋末年书院设官的情况。元代不过是因循宋制而已。如果不算应天府曾改为府学,再改为南京国子监,石鼓书院曾改为州学,蔡京曾将一批书院由地方官学加以并吞。那么书院由朝廷设官治理、执教,使之成为另一种形式的官学,这个主意恰好出自朱熹这位兴复、提倡书院的大师,而成其事于大力支持书院建设的理宗皇帝赵昀。

第二节 朱熹与江西书院

南宋是书院发展的成熟时期,其重要标志之一是朱熹对白鹿洞的兴复并建立了教学和办院模式。

一、朱熹兴复白鹿洞书院及其历史因缘

淳熙六年(1179年)十月,即皇祐末白鹿洞书堂被毁125年之后,著名的理学家、教育家朱熹兴复白鹿洞书院。

本来朱熹于淳熙五年(1178年)八月已得到了去南康军的使命。对这个任命,他曾一再"辞免",朝廷不许,迟至淳熙六年三月,才以秘书郎权知南康军州事的身份赴军就任[1]。朱熹抵南康军(治星子县)后,下车伊始,便接二连三地张榜、行牒,广为询究陶渊明、刘凝之、义门洪氏、白鹿洞学馆等遗事往迹,"以凭稽考,别行措置"。他在《知南康军榜文》中说,"到任之初,伏自惟念圣天子所以搜扬幽隐,付畀民社之意,因将使之宣明教化,敦励风俗,非徒责以簿书。……今有令行询究事件,……按图经白鹿洞学馆,虽起南唐,至国初时犹有旧额,后乃废坏,未悉本处目今有无屋宇,……"向当地军民人等和过往贤士大夫征求实情。

同年秋天,因"秋雨不时,高仰之田告病",朱于"按视陂塘"之暇,

---

[1] 王懋竑《朱子年谱》。

亲临白鹿洞勘查了北宋时书院遗址❶。其时书院屋宇已"损其旧七八",仅有地基石础可辨往年规模了❷。朱看到这个地方,四面山水清秀环舍。"无市井之喧,有泉石之胜",觉得真是讲学、著述的好地方。他深感"庐山一带老佛之居以百十计,其废坏无不兴葺。至于儒者旧馆只此一处,既是前朝名贤古迹,又蒙太宗皇帝给赐经书,所以教养一方之士,德意甚美。而一废累年不复振起,吾道之衰既可悼惧。而太宗皇帝敦化育才之意亦不著于此邦,以传于后世,尤长民之吏所不得不任其责者"。因此,他认为庐山白鹿洞书院应该尽快地修复。

朱一面派军学教授杨大法、星子县令王仲杰等措兴复诸事,同时又报告有司备案,请求支持。他在呈报礼部的《申修白鹿书院状》和给丞相的报告中一再申述了兴复书院的理由,并报告了对书院建设的若干设想。他说:"缘上件书院功役虽小,名额具载国典,事体似亦非轻。若不申明乞赐施行,窃恐岁久复至埋没。"朱熹还建议:"朝廷倘欲复修废官以阐祖宗崇儒右文之化,则熹虽不肖,请得充备洞主之员,将与一、二学徒读书,讲道于其间。""其禄赐略比于祠官,则熹之荣幸甚矣"❸。

朱熹又写信给老友吕祖谦,请吕为书院撰记。朱希望此记应"非独以记其事,且使此邦之学者与有闻焉,以为入德之门"。为此事,朱、吕二人书信往复,讨论记文措辞,然后定稿,请人书写入石。后来朱又致书吕祖谦说:"白鹿书院承为记述惟使事之本末后有考焉。而所以发明学问始终深浅之序尤为至切,此邦之士蒙益既多,而传至四方,私淑之幸又不少矣。"❹

可是,朱熹向朝廷呈报的计划、设想均如石沉大海,并未得到朝廷

---

❶ 宋熹《知南康军牒》。
❷ 吕祖谦《白鹿洞书院记》。
❸ 载《朱子大全》。
❹ 见朱熹《答吕伯恭书》。

当权者的支持,相反却"朝野喧传以为怪事",遭到了讥笑和讽刺❶。但是朱熹仍然坚持进行白鹿洞书院的复建工作。

淳熙七年(1180年)三月,白鹿洞书院初步修复。朱熹率领军、县官吏、书院师生赴书院,祭祀先师先圣,举行开学典礼。朱升堂讲说,讲题为《中庸首章》。❷与同道们高兴地作诗唱和。考察史料,可以确定朱熹在南康军任内,为兴复白鹿洞书院,做了下面几件事。

修建书院房屋。北宋白鹿洞书堂毁于皇祐末之"兵火",此时仅余瓦砾榛荆,茂草荒丘。尽管南康军、星子县正遭旱灾,财政相当困难,还是建起屋宇20余间。❸朱熹还与他的僚属、学生及继任知军钱闻诗商定了进一步兴建书院礼圣殿等屋宇的计划。

筹措院田。朱熹很注意学田的建设,认为这是维持书院的"久远之计"。他制定了购置田亩的计划,筹集了一部分购置田地的资金。

聚书。朱熹曾发文江南东西路各地衙门征求图书。在《洞学榜》中宣称:"承本路诸司及四方贤士大夫发到书籍,收藏应付学者看读。"然实际上当时的藏书并不多,书名有据者仅为刘氏所赠《汉书》一部。朱熹《跋》言:"朱为刘子和作传,其子仁季致书,及其先人所藏《汉书》四十四通为谢。"熹以"白鹿洞新成,因送所藏以备学者看读"。

从《朱子大全》中尚可以看到,他曾得了好几种书帖。他从曹建那儿得到了程颐《与方道辅帖》的模本,从芗林向氏那儿得到了邵雍"《诫子孙语》及《天道》《物理》二诗"的手书,从祁真卿那儿得到《尹焞帖》;又从蔡廷彦、吴唐卿那儿辗转相传得到了包拯青年时代的诗。朱熹亲自书写或照旧摹拓,书《跋》并刻之于石碑。看来"入石"也是古代学校书院藏书的方式之一。

聘师。朱熹曾请新建丁锬掌教,合肥吴某为职事,均未成功。朱熹只得兼任洞主,自为导师,亲临执教。这时在白鹿洞书院讲学的尚有

---

❶ 见朱熹《延和殿奏事》。
❷ 见宋熹《答吕伯恭书》。
❸ 见朱熹《乞赐白鹿洞书院敕额》。

他的好友刘清之,学生林用中、黄榦、王阮等。

招生。朱熹曾发榜招生入学。据朱熹自称,其时有学徒"一二十人"。现有姓名可考者为曹彦约、曹彦纯、胡泳、周模、余宋杰、余锜、刘贲、李辉、李孝述、周仲亨、周仿、吕熠、吕炎、吕炳、吕焘、吕焕、彭方、熊兆、冯椅、周颐、陈杯、杨三益、蔡念成、吴唐卿、叶永卿、李深子、周得子等。

"列圣贤为学次第以示学者"。朱熹在总结前人办学所订规制及禅林清规的经验、教训基础上制定了《白鹿洞书院揭示》。这份揭示或可称为《白鹿洞书院教条》《白鹿洞书院学规》《白鹿洞书院教规》。

设立课程。朱熹在开学时就讲了《中庸首章》。他在白鹿洞尚有《讲堂策问》《大学或问》等讲义传世。朱熹辑《大学》《中庸》《论语》《孟子》,汇成《四子书》,纂成《四书集注》,有一个很长的过程。正如他在68岁时所讲:"此书,自三十岁便下功夫,至今犹未了。"《白鹿洞书院揭示》中,实质性内容79字,绝大多数出于《四书》。应该可以断定,朱熹在兴复白鹿洞书院时,已将《四书》作为基本教材。淳熙七年,朱熹51岁时,还在南康军刊印了《论孟要义》一书(亦有说是在白鹿洞刻印的)。

朱熹兴复白鹿洞书院除曾请南宋理学另一派代表吕祖谦写记外,南宋又一派理学的代表人物陆九渊自金溪来访。朱熹便请陆九渊这位"论敌"在白鹿洞书院升堂讲说。陆就"君子小人喻义利章发论",当时听讲的人中甚至有的感动得掉下了眼泪。朱熹也认为陆九渊讲得很好,真是"切中学者隐微深痼之病",并对自己过去在这个问题上没有讲得这么深刻感到惭愧。朱熹还表示,今后一定要和大家一起认真体会陆的讲话精神,铭记心中。他又请陆九渊将讲稿书写下来,以便刻石久存,这就是著名的《白鹿洞书堂讲义》。朱熹还为这份讲义书写

了《跋》。❶

陆九渊这篇讲话,后来成为理学家们具有纲领性的文件。朱、陆二人虽有分歧,然而他们在根本的教育目标上却是比较一致的,这个一致首先表现在对义利的看法上。陆九渊白鹿之讲,题目是君子喻于义小人喻于利。朱熹的《白鹿洞书院揭示》中也明确表示要"正其义,不谋其利,明其道,不计其功"。把这段格言当作"处事之要"。这是朱、陆办教育的共同目标、共同的指导思想。"义利之辨"成为白鹿洞书院教学中重要的传统内容。后来的理学家们在瞻仰白鹿洞书院时,在书院的讲说中,也往往要在正谊、明道、斥责功利的问题上大做一番文章,以示不忘"祖训"。

朱熹、陆九渊、吕祖谦是南宋理学三大学派的首要代表人物。在我国历史上理学发展的高峰时期,作为全国著名的书院之一,白鹿洞书院与理学三大派都发生了联系,这使书院与理学结下了不解之缘。❷

淳熙八年(1181年)三月,朱熹奉命离任。在离开南康军的前夕,他又向孝宗皇帝报告了兴复书院的前因后果,并以岳麓书院为先例,请求皇上赐书、赐额❸,但是这个报告也并无直接效果。由此可见,朱熹兴复白鹿洞书院的举动,在当时并不是像某些人所讲的那样顺利。

在朱熹即将离任之际,江东提举、著名的诗人尤袤亲临南康。他对朱熹兴办白鹿洞书院的事业表示支持。朱熹深受感动。当时像尤袤那

---

❶ 见《陆象山集》和《朱子大全》。

❷ 据《宋元学案·东莱学案》记载:"宋乾淳以后,学派分而为三,朱学也、吕学也、陆学也。三家同时,皆不甚合,朱学以格物致知,陆学以明心,吕学则兼取其长,而复以中原文献之统润色之。门庭径路虽别,要其归宿于圣人,则一也。"

❸ 据王懋竑《朱子年谱》记载:淳熙八年"三月,除提举江南西路常平茶盐公事待次"。"奏本职四事"。"四、请降敕赐白鹿洞书院额及颁赐太上皇御书《九经注疏》印本等书。"据毛德琦《白鹿书院志》载,朱熹说,"欲望圣明俯赐鉴察,追述太宗皇帝,真宗皇帝神圣遗意,特降敕命,仍旧以白鹿洞书院为额;仍诏国子监仰摹光尧寿圣宪天体道性仁诚德经武纬文太上皇御书石经及印版本《九经注疏》《论语》《孟子》等书给赐本洞看读。"〈贴黄〉"臣顷年亲见潭州岳麓书院尚存旧碑,大书'敕赐岳麓书院'六字,伏乞睿照"。

样对朱熹的办院事业表示支持的官员并不多。

朱熹于淳熙八年三月二十七日离军经江州、湖口东归。朱熹在《山北记行十二章八句》中讲到这件事。朱熹离去后,仍与继任知军、书院师生保持书信来往,就书院建设事务交换意见。这些信件,在有关白鹿洞的志书、《朱子大全》中可以查到。实际上,朱熹仍然是白鹿洞书院的权威人物。甚至连书院中应如何行礼,都要聆听他的意见。

朱熹尚向继任知军钱闻诗推荐曹建为书院山长,但曹因病未能成行。❶

淳熙八年十月,担任浙东提举的朱熹拨付了30万钱给钱闻诗,用作兴建礼圣殿和两庑的费用。这项工程直至淳熙十年朱端章接任知军后才得以完成。

淳熙八年十一月,朱熹在延和殿受到孝宗赵昚召见,向赵昚汇报了白鹿洞书院的建设情况。请求赐书、赐额。这次报告得到了孝宗的支持。

朱熹兴复白鹿洞书院顺应当时社会的潮流,反映了他一贯的教育主张,当时赵宋政权迫切需要加强文治,重整纲常。然而,仅靠命令式的强制难以奏效。极需用一种更具有论理性、思辨性的思想武器来完成整顿纲常的使命。理学(也称道学)作为一种新儒学,也就应运而生。北宋时理学自身尚未完善,又遇到王氏新学、苏氏蜀学,以及其他儒学的挑战,传布不广,影响有限,始终未能占有统治地位。至南宋,赵宋统治集团"外患""内忧"交困。更需调整统治集团内部的种种矛盾,以稳固对黎民百姓的统治。这时,理学经过数十年的积累经验,以派别的形式日益顽强地发展起来。南宋各派理学与北宋有不同的特点,那就是紧紧地抓住了书院这个据点,这个传播工具。众多学者大都十分注意广聚生徒,建立精舍、书院、书堂之类。在当时,两浙、江

---

❶ 曹建不久因病去世。朱熹在《曹立之墓表》一文中对曹未能就任山长一事深表惋惜:"及某受代以去……,郡守吴郡钱侯子言以予惓惓于是也,函书来问孰可为师者,予固以立之告。子言闻之,欣然具书礼,授使者走余干,踵立之之门以请,而立之病不能行矣。"

东、江西、湖南、福建、四川，书院的兴起，逐渐成为一种社会的潮流。朱熹不过是这种潮流中的佼佼者。朱熹本人对官学和科举向有贬谴之辞，而兴复白鹿洞书院则是其实践大学教育主张，身体力行的一次重要试验。

朱熹一贯关心书院事业的发展，亲自兴复白鹿洞书院，合乎事理。他曾为一些书院题辞、作记，以及留居书院讲学。乾道间，在他的家乡建有云谷书院（寒泉精舍）。淳熙二年（1175年），他赴鹅湖会前，即与吕祖谦留止寒泉精舍月余，商订《近思录》。他在兴复白鹿洞书院之后，还建造了武夷精舍。在绍熙五年（1194年），荆湖南路安抚使任内，又修建岳麓书院，将《白鹿洞书院揭示》作为岳麓书院揭示复颁于此。他还为著名的石鼓书院作记。致仕归田后，又居竹林精舍（沧洲精舍、考亭书院）自处。由此可知，朱熹兴复白鹿洞书院，是他关心书院建设的一例，不是偶然和孤立的。

可见，朱熹兴复白鹿洞书院不是个人一时兴之所至，而是他多年夙愿付诸实施的作为，这既合乎朱熹本人思想、行动发展的逻辑，也顺应了时代潮流。

二、朱熹兴复白鹿洞书院时的师友

朱熹兴复白鹿洞书院时，曾亲自兼任洞主，自为诸生导师，亲临讲学。还聘师讲学，被聘者有虽聘未就之丁锬。据《同治新建县志》所载丁"字仲熊，号瓮天，新建人。以伊洛之学倡于江右，弟子云集，与陆子静为友。领淳熙、庆元、嘉定三举，历曲江县簿，所著有《春秋要辨》……徐鹿卿为撰墓志"。"朱元晦……时与往复论学"。丁锬在新建乡里建有玉溪书院。

合肥吴某，朱熹原拟聘为职事，据朱熹给黄商伯的书信中讲，"渠为书社所拘"，亦未能往。

诸书尚有杨日新为堂长之说。朱熹聘学录杨日新为白鹿洞书院堂

长的公文至今还保存在许多版本的白鹿洞书院志书中。❶

有的书、文讲,朱熹曾辞去南康知军专任白鹿洞主。这是缺乏根据的。朱熹在《与丞相别纸》中虽曾讲到:"朝廷倘欲复修废官,从阐祖宗崇儒右文之化,则熹洞肖虽不,请得充备主之员,将与一二学徒讲道于其间,庶几上有收副知遇使令之意,下有以遂其平生之怀。若复更蒙矜怜,假之稍廪,略如祠官之入,则在熹又为过望,而州县亦不甚至有糜耗。"在《与丞相札子》中又说:"窃愿丞相特为敷奏,举先朝之故事,修洞主之废官,使熹得备执经焉。而其禄赐略比于祠官,则熹之荣幸甚矣。"但是这些设想和请求,在当时均未实现。朱熹于淳熙八年闰三月二十七日交郡事,据朱熹《山北记行十二章八句》诗注载:"是夕出城往罗溪,二十八日宿白鹿,二十九日登黄云观,渡三峡……,四月一日过开先,宿归宗,二日浴汤泉,三日……,六日拜濂溪书堂遗像,……东渡湖口而归。"离开知军职责后只宿白鹿一日,不可能有专任洞主的事情。

朱熹在南康,与其同时讲学白鹿洞的,尚有好友刘清之,学生林用中,黄榦、王阮等。

刘清之(1134—1190年),字子澄,号静春,清江(今樟树)人。《宋史》《宋元学案》有传,绍兴二十七年(1157年)进士,参予鹅湖之会。毛德琦《白鹿书院志》载:"清之与文公交游甚厚,亦尝访文公于南康,止白鹿洞,有同游三峡之作。"刘在家乡办过槐阴精舍、万安野馆,并在龙光书院讲学多时。

林用中,字敬仲、择之,号东屏,称古田先生,福州古田人,"从文公游最久,文公守南康时,择之尝从讲学于洞。"❷

黄榦(1152—1221年),字直卿,号勉斋,福州闽县人。《宋史》《宋元学案》有传,为朱熹高弟、女婿,朱熹道统的继承人之一,随同朱熹逗留

---

❶ 参见毛德琦《白鹿洞书院志》所载明清书院规章。
❷ 毛德琦《白鹿书院志》。

南康军,又随同离任东归。

王阮,据《同治德安县志》记载,字雨卿,德安人,绍兴末年,去武夷见朱熹。登隆兴元年(1163年)进士,淳熙年间任都昌主簿,又随同朱熹讲学。淳熙八年"朱子罢南康军,阮与刘清之、林用中、黄榦等随朱子山行"至江州。

尚有朱熹高足蔡沈(1167—1230年)亦随同朱熹讲学白鹿洞书院的说法。蔡沈,在《宋史》《宋元学案》中均有传,字仲默,号九峰,生于乾道三年(1167年),朱熹兴复白鹿洞书院时,年仅十二三岁,从学尚有可能,讲学不可靠。

据众多史书记载,朱熹兴复白鹿洞书院时,生徒大约有下列诸人。

曹彦约(1157—1228年),据《宋史》《同治南康府志》记载,字简甫,号昌谷,都昌人,兴宗次子,受业朱熹之门,淳熙八年(1181年)进士,官至兵部尚书,文华阁学士。据《宋元学案·沧州诸儒学案》载:"初事朱子于白鹿书院,又十四年复见于岳麓书院。"

曹彦纯,据《同治南康府志》载,字粹甫,兴宗长子,与弟同受业朱熹之门。

胡泳,据《宋元学案》和《同治南康府志》载,字伯量,号桐源先生,曾从朱晦庵读书白鹿洞。嘉定间任书院堂长,曾联讲会于庐阜,著有《四书衍说》等。

周模,据《同治南康府志》记载,字舜弼,与"余宋杰,字伯秀,李辉,字晦叔,刘贲,字炳文,俱建昌(今江西永修县)人",朱熹知南康军,"四人同学于朱子之门,并有时名,不求仕进"。《宋元学案》说,周模,建阳人。《同治瑞昌县志》说,周舜弼为瑞昌人,"与弟仲亨,从子仿,从朱子学于白鹿洞"。《光绪建昌乡土志》称:"李辉,字晦叔;李孝述,字继善;余宋杰,字伯秀;刘贲,字炳文;四人同学于朱子之门。"李辉乃李燔之兄,李孝述为燔同宗从子。周等建昌弟子复在星子城内建修江书院,以便前往鹿洞和就近向朱熹讨教。

吕炎，建昌人，据《同治南康府志》《同治建昌县志》载，吕炎字德明，与兄吕熠，字德艺，弟吕炳，字德文，吕焘，字德昭，号月波，吕焕，字德远，“同游朱子之门，学成隐居弗仕，道德闻望为时所重”。兄弟五人读书建昌芗山书院，以“朱门五贤一家”，人称五吕先生，乡人建五吕先生祠祀之。

彭方，据《同治南康府志》记载，字季正，号疆斋，都昌人，彭蠡子。“朱子守南康时，方随父受业焉。”绍熙四年(1193年)进士，官至龙图阁学士吏部尚书，著有《疆斋集》等。在故里建有宝林书院。

冯椅，据《同治南康府志》记载，字奇之，号厚斋，都昌人，受业朱熹。绍熙四年进士，官至江西运干，退居家，著述有《易诗书语孟太极图西铭辑说》《孔门弟子传》等二百余卷。

熊兆，据《同治南康府志》记载，字世卿，建昌人，“受业朱子得其传，隐居弗耀，自号拙逸子。朱子著《拙逸子说》遗之”。

吴唐卿、叶永卿、李深子，周得之，朱熹曾给他们五封信，见毛德琦《白鹿书院志》《朱子大全》。吴唐卿曾任白鹿山长，见朱熹《送碧峰甘叔怀游庐阜兼简白鹿山长吴唐卿及诸耆旧》诗。

蔡念成，据《宋元学案·沧州诸儒学案》载：“字元思，德安人，文公守南康时，讲学白鹿洞，先生从之游，隐居求志，乐道不仕。文公没，心丧三年，又以事文公者事黄直卿而卒业焉。后与同门数人，每季月一集，以相切磋，如此三十年。”

余锜，武宁人。据《同治武宁县志》载：“以乡荐授大理评事，负气节，不能俯仰人，与大臣不合，弃官归。淳熙中，闻朱文公讲学白鹿洞，往从之。益折节读书，累岁不离讲席。与周模、吕焘同建修江书院。熹去，从者亦散，锜独留，如侍熹时，后竟没于庐山。”

杨三益，字子真，亦武宁人。登嘉定七年(1214年)进士。曾从朱熹讲学白鹿洞书院。《同治武宁县志》称其“一日同憩华盖石，朱子为刻名石上”。后任岳州教授。

周颐,德安人,据《同治德安县志》记载,字龟父,肄业白鹿洞书院。朱熹离南康军时,曾与王阮随行,送至九江而归。

陈秄,字秀成,据《同治南康府志》记载,星子人,"三试礼部不第,遂弃科举,师事文公"。

有的书文还说到彭蠡、黄灏、曹建等人亦在南康军向朱熹问学。笔者以为,在南康问学者,不一定就是白鹿洞书院之生徒。

彭蠡,据《同治都昌县志》,字师范,号梅坡。"朱子守南康时蠡尝袖出疑义就质,辨析甚精,江淮学者咸师尊之。称梅坡先生。晚年立精舍于石潭,名盛"。朱熹称之为"吾友彭师范胜士"。在白鹿洞书院,虽曾先后从祀于宗儒、紫阳等祠,但不能算是白鹿洞的学生。

黄灏,字高伯,号西坡,都昌人,隆兴元年(1163年)进士,为隆兴府(治所在今南昌)学教授。朱熹知南康军,灏以都昌学子执弟子礼。黄的神主虽从祀于白鹿洞,但也算不得白鹿洞的学生。

曹建,字立之,号无妄先生,饶州余干人。先从程迥,继从陆九龄、陆九渊,后见朱熹于南康军星子县,向朱请教。朱熹曾为其撰墓志称:"淳熙乙未岁,予并昌伯恭至信之鹅湖,而江西陆子寿及其弟子静与子澄诸人皆来相与讲其所闻,甚乐。子寿昆弟于学者少所称许,间独为于道余干曹立之为人,且曰:'立之多得君所为书,甚欲一见君与张敬夫也。'后五年予守南康,立之果来。目其貌,耳其言,知其尝从事于为己之学,而信子寿兄弟之不子欺也。欲留予居,立之有宿诺不果。"曹立之也不能算是白鹿洞书院的学生。

有的文章和书籍还提到李燔。李燔是李辉之弟。绍熙元年(1190年)进士。授岳州教授,未上,往建阳从朱熹学,因此恐难确定其为朱熹兴复白鹿洞书院时之生徒。

三、朱熹兴复白鹿洞书院所创立的教学模式

朱熹兴复白鹿洞书院时所采取的教学模式大致概括为:定规制、立

课程、勤讲论、勉自学等。

关于设立课程，前面已经提到，朱熹将《大学》《中庸》与《论语》《孟子》汇成《四书》。把《四书》放在《五经》之前、之上。至于《四书》，则"以《大学》为先,次《论语》、次《孟子》、次《中庸》。"❶在朱熹看来,"《大学》是为学纲目。先通《大学》立定纲领,其他经皆杂说在里许"。❷

现在着重研讨有关学规和教学形式。

(一) 关于《白鹿洞书院揭示》

朱熹在总结前人办学条规、经验教训的基础上,列"圣贤所以教人为学之大端","条列"而"揭之楣间","以示学者"。这就是所谓《白鹿洞书院揭示》。

有的学者以为《白鹿洞书院揭示》是我国书院和学校中最早的条规。此说不妥。就宋代而言,《宋史·胡瑗传》即称:"瑗教人有法,科条纤悉备具。""庆历中,兴太学,下湖州取其法,著为令"。吕祖谦创办丽泽书院,在乾道间连续几次制订、修订过书院的条规,至今保留在他的集子里。朱熹在《白鹿洞书院揭示》的《跋》中也说:"近世于学有规,其待学者为已浅矣。而其为法,又未必古人之意也,故今不复以施于此堂。"可见他的条规是以前人各种条规之经验教训为基础的。《白鹿洞书院揭示》是一份不同于一般规条,独有特色的揭示。首先,它并非一份仅具"禁防"性质的规章,系朱熹"特取凡圣贤所以教人为学之大端"揭示之,意在"诸君其相与讲明遵守,而责之于身"。它是一种教育指导思想,一种为学之路途,一种具有鼓励性的"学圣""希贤"的奋斗目标。

《白鹿洞书院揭示》中反映了朱熹教育思想的主要方面,强调"父子有亲,君臣有义,夫妇有别,长幼有序,朋友有信"之所谓五教,"学者学此而已",强调"言忠信,行笃敬,惩忿窒欲,迁善改过"之所谓修身之

---

❶ 见《朱子语类》。
❷ 见《朱子语类》。

要。这都与他的"存天理,灭人欲","居敬穷理"的主张密切配合的。他强调"博学""审问""慎思""明辨""所以穷理";"迁善改过""不谋功利""反求诸己"……以"修身""处事""接物"而"笃行之"。这与他一贯主张"泛观博览而归于约"也是一致的。

在《跋》中,朱熹明白地讲,"熹窃观古者圣贤所以教人为学之意,莫非使之讲明义理,以修其身,然而推以及人;非徒欲其务记览,为词章,以钓声名,取利禄而已也"。这与儒家的格物、致知、诚意、正心、修身、齐家、治国、平天下的八条目也是一致的,这里也比较清楚地体现了朱熹教育的社会目的。

其实,朱熹也并不一般地反对"科条纤悉"性质的学规。朱熹于兴复白鹿洞书院之前,曾与陆九龄议论过仿禅林规条教育后学一事。据王懋竑《朱子年谱》所载,"淳熙六年候命铅山,二月陆子寿来访"。"陆子寿言,'古者教小子弟自能言能食即有教,以至洒扫应对皆有所习,故长大则易语。今人自小即教做对,少大即教作虚诞,之大皆坏其性质。某尝思欲做一小学规,使人自小教之,便有法,如此亦须有益'。""先生曰:'只做禅院清规样,亦自好。'"❶朱熹在兴复白鹿洞书院之后,淳熙十四年(1187年),他为门人程端蒙、董铢所订《学规》作《跋》。他说:"道不远人,理不外事。故古之教者,自其能食,能言,而所以训导整齐之者,莫不有法,而况家塾、党庠、术序之间乎!彼其学者,所以入孝出弟,行谨言信,群居终日,德进业修,而暴慢放肆之气,不设于身体者,由此故也。番阳程端蒙与其友生董铢共为此书,将以之教其乡人子弟而作新之。是书盖有古人小学之遗意焉!余以为:凡为庠序之师者,能以是而率其徒,则所谓成人有德,小子有造者,将复见于今日矣……"程、董《学则》是一份相当纤细的条规。朱熹采取了肯定的态度。

朱熹按学校性质、任务、程度与年龄,分大学与小学,15岁前上小学,之后才上大学。小学应该"学其事",大学才"穷其理"。对小学生,

---

❶ 见《学规类编》。

"自其能食、能言"即需以规矩培养习惯,要读书认字,使之"长大则易语"。对大学生,则应"讲明义理,以修其身"。

朱熹对不同年龄特点之学者,采取不同教育方法,不同教育规条,此事仅就年龄心理学角度视之,亦可取。可惜其后学门人并未理解此意。饶鲁曾合《揭示》与《学则》为一体而揭之,以为"一则举其学问之宏纲大目,而使人知所用力。一则定为群居日用之常仪,使人有所持循,即大小学之遗法也"❶。饶鲁看到了两种条规的各自特点,某种区别,也看到了两者互相补充的作用。但是并未从年龄心理的发展上注意两者互相衔接的关系。现存白鹿洞书院在乾隆三年(1738年)由知府董文伟、主洞张国禄所立的《白鹿洞书院教条》碑附载了程、董《学则》,亦施于白鹿书院,这似乎也与朱熹的原意不符。

《白鹿洞书院揭示》于绍熙五年(1194年)又被朱熹揭于岳麓书院楣间,成为《岳麓书院揭示》。以后按照朝廷的旨意抄录在各地的学校和书院之中,成为各类学校共同遵行的"指导方针"。这份揭示尚远播海外。朝鲜曾有六百多所参照白鹿洞规制建立起来的书院,日本至今尚有以《白鹿洞书院揭示》为校训的学校。❷

(二)关于朱熹兴复白鹿洞书院的教学形式

朱熹集我国古代书院、学校教学经验之大成,在白鹿洞书院采取了多种多样的教学形式。以后又由于门人子弟的努力而不断发展,形成一种相当完备的书院教学组织形式的体系。

朱熹在书院中实行的教学制度,用现代教育科学的术语来分析应称之为"导师制",即由主讲之学者(山长、洞主、掌教、院长、主讲,主席)主持书院之一切教学活动(有时还有副讲协助主讲工作),在德行、道艺各方面对生徒全面指导。后来某些书院在发展中吸取"三舍法"的经验,也有设正、附课,内、外舍生随考试而升降奖罚的措施。然而

---

❶ 见《朱子语类》。
❷ 见拙作《白鹿洞书院对日本、朝鲜影响点滴》,载《江西教育学院学报》1987年第三期。

这终究是"导师制"的一种补充。有的学者以为,"导师制"始于六百年前的英国,其实我国早就有了。先秦的私学,汉初经学大师,武帝时的博士弟子员,也都实行"导师制"。在书院中则更加完善。导师对学徒由穷理而修身、处事、接物全面负责。朱熹则是主持书院,教导生徒的著名大师。

白鹿洞书院尚有堂长之设,明清之堂长系择年长学优的生徒充任。朱熹掌权时聘杨日新为堂长,后来朱熹门徒李燔、胡泳、黄义勇相继为堂长。这种堂长仍属于师长之类的职事。(据包恢《槐堂书院记》称:延"李子尧为堂长,以主教事"。可见堂长乃主教之人。)照明清的含义,则犹如导生。事实上朱熹聚徒往往由高弟接引。据载,黄榦、林用中、陈文蔚、李燔、董铢等人都充当过这种角色。其实这也不是从朱熹才开始的。自古以来儒家大师门下往往都有由高弟辗转传授的现象。

朱熹教导生徒,采取了多种的教学形式,主要有下列几种。

(1)升堂讲说。这是白鹿洞书院的前身南唐庐山国学即已采用,史书有所载录的教学形式。现在几种不同集子,白鹿洞几种志书中,尚保存了朱熹在白鹿洞书院升堂讲说的讲义。如《中庸首章》《大学或问》《白鹿洞讲堂策问》等。朱熹请陆九渊在白鹿洞升堂讲说,更是一次著名的风闻海内的教学活动。朱熹离去后,黄榦应陈宓、李燔、胡泳等人之请,又在白鹿洞讲《乾坤二卦》,山南山北士子云集,❶朱熹弟子陈文蔚也有在白鹿洞升堂讲说的讲义传世。❷

(2)认真读书,自行理会。在朱熹来说,格物致知主要的方式就是读书。在白鹿洞书院的教学活动主要是采取学生刻苦钻研,自行理会的方式。使之阅读经、史、子、集各类书籍,其中尤以经书为主,包含阅读前人首先是程朱理学大师们的注疏。

朱熹很重视对生徒进行读书方法的指导。其门人后学,将其生前

---

❶《宋宁·黄榦传》。

❷ 见《陈克斋集》。

有关读书方法的言论概括为《朱子读书法》。他们引用朱熹的原话说，"朱子曰：'为学之道，莫先于穷理，穷理之要，必在于读书，读书之法，莫贵于循序而致精，而致精之本，则又在于居敬而持志。此不易之理也。'"然后又将朱熹《读书法》总结为"循序渐进""熟读精思""虚心涵泳""切己体察""着紧用力""居敬持志"共六项。❶ 书院中学徒以自学为主，不仅包含读书，还包含作诗、作文，等等。

（3）互相切磋，质疑问难。朱熹提倡诘难。他说："往复诘难，其辨愈详，其义愈精。"书院生徒之间时时互相切磋，师生之间经常质疑问难，这是书院师生群居的一种"日课"。这里既有集体讨论，也有个别教学，更有高弟的辗转相传。朱熹的不少学生，将他质疑问难时的言论记录下来，编成为《朱子语类》，流传于世。

作为师生学友群居，互相切磋的制度，白鹿洞书院"讲会"，大概可称是一种重要方式。朱熹主洞时的讲会究竟怎样，目前难于考证。但有讲会这一点是靠得住的。有一首诗可以作证。诗名为《白鹿讲会次卜丈韵》。全诗如下：

宫墙芜没几经年，只有寒烟锁涧泉。
结屋幸容追旧观，题名未许续遗编。
青云白石聊同趣，霁月光风更别传。
珍重个中无限乐，诸郎莫苦羡腾骞。

另外还有一首《再用前韵示诸同道》，在此不再赘述。此中可以看到，参予讲会之"诸郎""诸同道"，大概是不少的。

朱熹离去之后，在康郡庐阜是不乏关于讲会的记载的。如嘉定九年（1216年），黄榦经过南康探访同门诸友。就提到同门诸友的讲会活动，现存的郑延鹄、田琯、毛德琦等三部白鹿洞志书和《同治南康府志》中，亦有嘉定十一年（1218年）李燔、胡泳、缪帷一、姚鹿卿、潘炳、张绍燕、罗思、张琚等与知军陈宓会讲洞学的记载。还有景定元年（1260

---

❶ 见程端礼《集庆路江东书院讲义》。

年),知军陈淳祖与洞正陶一桂等,集诸生数百人会讲白鹿洞的题志。这说明曾延续很长的时间。这既是教学,又是学术活动,是以白鹿洞书院为中心基地,以朱门后学为主要成员展开的。

除了讲会外,尚有文会、诗会。嘉定十年(1217年),朱熹之子朱在特建会文堂。陈宓又改名文会堂。

(4)展礼。"克己复礼"是儒家教育的重要目标。"礼"是儒学教育的重要内容。礼不仅是书本言语,而且必须身体力行。因此,展礼就成了儒学教育、教学的重要形式,也是书院教育、教学活动中不可缺少的方面。淳熙七年书院开讲时,就举行了祭祀先师先圣的仪式。朔望祭祀,是书院的一种常规,一直延续到清末。朱熹在南康、在白鹿洞,祭祀孔、曾、颜、孟,以及诸葛亮、陶潜、李渤、刘涣、周敦颐、陈瓘等人的活动,这包含着尊师、重道、崇贤等含义,是一种生动的教育过程,也是朱熹所谓"格物穷理"的重要方面。

白鹿洞书院在长期的发展过程中,建立了许多祠庙,除礼圣殿外尚有宗儒祠、先贤祠、崇德祠、忠节祠、紫阳祠,等等。

除了祭祀外,师生之间,生徒之间,迎客送宾,升堂讲说,课试,均有礼仪,均需展礼。看来似乎烦琐,但朱熹把这种"应接事物而处其当否"也看作是格物致知的重要途径,是不可缺少的教育、教学措施。

(5)优游山水之间。据志书所载,朱熹每有闲暇,即赴书院留居,与生徒优游泉石山水林木之间,寓讲说、启迪、点化于休息、游乐之中。这既与《论语》所载"仁者乐山,智者乐水"的思想有关,亦与《学记》所称"君子之于学也,藏焉、修焉、息焉、游焉"的说法相合,与胡瑗所倡"游历名山大川"一致。朱熹的"格物致知",有以天下之物所体现的天理,来印证"吾心所固有的"天理,内外相证,从而"致吾之知"的说法。优游林泉之中,接触各种事物,从而体察"万物皆有"之"一理"、统"摄万物"之"一理",这与朱熹的基本哲学观点也是一致的。

朱熹重视环境的影响,后人认为朱熹充分利用白鹿洞幽雅的环境可以绝其尘昏,存其道气,可以收敛精神,归于持敬与主一。这也是朱熹的教育手段之一。

朱熹的教学思想在理论上有很多需要分析、判别的地方。他仅从书本、古今人物、接应事物等几方面来格物致知、教育学生;他的教育内容,只在"明人伦",即穷"天理";他的教育目标,仅是植纲常、扶名教、尊孔孟。但是,在教学法方面,朱熹是主张启发诱导的,他主张"某只是做个引路底人","有疑难处,同商量而已"。他主张"事事都用你自去理会、自去体察、自去涵养,书用你自去读,道理用你自去究索"。❶这体现了我国古代教学理论中"启发式"的优良传统。

朱嘉兴复白鹿洞书院,是中国教育史上的一个重要事件。这是在总结、继承孔孟以后一千多年的学校教育经验的一次重要实践。对后来书院的发展,学校的建设所产生的重大影响远远超过了朱熹理学,成为我国历史上,各种学术流派兴办书院、学校,得以借鉴的共同财富。

四、朱熹、朱门弟子与江西诸书院

朱熹除兴复白鹿洞外,尚在江西许多书院讲学。朱熹曾在丰城龙光书院(在丰城荣塘,为绍兴间陈自侁所建)讲学,高宗曾赐额。陈氏聘清江刘子澄主讲席,四方来学者多时达三百余人;陈与朱熹结友,朱熹曾在此留居讲学一个月;乾道六年(1170年),朱熹题其堂名"心广"。撰《龙光书院心广堂记》叙其事。朱熹复在丰城曲江矶头山之龙山书院讲学。朱熹访问过盛温如所建盛家洲书院。盛温如,名燧,以字行,绍兴初朝廷禁程学,温如自宗其说。温如曾举"义兵"镇压农民起义。他曾与朱熹唱和,朱尝赠其诗。

朱熹到过清江。向子諲(1085—1152年)曾在清江城东建有芗林书院(亦称芗林别墅)。子諲字伯恭,本开封人,居清江,官至侍郎,因言

---

❶ 见《朱子语类》。

和议之非,忤秦桧而归隐,筑书院讲学自处。绍熙五年,朱熹过清江,子湮的次子向浯延朱在此讲学。朱熹尚游清江名胜,阁皂山,在阁山书院讲学,后人改名紫阳书院祀之。

朱熹曾拜访江州濂溪书堂,并在此讲学之前,为重修书堂撰记,此前章已述。

淳熙庆元间,朱熹三次到饶州余干。先是拜访赵汝愚,最后一次是吊汝愚之丧。赵氏有东山书院,在城内羊角峰,为赵善应与子赵汝愚、从子赵汝靓所建。汝靓与汝愚之子崇宪皆师事朱熹。朱吊丧对,曾馆于东山书院风云堂,注《离骚》。三次讲学,余干以至饶州各地士子闻风而至者众,柴元裕等皆入其门。余赵崇宪有《松冈书舍记》叙其事。东山书院直至清末均有史事可考,并祀朱、赵。朱熹与赵汝愚尝同游余干琵琶洲,讲学其处。淳祐间赵崇宪为礼部尚书,请作忠定书院于此。

饶州德兴县有余瀚、余渊兄弟皆为绍兴五年(1135年)进士,因忤秦桧乞休归里,建银峰书院讲学。淳熙间朱熹过德兴曾讲学其间。德兴士子程端蒙、董铢皆入其门。朱熹尝赠诗予德兴程晔、程燧兄弟,诗云:"君家构屋积玉堆,两种天香手自栽,清影一帘秋淡荡,任渠丰冶斗春开。"程氏故建书院名双桂。

绍熙五年(1194年),朱熹过玉山,知县司马迈请朱讲学县学。程珙曾率生员听朱讲学。朱熹多次经过玉山县。据《同治玉山县志》所载,曾与汪应辰(1119—1176年)、陆九渊先后在久废的怀玉精舍旧址讲学。朱题其茅庐曰"草堂"。后有司与门人扩建为怀玉书院,置田以供四方来学者,生徒日众,怀玉书院之名遂与四大书院相埒。朱熹在山下酒舍尚题联云:"泉飞白石堪为酒,灶傍青山不买柴。"怀玉书院直至清末均有史迹可查考。清代李光地尝作《怀玉书院记》。记中有:"子朱子生长建州,趋朝归山则信州其孔道也。是故玉山之会,鹅湖之争倾劲一时。"

朱熹祖籍婺源，曾三次归里，祭扫祖茔。在此讲学、授徒。但在南宋间婺源却没有他讲学的书院。在元代才建立起书院来，名"文公书院"或"晦庵书院"。

建昌军新城县（今黎川）位于武夷山西北侧，有武夷讲堂。庆元间，朱熹、黄榦、蔡沈曾越山来此讲学。后人改立崇正书院并树朱等肖像祀祭❶。

绍熙间，朱熹为湖南安抚使，过宜春尝讲学仰山寺四滕阁。李长明、胡安之等及门受业。❷

朱熹在江西有很多门人，他们曾在江西修建书院，或在江西的书院中讲学。

淳熙七年白鹿洞书院因朱熹兴复落成，朱熹弟子林用中、黄榦、王阮等皆讲学其中，嘉定十一年（1218年），黄榦又入庐山访其同门友李燔、陈宓，"相与盘旋玉渊、三峡间，俯仰其旧迹"，讲《乾坤二卦》，山南山北士子群集。白鹿洞学为之振奋。这是影响很大的一次讲学活动。

朱熹门徒在白鹿洞书院有教学和兴建活动的，至少还有以下几位：吴唐卿（曾为白鹿洞山长）、李燔（曾为白鹿洞堂长）、胡泳（曾为白鹿洞堂长）、黄义勇（曾为白鹿洞堂长）、陈文蔚（曾为白鹿洞山长）、林夔孙（曾为白鹿洞山长）、张洽（曾为白鹿洞山长）、朱在（曾修建白鹿洞书院）、陈宓（曾修建白鹿洞书院）等。而其后学、私塾、续传则不胜枚举了。

朱熹讲学白鹿洞书院时，其建昌籍弟子李辉、周模、吕炎等人因白鹿洞斋舍尚狭，在星子城内建修江书院，以便就近向朱熹问学。

朱熹死后，周模等又发起季集（讲会），以便传习师训。嘉定九年（1216年），黄榦自汉阳经庐山曾与其会，他在《周舜弼墓志铭》中说：先生（朱熹）"以孔孟周程之学诲后进，海内之士从之者郡有人焉。先生

---

❶ 见《同治新城县志》。
❷ 见《同治宜春县志》。

殁,学徒解散,靳守旧闻,漫无讲习,微言不绝如线。独康庐间,有李敬子燔、余国秀宋杰、蔡元思念成、胡伯量泳兄弟帅其徒数十人,惟先生书是读,季一集,迭主之。至期集主者之家,往复问难。相告以善,有过规正之,岁月浸久不少怠"。榦"心忻然慕之,愿卜居五老、三峡间从诸君"而"未能也"。"嘉定丙子自汉阳道过其里,集中来会者十七八人,皆佳士也。何其盛者"。这个讲会亦曾在白鹿洞书院进行。嘉定十一年,陈宓在流芳桥题志中说到这件事。

李燔,建昌(今永修)人,为李辉之弟,李常裔孙。字敬子,号宏斋,登绍熙元年(1190年)进士。授岳州教授,未上任即奔千里去考亭从朱熹学。既至岳州,"教士以古文、六艺,不因时好"。"武学诸生文振而识高者拔之,辟射圃令其习射"。改教襄阳,复往见朱熹于建阳。熹深为器重,诸生初来未达者,悉令往见燔,由燔开启。熹视之为自己道统之承继者。朱说:"他日任斯道者必燔也。"❶熹去世,燔率同门会葬,时当学禁,亦不惧。江州知州曾以遗逸荐赴都堂审案,力辞。南康知军聘为白鹿洞堂长,"学者云集,讲学之盛他郡无比"❷。嘉定四年(1211年),"诏除大理司直,朝路欣欣其来,敬子力辞"。❸后为江西运司干办公事,又讲学豫章、东湖书院。屡荐屡诏不起,绍定五年(1232年),理宗赵昀论及当时高士累召不起者,史臣李心传以燔对:称其为朱熹高弟,经术、行谊亚黄榦"当今海内一人而已"。燔曾宣称:"仕宦至卿相,不可失寒素。"他自己虽处贫寒不为动,虽处富贵亦不易。入仕四十多年中,多时居家讲学,与黄榦并称。宝庆间,言于建昌知县曹豳,创李氏山房书院,祀李常。元泰定间重修时,吴澄为记,称"南康李文定先生少学科举之学,未弱冠,时朱子来守南康,心窃慕焉。既成进士,遂往受业终身","建昌前有兵部尚书同邑同氏,清名姱节,望于一乡,藏书于庐山五老峰之僧舍,号李氏山房。中更乱离,书与山房俱毁,宝庆丙

---

❶ 见《宋史·道学传》。
❷ 见《宋史·道学传》。
❸ 岳珂《程史》。

戌言于邑令曹幽,仍李氏山房旧号创书院于县西,以祠尚书。述其学问出处大概为之记。文定推好仁之心,而好人之懿德盖若是"。明代改建为宏斋书院。后仅有祠址,教学无闻。

陈文蔚,字才卿,号克斋,信州上饶人。因同乡余大雅(正叔),于淳熙十一年(1184年)赴武夷,登朱熹之门于紫阳书堂。其学以"用心穷理以为先,而操存以为急"。或说:"以诚为本,躬行实践为事。"人称其"渊源洙泗,多深造而自得之,著书立言,俱得朱子旨趣"。曾著《尚书解经》以"有补治道"诏补迪功部。史载其隐居邱园,杜门养老,虽屡聘仍不起。居家讲学之处名"克斋"。陈仿朱熹《白鹿洞书院揭示》立有《克斋揭示》,以晌来学者。

陈文蔚又先后讲学于双溪书院、南轩书院、龙山书院及铅山之鹅湖❶。陈以斯文自任,多有揭示、讲义及其他文字传世。其中《双溪书院揭示》一开始就强调"为学之道无如求放心"。并以"讲明义理,端庄专一,整齐严肃所以收放心"。以"亲师取友,切磋琢磨所以讲明义理"。"日夕相聚,讲说愈多,闻见愈博,未说到贯通处,亦足以为会文之益也"。"为诸友计,切须收敛身心务在端静,以放纵四支驰骛纷华为戒,则放心自然可收。施之读书为文,义理自明,工程自进。况又得师友之益,有讲论之助,相观而善,相资而成,由此以进,古人事业不难也,况课式之余乎!"

陈尚多次往来于白鹿洞书院,有书信给李燔与杜升之论及此事,晚年(约于嘉熙间),被聘主白鹿洞书院。在鹿洞时,尝访同门吕熠、吕炎、吕炳、吕煮、吕焕兄弟于建昌(今江西永修),为吕氏芗山书院作《浩然斋记》。其于鹿洞讲学,后人曾经大为称颂赞其"发明师训,辞和而旨切。学者闻之,朝有所兴起"。❷《克斋集》尚收录有《白鹿讲义》二则。一则为更畅义利之辨。其文最后一段说:"白鹿书院,文公先生旧

---

❶ 是鹅湖寺的四贤洞或鹅湖书院待考。
❷ 张伯行《陈克斋集序》载正谊堂丛书本《陈克斋集》。

所兴复，群吏多士，以教育之，规矩所示，非不明甚。学于此者，读其书，淬其心，切磋讲论，无非天理、人欲之辨。何者为天理，何者为人欲，毫厘之间，必有区别，如是无非在先生规矩之中，不失先生教育之意，义利之分不辨而明矣。"又一则为言仁。讲义开始说："某去腊入洞，尝以义利之说，为诸君子告。今将别去，复有一说，为诸君言之。盖孔门之所讲者，仁而已矣，不知仁而为学，是为学不知本也，终日讲学而不知其本，是犹水之无源也。"最后讲："文公先生兴白鹿书院于废弛榛莽之余，立正大规矩于群居讲学之际。诸君日游其间，相与切磋，盖将以进德广业，而同为圣贤之归，其可不知孔门之所讲求者乎！""诸君幸用力于斯，毋徒曰'力之不足'"。

林夔孙，字子武，号蒙谷，福州古田县人。从朱熹学。尝论"一阴一阳之谓道"及"继善成性之说"。朱熹嘉之。庆元党案起，门徒多有惧祸，更事他师者。夔孙仍不变初志，从熹讲论不休。熹病革，谕之云："道理只是如此，直须作坚苦功夫。"嘉定七年（1214年）特奏名进士，曾为县尉，尚以朱熹口授讲义，宣讲于白鹿洞书院，江万里曾入其门，得传朱熹之学，并身体力行。

张洽（1161—1237年），字元德，清江（今樟树）人。少颖异，从朱熹学，博览群书，尝取《管子》中"思之思之，又重思之，思之不通，鬼神将通之"之语，以为穷理之要。嘉定元年（1208年）进士，授松滋尉，尝为袁州司理参军，知永新县，荐池州通判。数请祠，在清江县建清江书院。袁甫重修白鹿洞书院，招为山长，"至则选好学之士自与讲说，而汰其不率教者，凡养士之田，乾于豪右者复之。学兴即谢病去"。复除秘书郎。寻迁著作佐郎，除直秘阁。据载，洽平时"不异常人，义所当为则勇不可夺"。其清江书院至元代尚有史实可寻。

朱在（1169—1239年），字叔敬，敬之。朱熹季子，曾随朱熹至南康军，留居白鹿洞书院。朱熹临终曾嘱其修正遗书。朱熹卒，编刻朱熹遗文。以父荫补官，历籍田令、将作簿、司农丞、泉州通判。嘉定四年

（1211年）在泉州，应知州邹应龙之请董事，建石井书院于安海镇，建大成殿、尊德堂，立富文、敏行、移忠、立信四斋，绘朱松、朱熹遗像于尊德堂。为大理正，知南康军。嘉定十年（1217年），在南康，承继父业，兴修白鹿洞书院。黄榦《南康军新修白鹿书院记》说：淳熙间"诏以文公先生起家为郡，始得遗址规复之，岁适大浸，役从其简。已而请额与书，以重其事。则其简也，固有待也。继为郡侯。为博士者累累增治，然量力之宜，踵堂之旧，未有能侈而大之者也。嘉定十年，先生之子在，以大理正来践世职。思所以扬休命，成先志，鸠工度材。缺者增之，为前贤之祠，寓宾之馆。阁东之斋，趋洞之路。狭者广之，为礼殿、为直舍、为门、为墉。已具而弊者新之。虽庖湢之属不苟也"。"其规模宏大，皆它郡学所不及。于康庐绝持之观甚称，于诸生讲肆之所甚宜。宣圣朝崇尚之风。成前人教育之美。皆可无憾矣！"复"招致尝从先生学而通其论者。使长其事讲授焉！""榦顷从先生游，承观书院之始。后三十有八年。复睹书院之成。既悲往哲之不复见。又喜贤侯之善维其志"。❶奉祠。继知衡、湖、信诸州，主管浙西仓，右曹郎官权兼嘉兴府，两浙转运副使。理宗即位，为秘阁修撰，司农卿，工部侍郎。宝庆二年（1226年）奏对："敷陈家学，并以进学问，振纲纪，求放心为言。"次年封建阳县开国男，为吏部右侍郎。累官焕章阁待制，建安郡开国侯。朱在虽未在江西修建书院或广泛开展讲学活动，但在白鹿洞的建树，支持李燔、胡泳诸人在康郡庐阜的讲学活动，仍然有贡献。他本人亦应称之为朱熹道统的继承人之一。

陈宓，字师复，号复斋。福建莆田人，丞相陈俊卿四子，少从朱熹学。长期从师黄榦，以荫入仕。嘉定十一年（1218年）知南康军。在白鹿洞书院有所增建，并率诸生讲学洞中。黄榦入山，与李燔、胡泳等同盘旋于玉渊、玉峡之间，俯仰朱熹旧迹，宓请榦讲"乾坤二卦"。又聘胡泳为书院堂长，主持洞中讲会活动。改知南剑州，又仿白鹿洞规制创

---

❶ 黄榦《勉斋先生集》。

建延平书院,祀杨时等人。

这里还要提到黄榦,作为朱熹道统主要继承人,在江西两度讲学鹿洞。支持蔡念成等人之讲会,创羲峰、高峰两书院。复讲学于东湖书院。[1]朱熹去世之后,不少同门之友又师事之,对江西书院的发展影响颇大。羲峰书院在抚州临川县青云峰左侧,嘉定元年(1208年),参知政事李璧(1159—1222年)谪居于临川,捐资与知县黄榦同建。翰林直学士王克勤尚记其事。该书院于元末毁于兵。高峰书院在临江军新淦县城东。嘉定六年(1213年),黄榦知新淦县,建书院。该书院于咸淳九年(1273年)由知县程飞卿重建,以祀黄榦。元、明、清皆有史实可寻。黄榦尚在抚州州学、新淦县学讲学,皆有讲义传世。

袁州萍乡县距城二里有东轩书院。为邑处士胡安之所建。约建于绍定、端平间。胡字叔器,号自斋,尝登朱熹之门,并尚掌教袁州郡城之南轩书院。

赣州虔化县(后为宁都州,今为宁都县),有梅江书院,为淳祐六年(1246年)虔化知县凤子兴与士民会建,祀朱熹门人曾兴宗。曾兴宗,字光祖,号惟庵,曾游朱熹之门二十年。朱熹卒,心丧三年。乾道七年(1171年)解试,庆元间特奏名,授肇庆府节度推官。庆元党案,清查伪学,因系朱熹门人而罢归。归筑室授徒,四方从学者日众。半世纪后,地方官员在其讲学处建书院。宋末文天祥曾为院中极高明楼书匾额。历元、明、清皆有史实可寻。危素尝为其撰记。

赣州赣县有先贤书院。原址为杨方故宅。杨方,字子直,福建长汀人。据《宋元学案》记载:杨"清修笃孝",隆兴初登第,平生心慕朱子,调弋阳尉。赴崇安,参谒面受所传而归。赵汝愚"帅蜀,辟机宜"。汝愚"寻荐于朝","擢宗正寺簿"。继又通判吉州,知建昌军,复授编修官。"宁宗立,除秘书郎,出知吉州"。伪学禁兴,坐赵、朱党,罢居赣州,闭门读书,自号淡轩。"党禁解,起家知抚州,为考功郎官,直宝谟阁,广

---

[1] 在东湖书院讲"道之不行,我知之矣"。

西提刑"。端平元年（1234年），门人陈铧清于朝赐额以祠。淳祐间，江西提刑赵希龙重建为先贤书院。元、明皆有史实可寻，明代改名义泉。

吉州吉水县七都，为邑人曾三异所建。曾三异，字无疑，学者称云巢先生，隆兴初建有龙城书院。累贡于朝皆不第。曾三异尝与朱熹论学，朱言其读书堂名仰止。三异曾以荐授承务郎，监南岳庙。孝宗赵昚以其所著《新旧官制通考》以秘书阁校勘召，时年已八十一，曾三异可称为朱熹讲友。

汪应辰字圣锡，原名洋，玉山人，绍兴五年（1135年）进士第一。因忤秦桧在玉山、常山讲学。桧死复职，官至端明殿大学士、四川宣抚使。其玉山讲学处后人命名曰端明书院。汪与朱曾同讲学，可称讲友。

饶州鄱阳县有鄱江书院，亦为朱熹门人金去伪所建。去伪字敬直，浮梁人，人称草窗先生。有人劝其著书，去伪云：经经也，史纬也，诸儒之训释，晦庵之折衷，集其成矣。因不著书，不就官，聚徒讲学而已。

饶州德兴县朱熹弟子甚多、尤著名者程端蒙（？—1191年）与董铢（1152—1214年）。程端蒙，字正思，号蒙斋，先受业江介，后师朱熹。淳熙元年（1174年）解试。淳熙七年（1180年）补太学生，对策时坚持朱熹的观点不合主试之意罢归，却得到朱门子弟崇敬。绍熙二年（1191年）卒。朱熹表其墓，其讲学处为蒙斋书院。著有《性理学训》，朱熹赞是一部大《尔雅》。董铢，字叔重（叔仲），人称盘涧先生。嘉定元年（1208年）进士，曾授金华尉。朱熹门下，新来学者必命董与之辨难，然后折衷，著有性理注解。卒，黄榦志其墓。其讲学处为盘涧书院。程董合订《学则》，首先要求：凡学于此者必严朔望之仪，必谨晨昏之令。继而要求：居处必恭，步立必正，视听必端，言语必谨，容貌必庄，衣冠必整，饮食必节，出入必省，读书必专一，写字必楷敬，几席必整齐，堂室必洁净，相呼必以齿，接见必有定，修业有余功，游艺有适性，使人庄以恕，而必专所听。朱熹《跋》前已引述。黄百家与王梓材以为：朱熹故乡有朱学,程端蒙、董铢为功臣。通过董梦程而至沈贵珤、董鼎、许月卿,促进了朱学在徽州、饶州流传。

朱熹在德兴弟子尚有王过。过字幼观,号拙斋。其讲学处为拙斋书院。德兴学宫有三贤祠。三贤者董铢、程端蒙和王过。

蒙斋、盘涧、拙斋书院,在明、清皆有史迹可寻。

德兴尚有柳湖书院,为朱熹门人程珙所建。程珙,字仲璧,号柳湖,为程端蒙从曾孙,在玉山率生员听朱熹讲学,后归里隐居讲学。

横峰尚有刘养浩,志称其字体元,号曰石,世居上饶安辑乡葛源(今划归横峰)。闻黄翰讲学,徒步赴闽,闻居敬穷理之要,归而践履益笃。事父东白先生,以孝闻,上下敦睦。以舍选授宁国府教授,以礼律诸弟子。丁父忧,不复起,益肆力于学,从者愈众。家居讲学处为曰石书院。学徒有以读书为问者,曰:"经传发明吾心之理纯粹精确,愈读愈有味,诸子须能择其斯为善读。"有以为学之要问者,曰:"天人原无二理,贤贤感是一心,宇宙间凡所当为者,皆吾人分内事,而致知力行,老先生之教具在,盖其体之。"其所谓老先生乃是黄翰,而上溯朱熹。

朱熹在白鹿洞书院时之门人冯椅,系都昌人,其子冯去非、冯去疾也有书院。去非,字可迁,号涤居,承家学,登淳祐元年(1241年)进士,尝为淮东转运司干办公事。宝祐四年(1256年)召为宗学谕,三学诸生反对丁大全,帝下诏禁戒,立诏于三学,去非独不肯书名碑石之下。监察御史复劾三学生下狱,去非独调护。大全为签书枢密院,去非亦以言罢归庐山。建去非学舍聚徒讲学。去疾,字可久,号磊翁,嘉定十三年(1220年)进士。淳祐间提举江西常平茶盐公事,改抚州临川县临汝道院为书院,聘休宁程若庸为山长。

第三节　陆九渊、陆学门徒与江西书院

陆学被称作江西之学,《宋元学案》不仅为陆九渊列《象山学案》,且为其四兄、五兄立《梭山、复斋学案》。陆氏兄弟不仅在学术上独树

一帜,且对书院建设颇有贡献。

自江西抚州金溪之槐堂、梭山至江东信州贵溪之应天山(象山),陆氏门徒众多。而浙东杨简及其讲友舒璘、沈焕、袁燮四人,即所谓明州(今宁波)四先生,皆有书院,亦有《慈湖学案》《广平定川学案》《絜斋学案》叙其事。在饶州鄱阳县有专祀杨简的慈湖书院,而袁燮、袁甫父子则与江东、江西的东湖、象山、白鹿、番江诸书院都有密切联系,而杨、袁其他门人则曾讲学象山书院,并争为象山之皋比。

饶州汤巾、汤汉皆为陆学后起之传人,亦与书院有不解之缘。然陆学主要活动地盘却在浙东、江东,在江西影响相对地比较有限,隆兴府(治南昌)、抚州、建昌军(治南城)才有其书院踪迹。

一、陆九渊由槐堂至象山的讲学活动

抚州金溪县青田陆氏,祖籍吴县,唐昭宗时(889—903年),陆希声官至门下侍郎、中书门下平章事(宰相)。其孙陆德迁于五代时徙居金溪,"解囊中资装置田、治生,赀高闾里",子孙世代义居。其子陆有程"博学于书,无所不观"。生陆演,亦"能继其业"。生陆戬,"趋尚清高,不事生产"。生陆贺,"主家事,既通晓儒术","复精于农商"。自此以后,家业勃兴。陆贺有六子,长子陆九思(?~?),字子强,次子陆九叙(1123—1187年),字子仁,三子陆九皋(1125—1191年),字子昭、号庸斋,四子陆九韶(?~?),字子美、号梭山,五子陆九龄(1132—1180年),字子寿、号复斋,幼子陆九渊,字子静、号象山。陆氏六世义居,人口众多,不仅名闻乡里,且得官府表彰。

陆九思曾经参与乡举,授从政郎,总家务,著有《家问》一,训饬子孙,朱熹曾为之《跋》。九叙,处士"公正通敏","善治生",总药肆。九皋,亦与乡举,授徒家塾,又教授于鄱阳许氏桐岭书院。其"少力学,文行俱优"。晚得官,终修职郎,监潭州南岳庙,有文集。九韶"不事场屋,兄弟共讲古学",与朱熹友善,首言《太极图说》非正。奏立社仓之制,行于乡,尝讲学于青田梭山。据《同治金溪县志》载:"青田为陆氏世居,九韶筑室前山读书讲学,以山形如梭,号梭山老圃。"学者亦因号其为"梭山居士",其所著名《梭山日记》。临终自撰《终礼篇》,戒子孙不必铭墓。全祖望称:"梭山是一朴实头地人,其言皆切近,有补于日用。"九龄亦与乡举,补入太学,负重名,举为学录,乾道五年(1169年)进士。为兴国军教授,调全州教授,卒谥文达。黄东发称:"复斋之学,大抵与象山相上下。象山以自己之精神为主宰,复斋就天赋之形色为躬行,皆以讲不传之学为己任,皆谓当今之世,舍我其谁,掀动一时,听者多靡。所不同者,象山多怒骂,复斋觉和平耳"。有文集,惜不传。全祖望曾说:"三陆子之学,梭山启之,复斋昌之,象山成之。"他们在学派林立的学术舞台上独树一帜。

陆贺六子中,陆九渊最幼,与九思长子陆焕之同年生,尚饮嫂乳,由兄嫂抚育,先入陆氏义门家塾发蒙。十岁随兄侍学于抚州州学。十一岁又随九龄读书金溪疎山寺。绍兴三十二年(1162年)秋试,以《周礼》乡贡。乾道七年(1171年)秋试,以《易》再举。乾道八年(1172年)春试,得中进士。离临安归,在富阳县,杨简入其门,为高弟。自归里,即讲学于槐堂,以堂前有古槐,因以为名。时槐堂之高弟有贵溪桂德辉、南城傅梦泉、刘伯文、刘伯协、周伯熊、陈刚、临川邹斌、林梦英、金溪彭兴宗、朱栟、朱泰卿及吴群玉等,时以邓约礼为斋长。陆九渊"所以诲人者深切著明,大概是令人求放心"。有志于学者为人相与讲切无非此事。"不复以言语文字为意","其有急作文者令收拾精神,涵养德性,根本既正,不患不能作文"。❶槐堂陋狭,然而来学生徒与讲学教师都属当时的高水平。因陆氏兄弟有槐堂(为不以书院为名的书院),多年以后,地方官员复有建槐堂书院以为纪念。如绍定六年(1233年),金溪知县陈泳之建书院,祀陆九渊兄弟,名槐堂。请傅子云主讲。❷淳祐

---

❶ 见《象山年谱》。
❷ 《同治金溪县志》称槐堂书院,《年谱》称象山书院。

十年(1250年),抚州知州叶梦得(陆九渊二传)在州治临川,亦建槐堂书院,祀陆九渊兄弟。元大德七年(1303年),金溪县尹张泽就陆氏青田旧居重建书院,名青田书院。程文海为之记。

淳熙元年(1174年),陆九渊始赴部调官,为靖安主簿。次年,赴鹅湖之会。丁忧、服除,改崇安主簿。八年,讲学白鹿洞。九年除国子正,始讲书。次年冬,又迁敕令删定官。十三年,转宣义郎,除将作监丞主管合州崇道观。既归,学者辐集。槐堂已不能容。十四年(1187年),登贵溪应天山讲学。

《象山年谱》载,先是"门人彭兴宗访旧于应天山麓张氏,因登山游览,则陵高而谷邃,林茂而泉清。乃与诸张议,结庐以迎先生讲学"。先生携二子一侄偕诸门徒登而乐之。彭等乃建精舍以处。次年,以应天山形似象,而易名象山。陆九渊既居精舍,又得胜处为讲堂,学徒裹粮而来,结庐而居,相与讲习。学徒之庐,亦各有名称。张伯强(应天山山主)有居仁斋、由义斋、养正堂,张行已有明德堂,两人又共建储云斋。张镇(南城人,淳熙七年进士)有佩玉斋、封庵,倪伯珍有愈高堂,祝才叔有规斋,周元忠建蕙林斋,朱克家有达诚堂,冯泰卿有琼芳斋,吴绍古创斋于濯缨、浸月二池之间,彭世昌之堂称枇荆。

陆九渊常居方丈,每旦精舍鸣鼓,则乘山轿至讲堂,先会揖而升讲座。"容色粹然,精神炯然"。从学者继各以一小牌书姓名、年甲顺序进谒,约数十百人,皆齐肃无敢喧哗,交头接耳者。陆九渊"首诲以收敛精神,涵养德性,虚心听讲"。诸生皆俯首拱听。其讲经书,每启发人之本心,间又举经语为之论证。音吐清响、有力,闻者莫不感动。据说,"初见者或欲质疑,或欲致辨,或以学自负,或有立崖岸自高者,闻诲之后,多自屈服,不敢复发"。"其有欲言而不能自达者,则代为之说,宛如其所欲言,乃从而开发之"。"至有片言半辞可取,必奖进之"。❶因而,诸生皆"感激","振奋"。

❶ 见《象山年谱》。

陆九渊在山间平时或读书或抚琴。天气好则漫山崖观瀑，或登高处诵经训，歌楚辞及古诗文。形态"雍容自适"，虽盛暑，衣冠必整齐严肃，"人望之如神"。

诸生常谒方丈请诲，陆九渊教态和蔼可掬，随其人各有所开启，或者教之以涵养，或者晓之以读书之方。未尝涉及闲言，亦未尝令其看先儒语录。

陆九渊升堂讲论，每讲得痛快，则顾傅子云说，"岂不快哉"。傅最年少，尝挂一座于侧，间或令其代说。有人以傅年少而轻视之，陆九渊解之曰："季鲁英才也。"

陆九渊在象山精舍的教学活动，有人概括采取了如下几种教学形式：一曰严肃认真的升堂讲说，二曰颇似禅宗"机锋"的谈话，三曰切己自反，迁善改过的修养，四曰重专精、勤创新的读书指导，五曰寓教于乐的优游山林。❶象山精舍，不建斋舍，不供饮食，不立学规。皆凭象山先生本人的精神感化、影响学徒。正如他所讲"有本自然有末"，"可略略顺风吹火，随时建立，但莫去起炉作灶"。陆九渊大约二月登山，九月末始归青田槐堂，中间往来无定，居山间前后五年，阅其簿，著录者逾数千人。陆氏讲说在东南一带影响很大，甚至时有"非从学象山，不得为邑寓贤"之声誉。

据傅子云称："先生居山多告学者云：汝耳自聪，目自明，事父自能孝，事兄自能弟。本无少缺，不必他求。在乎自立而已。"在象山结屋从学之毛必强云："先生之讲学也，先欲复本心以为主宰，欲得其心，从此涵养，便日充月明。读书、考古欲明此理，尽此心耳。其教人为学端绪在此，故闻者感动。"

淳熙十六年（1189年）陆祠秩满，光宗即位，诏知荆门军。初仍在山间讲学未赴任。转宣教郎，奉议郎。陆九渊本欲著书，因有荆门之

---

❶ 引自陈炎成《象山书院及其变迁史略》。载：贵溪县政协编印《象山书院创办八百周年纪念专辑》。

命而未遂。绍熙元年（1190年）七月启行赴任，临行嘱傅子云居山讲学。绍熙三年（1192年）十二月卒于任。嘉定十年（1217年）谥文安。明嘉靖九年（1530年）从祀孔庙。

象山精舍在陆九渊离去后，由其门人继续维持。先是傅子云，继由彭世昌主其事。傅子云，字季鲁，号琴山，金溪人。据《宋元学案·槐堂诸儒学案》载：成童，即登象山之门，以其年少，使先从邓约礼学，后才晋弟子位。陆九渊中进士，子云亦入太学。道中相遇，尝同游桐江，"答问如响应"。应天山精舍成，傅子云虽以齿座末席，象山却令设一席于旁侧，时命其为己代讲。陆九渊知荆门，命其居象山精舍主讲。执其手说："书院事，俱以相付，其为我善永薪传。"且对诸生云："吾远守小郡，不能为诸君扫清氛翳，幸有季鲁在，愿相亲近。"后为甄宁主簿。绍定四年（1231年）袁甫重建象山书院，时槐堂高足傅子云尚在。抚州、金溪陆九渊及其兄祠堂，皆以傅子云配。

彭兴宗，字世昌，亦金溪人，受业于槐堂，陆九渊尝令其教授诸子，称其有法。《宋元学案·槐堂诸儒学案》载：淳熙十四年，陆九渊奉祠归家，兴宗登应天山，乐之，为建一精舍，以居陆九渊。即所谓象山者也。陆九渊去世后，兴宗仍坚持山居。庆元二年（1196年），访朱熹于考亭。朱问其何故而来，兴宗以书院颇少书籍，因购书故至此。朱熹说："紧要书亦不须几卷，某向来爱如此。其后思聚者必散，何必役于物。"朱熹又赠以诗说：

象山闻说是君开，云水参天瀑响雷。

好去山头且坚坐，带闲莫要下山来。

议者大多以为，陆九渊论心学以来，不讲或者很少讲到读书之功。朱熹诗中告彭兴宗之语，似乎迎合象山意旨。因此，后来有的学者宣称，朱熹晚年"亦为陆学矣"。

彭兴宗坚坐山头，同门友袁燮尝撰《题彭君筑象山室》以赠。辞云："义理之学，乾道、淳熙间讲切尤精，一时硕学，为后宗师者，班班可睹矣！而切近端的，平正明白，惟象山先生为然。或谓先生之学如禅家者流，单传心印，此不谓知先生者。先生发明本心，昭如日月之揭，岂恍惚茫昧，自神其说者哉。彭君清贫至骨，而能筑室于山，以屈致明师，可谓知所尊尚矣。高山仰止，景行行止。慕景行而行之，犹仰高山，而身履其巅也！尚勉之哉。"❶

彭兴宗往访朱熹的同年，贵溪知县刘启晦（字建翁，号护溪，莆田人，朱熹门人）立象山先生祠于象山精舍方丈之址。自立祠后，春秋致祭惟谨。于是象山门人约定每岁正月九日登山会祭。绍定三年（1230年），江东提刑赵彦械（字元通，余姚人，杨简门人，陆九渊再传，官至尚书）重修象山精舍，并为之记。记略云："道在笃行，不在空言，道在反求，不在外鹜。彦械壮岁从慈湖游。慈湖实师象山陆先生。尝闻或谓陆先生云：'胡不注《六经》。'先生云：'《六经》当注我，我何注《六经》。'又观先生与学子帖，有反思自得，反而求之之训，有朴实一途之说。人见其易直，或疑以禅学，是未之思也，诚意、正心，以至治国，平天下，原于致知二字，果禅学矣乎！""先生没，山空屋倾，将遂湮没，载新以存先生之故迹，使人因先生之故迹，思先生之学，思先生之教，孜孜日思，以至不勉、不思，从容中道是谓大成。若夫山林之峻秀，景物之幽深，栋宇之寡多，废兴之源流非学者志，不暇尽记之"。❷

元代，仍有关于象山精舍的记载。据志书记载，元顺帝至元间（1335—1340年），邑人祝氏尚建祠山间精舍遗址，聚徒讲学。《宋元学案·静明宝峰学案》亦载：陈宛（静明）弟子贵溪祝蕃曾"重修象山讲堂，帅同志舍莱焉"。这大概是著名的象山精舍的下限。

象山精舍以陆九渊而著名，被称为南宋四大书院之一。

二、槐堂——象山诸儒与江西书院

陆九渊在槐堂、象山门徒众多，他们很多曾在江西建书院聚徒

---

❶ 载《絜斋集》卷八。
❷ 见《象山全集》卷三十六。

讲学。

傅梦泉,堪称陆九渊大弟子。《宋元学案·槐堂诸儒学案》名列第一。陆九渊论及门诸弟子,亦以其为第一,称为:"擒龙打凤手也"。梦泉,字子渊,号若水,建昌军南城人。少时从举业,遇陈刚自槐堂归,问象山何以教人。刚曰:"首尾一月,先生谆谆只言辨志。又言古者入学一年,早知离经辩志,今日有终其身而不知自辨者,可哀也已。"梦泉私心欲追随之,及见象山尽得其学之要旨。谓陈刚曰:"陆先生教人辨志,只在义利。"登淳熙二年(1175年)进士,教授衡州,修石鼓书院,士人归之者众。陈傅良为转运使,相与讲论,亦深为佩服。知宁都县,迁清江通判,卒于官。尝讲学南城之曾潭,以从游者日众而构室以居之。❶人称曾潭先生,有《石鼓文集》。朱熹、张栻尝与其辩论,观点虽不一致,却对其有很高评价。《宋元学案补遗》称,其为衡州教授时,过白鹿洞书院,尚讲《易》其中。笔者疑此为岳麓书院之误。

晁百谈,字元默,临川人,精于《春秋》。淳熙二年(1175年)进士,授吉州教授,主管官诰院。知南康军,游庐阜,谒鹿洞。奉祠,又知道州。入仕四十年,家无余财。尝入陆九渊之门,讲学处称碧润书院,在临川铜陵山南。

临川尚有红泉精舍(一说在南城)为曾极所建,并讲学其中。其父曾滂,字孟博,长九渊五岁与九龄年相当。时陆氏兄弟初讲学,四方人士从学尚少,而滂先师复斋,继又问学象山。滂、极父子皆有文采。极字景建,意气豪放,以题金陵龙屏而得罪史弥远,流道州,卒于谪所。

董德修,字仲修,号心斋,抚州乐安人。《宋元学案·槐堂诸儒学案》载:其三赴漕试,不第,遂绝意仕进。曰:"吾族自有显庸者矣,何必入官!"隐居力学,终日静坐,潜心理学。先入象山之门,后从之游者日众,共在流坑为其建书院,称心斋书院。书院中有潜心堂、斋舍等。其史迹长存,明王畿尝为撰记。

---

❶见《同治南城县志》。

吴绍古,字子嗣,饶州安仁(今江西鹰潭市余江县)人,曾从陆九渊学于应天山,结庐而居。任铅山县尉时,与辛弃疾善,后为湖南提举司干办公事,其居家讲学之处为玉真书院,在玉真山麓。吴绍古尚于玉真书院内建堂,陆九渊尝题堂曰"经德",并于绍熙元年五月,作《经德堂记》。记称:堂名取"经德不回,非以干禄也"。"经也者常也;德也者,人之得于天者也。不回者,是德之固不回挠也。无是则无以为人"。"为人臣而无是,则无以事其君,为人子而无是,则无以事其父"。"吴生绍古,远来从余游,求名其读书之堂。余既名而书之,且为其说,使归而求之"。❶辛弃疾尚有《题玉真书院经德堂》诗云:

平心经德几人知,莫忘当年扁字时。

惟我术无容谷志,逢人只见喷山诗。

千年古木阴浓处,万卷藏身读尽时。

却把一杯堂上笑,世间多少瞰名儿。

贵溪有叶梦得,字少蕴,号是斋,又号石林,傅子云门人。嘉泰二年(1202年)进士。在贵溪建有石林书院,与卢孝孙相与在此讲学。曾留远记称:"宋德诞兴,五星奎聚,儒英辈出于后先,道学复明于千载。"叶梦得少游于琴山先生傅子云之门,"得道德性命之传,真知实践之理"。"既而登进士,历职中外,文行政事皆卓然"。"先生奉祠,即依山林,即闲旷以讲授为业,遂构石林书院攀桂楼于东边藏修焉。其规划大略视昔之岳麓、嵩阳,今之紫阳、槐堂之制。缭以周垣,荫以嘉树,聚古今图书数万卷。中列文宣、四配之像,从以周、程、张、朱与象山、琴山诸儒。复买田以奉四时祠祭,增廪饩以给学者之不足。由是东南之士至无虚日矣!若玉溪卢氏诸贤,相与往来,昌明正学,更相师友,显微、阐幽、三代、孔、孟之道,于是乎益彰,濂、洛、关、闽之学于是乎愈著……"叶梦得在书院中讲授之暇,尚偕子弟、门徒"俯层栏,眺远山,瞰清流。审

---

❶ 载《象山全集》卷十九。

天理动静之机,察鸢鱼飞跃之妙。于斯时也,渣滓消融,万理昭著"❶。

玉溪卢氏,名孝孙,字新之,号玉溪,亦信州贵溪人。卢与叶梦得同游傅子云之门,亦登嘉泰二年进士。又卒业于真德秀。中年居官,至太常少卿。累因言事忤时,遂退,杜门。于乡里种竹、疏池、构书院。日与诸生讲论。书院以真德秀所书,名玉溪。该书院历元、明、清数代皆由卢氏后裔重修,为卢氏家塾。

叶梦得曾知抚州。建槐堂书院于郡城。祀梭山、复斋、象山三先生,以袁燮、傅子云配。建石林书院于金溪。淳祐十年(1250年),又令金溪知县修建金溪槐堂书院,自为记。记称:"山川炳灵,儒英并出,美适钟于一门,教可垂于百世。若金溪三陆先生之祠于学宫者其风化之所系欤。三陆先生之学问宏深,智识超卓,以斯道而任诸身,以先知而觉于后。其生也,海宇仰而宗之,其殁也,郡邑尸而视之,朝廷又从而褒表之,非偶然也。"记文全面阐述了该书院的历史,先是绍熙四年(1193年),金溪知县王大有建祠,杨简为记。至嘉定十年(1217年),知县复作止善堂,袁燮为记。绍定六年(1233年),知县陈泳之"增创书堂于祠之西",以陆氏"家塾之名扁曰槐堂"。买田养士,礼请傅子云主讲,傅为记。而后,以傅子云祀于祠,包恢为记。记文又说:"梦得少受业于琴山先生,服膺三先生之教,迨淳祐庚戌,假守临川,夙夜祗栗,惧忝师训。夏五月邑令王君中立以增葺来告,梦得竦然作曰:崇教善俗它有重于此者乎!乃划规模,乃捐泉布。俾迁祠于槐堂之前,周以两庑,分为四斋,职舍胪列,庖廪傍翼。敞门径,崇垣墙,楼曰桂楼,轩曰滋兰,各加整葺悉存。"越三月落成。"高明靓深,气象轩焕,笔峰耸于前,绣谷环于后,翠云仙山狭带于左右,地灵秀发始若天设。乃延门人李子尧为堂长,以主教事。职事生员各立定敕"。"以前令陈君始置田,计使吴子良拨绝户产,计使尹焕又均租,但米、钱犹不足用,复析寺院废田补之。虑岁久事变,体统无属,以提督之权归于县,大事闻于郡"。

---

❶ 载《同治贵溪县志》。

邹斌为象山高足,尚预鹅湖之会。吴渊(1190—1257年)、吴潜(1196—1262年)兄弟传其学。吴潜字毅夫,号履斋,官至右丞相。其门人方岳(1199—1262年),字巨山,号秋崖,徽州歙县(一说祁门)人,绍定五年(1232年)进士,官至礼部侍郎,为陆九渊三传弟子。方岳于淳祐十年(1250年)知南康军,兴复白鹿洞书院并亲主其教事,整顿规制,祠祀各"名贤",聘任堂长,印造"先正"书传。他在白鹿洞留下了诗、文。保留在《秋崖集》和白鹿洞书院志书中。方在书简中曾经提到:"白鹿书院实先贤讲道之地,水木幽茂,雅宜藏修,而比年以来,师道不立,士之处其间亦多粥饭僧耳。"在《次朱子韵序》中也说:"晦翁先生志洞之六十又七年,其里中学子方岳幸得寻藏书,徘徊顾瞻,有慨有叹。盖岁行之无几,而世变已不古矣。"这都反映了即使在书院颇为兴盛的南宋,在最著名的书院中,仍然有各种反复,发展的道路仍然相当曲折。方岳对朱熹兴复白鹿洞如此崇敬,并承继其事业,后人有疑其为朱学后人者。而从陆氏门徒看,白鹿洞事业的创建者中亦有象山在。

三、杨简、袁燮父子与江西书院

陆九渊在槐堂、象山数十年,弟子属籍数千人。黄宗羲云:"何其盛哉!""然其学脉流传,偏于浙东"。"故朱子曰:'浙东学者,多子静门人,素能卓然自立。相见之次,便毅然有不可犯之色。'"其影响大大超过故籍之同门。他们任事朝廷,其中尤著者推杨简、袁燮及他们的子弟袁甫(甫为燮之子,简门人)。他们在江西做地方官,又讲学,对朱陆以后江西书院有相当影响。

杨简(1141—1226年),字敬仲,慈溪人。乾道五年(1169年)进士,先为富阳主簿。淳熙八年(1181年)陆九渊中进士归,过富阳,与简夜集双明阁。陆九渊以本心发论,简闻之"忽省此心之清明,忽省此心之无始末,忽省此心之无所不通"。继而拱坐达旦,天明纳拜,遂称弟子。

官至知州,员外郎,将作监兼国史院编修官,实录院检讨官。以宝谟阁学士,慈溪县男致仕。其中曾被窜入"庆元党案"。他应史氏之请,尝多次讲学于碧沚书院,甬上士子从游如云,盛况空前。与舒璘、沈焕、袁燮为会定期讲论,浙东陆学由此大盛。史氏子弟从学者后多显贵。简尝筑室慈溪德润湖上,称慈湖书院,聚徒讲学。学者称慈湖先生。袁甫称其"平生履践无一瑕玷,处闺门如对大宾,在闇室如临上席,年登耄耋,兢兢敬谨,未尝须臾放逸。学先生者,学此而已"。❶黄宗羲评杨简说:"象山说颜子克己之学,非如常人克去一切忿欲利害之私,盖欲于意念所起处将来克去,故慈湖以不起意为宗,是师门之的传也。"朱熹以为"除去不好意见则可","毕竟欲除意见,则所行之事,皆不得已去做,才做便忘"。而慈湖则主张"但不起意,自然静定,是非贤否有明"。❷其著述甚多。门徒编有《慈湖遗书》等,全祖望称其为"陆氏之功臣"。

邱椿先生尝称杨简是卓越的哲学家、政治家、教育家,而且是杰出的书画家。在一般人所谓"陆王学派"中,杨简是七百余年来最伟大的哲学家。其思想的系统性、治学的广博性、哲理的玄奥性、立论的一贯性、考证训诂的精确性上,胜过其师陆九渊和其后三百余年的王守仁。阳明是否读过"慈湖遗书"不可详考,但王阳明提出的许多哲学命题,慈湖早已说过,并且说得更加确切。王阳明高足钱德洪在其所作《慈湖书院记》中说:"德洪尝伏读先生遗书,乃窃叹先生之学,直超上悟者乎!"足见王阳明弟子亦承认慈湖在学术造诣上已攀登极高峰,而似非阳明所能企及。❸

杨简于绍熙三年(1192年),以奉议郎知饶州乐平县。在乐平,见县学学宫"隘陋""无以起人崇敬之心",随即集款修葺,扩展。他又定期赴县学讲说,企使士子发明其本心,邑人皆为君子。他说:"国家设

---

❶ 袁甫《乐平文元先生遗书阁记》。
❷ 《宋元学案·慈湖学案》。
❸ 邱椿《古代教育思想论丛》。北京师范大学出版社出版。

科目,欲求真贤实能,共理天下。设学校,亦欲教养真贤实能,使进于科目,非具文而已。然士之应科目,处学校,往往谓取经义、诗赋、策论耳。善为是,虽士行扫尽,无害于高科。他何以为持此心读圣人书,不惟大失圣人开明学者之意,亦大失国家教养之意。"他又说:"人性至善,人性至灵,人性至广、至大、至高、至明,人所自有,不待外求,不待外学。孩提之意无不知爱其亲,及其长也,无不知敬其兄,见牛觳觫,谁无不忍之心!见孺子匍匐将入井,谁无往救之心?是谓仁义之心,是谓良心,即尧舜禹汤文武周公孔子之心,即天地鬼神之心。人人皆有此心,而顾为庸庸逐逐,食利禄,患得失者所薰灼,简窃惜之,敢先以告。"[1]据《宋史》载:杨简在乐平"兴学训士,诸生闻其言有泣下者"。

杨简在乐平二年,绍熙五年(1194年),以赵汝愚荐为国子博士。洪迈曾赠其诗曰:

别　诗

杨君解墨绶,

去作国子师,

邑人万千户,

遮道婴儿啼。

这是由于他在乐平注重文教,注重感化,并释放官婢,取缔娼妓,禁止淫乐,出仓济贫,赈济灾荒所得的效应。绍定三年(1230年),乐平知县谢溥建遗书阁,荟萃杨简遗书,以便士民观习。杨简讲学乐平时的弟子钟宏(字子虚、远之),邹近仁(字季友、鲁卿),邹梦遇(字元祥、艮斋),舒益(字裕父),洪简(字子斐),曹正(字性之),方涛(字成大)。吴埙(字仲和),马朴(字季文),马爕(字敬叔),马应之(字定叟),王琦(字表文),余元发(字永之),王晋老(字子康)等予其事。江东提刑袁甫为之记。至元代,扩建为慈湖书院。

杨简弟子邹近仁,亦建书院。邹近仁,其先为乐平人,后居德兴,与

---

[1] 钱时《慈湖先生行状》,冯可镛、叶意深《慈湖先生年谱》。

从孙邹梦遇皆师杨简。近仁在庆元五年(1199年)特奏名进士。梦遇嘉定四年(1211年),赴礼闱疾作。近仁在德兴八都讲学处为归轩书院。德兴向为朱学天地,近仁所建归轩书院,独立其间。明嘉靖间邹氏后裔又重建。巡抚汪元锡为记。

杨简为知县,新建裘万顷为主簿,裘字元量,登淳熙进士,后官大理司直,尚尊杨简为道德师。裘在新建有书院,名竹悟书院。

袁燮(1144—1224年)字和叔,号絜斋,鄞县人,少读史籍,极热心以名节自期。乾道初,入太学,陆九龄为学录,曾受教诲,又入陆九渊之门与同里杨简、舒璘、沈焕皆聚徒讲学,朝夕切磋。登淳熙八年(1181年)进士,授江阴尉、太学正。"庆元党案"时亦以论去。嘉定"更化",历仕中外尝云:"人生天地间,所以超然独贵于物者,以是心尔。心者人之大本也。此心存,则虽贱而可贵;不存,则虽贵尚可贱。"又说:"学贵自得,心明则本立,是其入门也。""精思以待之,兢业以守之,是其全力也"。

嘉定初,袁燮为江西提举常平茶盐权知隆兴府。支持同门友丰有俊创东湖书院。丰有俊,字宅之,鄞县人,因妹婿沈焕而入陆九渊之门,与陆讲论答问最多。绍熙年间进士。尚通判隆兴府,知真州、扬州、镇江,官至淮南安抚使、吏部侍郎。

南昌东湖书院曾为江西名书院。今日南昌市中山路东段,靠近东湖之滨,百花洲旁,尚有名为"东湖书院"小巷一条。考南昌东湖书院实有两所:一所系宋元之东湖书院,或可称之为古东湖书院。一所系清代重建之东湖书院,或可称之为清东湖书院。

古东湖书院座落在南昌东湖之滨(即今日东西两湖之间),因此定名为东湖书院。古东湖书院建立在宋初李寅之涵虚阁旧址。李寅,原籍建安,少年曾在南唐庐山国学读书。史书称他有清节,仕南唐(江南),官至诸司使。赵宋占有江南后,曾欲授李官职,不受。后又登进士第,任衢州司理参军。不久以母亲老病的理由,弃官归隐。❶寅子李虚己,亦登进士,曾任洪州通判。虚己迎养李寅在官署,寅于东湖之滨建涵虚阁。这是李氏父子(李寅、李虚己与寅次子李虚舟)讲学授徒、吟诗会友之所,故又称作"三李堂"。宋初著名的文学家、历史学家杨亿与李寅有"同郡之情""忘年之契",特地写了《豫章东湖涵虚阁记》,以记此事。❷杨在记中曾说此阁将与"滕阁,孺亭鼎峙于钟陵"。当时涵虚阁周围东湖的风景极美,有人作诗称此地"鸂鶒晴沙芳草外,芙蓉秋水片云中"。有名的文人曾致尧、晏殊(李虚己女婿)、富弼(晏殊女婿)等人,都曾先后在阁中留有诗作。❸但是,随着时光的推移,这所一度盛名的建筑物并未像杨亿所希望的那样与滕阁比美,却逐渐荒芜了。

嘉定更化,理学与理学家们由遭受贬斥一变而为备受推崇。书院的建设也逐渐达到了宋代三百多年的最高峰。就在这个时候,丰有俊通判隆兴府。他为了推进理学的发展,当然也是光大陆氏心学的门户,又看到涵虚阁久废,故建议在此废址之上创立一所书院。他说:"古者学校既设,复有泽宫。今长沙之岳麓,衡阳之石鼓,武夷之精舍,星渚之白鹿,群居丽泽,服膺古训,皆足以佐学校之不及。此邦今都会,而不能延四方之名流,讲诵磨切,殆非所以助成风教,请筑馆焉。"❹丰有俊的主意得到了当时的秘阁修撰、江西转运使、权兼隆兴府事胡榘(庐陵人,胡铨孙)的支持。他们随即决定"营栋宇","丛简编",然后招罗"贤隽"留居和攻读。于是,自嘉定四年(1211年)秋至冬,在府学教授刘余庆的主持下,以"学宫岁用之赢",化费钱二百万,米百余石,沿湖修筑了三十四间房屋,建成了一所"门庭堂宇,宏丽崇深,庖湢器用,咸备无缺"的书院。胡榘、又将东湖水利、水产和一部分公田收益

---

❶《道光南昌县志·寓贤》,《宋史·李虚己传》。
❷《道光南昌县志·名胜》。
❸《宋史·晏殊传》。
❹袁燮《东湖书院记》。

划归书院,专供书院费用,并征求江南西路十一军州图书充入其中。❶

东湖书院的建设又得到继任知府、江西提举袁燮的支持,继续完成。袁燮将东湖书院的建设情况奏告朝廷。宁宗皇帝赵扩敕赐"东湖书院"额,袁亲自书写《东湖书院记》。记文不仅记载了东湖书院创建的始末,而且还进一步阐明了陆氏心学的基本教育思想。在谈到萃集图书,以备士子"纵观博采,撷其精华"之后,袁说:"君子之学,岂徒屑屑于记诵之末者,固将求斯道焉!"所谓道即"吾心",而此心"不假他求"。因此,他主张,书院的教学就是指引儒者相与讲习,有志于道,以养心、立身,从而宏大其器业。

袁燮、丰有俊,作为陆氏弟子,他们创办东湖书院,当然是传播陆氏心学的。陆九渊兄弟创立自己的学派,原以金溪陆氏故宅,即青田、槐堂为主要基地。自淳熙十四年(1187年),登应天山讲学结庐。应天山精舍一时成为南宋重要的学术中心之一。然而,象山毕竟是远离市井的山陵,交通、供应都极不方便,士子前往象山求学,必须自己"裹粮"和"结庐"。陆九渊死后,虽有少数弟子依然坚持在山间讲学,然多数门徒还是渐渐离散了。袁、丰二人,利用嘉定初年理学(广义的理学应包含心学在内)复兴的时机,在他们主持政务的隆兴(南昌)府这个中心城市,办起了传播师说的书院。据《宋史》记载,陆九渊的长子陆持之被聘请担任东湖书院山长。陆持之,字伯微,其父讲学象山精舍时,对初来问学者,曾命其接谈、代说,开禧元年(1205年),持之首先编订《陆九渊文集》二十八卷,外集六卷,是继承父学,术有专攻,深有造诣的学者。《宋史》称其"学足以承其家,不幸早丧"。嘉定五年(1212年),陆持之又将他父亲的文集"裒而益之,合三十二卷",由袁燮重刊于东湖之滨。东湖书院也就成为宣扬陆氏心学的重要基地。持之"教诸生务使人返求自得,以不失其情之本明,与人言疏畅磊落,而自率严谨,

---

❶ 袁燮《东湖书院记》。

骤见若和易,至有所问辨则壁立千仞,无少假借"❶。袁甫重建象山书院于贵溪近郊,时在绍定四年(1231年),嘉定四年(1211年)至绍定四年这二十年,东湖书院填补了陆九渊死后(陆死于绍熙三年初,即1193年)几十年中的一段空白,它不仅在江西,而且在全国也有一定影响。

"处白鹿""游东湖"都是当时名流、学者的荣誉学历。东湖书院建成后,曾有修缮和迁移。一些名人、学者曾在此讲学。据志书记载:黄榦、李燔曾先后在此讲学,著名的丞相、教育家江万里及著名学者饶鲁亦在此游学。饶鲁晚年复掌其教事。❷宋末,程飞卿曾主持过东湖教事,其侄程矩夫亦在东湖游学。❸

袁甫对江西书院的影响较大,甫字广微,号蒙斋。袁燮之子,少服父训,觉得"学者当师圣人,以自得为贵"。又从杨简问学,自觉"观草木之发生,听禽鸟之和鸣,与我心契,其乐无涯"。嘉定七年(1214年)进士,累官兵部尚书。

绍定四年(1231年),袁甫为江东提举,后又兼提刑。称"象山实隶贵溪,祠宇荒颓,过者凄怆"❹,故"用白鹿洞规制请于朝"❺,建象山书院于贵溪县城河东一里三峰山之徐岩。陆九渊本欲创一所规模宏大的书院于山间,因拜命荆门未果。袁甫巡视信州时,奏建书院,以山间不近通道,乃命其门人、上舍生洪阳祖,择地重建,得徐岩胜境。然坐南朝北,傅子云闻而讯曰:"书院为讲书习礼之所,而先圣北面,学者南面而拜之,非礼也。宜择南面之地。"然事已申闻朝廷,不复更改。书院祀陆九渊,并以杨简、袁燮配。

开工时,袁甫撰祝文云,"甫将指江东聿兴正学。山之近旁爰咨,爰度,得胜景于徐岩,离象山而非邈。山峰环峙兮高可仰,大溪横陈兮清

---

❶《同治金溪县志》《宋史·陆持之传》。
❷ 刘辰翁《白鹭书院江文忠公祠堂记》及《同治万年县志·饶鲁传》。
❸《道光南昌县志·寓贤》。
❹ 袁甫《象山书院记》。
❺ 袁甫《冯君振甫言行记》。

可濯。殆天造地设,非人谋之攸作,是可宅先生之精神","振先生之木铎"❶。袁甫又作书院上梁文。是冬,书院落成,买田养士。同年冬,又刊《象山文集》于书院,跋云:"象山先生文集,先君子尝刊于江右,甫将诣江左,新建象山书院,复摹旧本以惠后学。"又在书院中刊其文《絜斋家塾书钞》年底又遣池州属官至书院致告先圣文。

次年三月,袁甫亲至书院作释菜告文,宣布开学。行礼毕,乃讲书,其时贵贱咸集,溢塞堂庑,以听其讲。讲毕,又说"象山先生家学有原,一门少长协力同心","伯叔之间自为师友,梭山、复斋皆为一时闻人,而先生义杰出其中","天下以为真孟子复出也"。又说儒释之异趋云:"释氏为私,吾儒为公。释氏出世,吾儒经世,故于纲常所关,尤为之反复致意。"又礼请杨简门人钱时为山长主教。远近学者闻风云集,至无斋以容之。又修书院之外左方废寺之法堂以外。钱时,字子是,号融堂,淳安(今属浙江)人。《宋元学案·慈湖学案》载:其"读书不为世儒之习",虽曾冠于漕试,既绝意科举,究竟心学。在象山书院,其所讲论,"大祇发明人心,指摘痛快,闻者皆有所得"。如称"论学先论志,天下之事未有无志而成者","为学当以圣人为的,学圣人当以闻道为的",若以异端邪说为的,"非无志也","不先立乎其大者而志非所志也"。后用荐授官。淳安有蜀阜书院为其聚徒讲学之所。

秋,朝廷赐象山书院额。

绍定六年(1233年),袁甫又作《象山书院记》记云,"宁宗皇帝更化之初,兴崇正学,尊礼故老,概念先朝鸿儒硕学咸赐嘉谥,风厉四方。谓象山陆先生发明本心之学大功于世教,锡名文安,庸示褒美。于时慈湖杨先生,我先人絜斋先生有位于朝,直道不阿,交进谠论。宁考动容称善。天下学士光闻风采,推考学问渊源所在,而象山先生之道益大光明。甫承学小子将诣江东","筑室百楹,既壮既安,士趋趍咸集"。建"斋曰:志道、明德、居仁、由义,精舍曰:储云、佩玉,又皆象山先生之

---

❶ 袁甫《初建书院告陆象山先生文》。

心划也"。

袁甫复请冯兴宗为堂长。冯兴宗,字振甫,慈溪人。亦杨简高弟,于书无所不读,每聆听诲言,辄心领神会。其为象山堂长,四方学子来集,朝夕训警,恳至切到,语自肺腑流出,群士信响。后殁于书院。

袁甫尝赴南康军至白鹿洞,以白鹿洞书院废弛,乃于绍定六年(1233年),与知军史文卿重修和增建。袁甫自撰《重修白鹿书院记》和《白鹿书院君子堂记》两篇文章记述这件事。袁甫在文中又一次明确论述了理学家们对于教育目标、教育社会作用的基本观点。他说:"我国家祈天永命,涵育群生,与三代同其长久,是无他故焉。正谊明道,不计其功而已。斯道也,自古如一日,而所以赖以植立不坏,修明无斁者,则必由讲学始。""甫无状,将指江东,且五年。建象山书院于贵溪,兴白鹿书院于庐阜,岂徒然哉!正欲力辨道谊功利,使士必不昧所趋,以庶几实有益于国家耳。"袁甫还称他们对白鹿书院的建设是"起六十年之废坏","广六十年之未备"。他先后聘朱熹弟子张洽与汤巾,主持书院讲席。他说:"元德张君同官于池,又与仲熊汤君有同年好。二君从事晦庵先生之学,功深力久,遂延为洞长。""元德以年高先归。仲熊悉力振起,多士闻风来集"。

袁甫对白鹿洞的重修,应该是南宋继朱在之后又一次的重要修复活动。袁甫尚修建番江书堂于饶州鄱阳县。书堂凡四斋曰达源、止善、存诚、养正,讲堂则名自得。袁甫自为记述创象山书院,兴白鹿洞书院,又创番江书堂之意图"一也"。

四、汤巾、汤汉叔侄及其后学与江西书院

饶州安仁(今余江县)有汤千、汤巾、汤中兄弟,其学导源于柴中行,传宗于真德秀,皆朱学。而汤巾则由朱入陆,传之从子汤汉,又传之徐霖。杨、袁之后,江西(宋代饶、信二州属江东)陆学为之一盛。❶

---

❶ 参见《宋元学案·存斋晦静息庵学案》全祖望案语。

汤巾,字仲熊(一说仲能),号晦静(一说静晦),安仁人,因州治在鄱阳,故一说为鄱阳人。嘉定七年(1214年)进士,授宣教郎,主成都玉局观事,擢左司谏,遇事敢言。曾举饶鲁之贤,为朱熹传人,而后和会朱陆,继而转入陆学(《宋元学案》称为"金溪续传")。端平初,由袁甫聘主讲鹿洞书院。从游者日众。倪镗等皆师事之。从子汤汉传其学。

汤汉(1202—1272年),字伯纪,号东涧,安仁人。少从柴元裕学,又从族叔父汤巾学。柴中行见而奇之,真德秀知温州致为宾客,赵汝谈荐于朝,诏免解差充象山书院堂长。登淳祐四年(1244年)进士,授上饶县主簿。江东转运使赵希暨言:"汉今海内知名士,岂得吏之州县哉。"超擢改差信州教授兼象山书院山长。淳祐十二年(1252年),差充史馆校勘,改国史实录院校勘,授太学博士。召试馆职迁秘书省校书郎,皇太子冠,着充太常博士,升秘书郎,提举福建常平。召礼部郎官、太子侍读。寻以直华文阁,福建运判,改知宁国府。迁提举江西常平兼知吉州。改江东运判,知隆兴府。召为尚左郎官,兼太子侍读,兼玉牒所检讨官。迁太府少卿,升兼太子谕德,改秘书少监。乞休致,擢太常少卿,以秘阁修撰知福州,福建安抚使,改知隆兴府。度宗即位,召奏事授太常少卿兼国史院编修官,实录院检讨官,迁起居郎,兼侍读,兼权中书舍人,权兵部侍郎,升兼同修国史实录院同修撰,兼直学士。累请致仕,授华文阁待制知宁国府,赐金带。久之,又召为刑部侍郎兼侍读,以龙图阁待制知福州,福建安抚使,改知太平州,权工部尚书,兼侍读。咸淳五年(1269年)十月,为显文阁直学士提举隆兴府玉隆万寿宫兼象山书院山长。七年初诏赴阙,八月升华文阁学士仍予祠录。十一月转端明殿学士,依所请致仕。八年一月卒,赐谥文清。有《东涧集》等。

汤汉入仕时即掌象山书院。致仕前以为显文阁直学士奉祠禄复掌象山之教。可见象山书院山长地位之高。南宋晚期,陆学昌盛,象山书院山长乃陆氏学派之领袖,因而陆学门徒虽位至卿相,亦欲得象山书院山长之职而自慰。

汤氏学术源流长期混淆不清,这与《宋史》作者"排陆学,凡为陆学者皆不详"有关。汤千、汤巾、汤中,为汤汉从父,《宋史》亦误为兄。全祖望曾有《答临川李穆堂序三汤学统源流札子》,称:"东涧在《宋史》有传,而不详其学术师友,且误志其世系。三汤子者,其长曰息庵先生千,官郡守,其次曰晦静先生巾,官提领,其少曰存斋先生中,官司谏。乃东涧之从父也,而《宋史》以为兄,谬矣。""东涧之学,肩随三从父而出,师友皆同,而晚亦独得于晦静。是时朱、陆二家之学并行,而汤氏一门四魁儒,中分朱、陆,各得其二""案《袁清容集》亦言晦静始会同朱、陆之说,至东涧而益阐同之"。

汤汉除三掌象山之教外,于故里崇义乡汤源,尚建有环溪书院(现在画桥汤家村,有东涧水流入环溪)。实为其师柴中行所建以讲学者。汤氏后人代有增修,祀中行与汉。据载景定五年(1264年),环溪书院刻印《仁斋直指方论》《小儿方论》《医学直经》《伤寒类书深入总括》等医书。如是,环溪书院已与医学有密切联系。

汤汉为文章巨手,但四汤文集皆无存,故难于知其究竟。

汤巾之学,传者其一为汤汉,其一为徐霖。徐霖,字景说,号经畈,衢州西安(今浙江衢州)人。淳祐四年(1244年)进士,授沅州教授,历知州郡终知汀州。知衢州游钧尝建衢麓精舍,请其讲学,时往听讲者数千,其开讲大有名声。

徐霖著名弟子则有谢枋得,徐直方(字立大,号古为),曾子良(号平山)。直方同调则有程绍开,或会合朱陆,或传陆学,为宋末陆学传人。系身体力行心学之中坚力量。

谢枋得(1226—1289年),字君直,号叠山,信州弋阳(今江西弋阳)人,少敏明,观书五行俱下,一览不忘。为人爽快,好直言,与人论古今治乱必抵髯抵几,跳跃自奋,以忠义自任。其师徐霖尝称其:"如警鹤摩霄,不可笼絷"。宝祐四年(1256年)与文天祥同科进士。对策时即攻承相董槐与宦官董宋臣,意即高弟及奏名中乙科,除杭州司户即弃去。明年复出试教官,中兼经科,除建宁府教授。未上,吴潜宣抚江南东、西路辟差干办公事,得民兵万余人守信州。后以忤贾似道,被诬坐居乡不法,起兵时冒破科降钱,且讪谤,谪居兴国军。咸淳三年(1267年)赦归。德祐元年(1275年),元兵南下,以江东提刑、江西招抚使知信州。兵败,家族或死或被虏,已变姓名流福建。后人稍稍识之,延至其家为弟子论学。元廷荐举屡诏不起。福建行省参政魏天佑强之北行。至京不食而死。先是程距天曾荐之于元廷,回信言:"《传》曰:'求忠臣必于孝子之门,为人臣不尽孝于家,而能尽忠于国者,未之有也。'某亲丧未克葬,持服未三年,若违礼背法,从郡县之令,顺执事之意,其为不孝莫大焉!"元廷既声称以道德仁义治天下,取士必忠孝,人有不葬其亲而急于得其君者,人心何在,天理何在,非圣君贤相所忍闻也。"尝与友人言:"人可回天地之心,天地不能夺人之心。大丈夫行事,论是非不论利害,论逆顺不论成败,论万世不论一生。志之所在,气亦随之,气之所在,天地鬼神亦随之。""儒者常谈所谓为天地立心,为生民立命,为往圣继绝学,为万世开太平,正在我辈人承当,不可谓天下后世谓程、朱之事皆大言无当也。"谢枋得的确身体力行了陆氏心学之性命道德言论。故为后世所崇敬。

谢叠山曾为东山书院之重修撰记,言宋、元之际东山书院之废兴。称"学孔、孟者,必自读《四书》始。意之诚,家、国、天下与吾心为一;诚之至,天地人物与吾性为一。夫人能言之,手指目视,常在于人所共见;戒慎恐惧,常在于己所独知,天下能几人哉"。

谢叠山在上饶安辑乡葛源(今划归横峰县)讲学处为叠山书院。咸淳间,其门人徐炎午等人所建。元末毁。明代又迁入广信府城,后为谢文节公祠。弋阳亦有叠山书院。先是叠山讲学处。枋得没后二十四年,即元皇庆二年(1313年),其门人虞舜臣建叠山书院祀之。元末毁,清代重建。

程绍开(1223？—1281年)又名绍魁,字及甫,号月岩,信州贵溪县百丈岭(今归属江西万年县管辖)人。嘉熙四年(1240年)贡于乡,淳祐十二年(1252年)又以《尚书》《戴礼》贡,为举首。宝祐四年(1256年)伏阙上万言书。咸淳九年(1273年),太学升舍中乙科,时年余五十。授从仕郎,差抚州教授,调宁海军节度推官。德祐元年(1275年)以承直郎直兵部架阁,捍卫乡土,抗击元兵。兵败,曾以布衣掌象山书院。与徐直方同调,本为陆学,间和会朱陆,于乡里筑道一书院,以会合朱陆两家之说。元代著名理学大师吴澄传其学。

古为、平山,皆入元不仕。

第四节　鹅湖之会与鹅湖书院

鹅湖之会在我国哲学史、教育史、文学史上都曾有过重要地位。鹅湖书院亦曾被称为江西名书院。

鹅湖之会发生在鹅湖寺。鹅湖寺在铅山县(县治原在永平,今迁河口)鹅湖山麓。铅山县属信州(州治上饶县),南宋时归江南东路管辖,今属江西省上饶地区。

铅山县在武夷山北面,当时是交通要道。明李奎讲:"铅山据江右上流,喉襟八闽,控带两浙。"[1]李光地在《钟灵讲院记》中也讲:"朱子趋朝,必由信州取道。故玉山之讲,鹅湖之会,道脉攸系,迹在此邦。"[2]朱熹归婺源祭扫祖坟,亦由此通过。

鹅湖寺离县城(今永平镇)东北十五里,距今县城(即河口镇)东南六里。据《同治铅山县志》载:鹅湖山在县(今永平镇,下同)东北,周回四十余里,其影入于县南之西湖,诸峰联络,若狮、象、犀、猊,最高者峰顶,三峰揭秀,其岭尚有瀑布泉,为县之镇山。山上有湖,多生莲荷,故称荷湖。东晋时有龚姓者独居山间利湖蓄鹅。"其双鹅育子数百,羽翮

---

[1] 见《同治铅山县志》。

[2] 文载《同治广信府志》,钟灵讲院亦即信江书院、曲江书院、紫阳书院,李光地撰记时则为钟灵讲院。

成乃去",故称鹅湖。唐大历(766—779年)中大义禅师营建寺院于峰顶,朝廷以山名赐院。据说此时双鹅复回。而后又建寺院于山麓官道旁。禅师宗密曾居住在这里。五代时智孚禅师又建塔寺旁。两所鹅湖寺,一座是峰顶寺,一座是山麓寺。后者于宋真宗间先后赐名慈济、仁寿,俗称仍为鹅湖寺。庆历间,仁寿寺又大兴土木,曾巩、王淇各有《佛殿记》一篇记事。可知其费资巨万,像金涂丹,富丽堂皇,香火极盛。作为游览之地虽然不错,而展开学术讨论,却失之嘈杂而不甚清静。故朱熹于鹅湖会后,于次年致书吕祖谦时说道:"但须得深僻去处"相会,"去岁鹅湖之集,今思之已非善地矣!"就在这座寺院,孝宗淳熙年间,发生了震动大、影响深的两次鹅湖之会,或者称鹅湖之集。数百年来一直为中外学术界和学者所注目和缅怀。

随着时代的迁移,山顶鹅湖早已成田地,峰顶佛寺已毁。山麓的寺仅有遗址,新建了学校。在抗日战争时,为排除轰炸目标,塔也不得不被拆除。由于现代交通的发展,古代的官道早已荒芜。鹅湖寺遗址离公路干线约两千米。只有支线通达,已成"深僻去处"。

一、第一次鹅湖之会(鹅湖之集)

朱熹、陆九渊、吕祖谦是南宋理学三派主要代表人物。全祖望在《同谷三先生书院记》中说:"宋乾、淳以后,学派分而为三。朱学也,吕学也,陆学也。三家同时,皆不甚合。朱学以格物致知,陆学以明心,吕学则兼取其长,而复以中原文献之统润色之。"

吕祖谦与陆九渊有场屋之知,陆乾道八年登进士第,实为吕祖谦所拔识。吕、朱则早相友善。朱、陆虽不相识,却早有结交之意。乾道九年(1173年)吕祖谦致书朱熹时,就谈到抚州人士陆九龄与弟九渊有问道四方之意。朱熹回信时,亦认为陆氏兄弟闻名甚久,恨未识之。

淳熙二年(1175年)春末夏初,吕祖谦访朱熹于寒泉精舍,相与读周敦颐、张载、二程之书,采六百余条,编《近思录》。五月,吕祖谦见朱、陆平日操论有所不同，盼能有所折中，故借机遣人致信，约陆氏兄弟会于鹅湖寺。一方面，朱熹送吕祖谦北行，越分水关抵鹅湖，另一方面陆九龄、陆九渊兄弟由金溪东行，会于鹅湖。陆氏兄弟接信后，有一番思索和准备。陆九龄对九渊说："伯恭约元晦为此集，正为学术异同，某兄弟先自不同，何以望鹅湖之同。"遂与九渊议论致辨，又令九渊自说，至晚才罢，说"子静之说是"。次早，九渊请九龄。九龄说："某无说，夜来思之，子静之说极是，方得一诗。"其诗云：

孩提知爱长知钦，古圣相传只此心。

大抵有基方筑室，未闻无址忽成岑。

留情传注翻榛塞，著意精微转陆沉。

珍重友朋勤切琢，须知至乐在于今。

九渊说："诗甚佳，但第二句微有未安。"九龄说："说得恁地，又道未安，更要如何？"九渊说："不妨一同起行。某沿途却和此诗。"❶

朱、吕、二陆相聚鹅湖，与会者尚有多人。《象山年谱》称"吕伯恭约先生与季兄复斋会朱元晦诸公于信之鹅湖寺"。又引朱亨道的话："临川赵守景明邀刘子澄、赵景昭。"《吕成公年谱》则说"……陆子静、陆子寿、刘子澄及江浙诸友皆会。"朱熹在《曹立之墓表》中也说道："淳熙乙未岁，予送吕伯恭至信之鹅湖，而江西陆子寿及弟子静与刘子澄诸人皆来，相与讲其所闻，甚乐。"吕祖谦在《答邢邦国书》中则云："复同出鹅湖，二陆及子澄诸兄皆集。"此外，尚有《象山年谱》中提到的邹斌和朱亨道。据《宋元学案·槐堂诸儒学案》载：尚有朱桴，亦予会。复参见它书所载，参与鹅湖之会，除朱、吕、二陆四人之外，尚有刘清之、赵景明、赵景昭、朱桴、朱泰卿、邹斌、蔡元定、何叔京、潘叔昌、范念德、詹仪之、张公庠、连崇卿、傅一飞等十余人。其中，赵景明，号拙斋，开封人，淳熙二年至三年为抚州知州。陆九渊认为他是抚州知州中数十年内的"可称贤者"。赵景昭，名辉，景明之兄，乾道八年（1172年）进士，曾为

---

❶《象山全集。语录上》。

太平州司户,在临安,即与陆九渊相款。朱枟,字济道,金溪人,年长于陆九渊而师事之。曾称:"象山所以诲人者,深切著明,大概是令人求放心,不复以言语文字为意,其有意作文者,令收拾精神,涵齐德性,根本既正,不患不能作文矣。"朱泰卿,字亨道,枟之弟,亦年长于象山而师事之。其回忆鹅湖之会云:"鹅湖讲道切诚当今盛事,伯恭盖虑陆与朱议论犹有异同,欲令归于一,而定其所适,从其意甚善。伯恭盖有志于此。语自得,则未也。"邹斌,字俊甫,号南堂,临川人。嘉定四年(1211年)进士。先师李德章,继师陆九龄,复师陆九渊。詹仪之,遂安人,绍兴进士,时为信州知州。

陆氏兄弟至鹅湖寺,稍息。吕祖谦首问陆九龄别后新功。陆九龄举途中所作诗,才第四句,朱熹顾吕祖谦说:"子寿早已上子静船了也。"举诗罢,遂与九龄致辨。九渊插曰:"途中某和得家兄此诗。"云:

墟墓兴衰宗庙钦,斯人千古不磨心。

涓流滴到沧溟水,拳石崇成泰华岑。

易简工夫终久大,支离事业竟浮沉。

举诗至此,朱熹失色。举至:

欲知自下升高处,真伪先须辨只今。

朱熹大不悦。于是各休息。据陆九渊自己回忆说:"翌日,二公商量数十折议论来,莫不悉破其说。继日,凡致辨,其说随屈。伯恭甚有虚心相听之意。竟为元晦所尼。"❶

鹅湖之会涉及问题甚多,中心问题是"论及教人"。《象山年谱》引朱泰卿的回忆:"鹅湖之会,论及教人,元晦之意,欲令人泛观博览而后归之约。二陆之意,欲先发明人之本心而后使之博览。朱以陆之教人为太简,陆以朱之教人为支离,此颇不合。先生更欲与元晦辨,以为尧舜之前,何书可读?复斋止之。"赵、刘诸公拱听而已。鹅湖之会数日之间,虽然几经商榷,但各持己见,不合而罢。

❶《象山全集》卷三十四。

对于鹅湖的这场争论,朱熹始终不能忘怀。年底,朱熹在《答张敬夫》中说道:"子寿兄弟气象甚好。其病却在尽废讲学而专务践履,却于践履之中要人提撕省察,悟得本心。此为病之大者。"三年后,朱熹写了一首题为《和鹅湖子寿韵》赠与陆九龄。诗云:

德义风流夙所钦,别离三载更关心。

偶扶藜杖出寒谷,又枉篮舆度远岑。

旧学商量加邃密,新知培养转深沉。

只愁说到无言处,不信人间有古今。

朱泰卿在回忆鹅湖之会时亦讲:"先发明之说,未可厚诬。元晦见二诗不平,似不能无我。"

陆氏兄弟主张:先存心而以易简自高。朱熹则主张:先致知而后存心。这就是朱、陆道问学与尊德性的"门户之见",涉及朱陆两家性即理和心即理的根本分歧。自北宋起,理学中就存在着上面两种倾向。不过,一直处于不自觉的状态。据说程颐倾向于"道问学",性即理论,程颢就倾向于"尊德性",心即理说。然而他们兄弟二人谁也没有觉察出彼此之间的差异。直至鹅湖之会,这两种倾向才各自形成自己的壁垒,成为两大流派。这种自觉公开的分歧和门户之见的形成,恰好说明这是我国先民思维水平的一个飞跃,对教育史、哲学史意义都很重要。

对陆朱之争,两氏后学持门户之见,"互相抵啎",甚至对于史实也有不同记载。朱氏后学认为陆九龄曾经改变了观点。据王懋竑《朱子年谱》载:淳熙五年,朱子候命铅山,陆九龄访朱熹于铅山观音山。子寿"颇有自悔其前说之误,故铅山来访时,其论与朱多合"。朱熹在祭陆九龄文中也讲,"志同道合,极论无猜,降心从善"。陆氏后学对此却不以为然。他们认为,朱熹晚年也倾向陆氏"存心"之说。如前所述,彭兴宗在陆九渊死后,继续主持象山精舍,曾拜访朱熹求书。朱也认为,"要紧的书亦不须几卷"。朱在赠诗中还说:"好去山头且坚坐,等闲莫要下山来。"陆氏门徒遂传说朱熹改变了观点。

对于鹅湖这场争论,后来的理学家们也有加以调和、折中的。四贤祠之兴,鹅湖书院之建,将朱陆同堂而祀,就抱着这样的宗旨。绍定间,陆氏后学袁甫,曾作《四贤堂赞》,他赞象山:"即心是道,勿助勿忘,爱亲敬长,易简平常。煌煌昭揭,神用无方。再拜象山,万古芬芳。"赞朱熹:"道若大路,曲折万端。辨析毫厘,用力惟艰。上续伊洛,昭哉可观。考亭遗规,世世不刊。"又说:"鹅湖之集,诸老先生议论未能悉同,以是妄加揣摩,其失远矣!夫子尝云:君子和而不同,不同乃所以为和,不薪于合,乃所以为一致也。天生英贤扶植斯道,忠君、爱亲、敬长,一性灵明,与天地并亘万古不可磨灭者,或入之也渐,或入之也勇。勇非无渐,而渐非不勇也。顾其所由之门然耳。鹅湖之集谁得而议其异哉!君子讲学既切之,又磋之,既琢之,又磨之,反复辨明惟求一是。若虑其不相合,心非而口然之,此乃浅大夫之为耳。"❶蔡元定的孙子蔡权有一首《和鹅湖三先生韵》:

朱陆豪雄凤所钦,本仁祖义浑同心。

高明顿足先登岸,邃密为山渐到岑。

易简支离争消切,禅关俗学互浮沉。

撑眉挈眼来葱岭,公论昭明在古今。❷

蔡权在诗中,表现了会合朱陆的观点。宋末元初,程绍开建道一书院。立意折中朱陆两家之学。这种观点在宋元之际,影响曾经是不小的。程之高足吴澄(草庐),是调和朱陆学说的重要代表人物。

朱陆鹅湖之争所以便于调和,从教育理论角度看,一个重要原因在于,他们的主要分歧是在教学方法论方面,而对教育的根本目的则并不矛盾。淳熙八年(1181年),陆九渊访朱熹于南康军,朱请陆登白鹿洞书院讲堂。陆以"君子喻于义,小人喻于利"发论,深为朱熹钦佩。

---

❶《蒙斋集》。
❷《宋元学案补遗·梭山、复斋学案补遗》。

《象山年谱》称朱为之离席说:"熹当与诸生共守,以无忘先生之训。"朱还以自己"不曾说到这里",感到"负愧"。《朱子年谱》对于陆的讲演,也说:"先生以为切中学者隐微深痼之病。"对他们的共同之处,后来黄宗羲说得很明白。他说:"二先生同植纲常,同扶名教,同宗孔孟,即使意见终于不合,亦不过仁者见仁,智者见智,所谓学焉而得其性之所近,原无背于圣人。"❶总之,朱陆在扶植"纲常""名教",培养"忠君""爱亲""敬长"的"端人""良臣"等教育目的论方面,主张是基本一致的。

朱陆鹅湖争论,从教学法的角度看,却是各执一端,把教学过程中某一方面、某一环节的经验,片面地加以夸张,从而走向了极端。作为教育经验的本身,还是有一定价值的。今天我们在处理教学中的读书和践履,博览和专精,直接经验和间接经验,传授知识和发展智力等关系时,均有一定借鉴作用。

二、第二次鹅湖之会(鹅湖之晤)

鹅湖之会在淳熙间实有两次。因为不管是从思想史、教育史,还是文学史的角度来看,还应提到陈亮(1143—1194年)与辛弃疾(1140—1207年)的鹅湖之会。淳熙十五年(1188年)冬,陈亮约辛弃疾、朱熹仿淳熙二年"鹅湖故事",至铅山紫溪相会,商谈世事与学问,朱失约未至,仅陈、辛二人在"鹅湖同憩,瓢泉共酌,长歌相答,极论世事,逗留弥旬"❷。他们共同商讨了抗金雪耻的大计,表示了坚持抗战的决心,加深了相互间的友情。辛弃疾《贺新郎·小序》说:"陈同父自东阳来过余,留十日。与之同游鹅湖,且会朱晦庵于紫溪,不至,飘然东归。既别之明日,余意中殊恋恋,复欲追路,至鹭鸶林,则雪深泥滑,不得前矣。独饮方村,怅然久之,颇恨挽留之不遂也。夜半招宿吴氏泉湖四望楼,闻邻笛悲甚,为赋《乳燕飞》(贺新郎)以见意。又五日,同父书来索词,心所同然者如此,可发千里一笑。"

❶《宋元学案·象山学案》。
❷《辛稼轩年谱》。

贺新郎(怀陈同甫)

把酒长亭说,看渊明、风流酷似,卧龙诸葛。何处飞来林间鹊,蹙踏松梢残雪。要破帽、多添华发。剩水残山无态度,被疏梅、料理成风月。两三雁,也萧瑟。

佳人重约还轻别。怅清江、天寒不渡,水深冰合。路断车轮生四角,此地行人销骨。问谁使、君来愁绝?铸就而今相思错,料当初、费尽人间铁。长夜笛,莫吹裂。

陈亮随即回赠:

贺新郎(寄辛幼安,和见怀韵)

老去凭谁说?看几番、神奇臭腐,夏裘冬葛。父老长安今余几,后死无仇可雪。犹未燥、当时生发。二十五弦多少恨,算世间、那有平分月!胡妇弄,汉宫瑟。

树犹如此堪重别。只使君、从来与我,话头多合。行矣置之无足问,谁换妍皮痴骨?但莫使伯牙弦绝。九转丹砂牢拾取,管精金只是寻常铁。龙共虎,应声裂。

辛又赠:

贺新郎(同甫见和再用韵答之)

老大那堪说!似而今、元龙臭味,孟公瓜葛。我病君来高歌饮,惊散楼头飞雪。笑富贵、千钧如发。硬语盘空谁来听?记当时、只有西窗月。重进酒,换鸣瑟。

事无两样人心别。问渠侬。神州毕竟,几番离合?汗血盐车无人顾,千里空收骏骨。正目断、关河路绝。我最怜君中宵舞,道男儿、到死心如铁。看试手,补天裂。

陈再答:

贺新郎(酬辛幼安,再用前韵见寄)

离乱从头说,爱吾民、金缯不爱,蔓藤累葛。壮气尽消人脆好,冠盖阴山观雪。亏杀我、一星星发。涕出女吴成倒转,问鲁为齐弱何年月?

丘也幸,由之瑟。

斩新换出旗麾别。把当时、一桩大义,拆开收合。据地一呼吾往矣! 万里摇肢动骨。这话把,只成痴绝。天地洪炉谁扇鞴? 算于中、安得长坚铁。泚水破,关东裂。

由于当时二人相会并无记录,我们只能从这四首词中了解其大概。还有两首。一首是:

贺新郎(怀辛幼安,用前韵)

话杀浑闲说。不成教、齐民也解,为伊为葛? 樽酒相逢成二老,却忆去年风雪。新著了、几茎华发。百世寻人犹接踵。叹只今、两地三人月。写旧恨,向谁瑟?

男儿何用伤离别! 况古来、几番际会,风从云合。千里情亲长晤对,妙体本心次骨。卧百尺高楼斗绝,天下适安耕且老,看买犁卖剑平家铁。壮士泪,肺肝裂。

另一首是辛弃疾的名词《破阵子》,不妨再录如下:

破阵子(为陈同甫赋壮词以寄之)

醉里挑灯看剑,梦回吹角连营。八百里分麾下炙,五十弦翻塞外声,沙场秋点兵。

马作的卢飞快,弓如霹雳弦惊。了却君王天下事,赢得生前身后名。可怜白发生。

陈亮与辛弃疾相会时,辛正在上饶带湖稼轩闲居,辛心中如有一团烈火,在无奈之中,经常与友人研讨北定中原的方略大计。而陈亮虽仅是白丁一个,却胸怀大志,无论是在学问还是政见方面,在当时已堪称英才。陈亮与辛弃疾可谓意气相投。淳熙十年(1183年)春。陈亮曾致信辛弃疾,欲与相商救国大计。淳熙十四年(1187年),高宗赵构死。这就给主张抗战的士子们一个希望。陈亮于次年再次上书孝宗赵眘,敦促其趁机励志恢复。陈亮还主动与辛弃疾、朱熹联系,企图通过这两位"四海所系望者"相会,商量抗金救国大计。仿淳熙二年故事,做个中间"牵线"的吕伯恭。于是便约于紫溪相会。朱熹虽然未至,然陈、辛二人的鹅湖之会却是相当圆满的。在上面引述的六首词中,充分反映了他们鹅湖相聚时的情景和心情,互相的信赖和尊崇,各自的激愤和气概。

前面谈到朱、陆分歧,主要在方法论上,而陈亮与朱熹的"王霸义利之辩"则与朱陆之争有不同意义。他们代表着南宋当时不同的政治思想倾向,就教育理论上看,也是涉及不同教育目标的根本分歧。当乾道、淳熙间,朱、张(栻)、吕、陆皆谈性命而辟功利。学者各宗其师说,截然不可犯。陈同甫崛起其旁,独以为不然。❶陈主张"实事实功",提倡培养"当得世界轻重有无",具有"推倒一世之智勇,开拓万古之心胸"的"成人"❷。当时,南宋的最大功利就在于"雪耻洗辱""北定中原",这是体现民族精神的根本的教育目的,陈亮正是怀着这种目的约辛、朱相会。虽然这场关于教育目的论的争论未能面对面地展开,只是辛、陈"话头多合",并进一步增进了彼此的友谊。对于辛陈的鹅湖相会,后来的理学家们在纪念鹅湖集会时虽少有道及,然而这确实应该也值得纪念的。

有人不同意讲两次鹅湖之会,笔者坚持此说。第一,陈亮是"仿淳熙二年故事"约会的;第二,陈亮、辛弃疾事实上已"同游鹅湖";第三,虽朱熹失约,然陈、辛二人均堪为大师;第四,这次相会在文学史、教育史上是有影响的;第五,这次相会留下的多篇不朽之作是民族文化的优秀遗产;第六,这也是相当一批学者的共同见解,是有"群众基础"的。

三、鹅湖书院

淳熙间鹅湖之会以后,理学门徒为纪念他们的宗师,建立了鹅湖书院。

---

❶《宋元学案·龙川学案》。
❷ 陈亮《答朱元晦秘书》,载《陈亮集》。

先是"信州守杨汝砺建四先生祠堂于鹅湖寺,勒陆子诗于石"❶。江东提刑袁甫尝作《四贤堂赞》。

淳祐十年(1250年),江东提刑蔡杭(蔡元定之孙)请于朝,赐名文宗书院。

宋代关于鹅湖书院的记载并不多,除上述几项外,《同治铅山县志·寓贤》还有:"陈文蔚,字才卿,上饶人,从学朱子。著书立言俱得朱子旨趣……隐居邱园,屡聘不起。聚徒讲学鹅湖,以斯文自任,乡邦远近尊师之。……门人徐元杰,字仁伯,号梅野,上饶人,亦追随鹅湖讲学数年。章公立群贤堂,请文蔚作记。元杰为赞。"❷查群贤堂立于绍定三年(1230年)。《寓贤志》的这条记载,似已说明徐元杰在为群贤作赞时,已追随陈文蔚讲学多年。

但是,陈记并不是在铅山,更不是在鹅湖写的。记文中有:"规划既定,走书上饶,请文蔚志其颠末。文蔚不敢以不文辞,遂为之书。"而《同治铅山县志·学校·书院》载:"鹅湖书院旧名四贤祠。县北十五里。宋儒朱、吕、二陆讲道之所。淳祐庚戌,江东提刑蔡杭请于朝,赐名文宗书院。"如果说文宗书院建于淳祐十年,那么绍定三年比这早了二十年。

有几个值得进一步考证的问题。

蔡杭请赐书院额,与陈文蔚讲学鹅湖两说均见于铅山志书。如果说陈文蔚确于绍定三年以前讲学鹅湖,则鹅湖书院的历史似应推前。淳祐十年,不过是朝廷赐额文宗的时间。如果说文蔚的讲学,仅借四贤堂在之一隅,虽有聚徒讲学之实,尚未有书院之名,则鹅湖书院的前期历史亦需充实。

当然,关于陈文蔚讲学鹅湖的记载亦尚待进一步确证。《同治广信府志》只讲陈"隐居丘园聘不起,聚徒讲学以斯文自任"。张伯行《陈克

---

❶ 见《象山年谱》,载:《象山全集》卷三十六。

❷ 章公乃当时铅山知县,名谦亨字牧叔。《铅山西湖群贤堂记》载《陈克斋集》卷四。

斋集序》则称:"先生杜门养老,屡聘不起,间以诗文自娱,晚年为部使者聘入白鹿洞书院,发明师训,辞和而旨切,学者闻之,辄有所兴起。"张时雨《陈克斋先生记述》则载:"先生所主学校若书院,士人均尊为祭酒。"二人均未提到陈讲学鹅湖事。何况陈文蔚的《西湖群贤堂记》还是在上饶写的。

鹅湖集会及鹅湖书院的建立,对南宋和后世的书院,有一定的影响。它继承并发扬了古来书院兼容并蓄、学者各抒己见、互相切磋的讲学风气,虽有不同意见和争论,但能互相尊重不同的见解和观点,这是难能可贵的。

然而很多人在谈论书院讲会时,往往从鹅湖始,则是一种误会。鹅湖之会可以称为会讲,但只是朱熹、吕祖谦、陆九龄、陆九渊等人相约的学术聚会,并非讲会的会讲活动,更不是书院讲会的会讲活动。第一次鹅湖之会是淳熙二年,即公元1175年。第二次鹅湖之会是淳熙十五年,即公元1188年。而鹅湖书院则始建于淳祐十年,即公元1250年。相差六七十年。这说明淳熙间没有鹅湖书院。

鹅湖书院始于南宋。元、明、清均有史实记载。今日遗址的保护修复工作,正在进行之中。❶

第五节 南宋江西书院择例

南宋江西书院甚多,本节再择例介绍。

一、董熠与南隐书院

先介绍一所讲求经世实用的书院——德兴董熠的南隐书院。

董熠(?—1218年),字季兴,德兴人。程迥门人和女婿,绍熙四年(1193年)进士。先为瑞州新昌(今宜丰)县尉,后又任鄂州教授,"至则作新学宫,市田百亩以资士之不能上学宫者"。"《中庸》《大学》章句,

---

❶ 现已对外开放。

《论》《孟》注说皆指授,口讲。士知向方"❶。知温州瑞安县,后又改知辰州辰溪县。"辰地远人,缓于学"。煟"乃急之,取成童以上择师教之,且身率之,期年文风大振"❷。值岁饥。订救荒策,有成效。撰《救荒活命书》。嘉泰间,呈于朝,宁宗褒奖召见。敕曰,"尔忠为报国,志在爱民"。清乾隆皇帝亦称其著述"实有经济,与同时空谈性命者殊"。《四库全书简明目录》称:"在南宋人著述之中,最切于实用,胜理气心性之空谈。"嘉定间致仕,归建南隐书院,以经世致用之学授徒,从游者甚众,影响颇大。王梓材称其:"娶沙随(程迥)之女,有家法,故其学为沙随之学。"❸《同治德兴县志》亦称:"沙随程迥官德兴丞,一见,妻以女,遂得师承。"程迥,字可久,号沙随,由宁陵迁余姚,受经学于喻樗,为龟山三传。其同时从师于昆山王葆和嘉禾闻人滋,王等有"通经博古之学"与"拨繁济剧之才",程迥得其经世致用之学。朱熹称其"博闻至行,追配与人,释经订史,开悟后学,当世之务,又所通识"。董煟得其所传。

　　程珌志董煟之墓说到:"古之学者格物以致其知,开物以成其用。二者常相须而未始相悖也。"❹但曲学之士杂然四出,"穷理者流于虚无之说,而不本乎性命之原。用世者汩于功利之末而不知乎经济之本。此先王之道所以不明,而隆古之治所以不复"的原因。"至嵩洛诸儒先后发明体用备具,然而谈经者始以理义为归,读史者以理乱而为断,济时者亦以行道为急。至若商功,较利,如所谓俗吏者,人亦得以指其非。非讲学素明之力耶!"董煟之学,源流就在于此。"平日之论,以为自汉以前固未易言,而唐之人才亦非后世所可及者。相则房、林,将则李、郭,节义则张、许,论谏则魏、陆,文则韩、柳,诗则李、杜,字画则欧、颜,下至于术数技艺亦皆精绝一世。""王室勋业巍皇卓杰当代岂后世

---

❶《宋元学案补遗·龟山学案补遗》。
❷《宋元学案补遗·龟山学案补遗》。
❸《宋元学案补遗·龟山学案补遗》。
❹《董知县墓志铭》,载《铭水集》。

空谈者可望耶!""降是而后,往往缊藉有余而振厉不足,论议有余而事功不足,文采有余而武备不足,意气有余而风骨不足。""非讲学不盛之故也,人才不如古也。"南隐书院如何,由于史料湮没而不详。程珌又说:聆董"言意必有立于世者"。而史籍所载:董煟始终坚持"力行之说","以及物为究极之地","活人之书已足垂后世",另外还有《求贤变俗书》等,"皆切于当世"。其书院教学方向明确,而具体教学情况,则有待进一步发掘和考察。

二、余干(今万年)柴氏与书院

余干(明代置万年县,柴氏故里归属万年管辖)有四柴为朱门后学。首自柴元裕始。

柴元裕,字益之,号强恕。南宋江南东路饶州余干县人。淳熙元年(1174年)解试。赵汝愚等在余干建东山书院,朱熹过余,讲学其中。元裕往学,与赵汝靓、赵崇宪等同时得传程朱理学。赵崇宪称其"潜心义理,苦志不渝","夜以继日,同堂敬服"。❶通《五经》,尤长于《易》。元裕终身不仕。淳熙末于乡里构松冈书舍,赵崇宪曾为撰记。斋名"强恕",故人称强恕先生。仿白鹿洞书院规制,以师道自任,著述传经,教授生徒。其学以穷理尽情为本,四方从学者众多。侄子中行、中立、中守及汤汉、饶鲁、李伯玉等皆先后出其门下。

赵崇宪撰《松冈书舍记》称:"三代以上道统在君相,三代以下道统在儒生。我宋之兴,固赖贤君卫道于上,尤赖多儒生讲道于下。乡校之兴大有功于世教。先严中丞忠定公闻晦庵朱先生与胡宪、刘勉之、刘子翚三君子得道统之正,爰构书院于本邑东山,延居讲学,宪与从叔靓师事之。"柴君与予"渊联秦晋",亦来就学,"嗣乃著述经传,教授生徒"。闻吾乡曹子卒,"益毅然以师道自任,构就书舍"。"宪以对策擢甲科,历仕进与柴君契阔几数十年,后归故里,趋馆拜谒,见其额书舍曰,

---

❶《松冈书舍记》载《同治万年县志·艺文》。

松冈,以环馆皆松也;扁斋曰,强恕,因自勉以勉人也。""就几检阅牙签,标其甲乙,著有《春秋尚书论语解》《易系辞》《史评》《宋名臣传》及手扎、文集,诸书目不暇赏览。""其学规仿白鹿书院。""其山水之佳,则有高祖峰自东南来,小顿大起,委蛇数里,忽障洿平阳,可置数百家。下临源泉活水,流入方池,可悟道之有本也。中流突起,二墩累累相望,不亚砥柱,可知涉世之道矣。余回顾久之,恍然地灵人杰之信,不诬也。"

柴中行,柴元裕之侄,其学术渊源来自柴元裕。他从柴元裕那儿得到程、朱理学的传授。而他的影响超过了柴元裕。中行,字与之,号南溪,登绍熙元年(1190年)进士,授抚州军事推官。时韩侂胄禁理学,转运使考校官吏,命自称非伪学。柴中行自称:"自幼读习程氏《易传》,如以为伪,不愿考校。"舆论以为他甚有骨气。调江州教授,广西转运司需要一名干官,江州知州准备推荐他,先派人透消息,柴中行正色说:"身为人师,而称人恩主、恩师,心窃耻之。"迁太学博士,谓:"太学风化,首童子科。"时试至贵胄子弟,中有挟势欲作弊者,告于有关当局。史称其"守法无秋毫私"。迁太常主簿,转军器监丞,知光州,累迁西京转运使兼提刑。改直秘阁,知襄阳兼安抚使,乃兼转运使。迁江东转运使,改湖南提刑。入为吏部郎官,擢宗正少卿,调秘书监,崇政殿说书。进秘阁修撰,知赣州。告老归里,与弟中立、中守讲学南溪书院。汤千、汤巾、汤中、汤汉、饶鲁等数百人皆出其门下。汤汉在余江汤源建环溪书院。尝迎其讲学其间。理宗即位,以右文殿修撰主管南京鸿庆宫。卒谥献肃。著有《易系集传》《书集传》等。南溪书院在元代由柴氏裔孙重建,朝廷设官治理,学者尝数百人。

柴中守,号蒙堂。《宋元学案·丘刘诸儒学案》亦为其立传,称其"南溪之弟。进贤罗晋君早从之学"。

柴中立,其详情不知。王梓材在《宋元学案》中于柴元裕传后案曰:"《袁蒙斋集》称强恕、南溪、蒙堂曰'三柴'。南溪名中行,蒙堂名中守,则强恕必《南溪传》所谓中立者矣。元裕盖其改名尔。"把柴元裕与柴中立叔侄、师徒误为一人显然不妥,赵崇宪《松冈书舍记》曾说:"从子中行、中立诸君子以道学鸣者多出其门。"

元程距夫在《南溪书院记》中也说道:"大德三年鄱阳柴氏捐田五百亩,因其先献肃公南溪先生读书之所建书院以祀公,教乡族子弟俊秀者,太守廉简上其事,行省以闻于朝。延祐元年命下,得置官属,廪子弟如制。公讳中行,字与之,宋名儒巨卿也,学于强恕先生元裕。"这从侧面进一步证明强恕非中立。程距夫乃程若庸门人,饶鲁二传,中行三传弟子,他对强恕与南溪的师承关系的说法,应该是可信的。《宋元学案·丘刘诸儒学案》中,将柴中行说成是"晦翁私淑",将柴元裕说成是南溪学侣,不能不说是一种"粗忽"。

柴氏名弟子汤千、汤巾、汤中、汤汉前节已述,饶鲁另段专叙,这里介绍李伯玉。

李伯玉,本名诚,以犯理宗潜讳更此名,字纯甫,号斛峰,饶州余干县(其故里今划归万年)人。据《宋史·本传》载:伯玉登端平二年(1235年)进士第二,授观察推官、太学正兼庄文府教授、太学博士。召试馆职,历诋贵戚大臣,有直声,改校书郎,奉祠。知南康军,迁著作佐郎兼沂靖王府教授,兼考功郎官、尚书右司员外郎。迁著作郎,罢叙,复知邵武军。改湖北提点刑狱,移福建,迁尚右郎官,被劾奉祠。迁福建提举,淮西转运判官。召赴经筵,迁考功郎兼太子侍读。拜太府少卿、秘书少监、起居郎、工部侍郎。度宗即位,兼侍读、权礼部侍郎,升兼修国史实录院同修撰。贾似道尝集百官议事,忽厉声曰:诸君非似道拔擢,安得至此。众默然莫敢应者。伯玉答曰:伯玉殿试第二名,平章不拔擢,伯玉地步亦可以至此。似道虽改容,而有怒色,既退,即治归,以显文阁待制知隆兴府。复召入觐,擢权礼部尚书兼侍读。似道益专国柄,帝以伯玉旧学,召之卧内,相对泣下,欲用以参大改,似道益忌之,伯玉寻以病卒。伯玉尝请罢童子科,以为非所以成人材厚风俗。所著有《斛峰集》。

上述伯玉"寻以病卒"句，《宋元学案》与《宋史》同。然而《同治万年县志》却著录了李伯玉在元代所撰的文章。李伯玉《母氏族谱序》载"大元制世之三年，前官霍龙一日拜予于斛峰书舍。予见其面目黧然，衣冠缁然，相与道及胜朝故事，不觉相对泣下。言已且告之曰：今曩事不可问矣！又恐旦暮间难以苟活于大元之世，至不能以自存，苟无谱系以遗后世……予乃作而叹曰：予与先生生同时，居同地，仕同朝。值寰宇沧桑，某无意于人世间，其志怆而心苦，不又与先生同一辙耶！"由此可见，"寻以病卒"之说并非在咸淳间贾似道专权之时，而在元有江南数年之后。这大概是《宋史》的又一疏漏之处。

李伯玉大概是因受贾似道排挤自临安罢官，或解职，或奉祠，或致仕归里，建斛峰书院自处，隐居讲学。他不仅自己讲学，尚聘其他学者讲学。《宋元学案·双峰学案·程若庸传》著录了程氏的《斛峰书院讲义》即是一例。"

三、饶鲁及其后学与书院

饶鲁（1193—1264年）亦余干人（其故里后亦归属万年）。宋末元初，他和他的门徒在鄱阳湖周围地区的书院讲学和建设中，有相当影响。饶鲁，字伯舆，又字仲元，号双峰。其父饶炎，号竹坡，信奉朱熹理学。据《同治万年县志》载：鲁"少从柴中行受书，一阅辄掩卷背诵如素习"。稍长。从黄榦学。黄榦曾问他对"时习之"之含义。他回答说："当兼两义，时复思虑和行之践履。"榦大为赞赏。

竹坡先生闻李燔讲学豫章书院与东湖书院，携鲁往学。燔甚喜，将甥女谢氏妻之。又从黄榦学。黄曾极推之，谓"为己所不及"。饶与方暹（字明甫）、张元简（字敬父）、赵师恕（字季仁）被称为"黄门四杰"。鲁自此尽弃举子业，归建朋来馆，广聚学者，互相切磋。复筑石洞书院讲学其中，远近从学者众，以石洞前有双峰，学者称其为双峰先生。

饶鲁之学以"持守涵养为主,学问思辨为先,而笃行终之"。其时理学昌盛,四方聘讲无虚日,饶鲁先后"主白鹿、濂溪、建安、东湖、西涧、临汝诸书堂"❶。蔡杭、汤巾、赵汝腾、董槐等人累次荐举皆不赴。景定元年(1260年)"诏饶州布衣饶鲁,不事科举,一意经学,补迪功郎,饶州教授"❷。景定五年(1264年)正月,以病乞归,归后复讲学石洞。九月终于石洞。谥文元。著有《五经讲义》《春秋节传》《语孟记闻》《学庸纂述》《西铭图》《太极三图》《庸学十二图》《近思录注》等,惜多不传。

饶鲁高弟有,陈大猷(文献)、罗椅(子远)、吴迂(仲迂)、史泳(自亨)、程若庸(逢原)、许应庚(春伯)、鲁士能(时举)、吴中(中行)、汪华(荣夫)、汪相(魏夫)、罗天酉(恭甫)、赵景淳(景程)、王泌(敬若)、蔡汝揆(君富)、万镇(子静)、虞伟(字项夫)、饶应中、赵汝腾、李实、冷应凯、方齐、陈友源等传其学。

饶鲁是在江西境内传递朱学的重要人物。黄百家说:"黄勉斋榦得朱子之正统。其门人一传于金华何北山基,以递传于王鲁斋柏、金仁山履祥、许白云谦。又于江右传饶双峰鲁,其后遂有吴草庐澄,上接朱子之经学,可谓盛矣!"❸

饶鲁为朱门后学但也不完全与朱熹同。全祖望在《宋元学案·双峰学案》的案语中引进了吴澄的话:"朱子《中庸章句》《或问》,择之精,语之详矣。惟精也,精之又精,邻于巧;惟详也,详之又详,流于多。其浑然者,巧则裂;其粲然者,多则惑。澄少读《中庸》,不无一二与朱子异。后观饶伯舆父所见亦然,恨生晚,不获就正之。"程钜夫亦以为饶鲁之于朱学不是拘守章句,而是"共派而分流,异出而同归"❹。故全祖望进一步指出:"则双峰亦不尽同于朱子者。"

饶鲁对敬,对静也有一些与朱门后学不同的见解。例如,有人问:

---

❶《同治万年县志》。
❷《宋史·理宗本记》。
❸ 引自《宋元学案·双峰学案》黄百家案语。
❹《程习楼集》。

"入门涵养之道,须用敬否?"饶鲁曰:"固是如此,但功夫熟时,亦不用说敬,只是才静便存。而今初学却须把敬来作一件事,常常持守,久之而熟,则忘其为敬矣。"又有人问:"明道教人且静坐,是如何?"饶鲁曰:"此亦为初学而言,盖他从纷扰中来,此心不定,如野马然,如何便做得工夫?故教他静坐。待此心宁后,却做功夫。然亦非教他终只静坐也,故下且字。"饶鲁又说:"须是静,方看得道理出,庐山诸人如蔡元思、胡伯量辈,皆不肯于此著功,见某有时静坐,诸公皆见攻以为学禅,虽宏斋亦不能不以为虑也。"

石洞书院尚白鹿规制,祀先圣先师、先贤先儒,以"夫子居中,配以颜、曾、思、孟"及"周、程、张、朱五贤","勉斋继之"❶。饶鲁初建朋来馆在若源,后又建石洞书院在双峰。历元、明。正德间建万年县,在城东建饶双峰祠,亦称双峰书院。

饶鲁曾长白鹿之教,或时间不短,或有多次,详情不明。黄榦在世时,方暹就向他讲过,在庐山,饶某人曾如何说来。饶鲁曾将朱熹的《白鹿洞书院揭示》与程端蒙、董铢二人的《学则》同揭于鹿洞书院。并为之《跋》,称"《白鹿洞教条》乃文公朱先生所集圣贤之成训。而《学则》者,乡先生程、董二公之所为。文公尝有取焉者也。今合二者而并揭之。一则举其学问之宏纲大目,而使人之知所用力;一则定为群居日用之常仪,而使人有所持循,即大、小学之遗法也。学者诚能从事于此,则本末相须,内外交养,而入道之方备矣"。此《跋》作于宝祐六年(1258年),这与黄榦去世的嘉定十四年(1221年)相距三十余年。

饶鲁弟子陈大猷,字文献,号东斋,都昌人,登开庆元年(1259年)进士,历任从政郎、黄州判官。对《书》《易》《礼》皆有所长,尝著有《尚书集传会通》,为江万里之舅、陈澔之父。在故里磨旗墩西曾建有东斋书院。不仅自己聚徒讲学,尚延其师饶鲁来讲论,发扬朱熹学说。

史泳与饶鲁同乡,字白亨,亦入饶鲁之门。咸淳六年(1270年)乡

---

❶ 熊禾《三山郡泮五贤祠记》。

贡,黜于礼部,即归隐,讲学水东书院,以饶鲁之学淑人。

罗椅,字子远,号磵谷,庐陵人,宝祐四年(1256年)进士,曾以秉义郎为江陵教授,改漳州,知信丰县,提辖榷货。在吉水与同道建有璠溪书院为讲肄之堂。

饶鲁在白鹿洞讲学时的弟子冷应凯,系武宁人。隐居不仕,元初授徒于龙崖学塾。饶应中的弟子熊凯在赠诗中有:"学道一灯来白鹿,斯文千古属龙崖。"

程若庸为双峰高足,字逢原,号勿斋、徽庵❶,江南东路徽州休宁人。从饶鲁和沈贵珤得朱熹理学,曾讲学乡里。淳祐间,先为湖州安定书院山长。冯去疾创临汝书院于抚州,复聘为山长。咸淳四年(1268年)登进士,授武夷书院山长。累主师席,包括前述斛峰书院,亦曾讲学其中。吴澄(1249—1331年)、程钜夫(1249—1318年)、余洙、吴锡畴、范奕等皆其高足。元代江南诸大儒,学术渊源皆由其出。著有《性理字训讲义》《太极洪范图说》等。强调为学必"以圣人为师""若舍圣人而学,是将何所取则乎"。学问有四等,一曰"圣贤之学",二曰"仁义名节之学",三曰"辞章之学",四曰"科举之学"。亦有"剽窃架漏而不入等者"。"若夫圣贤之学无他,始由此以为士,终即此以为圣人;始由此以修身,终即此以平天下。即知此道是天地间自然之理,又知此学是吾人本分之事,既能真知而笃信之。则其趣向自然正当,其志气自然勇决,其工夫次第必能向上寻觅,不待他人劝率,而自不能已矣。不幸而或不遇于世,亦必有以自乐,而无所怨悔焉"。此所为"闻道之士","此所谓圣贤之学也"。"创书院而不讲此道,与无书院等尔"。

饶鲁、程若庸皆曾讲学临汝书院。程钜夫、吴澄皆临汝书院诸生。

丰城方齐、陈友源尝建书堂于该县梅仙乡石牛峰下。名"石峰",传饶鲁所继之朱学。

---

❶ 在乡里号勿斋,在抚州号徽庵,以志不忘故里。

四、江万里及其门人后学与江西书院

江万里(1198—1275年)系朱门后学,朱熹门人林夔孙的弟子。他和他的弟子们可称为理学家道德理想的实践者。

江万里,字子远,号古心,江南东路南康军都昌县(今江西都昌)人。少时读书于其祖江璘隐居教授所建之书堂,从其父江烨得传程朱理学。稍长,肄业白鹿洞书院,曾及林夔孙之门。复游学东湖书院。嘉定十五年(1222年),赴临安入太学,有名声。理宗赵昀在潜邸尝书其姓名于几研。宝庆二年(1226年),以舍选登进士第。历池州教授,沿江制置司准备差遣,两浙安抚司干办公事。召试馆职,累迁著作郎,权尚左郎官兼枢密院检详文字。嘉熙四年(1240年),出知吉州兼提举江西常平茶盐。淳祐元年(1241年),在州治庐陵县建白鹭洲书院。后人在白鹭洲书院尝建古心祠纪念他。淳祐二年(1242年),迁直秘阁江西转运判官兼权隆兴府,创宗濂精舍于府城望云门外之龙沙冈,以周敦颐曾知南昌县而专祀之。江万里亲集学者讲论其中。复嘱南安知军林寿公建周程书院于大余县城(南安军治),祀周敦颐与程氏父子三人。迁考功郎官、驾部郎官,尚右兼侍讲,监察御史、右正言、殿中侍御史。淳祐七年(1247年),以谗去官,放废多年。宝祐三年(1255年),幸有陆德舆为之辩白,起知福州,兼福建安抚使。贾似道宣抚两淮辟为两淮宣抚使参谋官。开庆元年(1259年),贾似道宣抚京湖,复辟为京湖宣抚大使参谋官,兼国子祭酒、侍读。此时尚荐举欧阳守道召试馆职,授秘书省正字。江万里又迁刑部侍郎,仍兼祭酒。景定元年(1260年)为权吏部尚书。景定二年(1261年),进端明殿学士同签书枢密院事,兼太子宾客。被劾,以端明殿学士奉祠。景定五年(1264年),出知建宁府兼福建安抚使。度宗赵禥即位,奉召回临安。咸淳元年(1265年),为同知枢密院事,复进参知政事。江万里始虽俯仰容默,然性格"峭直",临大事不能沉默不言。故贾似道常"恶其轻发",因此,每入朝主事,不能久在其位。贾似道曾要挟赵禥要走,时赵禥初即位,呼贾为师相,至涕泣拜留之。万里以身披帝曰:"自古无此君臣礼,陛下不可拜,似道不可复言去。"似道虽举笏谢江,然心则忌之。帝每问经史疑义及古人姓名,贾似道不能对,万里从旁代对。复以资政殿大学士奉祠。咸淳二年(1266年),任湖南安抚使兼知潭州。咸淳三年(1267年),知太平州兼提领江淮茶盐,江东转运使。咸淳五年(1269年),召入为参知政事,进封南康郡公。又拜左丞相兼枢密使。咸淳六年(1270年),罢相,出知福州,兼福建安抚使,又奉祠。咸淳九年(1273年),为湖南安抚大使,知潭州。其时,文天祥为湖南提刑,二人往还甚密。语及国事,江愀然曰:"吾老矣,观天时人事当有变,吾阅人多矣,世道之责,其在君乎,君其勉之。"次年(1274年)正月,因病辞官,依旧以观文殿大学士,提举临安府洞霄宫。退居饶州。时襄樊皆失,南宋皇朝国势垂危。江万里凿池芝山后圃,扁其亭曰"止水"。同年六月,元兵大举伐宋,度宗病逝,恭帝赵显即位。及闻警,万里曰:"大势不可支,余虽不在位,当与国为存亡。"德祐元年(1275年)二月,元兵破饶州,江不屈,投止水死。事闻,赠太师,谥国公,谥文忠。除白鹭洲书院外,都昌、鄱阳皆有专祠祀之。❶

白鹭洲书院为江西名书院。院以江万里、欧阳守道、文天祥等人而有盛名。

白鹭洲在江南西路吉州州治庐陵县城东赣江之中,此洲是由泥沙长期冲积而成,全洲自南而北呈梭形,其面积,至今日约为1.2平方千米。因地处江心两水夹流,早在北宋或更早,人们就借李白"三山半落青天外,二水中分白鹭洲"之句,称其为白鹭洲。不过,对此也有不同的记载。如有人在介绍白鹭洲书院时说:"先是理宗间,江公万里出守是郡,见洲隆起,双水夹流,因借李青莲'二水中分'句,颜曰'白鹭洲'命名之,后即构精舍。"❷江万里于嘉熙四年知吉州。次年,即淳祐元年

---

❶ 参见王东林《江万里系年》。
❷ 符乘龙《白鹭洲书院志序》。

（1241年），建白鹭洲书院，如遵照这种说法，白鹭洲命名时间应在嘉熙四年与淳祐元年之间。

也有不少史书作不同记载，认为"白鹭洲"命名时间应大大早于建书院的时间。理由之一，徐俯于宣和间（1119—1125年）曾为吉州通判。徐作有题名为《白鹭洲》诗。诗文如下：

　　　　白鹭洲
　　山光浓复淡，江面落还收。
　　不见飞凫鸟，空看白鹭洲。
　　台城久蔓草，宋玉又悲秋。
　　欲羡释门秀，早从方外游。

若是徐俯这首诗确实是在庐陵所作，则白鹭洲之命名时间需提前120年左右，大大早于江万里出任吉州、创白鹭洲书院之时。

江万里知吉州上任之后，环顾庐陵地处赣江河谷盆地，四周诸峰环拱。而洲上又是江水回流，风帆沙鸟，烟云竹树，幽静别致，是读书讲学、著述论理的好地方。又知道周敦颐曾携程灏、程颐兄弟到过这里，为景仰"先贤"，阐扬理学，培养人才，于上任的第二年便"因命构楼，开讲学之堂，创立白鹭洲书院。"❶首立六君子祠，祀周敦颐、程灏、程颐、张载、邵雍、朱熹。又建道心堂、文宣王庙、棂星门、云章阁、万竹堂、浴沂亭、风月楼、斋舍，将《白鹿洞书院揭示》复揭示于道心堂。置田、聚书，集郡中九邑诸生讲肄其中。其时山长未有人任，江万里亲为诸生讲说。"载色载笑，从容水竹间"，诸生"忘其为今太守古诸侯。盖有意于成就后进者，使之亲己如此，此所谓犹父兄之于子弟也！"❷甚得生徒拥戴。

史书对于白鹭洲书院兴建的时间与首任山长，历来有不同的记载，特辨证于后。

---

❶ 刘铎《白鹭洲书院志序》，载《同治白鹭洲书院志》。
❷ 欧阳守道《白鹭洲书院山长厅记》。

(一)关于白鹭洲书院的起始时间

《光绪江西通志》《光绪吉安府志》、刘绎《白鹭洲书院志》均以淳祐元年(1241年)为白鹭洲书院始建时间。

但是近几年对此却有争议。浙江师范大学的刘实先生,在《浙江师范大学学报》上发表了题为《略论我国书院的教学与刻书》一文。文中提到:"江西白鹭洲书院宋嘉定十七年刻《汉书集注》(唐颜师古撰)一百卷,又刻《后汉书注》(唐李贤撰)九十卷,《老注补》(梁刘昭撰)三十卷。"宋嘉定十七年(1224年)早于淳祐元年(1241年)十七年。因此白鹭洲书院起始时间应提前十七年,或更长。

之后,严佐之先生在《论书院刻书的历史传统》一文中,又提到,"嘉定十七年白鹭洲书院刻《汉书集注》《后汉书注》。"刘志盛《中国书院刻书记略》也说"吉洲白鹭洲书院于嘉定十七年(1224年)刻汉班固撰、唐颜师古集注《汉书集注》一百卷。刘宋范晔撰、唐李贤注《后汉书注》九十卷。晋司马彪撰,梁刘昭注《志注补》三十卷。"

刘、严、刘三位先生记述的依据,均来自《北京图书馆善本书目》。查阅这本书目确实记载着:"《汉书集注》,唐颜师古撰,宋嘉定十七年白鹭洲书院刻本八十册。"既然嘉定十七年白鹭洲书院已经刻书,那么起始时间在此之前,似已定论。然而书目终非原书,在北京图书馆善本部存有原书。发现书中仅有"甲申岁刊于白鹭洲书院"牌记,而无嘉定字样。据善本部赵前君介绍。北京图书馆版本专家们对此书的刻印时间亦曾有过疑问。他们向笔者介绍了《中国版刻图录》。初版本《中国版刻图录》称"《汉书集注》……宋嘉定十七年白鹭洲书院刻本"。"卷首后儒辩论后有'甲申岁刊于白鹭洲书院'"两行。据《吉安府志》,白鹭洲书院宋淳祐辛丑(1241年)吉州郡守江万里建,至正间重修。因推知甲申当元世祖至元二十一年(1284年)。此书院为元初吉州白鹭洲书院刻本。前人肯定甲申年为嘉定十七年(1224年)恐非事实,此书款式与蔡纯父本全合,即据蔡本翻版。蔡本宋讳缺笔至廓字,此书亦同。

元刻本有时可避宋讳,不足为异。刻工钟华、吴升等数十人与刻《欧阳文忠公全集》《周益公集》《文苑英华》等书的南宋中期吉州地区刻工无一相合,即此书刻于元初之证。可见,判断该书刻于嘉定间的一向依据不足。据北京图书馆版本专家纪淑英介绍说,据了解过去把这部书看作是宋版书。而宋代最后一个甲申年是嘉定十七年,所以,相传把这部书的刊刻时间,看作嘉定十七年。现在看来是一个失误。

如此看来,江万里于淳祐元年建吉州白鹭洲书院之说似仍无可动摇。善本书目的说法仅是插曲。但是,再版《中国版刻图录》又删去了前面引证的那些话。看来,坚持旧说者似仍有人在,还可能引起争论。

(二)关于白鹭洲书院首任山长

白鹭洲书院首任山长究竟是谁?许多文献记载不一。

《宋史·欧阳守道传》称:"江万里守吉州,守道适贡于乡,万里独异视之。淳祐元年举进士。……授于都主簿。丁母忧,服除。调赣州司户。其次,十年后,江万里作白鹭洲书院,首致守道为诸生讲说。"这篇传,在江万里与吉州、与白鹭洲书院的时间关系上,存在明显的矛盾。既说江于淳祐元年前已知吉州(应在嘉熙四年,即公元1240年),又讲十年后作白鹭洲书院首致守道为诸生讲说。在宋代,一个人在一地知州延续十年是不可能的。而遍查吉州志书和宋代史籍均未见江万里有二任吉州之事。此传似有误笔。

查《宋史·江万里传》,江"知吉州创白鹭洲书院",随即又"兼提举江西常平茶盐"。复"召为屯田郎官。未行,迁直秘阁。江西转运判官兼权隆兴府,创宗濂精舍"。据《光绪江西通志》:"江万里,直秘阁,江西转运判官兼权隆兴府,淳祐二年任。"又据《同治南昌府志》,"宗濂精舍,在望云门外龙沙岗","宋淳祐二年,知隆兴府江万里奏建"。由此可见,江万里知吉州,自嘉熙四年赴任,至迟应在淳祐二年离任。而十年后的情况是因谗弃官,在乡里闲居。据《续资治通鉴》,淳祐七年,江万里"闻母病,不俟报驰归。至祁门,闻讣。忌万里者相与腾谤,谓万里母死,秘不发表,反挟妾媵相随。周坦劾之,万里坐废"。既然如此,江万里怎又可能去吉州创书院,聘山长呢?

正因为关于欧阳守道《宋史·欧阳守道传》的记载自相矛盾,所以引起了种种不同记述和争论。

《宋元学案·巽斋学案》载:"欧阳守道……淳祐元年第进士,授于都主簿,调赣州司户。守江文忠公作白鹭洲书院,首致先生为诸生讲说。"这里删去了"丁忧,服除"这三年,又删去了"其次,十年后"字样。刘绎《白鹭洲书院志》承袭了这种说法。刘称:江万里于"淳祐元年创建书院,即聘欧阳守道为山长"。又说,"欧阳守道,……举淳祐辛丑进士,授于都主簿,调赣州司户。吉州守江万里创白鹭洲书院,聘为诸生师"。这里把春天中进士,随授于都主簿,又调赣州司户,即聘书院山长,均置于一年之中,很难令人信服。

刘文源在《宋代教育家欧阳守道》❶一文中说,"白鹭洲书院是江西古代四大书院之一,它的第一任山长就是宋代著名的教育家欧阳守道",又说"淳祐二年(1242年),守道应聘回吉安,担任白鹭洲书院第一任山长"。刘文将几年的事集中在两年中完成。欧阳守道在于都主簿时丁母忧这三年仍是不可否认的事实。

彭声涌在《白鹭洲书院调查报告》❷中说:"淳祐六年(1246年),江万里聘欧阳守道为白鹭洲书院首届山长(校长),主讲书院有十年之久。"这个记载从时间上说,似乎讲得通。但是有两个问题:一个是淳祐元年至五年这几年中,是否有人主讲书院。如果有,则欧阳守道就不是首任山长。如果无,则书院教学活动如何维持? 另一个问题是淳祐六年,正在临安任监察御史的江万里能否插手庐陵聘任欧阳守道为山长?

以上多种说法,均难以令人信服。然而,有一个共同点,那就是,都

---

❶ 载《争鸣》1987年第1期。
❷ 载《江西师大函授》1986年第2期。

认为欧阳守道为白鹭洲书院的首任山长。

还有一种说法,称刘南甫为白鹭洲书院首任山长。刘南甫,吉州吉水县人,字山立,号月涧。嘉熙二年(1238年)进士,曾任知县。《宋元学案·沧洲诸儒学案》称其为古心"学侣"。欧阳守道尚"师事之"。《宋元学案·巽斋学案》附载王梓材案语称:"巽斋为刘月涧门人,月涧则江古心学侣也。"容敬臻在《略述白鹭洲书院的兴起》一文中,坚持这种见解。他说,淳祐二年"江万里迁直秘阁、江西转运判官兼权隆兴府","延请郡中名儒刘南甫于白鹭洲书院讲学"。若从此说,则刘南甫讲学白鹭洲书院早于他的弟子欧阳守道。

又有一说,据何中《江村小隐记》载:"伯父何时言:庐陵郭氏有郭郛与子晟、子昂、子端、子昌皆进士。晟子公度与诚斋,东山友善。其族从仪为刘静春门人。公度以耆德著称。江丞相建鹭洲书院,首聘公度主讲席。"何时与文天祥为同时代人,与守道、南甫、公度均相去不远。其言似或可靠。

此外志书、谱牒中尚有胡敬之、胡楚浚等人任教白鹭洲书院的记载。

那么,白鹭洲书院首任山长究竟是谁?欧阳守道、刘南甫、郭公度都曾在白鹭洲书院,谁先谁后尚待进一步考查。但是有一点是清楚的,白鹭洲书院初创时的首任讲师是江万里自己。据欧阳守道《白鹭洲书院山长厅记》载:"某昔尝得古心先生于书院,初建之岁。其时山长未有人,先生自为诸生讲说。"这是当事人的记载,应该是靠得住的。因此,可以说,白鹭洲书院第一任山长应该是江万里本人,正如淳熙间朱熹兴复白鹿洞书院,山长未聘到人,他自为导师,亲临讲说,兼任洞主(山长)一样。淳祐二年,江万里赴南昌任职,这时,欧阳守道还在于都。

欧阳守道(1209—1273年),字公权,号巽斋。先后掌教白鹭洲书院和岳麓书院。《宋元学案·巽斋学案》称：其于岳麓"初升讲,发明孟氏正人心,承三圣之说,学者悦服"。文天祥在祭欧阳守道的文中说："先生之学,如布帛菽粟,求为有益于世用。而不为高谈虚语,以自标榜于一时。先生之文,如水之有源,如木之有本。与人臣言,依于忠,与人子言,依于孝;不为蔓衍而支离。先生之心,其真如赤子;宁使人谓我迂,宁使人谓我可欺。先生之德,其慈如父母。常恐一人寒,常恐一人饥,而宁使我无卓锥。其与人也,如和风之着物,如醇醴之醉人;及其义形于色,如秋霜夏日,有不可犯之威。其为性也,如槃水之静,如佩玉之徐。及其赴人之急,如雷霆风雨,互发而交驰。其持身也,如履冰,如奉盈,如处子之自洁。及其为人也,发于诚心,摧山岳,沮金石,虽谤兴毁来,而不悔其所为。天子以为贤,缙绅以为善类,海内以为名儒,而学者以为师。"这样的教师,既是文天祥效法的榜样而在当时后世皆可为师范。

欧阳守道虽非白鹭洲书院的首任主讲,然而二度任教白鹭洲。❶文天祥、刘辰翁、邓光荐等皆是其门人。南宋间自淳祐元年至咸淳十年（1241—1274年）吉州进士三百六十二人,其中白鹭洲的生徒是不会少的。宋亡,吉州白鹭洲书院、潭州岳麓书院诸生的忠烈言行,与欧阳老师之教诲无不有关。

文天祥（1236—1282年）,字宋瑞,又字履善,号格斋、文山。宝祐四年（1256年）进士第一。文天祥除了是白鹭洲书院欧阳守道的学生外,据《同治万安县志》所载：尚卒业于万安昂溪书堂。堂乃段奎斋所建。文后尝题额作记。万安尚有鳌溪书院,文亦曾游学于此。

临江军新余县有竹楼书院,文天祥曾设教于此。瑞州有西涧书院,为纪念刘涣而建。文曾于景定四年（1263年）出知瑞州（治所在今江西高安县）,在瑞州有《西涧书院释菜讲义》传世。讲义开始就说到作为

❶ 吴子良曾聘其归吉州任教。

地方长官应先教化而后簿书期会,"书堂"之事应是自己的责任。讲义以进德、修业为题,强调忠信,所以进德,修养以为诚,所以居业。

泰和有南薰书院,为肖行叔所建,文亦有题额。兴国有安湖书院,咸淳八年(1272年)知县何时所建。何时,字万翁,号见山,乐安人,宝祐四年(1256年)与文天祥同登进士。两次随文起兵,兵败后,削发为僧,自称坚白道人。文天样尚为安湖书院撰记。记称:赣兴国县东二百里衣锦乡,"其民生长斗绝险塞,或为龙蛇,渎于邦泾"。故地方官员终以文教"化之"。咸淳八年,宣教郎何时知县,"顾邑校旷越不克施,乃夏四月,即其地得山水之胜,议建书堂,以风来学。召其豪长,率励执事,堂庭毕设,讲肄有位"。冬十月,何时率诸生,释菜开学。并"改其乡曰儒学"。书院之制,前为燕居,直以杏坛,旁为堂;左为先贤祠,祠后为直舍,缭斋以庑,不侈不隘。临溪为门。堂名絜矩,斋名笃志、求敏、明辨、主善、率性、成德,其门总曰安湖书院。文天祥云:"共惟国家,五星聚奎,实开文明。皇祖制诏,天下州县立学,所在表章儒先,复创书院,三代以下,斯文彬彬焉!"

刘辰翁(1232—1294年),字会孟,号须溪,庐陵人。入白鹭洲书院为欧阳守道弟子。景定三年(1262年)进士,对策以忤贾似道置丙第,以亲老,请为赣州濂溪书院山长,后以江万里荐为太学博士。宋亡,逃于方外,有《须溪集》,尚叙江万里兴建白鹭洲诸事。

江万里弟子赵介如,字元道,浮梁人。登宝祐四年(1256年)进士,曾通判饶州,入元后为景德镇双溪书院山长。

五、朱门后学鄱阳、婺源一派与书院

《宋元学案》特立《介轩学案》。(黄宗羲原本为《新安学案》。)全祖望在《介轩学案序录》称:"勉斋之传,尚有自鄱阳流入新安者,董介轩一派也。鄱阳之学,始于程蒙斋、董盘涧、王拙斋,而多卒业于董氏。"

这一派的首领是董梦程。梦程,一作梦臣,字万里,号介轩,饶州德兴(今江西德兴)人。《宋元学案·介轩学案》称其为鄱阳人。《同治饶州府志·选举志》将其列入德兴县人,《同治德兴县志·人物》称其为该县八都人,而《同治鄱阳县志》不载董梦程事。《介轩学案》之说,可能是以郡治所在县名代郡名。盘涧先生董铢从子。初从董铢及程端蒙学,后又师事黄榦。《同治德兴县志》称其得勉斋之原委。尝语门人曰:"学不按得事实而徒言心性,终非有用。"登开禧元年(1205年)进士,授朝散郎,钦州通判。著有《书、诗训释》《尔雅通释》等。族弟董鼎、德兴沈贵珤、婺源胡方平、婺源许月卿入其门。德兴余季芳与子余苞舒、婺源朱洪范及门人胡斗元、程正则及其门人程时登、休宁曹泾及其门人马端临或和、或传其学。董梦程讲学于书舍,或书院、书堂何名已无考。

董鼎,字季亨,号深山,董梦程族弟。其自称"鼎生也晚,于道未闻,我族兄介轩亲受学于勉斋、盘涧,故再传而鼎犹私淑焉"。据黄榦称:董鼎得"其学之端绪"。《宋元学案·介轩学案》称"所著有《尚书辑录纂注》六卷,草庐极称之。其采拾诸家极博,不守一师之说,有功于《尚书》者也"。其讲学处为深山书院。其子直卿(字季直)传其学。

沈贵珤,字诚叔,号毅斋,德兴人。胡方平、范启、程若庸、齐梦龙皆其门人。齐梦龙,字应样,号觉翁,宝祐元年(1253年)进士。曾建崇经书院于德兴九都,因其号,故亦称觉翁书院。

胡方平,号玉斋,婺源人,受业于董梦程,继而师沈贵珤。精研于易,反复二十年,而著书发明朱门易旨。其子胡一桂(1247—?年),字庭芳,因居之前有两小湖,自号双湖居士,人称双湖先生。其生而颖悟,其易学得于家传。领景定五年(1264年)乡荐,试礼部不第,退而讲学。《宋元学案·介轩学案》称其"得朱氏原委之正",尝入闽访诸名士,与熊禾(字去非,号勿轩)上下议论于武夷山中,归则集诸家之说,以疏证朱熹之言,著《周易本义附录纂疏》《易学启蒙翼传》等书。远近师之者益众。建有湖山书院,祀朱熹、黄榦、董梦程、沈贵珤、胡方平。董真卿亦曾入其门。

余季芳,字子初,号桃谷,德兴人。少孤,力于学。登淳祐元年(1241年)进士。《宋元学案·介轩学案》载:其即言于吏部曰"受训慈帏,愿明家学。徼荣干禄,实非初心,即窃收名,志求归养"。部臣以闻,敕曰:"谢名乞养,臣子良心。欲励考廉,宜从所愿。特授九江司法以荣之。"季芳归里,讲学授徒,与董梦程共同昌明朱熹之学。其子余苞舒,字德新,号息斋,得传家学。与饶鲁、董鼎友善。合婺源胡一桂(双湖)、休宁陈栎(定宇)、德兴王希旦(葵初)共称"宿儒四家"。❶每日读书暇,则整襟端坐。尝谓门人云:"读书须虚心熟读,其味无穷,及早了悟心间事?自有受用。"朝廷征辟学录不受,曾建息斋书院授徒讲学。临卒,口吟东坡"治生不求富,读书不求官"句,以训后人。著有《书传解》《易解》《息斋集》等。

朱洪范,号小翁,朱熹从孙。从同邑胡师夔学《易》,复授《易》学于胡斗元。斗元,字声远,号孝善,亦治《易》。斗元又授学于其子胡炳文(1250—1333年)。胡炳文,字仲虎,号云峰。幼嗜学,既长成,从其父得所传朱熹理学,上溯伊、洛,以达洙、泗渊源。凡诸子百家,阴阳医卜,星历术数,靡不推究。家居讲学于"随斋"。四方闻风来学者云集,入元曾先后为婺源明经书院,贵溪道一书院山长。调兰溪学正,不赴。著有《四书通》,《四库全书简明目录》称此书系"因赵顺孙《四书纂疏》、吴真子《四书集成》所录诸说,尚隅有不合于朱子者,乃重为删定,驱除异议,使尽归于一家之言"。《民国婺源县志》则称:"余干饶鲁之学本出朱子,其说多与朱子牴牾,炳文深正其非,以故作"此书。尚有《周易本义通释》《云峰笔记》《云峰文集》等。

曹泾(1233—1315年),字清甫,号宏斋,休宁人。自幼聪颖,八岁

---

❶ 黄宗羲言,载《宋元学案·介轩学案》。

能诵五经,深研经学。咸淳四年(1268年),殿试两科。授昌化主簿,以博学知名。咸淳七年(1271年),应右丞相马廷鸾所聘,设帐乐平马氏家塾,执教马氏诸子,或称乃马氏碧梧精舍。马氏诸子中,以马端临最为知名。元有江南,强起执教紫阳书院,不久归里,杜门著述。有《讲义》《书稿》《文稿》《稿摘》《俪稿》《服膺录》《读书记》《管见》《泣血录》《过庭录》《课余杂记》等。

董梦程一派,虽于鄱阳、德兴、乐平、婺源及休宁等地传朱学,经南宋至元代不衰。然而除极少数人外,多数主传经学。故全祖望称之为:"渐流为训诂之学矣!"董梦程等人以训诂之学表现了自己书院的特色。

第四章 元代江西的书院

第一节 元代江西书院概况

一、元廷对书院的政策与江西新建书院的概况

蒙古大汗铁木真（成吉思汗）称帝。由太祖元年，即宋开禧二年（1206年）至宋祥兴二年即元至元十六年（1279年）。经历几代的努力统一了大漠、黄河、长江南北，宜至建立横跨欧亚非三洲的大帝国。

对于元代，不仅应看其武功，也要看其"文治"，至少在东西方经济、文化交流上有巨大的贡献。元廷由于思想统治的需要，对学校教育的重视程度也大大超过了前朝。据《续文献通考》记载：至元二十五年（1288年），全国学校总教达2万4千余所，与当时的人口比较，大约2500人有一所学校。这个数字即使有一些不实成分，在中世纪，不论是在东方还是在西方，其比例都是很高的。

早在太宗窝阔台六年（1234年），元廷就建立了宜圣院（国子监的前身），设有国子总教。后来又建立了正式的国子学（学汉文）及蒙古国子学，回回国子学，并且在地方设置各种专门的、普通的学校。有蒙古学、汉学、医学、阴阳学，等等。地方官学制度亦较前更为严密。行省一级教育管理部门亦较完善。

元廷对于书院，采取了相当积极的态度。早在灭金之后，太宗十二年（1240年），即南宋嘉熙四年，江万里兴建白鹭洲书院的前一年，在燕京就建立了太极书院❶。请宋儒赵复主教。

---

❶ 有书讲"庚子、辛丑"间，即太宗十一、十二年，有的材料讲在太宗八年、十年。

赵复,字仁甫,宋荆潮北路德安府(治所在今湖北安陆)人。朱理宗端平二年,即蒙古太宗七年(1235年),乘灭金之势,命皇太子阔帅师南下攻宋,破德安,虏戮人口十数万,俘中有儒生赵复。元廷有命,凡儒、道、释、医、卜或占一技艺者,皆活之以归。时姚枢从扬惟中在军前,与赵言,识之。而赵复本以国破家残欲弃生,枢救之。挽送至燕京,使以所学教授,学子从者众多,名声大著。"当是时,南北不通,程、朱之书不及于北,自先生发之"❶。太宗十二年(1240年),姚枢与杨惟中在燕京建太极书院,立周敦颐祠,以张载、程颢、程颐、杨时、游酢、朱熹六人配,选取遗书八千余卷,延赵复为主讲。《宋元学案·鲁斋学案》载:"先生以周、程而后,其书广博,学者未能贯通,乃原羲、农、尧、舜所以继天立极,孔子、颜、孟所以垂世立教,周、程、张、朱所以发明绍续者,作《传道图》,而以书目条列于后。"复作《伊洛发挥》以抒其宗旨。作《师友图》介绍朱熹门徒。取伊尹、颜渊言行作《希贤录》使学者知所向慕。姚枢后来退稳苏门山,又传其学。黄百家说:"自石晋燕云十六州之割,北方为异域久矣!虽有宋儒叠出,声教不通。自江汉以南冠之囚,吾道入北,而姚枢、窦默、许衡、刘因之徒,得闻程朱之学,以广其传,由是北方之学郁起,如吴澄之经学,姚燧之文学,指不胜屈,皆彬彬郁郁矣。"

元廷于中统二年(1261年)下令:凡宣圣庙及管内书院,禁诸官员使臣军马侵扰亵渎,"违者加罪"❷。

元廷占有江南以后不久,至元二十八年(1291年),即下令:凡"先贤过化之地,名贤经行之所,与好学之家出钱粟赡学者,并立为书院"。继南宋理宗、度宗之后,元代书院又继续成为官学。据《元史·选举志》:"书院设山长一员"。中原州县山长"受礼部付身"。各省所属州县山长"受行省及宣慰司札付"。"凡路、府、州书院设直学以掌钱谷"。

---

❶《宋元学案·鲁斋学案》。
❷《元史·世祖本纪》。

"从郡守及宪府官试补"。山长"或由集贤院及台宪等官举充之"。教谕、学录"历两考"升山长。山长"一考升散府、上中州教授",后"改直学考满升州吏","以下第举人充"山长,"有荐举者亦参用之"。山长与学正并,比散府上中州教授低一级,比路教授更低,而高于县学教谕和路学学录。此外,尚有关于书院训导的记载。如乐安鳌溪书院定员山长一员、训导一员、直学一员、学吏一员、门斗二名,库子一名。其他文献中亦有某某为某某书院训导之类的记载。

当时,元廷创办书院的办法,一是接管宋代官办的书院,在江西,如濂溪书院、白鹿洞书院、白鹭洲书院、鹅湖书院、象山书院、东湖书院、临汝书院等。这比较简单,由江西行省遣官治理即可。二是依据好学之家的要求,由地方呈请,朝廷立案赐额,置田,派官员主持。此类事例甚多。

据《同治广丰县志》载,当时属于江浙行省管辖的信州路永丰县(今江西省广丰县)儒生何天衢。曾绘图上书江浙行省请建书院。行省参知政事史紫微为其请于朝,赐额原道书院。信州路总管陈从龙,永丰县尹周尧夫为置膳田。

据《宋元学案·介轩学案》与《民国婺源县志》载:元至大间处士胡淀,为纪念远祖唐明经胡昌翼,谋于族父胡炳文与弟胡澄共捐田350亩,为屋200余间。请于朝,赐额"明经书院",铨主山长一员。州尹黄惟中提请于行省,命胡炳文掌其教。其后戴炯、余元启、金复祖、童彪、李惟城、胡世佑、戴恕翁先后为山长。

据《道光丰城县志》载:元至正间,江西行省龙兴路富州揭傒斯请于朝,为其父处士揭来成建书院,以来成曾受朝廷赐谥"贞文先生",故名贞文书院。朝廷赐额并铨选山长主其事。

据《同治乐安县志》载:元代有鳌溪书院为江西省抚州路乐安县民夏友兰建于大德中,时县尉明安塔拉尝捐四百亩助成其事。皇庆元年(1312年),仁宗召见夏友兰,赐额、嘉奖,书院规制与白鹿、鹅湖等同。

詹崇朴、王南权、周闻孙、胡斗元等先后为山长。

另外一种情况是：宋末部分官员、士人眼看大厦不支，国势垂危，而自己又无力补天，只得退而隐居。或办书院，聚徒讲学，此种情况亦不在少数。据《元史》《宋元学案》记载，有关胡一桂的情况，就是一例。《元史·胡一桂传》称："景定甲子（1264年）一桂年十八遂领乡荐，试礼部不第，退而讲学，号双湖先生。"《宋元学案·介轩学案》亦称其"年十八，领景定甲子乡荐。试礼部不第，退而讲学，得朱熹原委之正"。他的湖山书院建于咸淳末，而入元仍旧继续维持。

据《同治新昌县志》所载：有宋处士李希周，字端平，号绍郊，先世累以宦业显，家学渊源，本人贯穿经史，工词赋，以王室式微而韬光不仕，聘名师，置田建荷溪书堂于新昌（今宜丰）以赡四方来学者。李尝聘同邑乡贡士郭适发（淳祐十二年发解）主书堂讲席。宋咸淳四年（1268年）进士。元儒学提举姚云记称：希周"膺郡邑贡，人方趣望处士之为也。乃悯王室式微，大厦莫支，遂辞荣显，放浪于山水诗酒间"。以为己身将隐，"圣贤一脉不可断"。于是，"建书堂数十楹，邑名士郭先生竹涧为师，倡明理学以诲后人，且置附近义田一百亩，以赡四方来学之士。是以山谷耆老无不遣子孙就学"。

这类书院中，湖山书院入元后为行省注册立案，铨选官员主之，亦成为官学的书院。而荷溪书堂虽未正式定名书院，未予册立案和铨选官员，仅受到儒学提举之类的支持和赞赏。

再有一种情况是：元廷统一江南以后，相当部分南宋儒生不愿出仕，隐居授徒讲学，亦有建书院自处，或受聘于私家学馆的。如玉山王奕、王介翁父子隐居怀玉山建斗山书院讲学。❶弋阳张卿弼，系宋咸淳四年（1268年）进士，宋亡隐居讲学，虽一度被强起任路学教授，但不久仍弃官归里，聚徒讲学，门人共建兰山书院处之。❷贵溪的裴方润和龚

---

❶ 见《同治玉山县志》。
❷ 见《同治弋阳县志》。

霆松都曾于宋末举于乡，入元不就官，隐居聚徒，分别创办了临清书院和理源书院。❶南丰刘壎(1240—1319年)，人称水云先生，咸淳六年(1270年)举于乡，研究经史，网罗百家。宋亡，曾为抗元志士事迹作补史，建水云书院讲学其中❷，广昌刘君举先住南丰，后徙广昌，宋末举士不第。张世杰曾辞署参谋未就，刘先从王磐学，后王磐应元廷诏直翰林，刘曾遣诗"诤之"，后刘亦被召，他觉得，"向论出处大节得罪于师，今复自蹈覆辙，是工于谋人，拙于谋己也"，因称病辞。刘家居，建管陶书院自处，教授生徒。❸宋国子司世黎立武于宋亡后，回家乡临江军(治清江)建蒙山书院(在新余)、金凤书院(在清江)，元廷屡召不仕，一心讲学。❹元廷对办学和教学的儒士采取了因势利导、争取利用的政策。对其中相当一部分书院给予承认、支持、立案、置田、拨款、授官。这样，一定程度缓和了宋代遗民的反抗情绪，也使他们的教学活动受到控制，为己所用。

当然，也有的儒生仍然不愿为官，也不愿将自己的学馆交由元廷控制，甚至将书院名称也改了，有堂、斋、塾之类的称呼。但是这些情况仍然不会完全抵消元廷争取政策所发挥的作用。

故朱彝尊《日下旧闻》讲："书院之设，莫盛于元，设山长以主之，给廪饩以养之，几遍天下。"

总之，元廷广设官办书院，有几方面的作用。从根本上讲，通过书院以儒学，尤其是程朱理学为内容，"培养人才""教化乡里"，有利于巩固元廷的统治。同时，通过书院的建设发挥了政治上争取江南士绅的合作，对稳定大局起了重要作用。

始建于元代的江西书院概况见表5。

粗略统计，江西始建于元代的书院94所。

---

❶ 见《同治贵溪县志》。
❷ 见《同治南丰县志》。
❸ 见《同治广昌县志》。
❹ 见《同治新余县志》《同治临江府志》。

时间从德祐元年,即至元十二年算起。下限为至正十五年(1355年)。理由是,德祐元年宋廷已降。至正中红巾军起义,江西已不为元廷政令所及。江西有关书院的记载,最后是至正十五年。

南宋有江南自1127—1275年,共148年。元实掌江西政局自1276—1355年,共80年。南宋始建书院170所左右,元始建达94所,平均每年都建1.15所,然而元代真正成为私家讲学的书院则少于南宋。

元代新建书院的分布情况是:

龙兴路,含富州、奉新、武宁、新建4州县8所;

临江路,含清江、新余两州县4所;

吉安路,含太和、庐陵、吉水、永丰、万安、安福、永宁、永新等,8州县19所;

建昌路,含广昌,南城,新城3县4所;

南丰州,1所;

饶州路,含德兴、乐平、浮梁、安仁4州县共14所;

信州路,含玉山、弋阳、贵溪、永丰4县共12所;

南康路,含建昌、都昌两县共2所;

江州路,含瑞昌、德化两县共2所;

南安路,含大余1所;

抚州路,含宜黄、乐安、崇仁、金溪、临川5县共14所;

瑞州路,含高安、上高、新昌3县共4所;

婺源州:6所;

缺赣州路与铅山州。然而两州路仍有始建于宋代,元代重建的书院。

表5　始建于元代的江西书院概况

时间	院址	院名	创办人	备注
元初1275—1294年	新余	蒙山书院	黎立武	

续表

时间	院址	院名	创办人	备注
元初1275—1294年	清江（今樟树）	金凤书院	黎立武	
元初1275—1294年	太和	朴山书院	严用父	
元初1275—1294年	广昌	管陶书院	刘君举	
元初1275—1294年	南丰	水云书院	刘壎	
元初1275—1294年	庐陵（今吉安）	兴贤书院		
元初1275—1294年	吉水	白沙书院		
元初1275—1294年	吉水	山堂书院	王介	
元初1275—1294年	德兴	耒阳宾馆		胡炳文讲学于此
元初1275—1294年	新城（今黎川）	西邨书堂	朱何	
元初1275—1294年	玉山	斗山书院	王奕、王介	
元初1275—1294年	弋阳	蓝山书院	张卿弼	
元初1275—1294年	贵溪	临清书院	裴方润	
元初1275—1294年	贵溪	梅边精舍	裴方润	
元初1275—1294年	贵溪	理源书院	龚廷松	
元初1275—1294年	武宁	龙崖书塾	冷应凯	
元初1275—1294年	弋阳	湖山书院	詹氏	
元初1275—1294年	武宁	甘棠书院		
元初1275—1294年	瑞昌	蔡氏义学	蔡季霖	
元初1275—1294年	大余	山堂书院	王邦叔	
元初1275—1294年	乐平（今属万年）	魏山书院	刘晟	
元初1275—1294年	德兴	勿斋书院（四勿斋）	王忆	
元初1275—1294年	德兴	方塘书院	徐元祥	
元初1275—1294年	婺源	紫阳书院	汪元奎	汪系县尹
元初1275—1294年	德兴	双贤书院	王应奎、王泰	

续表

时间	院址	院名	创办人	备注
元初 1275—1294 年	婺源	心远书院	俞皋	
元初 1279—1294 年	宜黄	遗安书院	邹次陈	
元初 1279—1294 年	德兴	靖翁书院	李思正	
元初 1279—1294 年	永丰（今广丰）	原道书院	何天衢	
元初 1279—1294 年	新建（今南昌市）	宗濂书院	万一颚、熊明来	
元初 1279—1294 年	宜黄	明新堂	吴东子	
元初 1279—1294 年	南城	龙山山房	李涮	
元初 1279—1294 年	万载	张岩书院	张千崖	
元初 1279—1294 年	富州（今丰城）	悟阳精舍	徐钦	
元至元十七年 1280 年	浮梁（今景德镇）	双溪书院	赵镇远	
元至元十九年 1282 年	乐平	慈湖书院	翟衢、马廷鸾	翟系县尹
元至元二十五年 1288 年	安仁（今余江）	锦江书院	倪镗	
元至元二十九年 1292 年	永丰	阳丰书院	陈应沐	
元至元末 1292—1298 年	万安	儒林义塾	刘桂平	
元至元末 1292—1294 年	永宁（今宁冈）	巽峰书院		
元大德二年 1298 年	富州（今丰城）	同文书院	李克家	
元大德四年 1300 年	崇仁	正中堂	吴澄	
元大德间 1297—1307 年	永新	屏山书院	刘南可	

· 200 ·

续表

时间	院址	院名	创办人	备注
元大德间 1297—1307年	乐安	鳌溪书院	夏友兰	
元大德七年1303年	金溪	青田书院	张泽	张系县尹
元大德七年1303年	乐安	柳堂书院	明安塔拉	明系县尉
元大德间 1297—1307年	清江（今樟树）	雪厓书堂	黄良孙	
元大德间 1297—1307年	清江（今樟树）	皮氏书楼		
元大德间 1297—1307年	宜春	思本堂	黄元瑜	
元至大四年1311年	永丰	文儒书院	艾幼学	
元至大间 1308—1311年	婺源	明经书院	胡淀	
元皇庆间 1312—1313年	贵溪	静明学塾	陈苑	
元皇庆二年1313年	弋阳	叠山书院	虞舜臣	
元延祐元年1314年	永丰	志欧书院	曾靖翁	
元延祐元年1314年	崇仁	久大堂	吴澄	
元延祐间 1314—1320年	贵溪	灵谷书院	桂本	
元延祐四年1317年	永丰	武城书院	曾德裕	
元延祐间 1314—1320年	上高	正德书院	侯学兰溪	侯系银场提举
元延祐间 1314—1320年	浮梁（今景德镇）	瑞莲精舍	吴迁	
元延祐间 1314—1320年	安仁（今余江）	竹庄书院	李存	
元延祐间 1314—1320年	德化（今九江市）	匡山精舍	姚燧	

续表

时间	院址	院名	创办人	备注
元延祐七年1320年	庐陵（今安吉）	凤冈精舍	陈存祥	
元至治间 1321—1323年	吉水	文昌书院	王相	
元泰定间 1324—1327年	庐陵	武溪书院		
元泰定间 1324—1327年	安福	安田义塾	李辛翁	
元泰定间 1324—1327年	乐安	西溪书院	何中	
元泰定间 1324—1327年	富州（今丰城）	蒨冈义塾（蒨冈书院）	揭惠	
元泰定四年	永丰	浮云书院	刘鹗	
元天历间 1328—1329年	吉水	东山书院	解观	
元至顺间 1330—1332年	永丰	中山书院	陈植	
元至顺间 1330—1332年	都昌	经归书院（云住书院）	陈澔	
元至顺间 1330—1332年	玉山	芳润堂	郑伯飞	
元至顺间 1330—1332年	南城	溉州书塾	包淮	
元至顺间 1330—1332年	临川	君子堂	李本、李栋	
元至顺间 1330—1332年	浮梁（今景德镇）	石岭山庄	江自度	
元至顺间 1330—1332年	崇仁	成冈书院	李幼常	

续表

时间	院址	院名	创办人	备注
元至顺间 1330—1332年	乐安	龙岗书院	谢均福	
元至顺间 1330—1332年	贵溪	溪山学塾	倪志文	
元后至元间 1335—1340年	奉新	三贤书院	邓谦亨	
元后至元间 1335—1340年	新昌（今宜丰）	石溪书院	胡俊学	胡系提举
元后至元间 1335—1340年	崇仁	草庐书院	阿里	阿系县监
元后至元间 1335—1340年	崇仁	邵庵书院	重喜	重系县监
元后至元间 1338	宜春	大本堂	黄盅	
元后至元四年 1338年	彭泽	靖忠书院	王国辅	王系县尹
元至正间 1341—1350年	婺源	阆山书院	汪同	汪系行枢密院判
元至正间 1341—1350年	高安	绿槐书院	陈天成	
元至正间 1341—1350年	新昌（今宜丰）	漆氏书院（养正书院）	漆文可	
元至正间 1341—1350年	富州（今丰城）	龙泽书院	揭溪斯	
元至正间 1341—1350年	富州（今丰城）	贞文书院	揭溪斯	
元至正六年 1346年	安仁（今余江）	石麓书院	陈桢	
元至正八年 1348年	婺源	中山学塾	祝寿明	
元至正八年 1348年	临川	青城书院	周一山	

续表

时间	院址	院名	创办人	备注
元末约1350年	太和	庄山书院	康震	
元末	婺源	东湖精舍	汪德钧	

二、前代江西书院在元代继续发展概况

前朝(含唐、五代、宋代)的书院在元代继续发展,或修葺,或授山长,或有讲学活动,然而志书记载多有遗漏,粗略地统计见表6。

表6 江西前朝书院在元代继续发展概况

院址	院名	有关设官记载	修缮类别
南昌(含新建)	东湖书院	有设山长记载	官修
南昌(含新建)	西昌书院		
南昌(含新建)	虎溪书院		
富城(今丰城)	龙光书院		
富城(今丰城)	敷山书院		
富城(今丰城)	徐孺子书院		
奉新	华林书院		
宁州(今修水)	景濂书院	有设山长记载	官修
宁州(今修水)	流芳书院		
武宁	柳山书院		
星子	白鹿洞书院	有设山长记载	官修
建昌州(今永修)	李氏山房书院	有设山长记载(初专设,后由学正兼)	官修
建昌州(今安义)	社平书院		
德化(今九江)	景星书院	有设山长记载	官修
德化(今九江)	濂溪书院	有设山长记载	官修
上饶(原址今属横峰)	叠山书院		
玉山	端明书院		官修
贵溪	象山书院	有设山长记载	官修
弋阳	湖山书院	有设山长记载	官修

204

续表

院址	院名	有关设官记载	修缮类别
贵溪	桐源书院		
贵溪	道一书院	有设山长记载	官修
上饶(今属横峰)	臼石书院		
铅山州	鹅湖书院（文宗书院）	有设山长记载	官修
铅山州	广信书院（稼轩书院）	有设山长记载	官修
波阳	鄱江书院	有设山长记载	官修
余干州	东山书院	有设山长记载	官修
余干州	龙泉书院		
余干州	忠定书院	有设山长记载	官修
德兴	深山书院		
德兴	息斋书院		
德兴	初庵书院	有设山长记载	官修
安仁(今余江)	环溪书院		
余干州(今万年)	南溪书院	有设山长记载	官修
余干州(今万年)	石洞书院		
余干州(今万年)	斛峰书院		
乐平州	碧梧精舍		
浮梁州(今景德镇)	长芗书院	有设山长记载	官修
临川	临汝书院	有设山长记载	官修
金溪	槐堂书院		官修
南城	盱江书院	有设山长记载	官修
南丰州	南丰书院		官修
高安	西涧书院	有设山长记载	官修
新昌州(今宜丰)	义方书院		
新昌州(今宜丰)	志学精舍		
新昌州(今宜丰)	熊氏书院		
新昌州(今宜丰)	留张书院		
新昌州(今宜丰)	荷溪书堂		

续表

院址	院名	有关设官记载	修缮类别
宜春	南轩书院		官修
分宜	钤阳书院	有设山长记载	官修
萍乡州	濂溪书院		官修
赣县	濂溪书院	有设山长记载	官修
赣县	先贤书院	有设山长记载	官修
兴国	安湖书院		
大余	道源书院	有设山长记载	官修
上犹	太傅书院	有设山长记载	官修
庐陵(今吉安)	蒙斋书院		
上犹	浍滨书院	有设山长记载	
宁都州	梅江书院		官修
吉水州	崇桂书院		
吉水州	龚坊书院		
万安	龙溪书院	有设山长记载	官修
庐陵(今吉安)	白鹭洲书院	有设山长记载（中途停又复）	官修
庐陵(今吉安)	凤山书院	有设山长记载（中途停又复）	官修
太和州	匡山书院		
太和州	清节书院		
清江	清江书院		官修
新淦	高峰书院		官修
婺源州	湖山书院		官修

以上68所,如加上始建于元的书院则有162所,如算平均数则不会少于南宋的书院。缺少可谓"盛"矣。

元代重修的书院有两种情况,一种是官家修的约40余所,其中有明确设置山长的记载计28所。其他十来所铨选山长,未见记载,当然不一定不设。另一种仍为家族自设,私人授徒之所,这种不见得与朝廷完全合作的书院,元廷仍然是采取容忍的态度。

几种著名书院的情况分述如下。

(一)白鹿洞书院在元代的建设

据解缙在明初讲:"白鹿洞在元尤盛"❶。元代白鹿洞书院亦称朱晦翁书院。由于元末白鹿洞书院曾遭到破坏,研究元代白鹿洞书院的资料不足。目前,可以看到的比较完整的文献资料中,有马廷鸾的《庐山白鹿洞书院兴复记》,这篇文章在现存的李梦阳、郑廷鹄、田琯、李应升、廖文英、毛德琦等六部书院志中均未收录,仅在马廷鸾的遗集——《碧梧玩芳集》中可以找到,还有虞集写的《白鹿洞新田记》,这篇文章在许多集子中都可以看到。

马廷鸾的《庐山白鹿洞书院兴复记》,回顾了白鹿洞的历史,提到了南宋朝廷批准朱熹兴复白鹿洞的过程;又提到了三十八年后,南康守臣重修书院,黄勉斋作记;又十有六年之后,江东提刑重修而袁蒙斋作记的历史。之后,又记叙了在袁甫重修书院五十四年后,"斋藏不戒于火,百年儒宫一夕烟火,斯文之厄极矣!"马廷鸾进一步记述了这次毁坏后,很快在南康地方当局与书院主持人的努力下修复的过程。这件事发生在公元1287年,也就是元世祖至元二十四年,此时离陆秀夫背负帝昺投海已有八年。这位宋故丞相马廷鸾,他在记文中仍称南宋的历史为国史,并拒用元朝的年号,他的"遗老"思想仍然在起作用。毛德琦《白鹿洞书院志》《同治南康府志》《同治星子县志》均载:元至元间南康路总管陈炎酉缮修书院,可能与马所记述的是一件事。

虞集的《白鹿洞新田记》记载了大德间(1297—1307年)南康路总管燕山崔翼之、教授金华王肖翁、书院山长番阳柴实翁(王、柴均系朱门后学)节缩经营,增置院田四百余亩的情况。虞集在《朱子〈白鹿洞赋〉跋》中讲到他自己"常泛彭蠡登匡庐,升斯堂三复",并准备他日将《白鹿洞赋》请"善工摹之,而勒诸石,以补洞中之阙,庶后之览者有所

---

❶ 解缙《庐阳书屋记》,载《解文毅公集》。

观感"❶。此赋曾否由虞使之刻石,已无从得知,白鹿洞书院现存《白鹿洞赋》石刻,则为明清遗物。

此外,尚有一些零星史料散见于其他文集史志中,多少能反映出元代白鹿洞书院师生组成、教学活动的情况。如吉水高若凤于泰定间(1324—1327年)曾任建昌州(今永修县)州判。❷他有《送人读书白鹿洞》(诗题一说为《游白鹿洞书院》)一首,云:

碧瓦参差俨杏坛,白云深锁洞门闲。

不宗朱氏原非学,看到匡庐方是山。

十里松风潮汹汹,一溪泉雨珮珊珊。

便当卜筑书堂近,五老峰前任往还。

他后来任南康路判官,又曾与书院师生以诗歌相互唱和,并对洞生的诗词、古文评定等级。❸高若凤还有一首《白鹿洞》诗,全文如下:

亭台高下恣登临,泉石松篁处处寻。

一径苔莓无俗辙,四时歌涌有清音。

人逢胜景功名薄,山到斜阳紫翠深。

五老不随云雨变,卜邻初见古人心。

这些情况在高的外孙、明代学士解缙(亦为吉水人)的《庐阳书屋记》中还有较详细的记述。《庐阳书屋记》是为星子黄氏而作,在记中提到:"洪武庚午,敕赐余归省亲,阻风庐山下,识黄君重美于学宫,至其家得拜其尊公,知其家南康,尝为白鹿洞学生,先外大父倡为古文歌诗时,有和作,其善者尤独推黄氏。"黄重美名珏,其父黄异。异的传略载于南康府、星子县的地方志中。毛德琦《白鹿洞书院志》亦有记载:"黄异字民同,号节庵,灏之后,读书白鹿洞,至元间领乡荐授惠州学录,迁道源书院山长,兵乱归隐,讲论经史,开悟后学。"

陈澔(1260—1341年)曾于元顺帝至元初(1337年左右)任教白鹿

---

❶ 田珺《白鹿洞书院志》。

❷ 参见《同志建昌志县》《同治吉水县志》。

❸ 见解缙《庐山书屋记》。

洞书院。❶在他撰写的一些碑文中还提到某某,某某曾为白鹿洞书院学生,落款也称白鹿洞书院陈澔。

再如一些记文中也有涉及白鹿洞书院的记载。毛德琦、吴宗慈两种《庐山志》中都录有李洞(腾州人,字概之,以荐授翰林编修,官至奎章阁承制学士)的《庐山游记》,游记记录了他在延祐二年(1315年)二月游庐山经过白鹿洞的情况。记中说:"白鹿洞亦李渤读书处。今为朱晦翁书院。其梁于洞曰贯道桥。其洞之隈曰勘书台。又曰风泉云壑。曰圣泽之泉。致祀殿庭,下拜先生遗像于祠。顾瞻磅礴,思古人之得以遂其志于兹,山泉消其尘昏,息其道气,终以大有为于天下者,未必不少有助云。"

在书院志与其他一些地方志中,还曾提到元代白鹿洞书院职事的若干姓名。有星子人叶宗仁,号梅所,曾隐居教授,至正间抚州路总管冯骥荐之,云其"晦迹丘园不求闻达,学穷经史,尽力诲人,以此贤才宜居师表",随即"授白鹿洞书院山长,远近宗之"❷。有丰城人熊升,曾为星子县尹。《同治星子县志》载:其"学优政平,以兴教善俗为务,每公暇,辄入白鹿书院与师生讲论,教迪良多"。还有星子人郭朝用,至顺间登进士第,曾为"白鹿洞训导"。丰城人熊自得,余干人吴德昭,星子人黄慥先后为书院山长。❸

元代南方最有名的理学家、教育家吴澄,曾几经江州、鄱阳湖。延祐六年(1319年)十月至七年(1320年)七月寓留江州濂溪书院,南北学子百余人随从就学。❹在此期间曾祭扫周敦颐墓,似亦应游庐山,登白鹿洞书院"朝圣"。由于资料散失,无文字可证。另外著名的理学家、文学家姚燧,字端甫,号牧庵,是姚枢的儿子,许衡门人。《宋元学案·鲁

---

❶ 见拙作《对〈宋元学案〉中陈澔传略的一些订正》,载《江西大学报》1982年第3期。

❷《同治星子县志》。

❸ 见《同治丰城县志》《同治余干县志》《同治星子县志》。其中熊自得,字梦详,元末以茂才荐,为白鹿洞书院山长,后任大都路儒学提举,学文监丞。

❹ 见《吴文正公年谱》。

斋学案》载:"至元以后三十年间,名臣世勋,显行威德,必得先生文字始可传信。"他曾在德化县(今九江)城南二十里太平宫建有匡山精舍,读书讲学其中。大德九年(1305年),曾与程钜夫同临南康逗留多日。作为程朱理学信徒,他很可能会去白鹿洞书院,可惜也没有更多的史料可查。

至正十一年(1351年),由于兵火,书院被烧毁,文物荡尽。十五年后,岁次丙午(1366年),元末明初著名文学家王祎,任南康同知,写了《游鹿洞记》。这时书院遗址已成虎狼出没之地,他说"书院毁已十五年,树生瓦砾间,大且数围",有石桥"濯缨""枕流","书院所存仅此两桥"。"昔日规制不可见,惟闻山鸟相呼,山鸣谷应,余音悠扬,恍类弦歌声"。

(二)象山精舍与象山书院

象山在南宋曾为名书院。至元尚有史迹,但由于象山书院于元末毁于兵火,史料残存无几。有关象山精舍在元代的建设情况,《同治贵溪县志》载:文安公旧讲学象山,祠堂久废,有邑人祝氏言之郡县,率同志复峙祠其上,春秋仲丁远近与舍菜者不下百数十人。《宋元学案·静明宝峰学案》载:祝蕃曾"重修象山讲堂,率同志舍菜,求象山后资给之"。这是前章已经提到过的。

史料中也有关于三峰山徐岩象山书院的材料,浮梁州徐杰(字杰之,人称南州高士,后为江西儒学提举、中书左丞),贵溪裴与大(字宪卿,后任教职于湖州路),江赞(字殷卿)皆荐授象山书院山长。元末毁于兵火。

(三)鹅湖书院

元代鹅湖书院由鹅湖寺侧迁铅山州城。皇庆二年(1313年),知州窦汝舟建会元堂,乐平詹载采曾为之记。记称:"书院旧创于鹅湖山,四先生讲道所也。"后迁州治"西北隅"。"皇庆元年太守窦公下车之初","登斯堂也,顾瞻彷徨,大惧弗称,锐意新之。时乐平黄谦为此山长,情直学吴先生师道,承侯之志,鸠工庀材,不两月而堂遂成。危楼,两庑轮奂翚飞,高明爽垲,视昔有加"。"有芗溪地租为豪猾所据,侯檄黄长相视,岁入倍增。外有一都等处田四百亩,岁止收租百四石,侯核实而增之,比常岁之所输又益四十石焉。继自今,来游,来歌之士亦礼之厚矣。"

另有邹毅、吴旭、徐复、官亮、吴以牧诸人先后为文宗书院山长的记载。元末毁于兵火。

(四)稼轩书院

元有广信书院,曾刊印《稼轩长短句》,为辛词珍本。广信书院之所在,沿革长期无人知晓。查《稼轩长短句》十二卷本,在卷后有"大德己亥中吕月刊毕于广信书院。后学孙粹然,同职张公俊"两行。可证明该书是大德三年(1299)刊毕本。然而遍查《光绪江西通志》《同治广信府志》《同治铅山县志》,均未见有广信书院的记载。就此事数年前曾与几位老先生探究过,我们疑其为稼轩书院的别称。

关于稼轩书院,《同治铅山县志》与《同治广信府志》载:"稼轩书院在期思渡。宋秘阁修撰辛先生弃疾寓居。旧名瓢泉书院。后毁于兵。"《光绪江西通志》则载:"稼轩书院旧名瓢泉书院,在期思渡。宋秘阁修撰辛先生弃疾寓居于此更今名。后毁于兵。"查邓广铭先生《辛稼轩年谱》,辛弃疾于绍熙五年(1194年)罢福建安抚使归,家居上饶带湖。曾去铅山期思渡"卜筑"。次年落成。庆元二年(1196年),徙居期思渡。在期思渡"稼轩",是否已建书院,或已将瓢泉书院改名为稼轩,《年谱》均未涉及。然而《同治铅山县志·艺文志》与《同治广信府志·艺文志》中均有辛弃疾著《瓢泉秋月课稿》一书,似为辛讲学瓢泉所作。如真,则瓢泉书院似应早于庆元二年。

关于稼轩书院,《宋元学案·静清学案》亦有所道及。"程端礼,字敬叔,鄞县人,学者称畏斋先生,初用举者为建平、建德两县教谕,历稼轩、江东两书院山长。累考授铅山州学教谕,以台州教授致仕。"(按州学之官,元制应为学正或教授,非教谕。学正与书院山长平级。上中州教授比山长高一档。似应为:改授铅山州学教授或学正、以台州教授致仕。)程端礼任稼轩书院山长在任建德教谕后,在任江东书院山长前。而任教建德,据《畏斋集》所存史料推算,应在皇庆、延祐间。任教江东约在泰定间。如此,则程讲学稼轩应在延祐,至治间。据《畏斋集》称:程长稼轩书院时,曾以"前贤遗迹多为人所据,悉按其籍夺而归之"。

戴表元《剡源集》中,有《稼轩书院兴造记》一文。记称:"稼轩之居,未久芜荒。辛氏亦不能有之,辛巳(疑为辛未之误,即宋咸淳七年)岁,太守唐侯震因豪民之讼。阅籍则为官地。明年乃创筑精舍以居生徒,才成夫子燕居及道学儒先祠而唐侯去。其冬番阳李阳雷初至,遂始竟。堂、寝、斋、门、台诸役成。而扁其额曰广信书院。甲戌(1274年)岁春也。书院成之二十五年,是为大德二年戊戌(1298年)官改广信书院额曰稼轩。"

这篇记文提供了一些重要史料。

①稼轩书院就是广信书院。

②广信书院之称应始于咸淳十年(1274年)。

③广信书院于大德二年改称稼轩。

这篇记文没有提到瓢泉书院这个名称和庆元间辛弃疾是否新建或改建的历史。不过有一点值得注意的,那就是戴表元始终把书院田地称为"官地"。这篇记文终于解决了我们长期没有得到证实的假设,确证广信书院就是稼轩书院。

(五)龙兴路东湖、宗濂书院在元代的发展

隆兴府是南宋南西路的首府,元改龙兴路。宋为江南西路的中心,元为江西行中书省的中心。东湖书院、宗濂书院地处江西中心,地位相当重要。

元代东湖书院继续有所发展。庐陵人赵文就是其中一位著名山长。赵文，原名宋永，字仪可，号青山，由国学上舍生出仕南雄州教授。兄弟同出文天祥门下。德祐元年（1275年），从文天祥起兵勤王，赵在督府曾"于军政多所参决"。赵文之弟赵疆（又名宋安）作战牺牲。赵文即请求"归养"。宋亡，赵文隐居不出。后来，"会当路屈耆年硕学主湖山讲席，强赵为东湖书院山长"。赵文于诗文有自己的特色，传记称其"脱备崖岸，独自抒其所欲言"❶。晚年遂专研理学。由此或可推知，其时东湖书院之教学特色，大概是诗文与理学并重。另有庐陵罗履泰，字明通，号通斋。其无书不读，屡试不第，对经义、子史皆有独见，尚为吴澄所推崇，入元，曾继赵文为东湖书院山长。❷大德间，江州黄泽为山长。至大间，乐安王方贵（字显德）任山长。至顺间，乐安何中（1265—1332年）曾被聘为龙兴路学与宗濂、东湖二书院教师。中字太虚，与吴澄为表兄弟，曾登刘辰翁之门，与程钜夫、元明善、揭傒斯交厚，以《易》《诗》《书》《春秋》与门下弟子论讲。❸丰城王义山，亦曾为龙兴路学与宗濂、东湖二书院师。此外，建昌（今分属安义县）洪汝懋、进贤龚子祥、罗渝、西域伯颜子中，南昌张谦等人，亦相继主东湖书院讲席❹。其中伯颜子中后曾为元廷高官，抗明兵败，变姓名以道士隐居，因朱元璋搜求而自杀。张谦则迎新朝，于明初官至刑部侍郎。

元代东湖书院教学活动颇盛，处于行省中心。其教师中赵文、罗履泰、黄泽、何中、王义山诸人，颇有学术声望，并与南方著名的理学家、教育家吴澄时有往还，或为"讲友"，或为"同调"。元贞元年（1295年），吴澄于龙兴路讲《修己以敬》，宗濂、东湖二书院师生亦往听讲，就教。东湖书院的教学倾向，也逐渐由专主陆氏心学，而追随吴澄折衷于朱氏道问学与陆氏尊德性之间。这也反映了元代学术思想的大势所趋。

---

❶《同治庐陵县志》。
❷《同治庐陵县志》。
❸ 见《同治乐安县志》。
❹ 见《同治安义县志》《同治进贤县志》《道光南昌县志》。

关于宗濂精舍，原在龙沙冈，前章已叙始于宋，入元先毁于兵，以后改为新建县学。

元初万一鹗为龙兴路学教授，与熊朋来（字天慵，1246—1323年）倡义，在省大吏支持下，集资得黄氏宅重建于东湖滨，徐孺子故宅之东（今南昌西湖旁），改名宗濂书院。万、熊皆为宋咸淳进士，入元皆为教授，进贤熊纯与何中、张濂等人先后掌其教。宗濂与东湖起了类似的作用。

(六) 白鹭洲书院在元代的发展

宋祥兴二年或元至元十六年（1279年）时，曹奇为白鹭洲书院山长。建古心祠祀江万里，以欧阳守道配。刘辰翁作《白鹭洲书院江文忠公祠堂记》。记称："故大丞相赠太师江文忠公古心先生祠鹭洲，侑欧公，己卯曹山长奇所作也。于是谥文忠四、三年矣。厥虞荒凉，剡服俎豆，至曹君始有意教事，以及乎此。祠成，闻者垂涕。先生生庆元戊午，遭伪学之世，父师窃传习朱氏，处白鹿，游东湖，所交多考亭门人，出入端平诸老。其为吾州，年四十有三。声名德业高迈前闻，故能创鹭洲如白鹿。""绪绅德之，吏民怜之，悍卒化之"，"去之四十年"，"识于不识曰古心！古心！如昨，曰江检样者如昨。岂惟吾州士论胜，而民俗厚，亦先生流风系人心，能使其没世不忘如此也"。"尝叹平生志气之乐惟鹭洲一事"。"学校科举""有愧于道，孰能学校科举外而求志，又孰能用学校科举而成之，自白鹭洲兴而后，斯人宿于义理。自白鹭洲兴而后，言义理者畅，又不惟文字而已"，"方其为鹭洲四方书院未有萌，其后偏诸贤论建实始此"。这篇记文不仅表达了吉安士民在元代仍然执着地怀恋着江万里的深情，也进一步叙述了作者对书院的看法与白鹭洲书院在南宋，以至元初书院建设中的作用。

至元十九年（1282年），书院圮于水。吉安路总管李珏重修。大德间曾裁撤山长，旋又复。由于洲上寺院僧侣多次挑起事端，欲霸占书院产业。延祐间，山长余天民报禀吉安路当局，当局下令毁寺，于洲上僧寺旧址建复古亭。自此环洲均为书院所有。至顺间,吉水许山立为山长。至正十二年(1352年),书院毁于红巾军起义时之兵火。山长杨本严参与城守之后为庐陵主簿,被杀。十四年(1354年)再圮于水。十五年(1355年)山长郭庆传,训导曹中请于吉安路达鲁花赤纳迷儿丁,命泰和欧阳成德捐资修复,费用五万缗。永新进士吴师尹撰《重修白鹭洲书院记》叙其事。记称:"至正壬辰淮寇火郡城,书院明伦堂亦残毁,惟夫子庙岿然独存。甲午前,巨涨浸正殿,惟余圣人像,俨然不坏。监郡忠宪公(纳迷儿丁)惧其岁久益圮,非前人创立之意,非圣天子崇重斯文之心,方拟重修,时山长郭庆传,训导曹中具请,架阁朱公云翼赞其决,府吏刘一德相其成。忠宪公慨然语僚属曰:'三代之学所以明人伦也,书院讲学明人伦之地。若废弛不葺,牧守责也,修葺而耗民财,殚民力又非圣贤意也。'于是命西昌欧阳成德捐资独立修之。"自正殿、两庑、棂星门、云章阁、道心堂、万竹堂、六君子祠、三贤祠、古心祠、风月楼以至圣贤像设、斋舍、庖廪、田界碑、复古亭、浴沂亭相继修复。"圣人在天之灵,斯文未丧之福,于是可见"。"忠宪公"当兵乱之世"独于儒宫尤恳恳加意不倦,则其所以体朝廷崇尚之典,继前修建立之规,又可见。非夫子无以垂教于万世,非江文忠无以建宏规于鹭洲,非忠宪公无以寿书院于不朽。天下之事作之困难,继之尤难。创始于成平之日者犹可能,修复于乱离之后者为不可及""鹭洲重修,于监郡又斯文千载一遇也"。不久,书院又毁。至明初仅有遗址。

据《同治庐陵县志》和《民国吉安县志》载:与白鹭洲书院前后,庐陵尚有凤山书院,为宋绍定间邑人曾宏甫所建别墅。在庐陵城西,淳祐间改为书院。该书院藏书甚富,且刻印书籍,所印书、帖流传甚广。曾氏拨私田养士,集邑中俊秀肄业其中。

元至元间重加修葺,为官府所掌,铨选山长主其事。大德间,有人以为该院狭隘,为小书院,呈告行省,裁撤山长。使书院自聘名儒主教。然名儒不易得,或去来如宾寓,故钟鼓不鸣,师生废散,自此书堂俎其鞠为园蔬。

至正三年(1343年),县尹文通倡率曾天伟等人重修,复规制。经路总管明申于行省,复设山长。据载,有吉水王济曾为凤山书院山长。

(七)浮梁州(今景德镇)长芗书院在元代的发展

宋饶州浮梁县在元代升为州,其所属景德镇已为商贾工匠云集之都市。在宋已设有镇监之官。在这个都市早有书院的建置。在绍兴间有新田书院,庆元间有长芗书院。还有双溪书院的前身贡士庄。

长芗书院建于景德镇。原为庆元三年(1197年)镇监李齐愈所建。元至元间汪天定为山长。汪字子彝,宋末乡举不第,杜门著书,授徒,入元荐授山长。

元元贞二年(1296年),山长凌子秀,直学朱继曾(后任训导、山长)请于江东宣慰使稽厚重建。稽厚自为记。

皇庆二年(1313年)知州郭郁又重建。以饶鲁门人吴迁为山长(兼双溪书院山长)。吴字仲迁,号可堂先生,浮梁人,教学有序,训迪有则,设课有程,人才一新。后退归讲学于瑞莲精舍,受业者益众。

延祐间,浦江吴莱署山长。

泰定二年(1325年),方回主其事。请于总管殷庭垤,会同训导臧履、直学闵济又重加修复。方回(1227—1311年),字万里,号虚冶、宋徽州歙县人(今属安徽省)。景定三年(1262年)进士,以知州降元,其学一尊朱熹,为元代徽州知名学者。

20世纪80年代初,景德镇陶瓷馆征集到一件出土文物,系元代带铭文的釉里红随葬品——谷仓。上面的铭文说明死者是故景德镇长芗书院山长凌厢山的孙女。生于至元癸巳,即至元三十年(1293年),殁于辛巳(1341年),终年四十九岁。元代有铭文的釉里红瓷器为稀世珍品,有它的重要价值。而铭文确证了长芗书院在元代的继续存在,确证了曾有一位凌某人为山长,主持教学活动。从中我们还可以进一步认识到元代书院山长的社会地位。这是还在孕育中的教育考古学的一项成果。不仅对书院研究有作用,还将推进教育考古学,作为教育史的一个分支学科建立。长芗书院在元尚有刻书活动规定。

浮梁尚有双溪书院,原为淳祐间(1241—1250年)邑人赵源所建贡士庄。筹资以助士子举业。❶

元至元十七年(1280年),赵源后代赵镇远,请之于按察副使粤屯希鲁建书院。其院在双溪之故名。赵介如、胡云龙等相继主其事。赵字元道,浮梁人,宝祐四年(1256年)进士,为江万里门人,在宋代曾任饶州通判,宋亡隐居,元廷强起主讲书院。胡为开庆元年(1259年)进士,曾仕宋为知县,亦被强起任教。

双溪于至元二十七年(1290年)毁。二十九年廉访佥事姚燧又以北湖赵氏别业改建。王古、黄士复为山长,别立祠以祀朱熹、金去伪、饶鲁。刘辰翁、赵介如为之记。刘记称:"自古心公为鹭洲而吾乡之友达于礼,公每退,深衣行水竹间,抚诸生优游自得,不知气变而质化,其后余至沧洲,规制宛然如鹭洲……"赵记称:"书院不趋成阙而于山林,不事科举而专义理之学,先贤遗规也。""至元十七年庚辰秋,按察副使竹庵奥屯公希鲁行部来浮,士子无所依归,请立书院养士储材。公从之,买宅于双溪上以名堂。以介如尝闻父师之授爱命为长,与朋友讲习。继有前进士胡云龙""越十年庚寅秋,寇至,焚延书院,惟孔颜二像犹存。明年辛卯冬,廉访佥事竹居姚公燧循行属邑登临故址依然曰:此竹庵公遗迹也,遂命少府燕山王君存古董其事,俾介如同山长胡云龙,教谕程云瑞,讲宾朱以请副之,具捐资示倡"。

三、元代书院发展的波折和元末书院的废毁

(一)元代书院发展的波折

元代虽然曾经重视书院的发展和建设,但是元廷本身在书院的发展、文教的建设以至指导思想的确定诸方面,都有争议和分歧,政策也

---

❶ 宋陈文蔚讲学双溪书院可能就是这所书院,如真,则双溪书院始于宋。

有变化。

如对科举制度,太宗时虽曾实行过,然而长期未成为制度。世祖至元二十一年(1284年),虽诏议科举之法,但未能实行。直至仁宗皇庆二年(1313年)才下诏开科取士,然进士的待遇大不如宋。且规定蒙古人、色目人和汉人、南人有不同的标准。仁宗延祐二年(1315年)才取进士。整个元代才取进士七科。取额最多百名,少则50余人。解额亦少,江西(含今广东省地域)取士止22人。出路又大不如前朝,故士子入仕,主要靠书院与学校学习,然后荐举,但地位亦低。"一时儒者,多不乐于仕进,而因书院讲学隐居者众矣"[1]。所以,书院的活跃这也是一种因素。

对于儒学,后节还要说到有孔子被黜事件。既然孔老夫子均受贬斥,那么儒学、儒生的待遇就可想而知了。

在书院是否应设立的问题上,也是有过争议的。既有官学(郡、县学官),何需书院呢?南台御史木入剌沙缘就怨言"书院不当立",将东冈书院撤了。乐平也发生过抄没慈湖书院事件。还有过江南学田被出卖事件。然而也有不同的看法。如监臣彻里以为"学有田以供祭祀,育贤才",不能出卖,慈湖书院不仅仍然维持,最后也恢复故业。东冈书院的创建人许有壬仍然官运未衰。元贞间,江东宣慰使稽厚在重建长芗书院后,自为记。在《长芗书院记》中称:"我元受命以来,学校之设遍于都邑,然人知学宫为重而不知书院与学宫相表里。尤为人才之本也。学有专官,论其秀者为博士弟子,惟本州之士肄业于斯。""乡射、宾燕之时,惟本学人士行礼于斯。若书院则不然,即乡塾之髦士,皆得进而问业焉。邻州远邑之学者皆得聚而考道焉!且天下学宫著在成宪,若书院惟大贤得以建制,惟名儒得以主持,非是人不能创,创亦不能久焉。故学宫与书院。有国者之所并重"。

对于已成为另一种形式的官学的书院,虽然仍然保持了从民间征

---

[1] 《光绪吉安府志》。

集部分资金,仍可广为招收学徒,仍有为荐举之大儒主持其事的情况,然而仍与睢阳、岳麓、白鹿、嵩阳诸书院的原有特点很不一样。这就促使吴澄等大儒将注意放在民间私人创办的书院上,虽然这种书院倒不一定以书院为名。

吴澄在《正德书院记》中,就书院之教与学曾经有过分析,他将书院所研究的学问分作四种,或者五种。他说:"今之所以教,所以学,其最大不过追随时好,以苟利禄,其稍上不过采撷华藻以工辞章,又稍上不过记览辞书以资博洽,其最上亦不过剽拣先儒绪论以说义理,此四者皆虚也。而非实也。"以吴澄为代表的元代理学家们,以为还应有第五种"实在"的"学问",那就是"正民德,正士习"。然而实际上"追随时好,以苟利禄"却是当时书院的"最大"多数。只有在元廷停开科举之时,这种情况才略有收敛。如果说元代书院的发展可以划分什么阶段的话,可以依据朝廷对科举的政策变化。似可以科举实施前,自至元十三年(1276年)至皇庆二年(1313年)为第一阶段。这时读书无科举可追寻,学而优不一定能够仕。读书只能是求学问,"正德"之风似稍尚也。而科举实行之后,新建的书院也少了。可以此为第二阶段。

(二)元末书院的废毁

元末江西书院遭到破坏,有明确记载毁于元末兵火的书院有:

星子	白鹿洞书院
德化(今九江)	景星书院
德化(今九江)	濂溪书院
宁州(今修水)	景濂书院
宁州(今修水)	流芳书院
武宁	柳山书院
建昌州(今永修)	甘棠书院
上饶(今属横峰)	叠山书院
玉山	端明书院

铅山州	鹅湖书院
铅山州	稼轩书院
弋阳	叠山书院
贵溪	象山书院
贵溪	桐源书院
贵溪	玉溪书院
余干州	东山书院
乐平州	慈湖书院
余干州(今万年)	南溪书院
余干州(今万年)	石洞书院
浮梁州(今景德镇)	双溪书院
婺源州	明经书院
婺源州	中山子塾
婺源州	湖山书院
临川	临汝书院
临川	峩峰书院
金溪	槐堂书院
乐安	鳌溪书院
南城	盱江书院
南丰州	南丰书院
上高	正德书院
新昌(今宜丰)	熊氏书堂
萍乡州	濂溪书院
建昌州(今属安义)	社平书院
富州(今丰城)	龙光书院
赣县	濂溪书院
永丰	浮云书院

万安	龙溪书院
庐陵(今吉安)	白鹭洲书院
庐陵(今吉安)	凤冈精舍
太和	石冈书院

共31所。这是"挂一漏万"的记载。其他如火灾之类,均不在统计之列。可见元末明初书院遭到的破坏是严重的。

这种废坏是集中时间突发性的破坏。这种破坏与因家族衰落、私人破产、年久失修、逐渐荒芜而废坏的情况是不同的,是外因造成的,乃是元末战乱的结果。这是历史事实,当然也是历史教训。就此可见安定对文化发展的重要意义。

第二节 吴澄与江西书院

一、吴澄的讲学活动与学术影响

吴澄(1249—1333年),字幼清,晚字伯清,称草庐先生。崇仁咸口(今属乐安县)人。幼颖悟,日夜苦读,试乡校每中前列。十四岁(1263年)即厌科举业,而用力"圣贤"之学,慨然以"豪杰之士"自许。十五岁,即景定五年(1264年),于抚州郡城临汝书院师事程若庸。吴见贴壁语录问程说:"所谓大学乃光明正大之学,然则小学其卑小浅陋之学乎!"程若庸怵然称赞吴澄之见识。乃令与其从侄程钜夫(1249—1318年)同学。

程若庸尝曰:"若庸来此二十余年,阅人多矣,未见年方弱冠而存此志量也。仆愚老不敢自弃,愿闻切磋语。"吴澄于咸淳三年(1267年)开始著述,作《皇极经世续书》,又作《道统图》,以朱熹之后道统的继承者自居。咸淳六年(1270年)应乡贡中选,次年春省试(礼部试)落第。

咸淳八年(1272年)开始授徒于山中。德祐元年,即至元十二年(1275年),政权交替之时吴澄仍授徒乐安,或可谓避难山中。至元十七年(1280年),与乐安郑松结庐布水谷,著述山中。

至元二十五年(1288年),程钜夫奉诏"求贤江南","起澄"。澄力辞,但不得不行至京师。不久,又以母老辞归。程钜夫请置澄所著书于国子监以资学者,朝廷命有司赴其家抄录。时吴正应吴东子延请,讲学授徒于宜黄吴氏义塾——明新堂。该堂实乃不以书院为正式名称的书院。

元贞元年(1295年),吴澄游龙兴路(治所在今江西南昌)西山,应江西行省按察司经历郝文之请,讲学龙兴路学。时东湖、宗濂两书院士子皆集。澄以"修己以敬"发论数千言。江西省椽元明善(1269—1322年),向吴澄请教《易》《书》《诗》《春秋》的"奥义",觉得"与吴先生言,如探渊海",遂拜门下。次年,澄再去龙兴,江西行省左丞董士选延至家亲执馈食。声称"吴先生天下士也",表示其崇敬的心情。《宋元学案补遗·草庐学案补遗》将董亦列入吴澄门下。

大德四年(1300年)作正中堂(也是不以书院为正式名称的书院)于咸口,程钜夫为记,赵孟頫额。大德五年(1301年),以董士选荐诏授应奉翰林文字登仕郎、同知制诰、兼国史院编修官。吴澄力辞,有司敦劝,次年才赴京,然而却已有"代者"到职。吴澄即日南归,途经扬州讲学。

大德八年(1304年),授江西儒学副提举不赴。次年被强起,居三月,以疾辞官。往揭乡试座主黎立武于清江县金凤书院,复授徒讲学于清江(今樟树)门人黄良孙之雪厓书堂和宜春门人黄元瑜之思本堂。

至大元年(1308年),诏授从仕郎国子监丞,吴澄欲不赴。有司云,"上命不可违"。次年,赴京就国子监讲学。吴澄至监,"旦燃烛堂中,诸生依次受业","退燕居之堂,求经问难者接踵而至"。"澄各因其材质,反复训诱之"。"每到夜分,虽寒暑不易也"❶。又任国子司业,用程颐《学校奏议》、胡瑗《大学教法》和朱熹《学校贡举私议》,斟酌去取,

---

❶《元史·吴澄传》。

"论之以为教法四条",即经学、行实、文艺、治事。未及行,同列欲改课为试,行大学积分法。吴澄谓"教之以争非良法"。论议不合,遂有去意。吴又对学徒说:"朱子于道问学之功居多,而陆子静以尊德性为主。学问不本于德性,则其弊必遍于语言、训释之末。故学必以德性为本,庶其得之。"议者遂以澄为陆氏之学,非许衡尊信朱熹之本意。皇庆元年(1312年),吴澄辞归。诸生有不谒告而追随之南下者。中留真州路(治所在今江苏仪征县)讲学。七月至集庆路(治所在今江苏南京)。冬归里,学徒随从论学至乡间。延祐元年(1314),作久大堂讲学授徒。继又在宜黄五峰寺,永丰武城书院讲学。

延祐五年(1318年),诏拜集贤直学士,特授奉议大夫,俾乘驿至京师。吴澄有疾无意行,但既出于朝廷意愿,不得不行。至真州以病辞谢,留淮南,留集庆,时门人王进德家新书塾(这也是不以书院为名的书院)成,延请吴澄主讲席,学者云集。次年,由集庆还至江州路,寓濂溪书院,尝祭周敦颐墓,南北学者百余人从之。七年(1320年),复辞湖广延主乡试之请。归里,北方学者皆从归,门徒各自结庐于吴澄所居"草庐"之周围,吴氏"圜围之中",或称精舍,或称堂、斋。

至治二年(1322年),复赴集庆路,为王氏义塾确定规制。朝廷赐额为江东书院。次年,超迁翰林学士、见善大夫、知制诰、同修国史,欲辞不得,遂行。泰定元年(1324年),开经延为讲官,予修《英宗实录》。次年以疾归。

泰定四年(1327年),尝赴清江讲学,留居于皮氏书堂。元统元年(1333年)卒。追封临川郡公,谥文正。后至元间,崇仁县监阿里建草庐书院祀之。

吴澄曾自称:"道之大原出于天,神圣继之。尧舜而上,道之元也;尧舜而下,道之亨也;洙泗、鲁、邹,其利也。濂、洛、关、闽,其贞也。分而言之,上古则羲皇其元,尧、舜其亨,禹、汤其利,文、武、周公其贞乎!中古之统:仲尼其元,颜、曾其亨,子思其利,孟子其贞乎!近古之说:

周子其元也,程、张其亨也,朱子其利也。孰为今日之贞乎?未之有矣!"❶澄则自任之。其出登朝署,退归于家,过郡邑如龙兴路、袁州路、信州路、江州路、临江路、抚州路、吉州路等路,士大夫皆迎请讲学,而东、西、南、北四方士子不远数百千里蹑履负笈,来山中结庐问学者不下千数百人。因程钜夫尝额其屋曰:"草庐,故人称草庐先生,其著述极富。"黄百家曾称:"幼请从学于程若庸,为朱子四传,考朱子门人多习成说,深通经术者甚少,草庐《五经纂言》有功经术,接武建阳,非北溪诸人可及也。"❷其《学基》《学统》二篇,论述为学之本,为学之序,系教育理论专著。吴尝入竭力调和朱陆学说之程绍开门下。曾说:"若日徒求之《五经》,而不反求吾心,是买椟而弃珠也。此则至论。""学者来此讲问,每先令其主一持敬,以尊德性,然后令其读书穷理,以道问学。有数条自敬之语,又择数件书,以开学者格致之端,是盖欲先反之吾心,而后求之《五经》也"❸。他曾讲。此心"人人所同有,反求诸身,即此而是。以心而学,非特陆子为然,尧、舜、禹、汤、文、武、周、孔、颜、曾、思、孟以逮周、程、张、邵诸子,莫不皆然。故独指陆子之学为本心,学者非知圣人之道者也"❹。黄百家复称:"草庐尝谓学必以德性为本,故其序《陆子静语录》曰:'道在天地间,今古如一,当反之于身,不待外求也。先生之教以是,岂不至简至易而切实哉!不求诸己之身,而求诸人之言,此先生之所大悯也。'议者遂以草庐为陆氏之学云"❺。

其实吴澄并非陆学。他在《送陈洪范序》中讲:"朱子之教人也,必先之读书讲学,陆子之教人也,必使之真知实践。读书讲学固以为真知实践之地;真知实践亦必自读书讲学而入,二师之为教一也。而二家庸劣之门人,各立标榜,互相诋訾,至于今,学者犹惑,呜呼甚矣!道

---

❶《元史·吴澄传》。
❷《宋元学案·草庐学案》。
❸《草庐精语》。
❹《宋元学案·草庐学案》。
❺《宋元学案·草庐学案》。

之无传,而人之易惑,难晓也!"

在元代一般史家都说"南吴北许",有两大学者、学派。揭傒斯曾将许衡与吴澄的影响作过比较,揭在为吴澄撰神道碑称:"许公居王畿之内,一时用事者皆金遗老,得早以圣贤之学佐天子开万世无穷之基,故其用也宏。吴公僻在江南,居畎亩之中。初大臣强起而不受其官,后朝廷历聘而用之。虽事上之日晚,而得以圣贤之学为四方学者之依归,为圣天子致明道,敷教之实,故其及也深。"揭傒斯说法比较委婉,而且是以政治影响为主要方面来比的,其实许衡在北方从赵复、姚枢那仅得传朱学,政治地位虽高却比较"粗迹",而吴澄却是朱熹四传弟子,自黄榦、饶鲁、程若庸而承朱学,又从程绍开而得会合朱陆的思想,比起许衡是得"正学真传,深造自得"。学术上的实际成就要大得多,在书院教育上的影响吴澄要大得多。应该说,吴澄是元代学术成就最高,影响最深远的思想家、教育家,调和朱陆两家学说的观点,相当长时间里,成为元代,尤其是南方学术思想中的一种重要倾向。

二、吴澄与元代江西民间书院及其书院教育思想

吴澄是主张民间书院讲学活动的,这在他撰写的许多书院记和自己讲学活动中,都可以明显地看出来。

宋末元初,学者多有隐居讲学、建书院、书堂等。元廷虽将其中相当部分书院收归官办,设山长、训导、直学等官主之,然而仍有大批私办书院继续活动。其中或有不以书院之名而仍有书院之实者。诸如:明新堂、正中堂、久大堂、芳润堂、西邨书堂、耒阳宾馆、思本堂、君子堂、龙崖书塾、蔡氏义学、龙马山房、悟阳精舍、儒林义塾、静明书塾、凤岗精舍、安田义塾、泚州书塾、成冈书屋、雪厓书堂、斛峰书舍、碧梧精舍、志学精舍、荷溪书堂等。吴澄不仅应邀前往这类书院讲学,自己也办起了正中堂和久大堂。并为安田、儒林、蓇冈、成冈、雪厓等义塾、书屋撰记正名。他在为万安儒林义塾所撰记中说道:"予考前代义塾之

设,睢阳为首称,学舍四五百间,好义之家所自为而不属于官府,其后遂最天下四书院之号。五季衰乱之余,上无教,下无学,而士子读诵传习,犹幸不废者,其功为多。今日所在书院鳞比栉密,然教之之师官实置之,而未尝甚精于选择,任满则去矣;养之之费官虽总之,而不能尽塞其罅漏,用匮则止矣。是以学于其间者往往有名无实,其成功之藐也,固宜刘氏义塾即不受官府之拘牵;则与睢阳之初一也。"吴澄不仅肯定这些义塾实为书院,又进一步提出了如何办好这些书院的见解,即发挥私办书院可精选师资的条件而精选之。他在《儒林义学记》中又说:"其养之之费有继,而教之之师亦恶可不慎也欤! 不然学徒蹂蹂,书声琅琅,非不可观,可听也。要其效之高者仅可应举徼利达,卑者不过识字记姓名而已,又奚足云哉,教者,学者,如之何? 其必遵朱子之明训,拳拳美佩服,弗至弗措,必洞微于心,必允蹈于身,行必可以化民俗,才必可以经邦济时,而非呻毕摘辞之谓。夫如是,命世大儒由此而出,庶其不负建塾者之心乎!"在其为富州(今丰城)揭氏蒨冈义塾所撰记中,也说到择师之重要意义,记称"盍古之教人明人伦,今之学,其教不过习无用于世之文辞,以钓有利于己之爵禄而已。使义塾之教亦若是,虽有塾奚益。其必择师必先乎!""其师也","择其实行孝于亲、弟于长、敬于宗族,笃于外姻,信于朋友,仁于邻里,行已有廉耻,待人能忠恕者。以淑一家,以淑一族之子弟"。

元代亦有虽以书院名,未为官府所控制,而成为官办书院的。诸如刘君举的管陶书院,刘壎的水云书院,王奕的斗山书院,王忆的勿斋书院、陈澔的经归书院、胡氏华林书院、陈氏柳山书院、社平书院,大概都属之一类。但是,由于岁月已久,史料湮没,企图将元代江西这一百几十所书院一一辨明其性质,自然是相当困难。

吴澄还给一批由民间发起兴办,而朝廷支持的书院撰文记事,如建昌州李氏山房书院、永丰武城书院、阳丰书院、中山书院、临川临汝书院、乐安鳌溪书院、上高正德书院等。在这些书院记文中,当然要肯定朝廷和地方官员对书院的支持,然对于怎样教人,仍然阐发了吴澄自己的主张。如在《李氏山房书院记》中讲到李燔新创书院祀李常时说:"夫孩提之童初生已知爱其亲,蔼然天地生物之心与生俱生,并非有使之者也。""心有此仁必好之","仁之为德,人人所同,吾有是仁,彼亦有仁之人乎"。故"文定之拳拳于尚书之懿德也"。这是用陆学的观点记叙朱学门徒的心态。

吴澄在为他的学生夏友兰创办鳌溪书院所撰《乐安县鳌溪书院记》中,更进一步回顾了书院产生的历史和自己对创办书院的主张,记文说,书院"肇于唐,盛于宋"。而其实,"盖有二焉"。"古昔盛时,王国、侯国,达于乡党闾巷俱有学校庠序闾塾以施其教,井田封建既废,后世惟京师、郡邑有学,犹古昔王国、侯国之学也。乡党闾巷之间,校序庠塾之制无闻。惟郡邑之学,亦有废而不立之时。学者无所于学,斯时也,私设黉宫,广集学徒以补学校之缺,如李渤之于白鹿,曹诚之于睢阳是也。上之人以其有裨于风化,笺赐额敕,以风励天下,与河南嵩阳、湖南岳麓之号。此先宋以前之书院也。宋至中叶,文治涌盛,学校大修,远郡僻邑莫不建学,士既各有群居肄业之所,似不赖乎私家之书院矣。宋南迁而书院日多何也。盖自舂陵之周,共城之邵,关西之张,河南之程,数大儒相继特起,得孔圣不传之道于千五百年之后。有志之士获闻其说,始知记诵辞章之未为学,科举程课之坏人心,而郡邑之间设科养士所习不出乎此。于是,新安之朱,广汉之张,东莱之吕,临川之陆"。与"志同道合之人,讲求为己有用之学,则又自立书院以表异于当时郡邑之学,专习科举者。此后宋以后之书院也"。而吴澄与其门人夏友兰所设立书院,则"先宋、后宋人所创书院之意兼而有之"。在《阳丰书院记》中,吴澄又说:"书院之盛,莫盛于文公诸子,四书院之名天下,皆知之,后世皆仰之。""乡序、党庠、家塾之说盛于三代,而椷朴偝莪之化,万世莫能加。自汉及唐教养之法非不备,人材终有愧于古者,以槚楚使学,终不若奋起自新之为愈也。故养士者在作士气,此四书院之盛,所以超越前古欤"。吴澄通过这些记文畅述了他的教育观点。

三、草庐学派与江西书院

吴澄有很高的学术地位,他开创了一个会合朱陆、独具特色的草庐学派,成员很多,他们也都主要是通过书院、义塾、书堂的讲学活动发展自己的学术事业。

吴澄在江西最著名的弟子当推虞集(1272—1348年),虞集,字伯生,号道园,为宋丞相虞允文五世孙。父汲仕宋为黄冈尉,宋元交替时,侨寓崇仁。至元间,尝掌龙兴路致东湖书院之教。汲与吴澄为友,以翰林院编修致仕。集母杨氏,宋国子祭酒杨文仲之女。虞集自幼聪悟,得父母精心培养,并入吴澄之门,曾为董士选延聘主其家塾。大德初,至燕京,以大臣荐授大都路儒学教授,虽以训迪为职,而益自充广知识不少暇,迁国子助教。《元史·虞集传》称其"以师道自任,诸生待其退。每挟策趋门下卒业,他馆生多相率诣集请益"。丁忧服除,再为助教,升博士,以坚持执行监规称贤。至大四年(1311年),吴澄为司业力意弃旧图新,集力赞其说。澄去,集亦以病免。未几,拜太常博士,迁集贤修撰。因会议学校,集曾上疏称:"师道立则善人多,学校者,士人所受教以致于成德达材者也。今天下学官猥以资格注授,强加之诸生之上,而名之曰师尔,有司勿信之,生徒弗信之,于学校无益也。如此而望师道之立,可乎?下州小邑之士无所见闻,父兄所以导其子弟,初无必为学问之实意,师友之游从亦莫辨其邪正,然则所谓贤材者,非自天降地出安有可望之理哉?为今之计,莫若使守令求经明行修成德者,身师尊之,至诚恳恻以求之,其德化之及,应乎所观感也。其次则求夫操履近正,而不为诡异骇俗者,确守先儒经义师说而不敢妄为奇论者,众所敬服而非乡愿之徒者,延致之,日讽诵其书,使学者习之,入耳,著心,以正其本,则他日亦当有所发展也。其次则取乡贡至京师罢

归者,其议论,文艺犹足以耸动其人,非泛泛莫如根抵者矣。"❶

延祐六年(1319年),除翰林待制兼国史院编修官。泰定初,考试礼都议于同列说:"国家科目之法,诸经传注各有所主,将以一道德,同风俗,非欲使学者专门擅业,如近代《五经》学究固陋也。圣经远非一人之见可尽,试艺之文惟其高者取之,不必先有主意。若先定主意,则求贤之心狭而差,自此始矣。"据说集为考官,皆"按是说行",故能识拔"贤才"。

泰定初,迁国子司业,再迁秘书少监,复拜翰林直学士,国子祭酒,又为奎章阁侍书学士。后因受排挤,称病不仕,病卒于崇仁。

集早年与弟聚同辟书室,左称陶庵,右称邵庵。世称虞集为邵庵先生。至正五年(1345年),崇仁县监重喜,为虞集建邵庵书院祀之。

虞集是元代著名的教育家、文学家之一。在朝时曾在所讲学,为学校、书院撰记叙文。归田后更如是。他曾三次光临白鹿洞书院,有《白鹿洞新田记》和《朱文公白鹿洞赋草跋》传世。他对江西的书院甚为关心。有《兰山书院记》《南轩书院藏书记》《张岩书院记》《瑞昌蔡氏义塾记》等名篇传世。

他在《瑞昌蔡氏义塾记》中称:"自朱文公讲学白鹿洞,环匡庐山之麓,士君子闻风而起者多矣。其在德安则有蔡元思,其在瑞昌则有周舜弼与其从弟亨,仲子仿,在都昌则有彭仪之,皆卓然为高弟子。而元思事文公最久,辨疑答问必悟彻实践而后已。文公殁,心丧三年,又以事文公者事黄直卿而卒业焉。其晚也,与其同门之友数人,每季月一集以相切磋,又如此者三十年。而乡郡州间之间,父兄子弟相与,服行其化,庶几邹鲁之盛关。"宋之季年"郡县学教其士子以科举之业相尚","谓者忧之,或即先儒之遗迹,或因山水之名胜则为精舍以处学古之士焉!澹泊,坚笃无利欲之惑,是以朱氏之学行于当世。而九江、南康之间如蔡、周诸君子得以化成于其乡也。今建义学延师于其家,父

---

❶ 见《元史·虞集传》。

子兄弟相承而无废朱子之教,而元思、舜弼之流风遗俗之犹有存者,岂不盛哉!"

他在为宜春张岩书院所作《重修张岩书院记》中称:主事者"先事于书院,观其志之所存,可谓知本者矣"。"宜春在江右之上游,其风土淳厚,其人易与为善,西瞻衡岳则岳麓书院在焉,东望庐阜则白鹿洞在焉。此昔贤之所经营,皆依乎名山大川者也。今岩学得山水之秀,故可托以久长者乎!今天下好事者筑室买田以资讲学,然一列于学官则行有司之事,而弦诵笾豆殆为文具者多矣!独岩学违城阙之喧嚣,邈乎公府之拘制。馈饷时至无乏绝之虑,人迹在迩,无冷寂之苦"。"岳麓,白鹿洞晦庵朱子,南轩张子之成规绪论在焉,宜取而表之,相与尊信而从事焉,可也!"

他在为弋阳兰山书院所作的《兰山书院记》中称:"某闻之,宋之季节有志于为己之学者病郡县学校以科举进士为业,而时王之制不可废也,别立精舍以讲学焉!敦道义而绝功利,以私淑绪人。盖取睢阳、白鹿书院之遗制而名之。""国家初有江南,曾未数年而兰山首有书院脱余生于锋镝之余,正人心以弦歌之事,盛哉张君之用心乎!"

吴澄弟子众多,在江西亦多建有书院、书堂者。诸如夏友兰,字幼安,乐安人,建鳌溪书院。吴澄尚推荐讲友詹崇朴为山长。崇朴,字叔元,精通经学。

吴澄几次去清江、宜春讲学,皆居门人弟子家之书堂。南城包氏亦有浀州书塾,包淮所建。包亦为吴澄门人,吴尝讲学于上饶曰石书院。永丰其门人子弟所创建的武城、阳丰、中山诸书院,皆留有他的足迹。

吴澄去世后,临川弟子皆依李本、李栋学。其居处为君子堂,虞集尝为撰记。

吴澄同道黄泽以名山长著称。黄泽(1260—1346年),字楚望,其先四川内江人,随伯父官江州。蜀不得归,因家焉。其"慨然以明经学道为志"。"于名物度数,虑核精审,而义理一宗程、朱"。大德间先为江州路景星书院山长,后为龙兴路东湖书院山长,秩满归家,闭门授徒以养亲,不复仕。著有《易春秋二经解》《三礼祭祀述略》等。李洞过庐山,尝欲入其门,黄云:"以君之才,辍期岁之功,何经不可明,然不过笔授其义已耳。若余则当百艰万苦之余,乃能有见。吾不能以二十年林下期君也"。李叹息而去。

第三节 元代江西书院择例

一、马廷鸾父子与乐平慈湖书院

马廷鸾(约1220—1290年),字翔仲,号碧梧,乐平(在宋属江南东路饶州,元为江浙行省饶州路乐平州,今属江西景德镇市管辖)人。自幼甘贫力学,至孝,曾攻读于乐平万全书院,入方贵与(号古愚)之门。既冠,曾为童子师。淳祐七年(1247)进士,为池州教授,以礼帅诸生。宝祐二年(1254年)主管户部架阁。宝祐三年(1255年)迁太学录,召试馆职,忤时,迁秘书省正字。宝祐四年(1256年)为史馆校勘,后以忤丁大全罢官,虽忌者愈深,但名重天下。开庆元年(1259年)吴潜入朝,召为校书郎。景定元年(1260年)兼沂靖惠王府教授,寻以枢密院编修官兼权仓部郎官。二年进著作郎兼右司,迁将作少监。三年论贡举三事,"严乡里之举,重台省之复试,访山林之遗逸"。擢军器监兼左司,兼太子右谕德,升左谕德,行国子司业,擢秘书少监,升权直学士院。四年擢起居舍人兼太子右庶子兼国史院编修官,实录院检讨官。五年迁礼部侍郎。咸淳元年(1265年),进端明殿学士签书枢密院。丁忧。三年同知枢密院,兼权参知政事。五年进参知政事兼同知枢密院事,进右丞相兼枢密使。八年九疏乞罢。九年(1273年)以观文殿大学士提举临安洞霄宫,罢归。十七年后卒。其所著仅存《碧梧玩芳集》,其家居讲学之所为碧梧精舍。

元至元十九年(1282年),乐平县尹翟衡与马氏谋。以杨简曾知乐平,"首倡士民兴学舍,阐明心学以崇教化","余泽在,人尚感念之",故建书院名慈湖,专祠杨简,并立规则。申奏,设官,并以前宋贡士庄田若干以瞻师生,以供祀事。

至元二十七年(1290年),书院被抄籍。元贞、大德初,马端临为山长。延祐二年(1315年),地方官员尚重加经理田亩以赡学。后田亩遂被吏胥侵蚀。至正元年(1341年),杨简五世孙杨同继任山长,请于江浙行省,全复其田。危素有《乐平州慈湖书院赡学田记》记其事。

马端临(1254—1430年),字贵与,世称竹洲先生。廷鸾次子,幼承父教,家学渊源。在宋以父荫补承事郎,后随父归隐,不求仕进,专心致志探求学问,曾从曹泾学。宋亡,杜门著述《文献通考》,自唐至南宋补杜佑《通典》之阙。其在序中言:"生乎千百载之后,而欲尚论千百载之前,非史传之实录具存,可以稽考,儒先之绪言未远,足资讨论,虽圣人亦不能臆为之说也。窃伏自念,业绍箕裘,家藏坟索,插架之收储,趋庭之问答,其于文献,盖庶几焉,常恐一旦散佚失坠,无以属来哲。"前后二三十余年,实集两代人之功力,始成其书。延祐四年(1317年),诏遣人寻访有道之士,录其书上进,诏官为镂板以广其传。至治二年(1322年)始竣工。先是留梦炎与马廷鸾善,入元为吏部尚书,召致端临欲用之,以亲老辞。廷鸾卒。稍起为乐平慈湖书院山长,共二十六年。迁衢州柯山书院三年。后为台州路教授三月。引疾归,卒。其家居,门弟子甚众,有所论解,吐言如涌泉,闻者必有得而返。其为山长,教学与著述均未丝毫松懈。马端临为一代史学巨匠。于书院教学时,完成史籍巨著,并对而后史学路径亦有很大影响。从书院发展史的角度看,江西吴澄治经学,虞集擅文章,马端临治史,三者鼎立,多成于书院之中。吴办书院,马任教书院,虞学于书院,其文镌于书院,皆与书院相关。可谓元代江西书院中三位著名人物,也是元代中国书院中的三位著名人物。吴之经学崇朱,而学术思想会合朱陆,虞集承之。马为曹泾门人由董氏传朱学,而鄱阳新安此一派,已流入训诂,非朱学之

正统了。❶

二、倪镗及其安仁(今余江)锦江书院

倪镗,字仲宾,祖籍贵溪,因其父倪阶于宋末寓居饶州安仁县(今余江),聚徒讲学,故后人多称其为饶州安仁县人。年轻时,曾跟随江万里、汤巾学朱陆义理之学。元初,以博学宏才荐任南康路儒学教授。在南康曾"礼延宿儒,修白鹿洞书院学规"。至元廿五年(1288年),遵照其父遗愿,于安仁乡间的倪氏家塾旧基创建锦江书院。饶州上流有座奇异的石峰,叫云锦峰,峭壁千仞,绚错成景。峰下汇集了好几道流水,舒纡相连,直至饶州州治,名云锦江。锦江书院即处其中。该书院设大成殿、敬仪堂、云章阁等,并辟祠专祀朱熹等。藏书万卷,置有膳田,而以长谕为主事。曾申报朝廷诏赐匾额予以褒奖。其后,贵溪倪氏后裔复在上清建锦江书院。

至元间,元世祖忽必烈曾从土番僧人八思巴所奏,贬黜孔子为"中贤"。作为儒家忠实门徒的倪镗,面对其"至圣先师"的"逆境"挺身冒犯上疏"逆鳞"。他言道:"臣闻黄帝开天辟地创制立法,功在天下。百世之后笃生圣孙。孔子道高德厚,教化无穷,为万代帝王之师。三纲五常不至湮歇者吾圣扶抚之功也。自汉及宋报德报功之典有加无已。国家兴学校,申礼教,翕然太平,今日之盛自古所无,乃有罢黜圣神之事,恐非社稷之福。且孔子所以为帝王师者,以有君臣之义,父子之亲,夫妇之别,长幼之序,朋友之信也。今僧人八思巴狡猾无状,敢倡妖言贬黜孔子为'中贤',以愚惑上下,顾取一时之宠。回视孔子为天地立心,为生民立命,为往圣继绝学,为万世开太平,其功天渊矣!……伏乞英断,追回罢黜孔子之诏,令中外仍旧崇祀。"世祖闻奏大怒,拟予倪镗处以极刑,幸皇孙铁木尔救免,但终被罢官,放归故里。倪镗以区区儒学教授敢于挺身而为孔子地位申辩,冒犯"龙颜",颇有胆识。故

---

❶ 鄱阳、新安一派流入训诂,见前章,并见《宋元学案·介轩学案》。

后人称他"辟邪说,扶圣道大有功"于"名教"。

至元卅一年(1294年)正月,元世祖忽必烈去世。四月,成宗铁木尔即位,召倪镗至京师谒见。谒见时,倪镗先以尊崇孔子进言。成宗立即诏令中外崇奉孔子,并诏命建宣圣庙于燕京。元贞二年(1296年),倪镗升任湖广儒学提举司提举,不久又改任江西儒学提举司。在这期间,曾在金溪修象山书院,并为书院设立师儒。又迁任翰林待制,同修国史。后转任外官,最终,以知晋宁州而归里。卒后,李存有挽诗云:"翰苑思前辈,乡郡失先达。"

倪镗著有《易春秋笔记》《六书类释》等,惜皆不传。

关于元世祖贬孔子这件事,《元史》不载,见于安仁、饶州之方志。然元代对孔子的褒奖、崇奉确始于成宗,确实一反历代开国君主尊奉之常例。可见倪镗事迹或许非假,故专目以叙之。倪氏锦江书院有记,乃王构所撰。该记亦为元贞间所追记。看来倪镗的仕途起落亦非假。

倪镗出自朱陆,综朱陆两家学说,既修白鹿,亦修象山。为孔子抱不平是儒家的共同要求,倪镗代表了各家儒生的要求挺身而出,是儒家之功臣。

三、陈苑的静明书塾和李存的竹庄书院

贵溪陈苑(1256—1330年)为元代尊奉陆学的代表。元代学者,或者尊朱,或者会合朱陆,纯正宗奉陆学者不多。陈苑、赵偕而已。故黄宗羲在《朱元学案》中特立《静明宝峰学案》叙其学派。陈苑,字立大,号静明,贵溪(一说上饶,广信府志列贵溪)人。据《宋元学案》载"幼业儒,不随世碌碌,尝有授以金丹术者,弗之信"。后"得陆象山书,读之。喜曰,此岂不足以致吾知邪,又岂不可以力吾行邪"。于是尽求象山及其弟子杨简、袁燮、钱时诸人书读之,益喜,益知,益行。其时尚朱学,有人担心他"迷世所尚",陈苑则以"理则然耳",尽管遭"讥非""毁短"

"中伤",而陈苑"誓死不悔"。因科举主试、书院主修,皆为朱学。遂弃科举业,潜心修养,躬行实践。避书院之名,聚徒讲学,传陆学。生徒闻风从学者众。其高弟祝蕃、李存、舒衍、吴谦号称江东四先生。李存撰墓志称"先生刚方正大于人情物理,靡不通练。强御无所畏,奸慝无所逃,浮沉里巷之间,而毅然以倡明古道为己任。患难困苦终其事,而拳拳于学术异同之辨。无十金之产,一命之贵,而有忧天下后世之心",人之所是,不苟是也,人之所非,不苟非也。元代赵复、许衡昌朱学于朝野。"故士人但知有朱氏耳,然实非能知朱氏也,不过以科目为资,不得不从事焉。则无肯道陆学者,亦复何怪"❶。故黄宗羲赞陈苑于陆学"能独得于残编乱简之中。兴起斯人,岂非豪杰之士哉!"著有《孝经论语解》《易诗书春秋礼解》等。其子善益聚其藏书、遗稿,题其屋为静明书塾。

静明书塾,或称学塾、学舍,在贵溪县(元属江浙行省,信州路,今属江西鹰潭市),危素为记。危素(1303—1372年)为吴澄、李存、祝蕃弟子。为其师祖讲学处记事。记文回顾了陈苑"毅然有扶树正道之志,而世道莫能窥其蕴奥"。其为学"上达乎性命之微。致谨乎事物之细,兢兢业业,夙夜靡懈,使先生用于当世,推之功业,固凿凿精实。然隐约于间巷,终以老死,天也,非人所能为也"。又记述了苑子陈善益保存其父遗著、藏书,扩建书塾的过程。并称"先生虽没,幸而遗书赖有贤子孙袭而藏之。天下后世有欲闻先生之言论风旨","如川方增浩乎其不可遏,则先生之荫破于学者,有不在兹乎!"

陈苑大弟子祝蕃(1286—1347年),字蕃运,先祖为玉山人,后从贵溪。从陈苑学最早,稍长,颇不羁,已而感悔,复从之,终笃于陆氏发明本心之学。凡江西士人有志于陆学者,竭力接引在陈苑门下,并被诸同门推为都讲,而事师尤谨。延祐四年(1317年)举于乡,曾重修象山讲堂,帅同志舍菜,寻求陆九渊之后资给之。应倪志文请,讲学贵溪溪

❶《宋元学案·静明宝峰学案》。

山学塾（精舍）。以茂才异等荐衢州高节书院山长。迁饶州南溪书院山长。升集庆路学教授,饶州路学教授,湖南行省椽史,浔州路总管府经历等。著有诗文集,惜不传。

李存（1281—1354年）,字明远、仲公,号俟庵。安仁（今余江）人,博学,通天文、地理、医药、卜巫、道、法、佛各家之书,后因舒衍而从陈苑学。据李存自述,他投入陈苑门下有一番斗争的过程,据《宋元学案·静明宝峰学案》载:"存生三十有三年,虽稍涉古经史传记,而未知所以遗夫人者,果何为徒窃取糟粕,以修饰其浅陋妄诞之言。佟然而谈,嚣然而居,弗之省也。"至大元年（1308年）,其友人舒衍"谓存曰:'吾畴昔是子之学。近以祝蕃之言,从陈先生游,而后知子之所学,末屑也。焦心竭神,蔽亦甚矣,若不改图,则将误惑其身。不惟误惑其身,必将误惑于天下后世之人。'存心窃笑之。他日复言,复笑之,累数十不已。虽疑焉,然朝诺而夕忘之。既而共宿,拥寝衣言曰:'相人者谓子不年。苟无闻以死,伤哉! 至道所在,人固未易信也,然譬之涉,吾尝先之矣。'遂大疑,早夜以思,至感泣,然终耻下于人。"皇庆元年（1312年）夏,"始登先生之门,然犹以欲遂所请,跪起揖拜,惭且忿焉,虽语之,弗领。秋,复来,始稍知所致力。明年,遂大信。"

李存从陈苑,惟日孜孜,究探"本心之学"。悉取往日所著述的书稿,悉毁尽。声称"无使误天下后世"。仅应一次科举,不中,即作隐居的打算。长吏累次荐举出仕,皆不赴任。讲学竹庄书院,从游之士满斋舍。常与门徒说:"圣贤之立言垂训,以先觉觉后觉,此岂口耳句读之事! 正学不明,人心日入于偷,甚可惧也。微陈子,吾终为小人之归矣。"据载:其"神古颜清,衣冠言笑不苟,忧世之意,见诸眉睫,谦恭和易,与物无竞,虽童竖皆望而敬之。"高弟有危素（金溪人）、张翥（晋宁人）、何琛（临川人）、涂几（宜黄人）、张率（安仁人）、徐震（上饶人）、王诞（安仁人）、李绅（临川人）、上官岊（上饶人）、刘礼（临川人）、陈庸、陈闻（临川人）、郑伦（安仁人）、鲁修（番禺人）等。所著《俟庵集》,为其子李卓所整理。卓字立卿,修葺竹庄书院,承继父学,学者称其竹庄先生。

陈苑高弟尚有吴谦,字尊光,亦安仁人。其母为陆九渊四世孙女。《宋元学案·静明宝峰学案》称其"箪瓢陋巷,以道自安",并系"克绍外家之学者"。舒衍,字仲昌,舒旸,字东宾,曾振宗,字子翚,皆安仁人。

郑伦(1306—1387),字子夔,安仁(今江西余江)人,"少攻学问,暨长,所交皆名流",及李存之门。建环谷书院自处,讲学授徒。当因荐受宝庆路儒学学正,"未赴而天下兵起"。朱元璋曾授以官,不就。

陈苑及其门人后学,崇尚陆学,创办私人书院,从社会效应看,其目标仍然是为"化民风俗",辟避"邪说",预防"祸灾",使民"王化"服务的。

张翥(字仲举,晋宁人),官至翰林学士承旨。曾撰文称:"方今兵革之时,人无定居乃立书院似迂阔,非当务。夫岂知盗贼之兴正由教化之不行,邪说得乘隙而入。""今为吏者不知教,为民者不知学。驰之饥寒,逼之祸灾,又莫能思患预防之故。""三代之所以直道而行者",乃"有司能明先王化民成俗之方,恢宏学校以风厉之,民思王化"。"今时亦易然也"❶。他从巩固统治的角度,论述了书院创建的社会价值,这是对静明、俟庵讲学社会效益的进一步阐发。

四、都昌陈澔与经归书院

饶鲁之学传之都昌陈大猷,陈大猷传其子陈澔(1260—1341年)。陈澔又昌明之。

陈澔是元代著名的理学家、经学家、教育家。在都昌建有云住书院,著有《礼记集说》。《礼记集说》一书与《四书》(朱熹集注)、《易》(程颐传)、《书》(蔡沈传)、《诗》(朱熹集传)、《春秋》(胡安国传)一起,曾经是明清两代各类学校的"御定课本",也是科举考试的统一标准。❷自

---

❶《宋元学案补遗·静明宝峰学案补遗》。
❷《续文献通考》。

明永乐以后数百年中，《礼记》一书专主陈澔之集说。正如明代余濂在《题请陈澔从祀奏》中所说："闾阎之诵服，学校之教育，科目之选举，皆不外此"❶，影响很大。

陈澔系江州义门陈代后裔，远祖自宋嘉祐间陈氏分庄时迁都昌。陈澔的祖辈世代述经，祖父宋儒陈炳，字奋豫，淳祐四年（1244年）进士，治《礼》，有所得。父亲陈大猷是饶鲁的学生，朱熹的三传弟子。陈大猷，字文献，号东斋，开庆元年（1259年）进士，"历仕从政郎，改惠州判官，著《尚书集传会通》"❷。据说，陈大猷对《书》《易》《礼》都很有研究，而尤精于《礼》。所以，陈澔对《礼》的研究有他家学渊源。陈澔在《礼记集说自序》中也曾谈到："先君师事双峰先生十有四年，以是经三领乡书为名进士，所得师门讲论甚多。中惟煨烬，只字不遗，不肖孤潜不自量，荟萃衍译附以臆见曰《礼记集说》。"吴澄称其"可谓善读书，其论《礼》无可疵矣"。

陈澔作为朱熹的四传弟子，他的著作对明清两代学校教育、科举考试内容有相当影响，因此，深得后世帝王的青睐。明弘治十四年（1501年），张本、邵宝等人奏准，于都昌县城修葺专祠祀之。明年于都昌县修祠，名云住，并重修书院名经归。❸其祭品、祝文皆奉颁降。❹清雍正二年（1724年），诏命从祀孔子庙庭，为先儒。❺于南康府城，又作为"乡贤"，祀祭于学宫和白鹿洞书院。❻

陈澔是一位名人，但是长期以来对他的生平，包括称号、生卒年代、活动时间，都众说不一，甚至一些很有权威的工具书的记载，也有失实的地方。为此，略作考证。

---

❶《同治都昌县志·艺文》。

❷《宋元学案·双峰学案》。

❸ 见《同治都昌县志》。

❹ 其祝文颁于弘治十七年（1504年），见黄坤《经归书院录序》。

❺ 见《清朝续文献通考》。

❻ 见毛德琦《白鹿书院志》。

陈澔传《元史》不载，仅见于《宋元学案·双峰学案》。学案记载，陈澔"号云庄，又号北山。东斋先生大猷子，于宋季，不求闻达，博学好古，有《礼记集说》行于世。学者称'云庄先生'，年八十二而卒。元奎章阁学士虞集题墓曰：经师陈先生墓"。其后，许多史籍、类书大都因袭这种说法，《中国人名大辞典》亦载，"陈澔〔元〕大猷子"，"号云庄，又号北山，博学好古，宋季隐居不仕，教授乡里，学者称经师先生，有《礼记集说》"。近年，新编《辞海》亦称其号"云庄"。

对于陈澔的情况，明清两代一部分地方志与《宋元学案》的记载却有所不同。

《正德南康府志》载，陈澔"号云住师"，在故居马陂有"云住书院"；其墓"虞集题曰：经归陈先生之墓"；"弘治间"复建"经归书院"祀之。《嘉靖江西通志》称"陈澔都昌人"，"号云住，潜心礼学，所著有《礼记集说》行世"，其墓"虞集题曰：经归陈先生之墓"，有"经归书院"祀之。

清代，《同治南康府志》称其为"元儒陈澔"，"著《礼记集说》，号云住师，因名其书院曰'云住'。《同治都昌县志》则载，陈澔"号云住，一号北山叟，大猷子。生于宋季，不求闻达，博学好古，尤潜心于礼。著有《礼记集说》，学者宗之，称云住先生。年八十有二卒，元虞学士集题其墓曰：经归先生墓"。弘治十五年，诏修葺云住祠，"扁题经归先生书院"。《光绪江西通志》称，陈澔"生于宋季，入元不求闻达，博学好古，有《礼记集说》行于世，称为经归先生，年八十有二卒"。

综观明清部分地方志与《宋元学案》不同处有三。一，其号云住还是云庄，学生称之为云住先生，还是云庄先生；二，虞集题其墓为经归先生，还是经师先生；三，是生于宋季，入元隐居不仕，还是宋季隐居不仕。与此相联系的就是他在什么时代建立了一所什么学院，是宋还是元，是云住书院、经归书院，还是云庄书院、经师书院。

《同治都昌县志》所载明代《提请陈澔从祀申文》，给我们提供了解决问题的线索，申文载：陈澔"生前隐居不仕。见有云住书院基址在本乡地方,元奎章阁学士虞集题其墓曰'经归陈先生之墓',具载本县志书"。"其家谱墓志、行状因遭元季兵火烬尽,中间幸得一二犹存,又得伊墓碎碑""可证"。据黄坤《经规书院录序》称:"采访碑墓于荆蓁草莽之墟者郡博章公境、县令章公琏也。"成化四年八月,二章在祭墓时所得陈澔墓碑残文,碎字如下:

"宋儒陈经归先生墓碑"大猷登开庆己未第官至通直□□□□□□□□□□□□邵氏□氏景定庚申十月已□□□□□□□□讳澔字可大学书易隐居不仕□□注礼记集说行于世学者宗之□□□□□□门俱尊称为云住先生至正辛巳十月己丑卒享年八十有二……"❶

由此,确可证实:一,陈澔号云住,学生称云住先生;二,其碑墓称之为经归先生;三,至正辛巳,即至正元年(1341年)卒,享年八十二岁,由此上推八十一年,恰好是景定庚申,即景定元年(1260年)生。德祐二年,临安陷落时他只有十几岁,这就不存在"宋季隐居"讲学、著述的问题,只能"生于宋季,入元不仕……"《宋元学案》在这三方面记载有误,均应订正。

至于书院,陈澔教学乡里,自建授徒的名为云住书院,这应该是元代的云住书院,而不是宋代的云庄书院。明弘治间书院重建,依虞集残碑碎字扁曰"经归"。明清两代时称云住、时称经归,均从澔之字号。都昌陈澔后裔住宅大院皆称经归第。宗谱卷首之二亦称《经归录》。

综上所述,陈澔传应简述如下:字可大,号云住,又号北山叟,都昌人,大猷子。生于宋景定元年(1260年),入元不求闻达,博学好古,承祖、父家学❷,潜心经术,深有所得,尤精于《易》《书》《礼》乡居都昌马陂聚徒讲学,建云住书院,后至元间,曾主讲白鹿洞书院二年❸,著《礼记集说》传世,学者称云住先生,经归先生。卒于元至正元年(1341年),终年八十二岁,虞集题其墓,明弘治间奏准,颁祭品,祝文,修葺专祠、

---

❶ 载《同治都昌县志·艺文》《都昌陈氏义门族谱》。

❷ 见邵宝《题请陈澔从祀奏》有"自其祖、父世治社经至澔尤力探索深有所得"句。

❸ 见危素《都昌陈澔墓志铭》《都昌陈氏义门宗谱》。

书院祀之。清雍正二年(1724年),从祀孔子庙庭。白鹿洞书院先祀于宗儒祠,后祀于紫阳祠。

陈澔的著述很多,除《礼记集说》外,大都散失。在《礼记集说》中承继师说,对教育问题多有发挥。如解释"教学为先"时称,"以立教立学为先务也",解释"教学相长"时称"学然后知不足,谓师资于人方知己所未至也,教然后知困,谓无以应人之求则自知困辱也"。"教学相长谓我之教人与资人皆相为长益也"。如此等等,不一一引述。

总之,陈澔与他的书院教学与著述活动,曾在教育史、书院史上有其重要地位。

五、上高、鄱阳两所颇有特色的书院

瑞州路上高县蒙山银矿有正德书院。蒙山在上高县南四十里,旧产银铅,宋庆元六年(1200年)始有银铅坑冶,元置银场提举司于此。故古谚有"末山出草,蒙山出宝"之说。元至元二十七年(1290年),银场提举姜云,侯孛兰奚建书院,以课山民子弟。礼请原龙兴路学录邹民则(号紫山,上高人)主其事,有大成殿、两庑、明伦堂、六斋……后姜、侯相继离去,书院日就敝坏。延祐二年(1315年)提举陈以忠,在邹民则的建议下,又重加修整。增建屋、置田。赵孟頫书额,吴澄、许善胜、姚云、邹民则有记。

吴澄《正德书院记》称:"蒙山跨瑞、袁、临三郡之境,固为宝藏,唐以前未之闻,宋之中世,山近之民颇私其利,而置场设官自国朝始。职其职者,旦旦惟利之是图。既无治民之责,谁复有教民之意哉。当衮衮兴利之场,而切切兴学之务,其人识虑盖远矣。然创建之初,功未完而侯君去,至于今二十余年,田租薄少,不足以赡给,室屋日就敝坏。"延祐二年夏,陈以忠为提举,"祇谒先圣,顾瞻怃然,即日修葺,殿、堂、门、庑,焕然一新。途径阶除,甃砌端好,圣师像位龛帐案座,靡不整严。置田增租,岁入可二百斛,比旧多十之七八。其费一皆己出,无所

资于人。延请师儒，招集徒众诵习其间。公退之暇，躬自劝督。佐其经画者，前龙兴路学录邹民则"。"予尝叹天下之事，诱于其名，眩于其实也，匆匆而是，若此书院之设，岂徒徇其名而已，固将责其实也"。"蒙山僻在万山之隈，近于宝货，则其民贪，远于都邑，则其俗陋，身不游于庠序，则耳目不濡染乎礼义，如孟子所谓饱暖逸居而无教者矣"。故"居之以群居之地，教之以善教之人"，使学徒"学其当学之事"。这是书院创办者和追随者的任务，那么应该如何进行书院的教学活动呢？吴澄接着说："古者二十五家之里间有塾，塾有师，不特为士者学，民之朝夕，出入必受教而后退。是以风俗厚，伦纪明，人人亲其亲，长其长，族姻、乡党、相交、相助、相扶持，蔼然仁、让、忠、敬，自家庭达于道路，虽闾巷之民，莫不有士君子之行。当时之教必有异于今昔。今之教于书院者诚能如古旧习丕变。而蒙山之民新矣！""书院之名曰正德"，应有"正民德之实"。在吴澄看来，正德书院不仅承担对蒙山年轻一代的学校教育的使命，尚需针对蒙山僻壤各层次的"民"，承担社会教育的使命。即所谓"化民成俗"的职能。这也是儒家"建国君民"所"教学为先"的道理吧！

　　正德书院大概可称为古代的厂矿办学。虽然办的不是职业技术教育，仍然是儒家的传统教育。吴澄的记文，曾分析了创办书院的各种目标，而强调书院应"正民德"，正各层次之"民"之德。不仅是厂矿民之子弟，还包括厂矿之民。当然吴草庐的正德是明人伦，是正"父子有亲，君臣有义，夫妇有别，长幼有序，朋友有信"之德，是为巩固当时社会秩序服务的。然而为正德书院规定了正德这个最高的目标，这件事情本身和包含矿民及其子弟这个覆盖面却给后来办书院、办教育的人们一种启发。即使在今天也有借鉴意义、参考价值。

　　饶州路鄱阳县鄱江书院在鄱阳城北弦歌巷，为朱熹弟子金去伪草窗所建。在元仍有山长，汤师言、徐瑞相继主其事。志书称元在此设蒙古学。书院从事蒙古学的这种记载不多见。论者或会认为，这是元廷的地方蒙古学,窃以为若是路蒙古学,则官设教授主之,既然设山长,那是元代书院职官的专称。这很可能是一所进行蒙古文学教育的书院。如果这个推断不假,那么这也是一所很有特色的书院。

六、富州(丰城)揭氏与书院

尤兴路富州(今丰城)揭氏以揭傒斯(1274—1344年)负有盛名。揭傒斯,字曼硕。其父揭来成,宋乡贡,为一饱学宿儒。揭傒斯幼年便得其父教诲,因家贫,不能负笈远游,只能在父亲指导下刻苦奋励,穷昼夜不少懈;"涵儒既久,经史百氏,无不贯通,发为文辞,咸中矩度"❶。"未弱冠,里大家延之授业,诸生年或相等,皆以师道严惮之"❷。大德初,时年二十余,已负俊誉。"出游荆湘之间,为大吏赏识。程钜夫入朝,傒斯馆于其门,执宾主之礼,人皆不知其为亲属(妹夫)。

延祐元年(1314年),因程钜夫等人荐为翰林国史院编修官,年已四十余。三年升应奉翰林文字同知制诰。四年迁国子助教,复留为应奉。五年南归。泰定元年(1324年),复授应奉翰林。丁忧起复。十年间,三入翰林,朝廷之事,台阁之机,靡不闲习。集贤学士王约称:与其"谈治道,大起人意,授之以政,当无施不可"❸。

天历二年(1329年),开奎章阁,聚勋戚大臣子孙而教之。至顺元年(1330年),予修《皇朝经世大典》,授艺文监书,参检校丞籍事。至元元年(1335年),迁翰林待制兼国察院编修官,四年拜集贤直学士。六年擢奎章阁供奉学士。至正二年(1342年)升侍讲学士。修国史,同知经筵事。三年为辽、金、宋史总裁官。四年《辽史》成,《金史》垂成,不幸病逝。追封郡公,谥文安。揭傒斯为元代著名文学家,与虞集、柳贯(1270—1342年)、黄溍(1277—1357年)号称儒林四杰。其为文叙事严整而精核,持论"一主于理",语词简洁,"人子欲显其亲者,莫不假公文

---

❶ 黄溍《揭傒斯神道碑》。

❷ 欧阳玄《揭傒斯墓志铭》。

❸ 《嘉庆丰城县志·儒行传》。

以为重"。❶

在富州,傒斯与熊若明筹兴建龙泽书院于楮山之南,以纪念徐孺子、胡铨。柳贯有《特建龙泽书院本末跋》记其事。

延祐末,揭来成得赐号贞文先生。至正闻为揭氏书院赐贞文书院额,仍许置学官。欧阳玄(1274—1358年)为之记。记称,昔在仁宗皇帝之世,以"翰林揭傒斯之父来成学行师表一方","赐其谥曰,贞文先生"。"至正三年夏四月中书平章政事帖木儿达式"等,又请于皇帝建立书院,"遂以贞文之号赐其额"。其址"在富州之长宁乡蕳山之阴。前抱遥岫,后倚崇冈,平畴曲溪,映带林麓,盖揭氏先生故居之地也","其山长则行省以儒士之尝历学官者为之"。"其门之东从孙德懋以蕳冈书院之材所建也,其棂星门僧智辨之所立"。"其祭祀教育经久之资,则里人之好义者割上腴田以相其事"。记文又叙:"古之学校为教事设而政事出焉。辟雍、泮宫,习射、养老,出师受成皆在其地何莫非政也!""后世学校虽治教事而特以祀事重焉"。"州县学校则必专祀先圣先师","书院则又多为先贤之祠,或其过化之邦,其讲道之地"。"唐、宋之世或由朝廷赐名、赐书,或以故家积书之多,学者就其书之所在而读之,因号为书院。

揭氏蕳山之阳,原亦有书院,号为蕳冈义塾,前节已叙。为揭惠奉族众人之愿而建。

揭傒斯本人尝为不少书院作记。中有《浮云道院记》。浮云道院,亦名浮云书院。泰定四年(1327年),永丰刘鹗(1290—1364年)于客游四方后,取孔子富贵如浮云之语而建。

---

❶ 黄溍《揭傒斯神道碑》。

第五章　明代江西的书院

第一节　明代的文教政策与弘治以前的江西书院

一、明代的文教政策与明初江西书院

明初洪武永乐间(1368—1424年),朱明政权的文教政策,从总体上讲,可以概括为三个方面。一是尊孔崇儒,尤以程朱理学为指导思想。朝廷主持修成了《五经大全》《四书大全》《性理大全》这三部大书。虽然学术上谈不到多高水平,却标志着程朱理学的统治地位的进一步明确。自此,学校学"程朱",科举考"程朱",书院中亦以此为标榜。二是治世用文,选拔文士为官吏。国家以教学为先,学校为本,培养人才,教化百姓。明代科举特盛,卿相百官皆由此出。而科举则又以八股取士,代圣贤立言,其言则以前述《大全》为据。三是实行文化专制,屡兴文字狱。在学术思想上,略有超出《大全》而有所探索的,便斥为"杂览""异端",这是学术思想的垄断,专制。对在学术、政治思想上有"异端"倾向的人士,则大开杀戒。在学校颁卧碑,对生徒进行严格控制。钳制思想更是超越前古,为清代的文化专制树立了榜样。学术事业的发展则备受摧残。正如顾炎武在《日知录》中所讲的,"自八股行而古学弃,《大全》出而说经亡"。

朱元璋很重视官学。官学管理严格,尤其是中央官学待遇好,出路优,也实施了残酷的镇压措施。主要是为了控制思想,也可能有经济上的原因。洪武初,曾撤消一批官办书院,改为府、州、县学。据郑岳的《立诚书院记》称:"宋、元时书院领于官,赐额、割田,以直学、山长主

之。迨我朝定制,并归于学,而书院废。"[1]朱明政权的步骤是:先将元代官办书院的山长加以裁撤,仅由训导主持其事。这是在洪武元年(1368年)首先实行的。洪武四年(1371年),又下令将书院与府、州、县学合而为一,以府、州、县学为名。这就结束了从宋代理宗朝开始的,经元代以书院为官学的历史。在江西,被撤的书院,为数不少,然而可以直接找到明确记载的仅有:

　　南昌　东湖书院　洪武五年(1372年)　改南昌县学
　　新建　宗濂书院　洪武五年(1372年)　改新建县学
　　大余　道源书院　洪武五年(1372年)　改大余县学
　　　　　　　　　　　　　　　　　　　(后又并入府学)

江西始建于洪武间的书院见表7。

表7　江西始建于洪武间的书院

时间		院址	院名	创办人	备注
洪武初	1368—1370年	安仁（今余江）	环谷书院	郑伦	
洪武初	1368—1372年	鄱阳（今属万年）	玉溪书院	何英	
洪武初	1368—1372年	高安	清溪书院	罗君文	
洪武初	1368—1372年	兴安（今横峰）	荷峰书院	张深	
洪武初	1368—1372年	鄱阳	白云书院	陶安	陶为知府
洪武初	1368—1372年	南城	恒山精舍	王伯昭	
洪武初	1368—1372年	新余	石门书院（凤台书院）	梁寅	
洪武初	1368—1372年	奉新	吟溪书院	阴铿	
洪武间	1368—1398年	贵溪	读书林	吴从敬	
洪武间	1368—1398年	星子	庐阳书屋	黄仲美	
洪武间	1368—1398年	万载	画永书院	龙镡	

[1] 载《山斋文集》。

续表

时间		院址	院名	创办人	备注
洪武间	1368—1398年	太和	甘泉书院	龙叔昭	
洪武间	1368—1398年	太和	武山义塾	肖鹏举	
洪武间	1368—1398年	丰城	橙溪书院	刘汉广	
洪武间	1368—1398年	丰城	荷塘书院	黄得中	
洪武间	1368—1398年	吉水	仁山书院	刘惠廷	
洪武间	1368—1398年	吉水	竹林书院	陈秉献	
洪武间	1368—1398年	星子	龙泽书院	查深	
洪武三十年	1397年	信丰	桃溪书院	卢敏	卢为知县

明廷对于一些在元代末遭破坏的前朝名书院，亦任其荒废而置之不问。白鹿洞书院、白鹭洲书院、象山书院、鹅湖书院、濂溪书院、盱江书院皆如此。

朱元璋采取这种办法，可能由于官学易于控制的缘故，而书院则不大容易掌握。因此明初出现了书院冷落的局面。

宋元原有的书院，在此时仍有史实记载的，除前述东湖、宗濂、道源外，据各县方志记载尚有18所，见表8。

表8 明初尚存的其他宋元原有的书院

院址	院名	概况
建昌（今永修）	甘棠书院	洪武十年，赵宗信重建，其后无闻
贵溪	象山书院	元末毁，明初邑人周冕荐授山长，其后无闻❶
贵溪	灵谷书院	明初王祎为记，其后无闻
余干	东山书院	元末毁，明兴而入于寺
浮梁	长芗书院	明初荐举朱伯高为山长，张京伯为直学，后朱被荐为府学教授。书院废❷

❶ 此处荐授山长似在洪武元年之前，朱元璋称吴王之时。故其后无闻。
❷ 先授山长，后为府学教授，说明山长已裁撤。

续表

院址	院名	概况
玉山	端明书院	明初为公廨
武宁	柳山书院	为道观占据
彭泽	靖忠书院	为豪右所并
南城	盱江书院	元末毁,明初徐谅以山长荐授本县训导,其后无闻❶
兴国	安湖书院	洪武末知县唐文仪重修,其后无闻
赣县	濂溪书院	洪武四年知县崔天锡重修
永丰	浮云书院	洪武初刘氏重修,其后长期未闻
万安	龙溪书院	洪武三年知县冯胜重建,其后无闻
庐陵	凤冈书院（精舍）	元末毁,洪武六年知县王泰重建
太和	朴山书院	洪武初严氏后裔重建,其后长期未闻
太和	南薰书院	洪武初刘崧有记,其后无闻
吉水	文昌书院	洪武初王氏后裔重修,其后长期无闻
吉水	东山书院	洪武间解缙有记,其后长期无闻

在包含东湖书院等21所有史实记载的书院中,并入县学的3所;院废山长改任学官的2所;院废初有荐授山长的1所;被占4所;有记3所(均其后无闻);官吏带头修复4所(内其后无闻者2所);民间修复的4所(均其后无闻)。实际保存的只有11所,加上修建19所,共计30所。其中地方官员倡修的只有6所。平均每年不到一所,与前朝相比,确实可谓冷落、寂静了。

永乐"靖难",取得朱明政权,首都北迁。朱棣在凶残屠杀方面比他父亲更甚。江西虽有一批人被朱棣重用为文学侍从,更有一批人是遭殃的。其中最著名的是分宜黄子澄、新淦练子宁被族诛,永丰邹瑾、魏冕,吉水王艮、新淦徐子权、泰和周是修皆被迫自杀。这些人都与江西的书院有些关系,其中黄子澄(1350—1402年),名湜,洪武十八(1385年)会元,历编修、修撰,伴读东宫,累迁太常寺卿。惠帝即位,兼翰林,

---

❶ 似为撤山长改训导,其后书院撤并于府学,故无闻。

献策"削藩"。朱棣夺取政权,磔死,族诛,姻党悉戍边。清代,分宜钤阳书院更名太常书院,纪念他。练子宁(?—1402年),名安,洪武十八年(1385年)进士第二名。对策时尚言"天生之材有限,陛下忍从区区小故纵无穷之诛何以为治"。进修撰,历工部、吏部侍郎,后为御史大夫。朱棣攻占金陵被磔,族诛,姻戚戍边。正德七年(1512年),江西提学副使李梦阳于新淦县建金川书院祀之。邹瑾官大理丞,魏冕官御吏,正德十一年,江西提学佥事田汝耔在永丰建泷冈书院祀之。王艮,字敬业,建文二年(1400年)进士第一,授修撰,少时尚肄业于其家吉水文昌书院。周是修(1314—1422年),名德,为衡府纪善,尚为太和严氏朴山书院修复撰记。

江西始建于永乐年间的书院,据粗略统计有9所,见表9。

表9 始建于永乐年间的书院

时间		院址	院名	创办人	备注
永乐七年	1409年	广昌	清溪书院	赖巽	
永乐间	1403—1424年	丰城	城南书屋	罗环玉	
永乐间	1403—1424年	新昌(今宜丰)	宝善书堂	漆田常	
永乐间	1403—1424年	万载	图南精舍	杨资	
永乐间	1403—1424年	万载	坞溪书院	易节	
永乐间	1403—1424年	万载	桐冈书院	刘文忠	
永乐间	1403—1424年	万载	绿荫书院	郭彦正	
永乐间	1403—1424年	永新	石潭书院	刘髦	
永乐间	1403—1424年	庐陵(今吉安)	梅溪书屋	罗宗智	

宋、元原有书院在此时得以恢复的有7所,见表10。

表10　宋、元原有的在永乐年间得以恢复的江西书院

院址	院名	概况
安仁(今余江)	竹庄书院	李氏后裔复
永丰	湖头书院	金氏后裔复
安福	竹园书院	刘氏后裔复
太和	匡山书院	罗氏后裔复
太和	石冈书院	肖氏后裔复
吉水	白云书院	曾棨有记
新昌(今宜丰)	漆氏书堂	漆氏后裔复

永乐共22年，书院继续是冷落的局面，修复加上新建的仅16所。朱棣承继了朱元璋冷落书院的做法，对于江西更是如此。江西的反对派较多，因此书院的新建不仅数量少，且全无官员倡修倡建，冷落已极。

自洪武到永乐（1368—1424年）近60年，江西实际上只有新建书院28所，修复十余所，像南昌这样的中心城市连一所书院也没有。

二、洪熙至弘治间的江西书院

明初江西书院冷落的局面，在洪熙以后逐渐有所缓解。

一个比较突出的事件是所谓"鹿响再振"❶。白鹿洞书院自元末被毁以后，仅存一片废墟。在被毁74年，书院全面冷落之后，逐渐出现了转机。洪熙间（1425年），国子祭酒胡俨偕同诗友曾游白鹿洞遗迹。据他后来记述，其时"殿堂斋舍鞠为茂草，瓦砾荆榛翳于丘荒"。胡等只能"周览故迹有感而已"❷。郑廷鹄、田琯、毛德琦的白鹿洞志书中，收录了不少明初文人、学士、官吏的诗歌。其中有胡俨的《游白鹿洞三首》《慕白鹿寄余侍讲》，有余鼎的《次胡祭酒三首》，李时勉的《游白鹿洞》，彭琬的《忆白鹿洞寄余翰林》，曾棨的《游白鹿洞诗》，罗汝敬的《游

---

❶ 余忠宸《主洞廖侯去思碑》。
❷ 胡俨《重建白鹿洞书院记》。

白鹿洞》,等等。

这时,白鹿洞书院的废址,仅仅作为"昔贤遗教地",徒供文士们的徘徊仰止,感怀咏叹而已。但也因为有这批在当时有较高社会地位的文人墨客前往白鹿洞凭吊古迹,结社唱和,因而博得后人称之为"鹿响再振",为后来的重建洞学作了舆论准备,也为明代江西书院的重修发展作了思想准备。

洪熙以后,明初的动乱已经过去,内部逐趋稳定,过去的高压政策逐渐缓和。新建和恢复了较多的书院。

新建的书院共31所,见表11。

表11 洪熙以后江西新建的书院

时间		院址	院名	创办人	备注
洪熙间	1425年	安福	书冈精舍	张衡	
洪熙间	1425年	崇仁	小陂书院（康斋书院）	吴与弼	
宣德间	1426—1435年	弋阳	九川书院	李文仪	
正统初	1436—1438年	余干（今属万年）	松冈书院	曹伟	
正统三年	1438年	广昌	东园精舍（东园书院）	何文渊	
正统间	1436—1449年	弋阳	潭石书院	曹溥	
景泰间	1450—1456年	永丰	问渠书院		罗伦读书处
景泰间	1450—1456年	丰城	南湖书院	李裕	
景泰间	1450—1456年	崇仁	巴山书院	吴宣	
景泰四年	1453年	上饶	叠山书院	姚堂	姚为知府
景泰四年	1453年	上饶	芸阁	娄谅	
天顺间	1457—1464年	贵溪	草峰书院	郑节	
天顺间	1457—1464年	安仁（今余江）	礼吾书舍	胡居仁	
成化初	1465—1466年	余干	南谷书院	胡居仁	

时间		院址	院名	创办人	备注
成化初	1465—1469年	南城	三谷书院	张升	
成化五年	1469年	德化（今九江）	靖忠书院	苏致中	苏为知府
成化六年	1470年	广昌	雯峰书院（雯峰道院）	饶秉鉴	
成化九年	1473年	新淦	惜阴书院	陈琦	陈为佥事
成化十七年	1481年	宜春	六柳书院	袁鲁训等	
成化二十二年	1486年	宜春	曲池书院	袁鲁训等	
成化间	1468—1484年	余干	碧峰书院	胡居仁	
成化间	1465—1487年	永丰	金牛洞书院	张邦俊	为罗伦建
成化间	1465—1487年	安仁（今余江）	临池书院	辛瑗	
成化间	1465—1487年	铅山	东冈书院	费暄	
成化末	1483—1487年	南城	圭峰书院	罗玘	
弘治四年	1491年	永丰	一峰书院	郑清	郑为知县
弘治间	1488—1505年	新城（今黎川）	贤溪书院	赖建	
弘治间	1488—1505年	鄱阳（今属万年）	方塘书院	胡万福	
弘治间	1488—1505年	上犹	兴文书院	章爵	章为知县
弘治间	1488—1505年	太和	清风书院	杨南金	杨为知县
弘治间	1488—1505年	婺源	二张先生书院		

洪熙至弘治间前朝书院重修或重建27所，见表12。

表12 洪熙至弘治间重修或重建的前朝书院

时间	院址	院名	修复人
宣德间	贵溪	桐源书院	高氏后裔
正统初	德化	濂溪书院	兵备副使焦宏,后邵宝奏告朝廷
正统三年	星子	白鹿洞书院	知府翟溥福
正统间	赣县	先贤书院	通判郑遥
景泰间	玉山	端明书院	知府姚堂
景泰三年	贵溪	象山书院	巡抚韩雍、知府姚堂
景泰三年	大余	道源书院	知府金润
景泰三年	龙泉（遂川）	盘窝书院	邑人肖启
景泰四年	铅山	鹅湖书院	巡抚韩雍,知府姚堂
天顺间	贵溪	理源书院	巡抚高明上表奏请赐额
天顺间	德兴	初庵书院	
天顺间	宁州（今修水）	景濂书院	知州罗氏劝捐
天顺间	金溪	槐堂书院	巡按吕洪
成化间	婺源	明经书院	胡氏后裔
成化间	婺源	中山学塾	祝氏后裔
成化间	乐平（今属万年）	高扬书院	程楷讲学于此
成化间	武宁	柳山书院	知县冯琦
成化间	金溪	石林书院	知府周谟题额
成化间	玉山	怀玉书院	佥事方中、知府姚堂、知县汪滢
成化间	永丰	东园精舍（龙云书院）	刘氏后裔定名书院
成化间	高安	桂岩书院	幸氏后裔
弘治间	余干	东山书院	知县沈时
弘治间	贵溪	玉溪书院	提学佥事黄仲昭、知县韦厚
弘治间	宁州（今修水）	马州精舍	巡抚林俊
弘治间	泰和	龙州书院	知县杨南金

第五章　明代江西的书院

续表

时间	院址	院名	修复人
弘治间	泰和	文溪书院	知县杨南金
弘治间	萍乡	濂溪书院	知府朱华

在新建的31所书院中,由地方官吏倡兴的6所,占20%。在续修的27所书院中,由地方官吏倡修的19所,占70%。

在这大约90年中,书院数量虽没有大量增加。然而其中诸如濂溪书院、白鹿洞书院、象山书院、鹅湖书院、槐堂书院、道源书院、叠山书院、怀玉书院等著名书院均由地方官吏,甚至高级官员带头倡复,这不能不意味着明廷在对书院政策上已有松动。

三、吴与弼、胡居仁、娄谅等人创办书院与讲学活动

明代,江西讲学的大师首推吴与弼(1391—1469年)。吴与弼,初名梦祥,字子傅(一说子传),号康斋,崇仁人。父吴溥,建文时为国子司业,永乐初为翰林修撰。永乐七年(1409年),十九岁的吴与弼觐亲于京师,入洗马杨溥之门。读《伊洛渊源录》,慨然有"志于道学",遂弃举子业。尽读《四书》《五经》与诸儒语录,体贴于身心,不下楼数年。往来京都,常粗衣敝履,人不知其为高官公子。

吴与弼居乡,躬耕食力,非其义一介不取,弟子从游者甚众,遂修小陂书院。尝雨中被笠。负耒耜与诸生并耕。归则解犁,饭粝蔬豆共食。《明儒学案》中有一段描写,说"陈白沙自广东来学,晨光才辨,先生手自簸谷。白沙未起,先生大声曰:'秀才若为懒惰,而他日何从到伊川门下？又何从到孟子门下？'一日刘禾,镰伤厥指,先生负痛曰:'何可为物所胜！'竟刈如初。"他办的书院倒也是一所既要劳动,又要读书的书院。❶

---

❶ 吴氏在书院中要求学生参加劳动,其意图通过劳动的磨练走向伊川、孟子门下。这与近现代的教育与生产劳动相结合是有区别的。

吴与弼，一心于"圣学"，累召不起，虽曾赴京，仍以病辞，放归。

吴在江西崇仁小陂讲学，史称其开"崇仁之学"。鉴于明初朱学为官学。学者不得违背，只得以"体认"的方式，发其新义。所以，吴与弼往往被看作朱学的继承者，其实他却是"兼采朱陆之长"，注重"寻向上工夫"的"朱学"。刘宗周称其学问"刻苦奋励，多从五更枕上汗流泪下得来"。著有《康斋文集》。

吴与弼的理学，讲的是身心修养，是通过履践和读书来修养身心。他认为，读圣贤之书的目的却在于充实，磨炼"吾心固有之仁义礼智"。他说："欲异于物者，亦曰反求吾心之固有之仁义礼智而已，欲实四者于吾身，舍圣贤之书则无所致其力焉。"❶强调读书是朱学，然而通过读书和履践，来反复磨洗本心，却是陆学。李侗讲静，朱熹也讲静；朱熹讲敬，吴与弼也讲敬；然而最后却是通过"静观""静中思经"，长期的读书思虑而反求于"吾心"。这就是明代的王学的"发端"。吴与弼的高足有：陈献章、胡居仁、胡九韶、娄谅等人，这些人与王学的发展都有关系。

小陂书院在崇仁县西北，约25里。后人在此祀吴与弼，故又称康斋书院。

吴康斋在江西的弟子很多，其中最著名的当推胡居仁（1434—1484年）。胡字叔心，号敬斋，江西余干人。自幼有大志，尝还所拾遗物于人。弱冠，奋志"圣贤"之学。长从吴与弼学。绝意科举，专心学问，不尚记诵辞章，而专心内治。其专心内治，以主忠信为本，求放心为要，出入起居以敬为主，故名其书斋为"敬斋"。自崇仁归里，讲学余干梅溪山中，先后创建礼吾书院（在大悟村）、南谷书院（在南极峰）、碧峰书院（在碧霄峰）。各地来学生徒甚多。胡居仁对门徒尚告之："学以为己，勿求人知。"他与人言语，"终日不及利禄"。

胡有《碧峰书院赋》，赋云："云山青青，涧泉泠泠。考槃之所，硕人

---

❶ 吴与弼《劝学赠杨德金》。

之情。赖陈君之好义,曰创始以经营。与吾心之有合,来此以落其成。喜进修之多士,远负笈而执经。悦藏修之有此,期学力而日增。慨吾德之疏薄,忧圣道之难明。叹真儒之去远,惧功利而日兴。训注繁而理昧,孰能免乎冥行。嗟吾同类兮,立志毋轻,主敬存其心兮,曰虚与灵,穷理致其知兮,曰详以精,反躬践其实兮,曰笃志以诚,德业致其盛兮,应不虚此生,此峰增其辉兮,得人而名。"在这首赋中,表述了他的教育主张。

胡居仁是一个安心山野,以颜渊为榜样的儒学信徒。他也是将这种要求通过诗文来教育感召学徒的。胡居仁尝偕一二高徒适闽浙,入金陵,登涉名山大川,以开耳目。所至豪杰之士皆屈节相迎,并资其行装。尝会同张元桢(1437—1506年)、罗伦(1431—1478年)、娄谅(1422—1491年)为会于弋阳圭峰、余干应天寺,开明代会讲之先声。淮王闻其名声,曾请讲《易》,待以宾师之礼。应进士姚灏之聘,主广信府贵溪桐源书院。应江西提学佥事李龄与钟成之聘,于成化三年(1467年)与十六年(1480年),前后两次赴白鹿洞书院掌教。胡重建了白鹿洞书院各种规章制度。他制定的《续白鹿洞书院学规》六条(亦称规、训、条目、学规),其纲目如下:

其一:"正趋向,以立其志。"

其二:"主诚敬,以存其心。"

其三:"博穷事理,以尽致知之方。"

其四:"审察几微,以为应事之要。"

其五:"克治力行,以尽成己之道。"

其六:"推己及物,以广成物之功。"

这是继朱熹手订《白鹿洞书院揭示》以后影响最大的白鹿洞书院学规。胡居仁在白鹿洞书院讲学,第一次丁忧回籍,第二次时间也不长,"终以疾辞"。他在给陈大中的信中说:"白鹿洞事,在上者不知择人,多是奔竞势利之徒,教不可施。内中又任小人行事,故辞疾而归,世道穷极如此,奈何!"

胡居仁在白鹿洞尚留了诗文和讲义。他的《白鹿洞讲义》,毛德琦《白鹿书院志》失载。讲义一开始就讲:"古之学者,必以修身为本。修身之道,必以穷理为先。理明身修,则推之天下国家,无不顺治。今诸君在洞者,务必用功于此。"最后又讲:"务使今日白鹿洞,即昔日之白鹿洞;今日之学,即昔日文公之学;今日之道,即文公昔日之道。"一句句文公之道,文公之学。尽管吴与弼和胡居仁的学术思想实际上是由朱入陆的,然而,自己也好,他人也好,仍然是以程朱理学的后继人出现的。

胡居仁一生从事著述和教育工作。他的著作很多保存在《敬斋集》中。他两次掌教白鹿洞书院则是他教育活动的重要业绩。胡于万历十二年(1584年)从祀孔庙。由此可见白鹿洞书院山长在当时儒林中的地位。

吴与弼另外一位大弟子娄谅,字克贞,号一斋,上饶人。少有志于学,求师于四方,然不屑"举子学",而求"身心学",故往崇仁入吴与弼之门。与弼治地,召之往视,说:"学者须亲细务。"谅素豪迈,由此折节,虽扫除之事,必躬自为之,不责僮仆。为与弼最为亲信弟子,凡不语其他门人者,于谅则无所不尽,故能入吴学之"堂奥"。应景泰四年(1453年)乡举。退而读书十年。天顺八年(1464年)登乙榜,选为成都训导,寻告归,以著书造就后学为事。居家讲学之处为芸阁。胡居仁尝为之记。记称:"上饶娄君克贞,予同门友。所居东有重屋,为燕朋讲学之所。每遇有学之士,则延于其间,相与讨论。景泰癸酉冬,吾康斋先生尝登焉,因书芸阁二字以贻之。"娄著述甚富。因其女为宁王朱宸濠妃,宸濠谋反败亡,娄氏子弟亦遭难,芸阁事迹,谅之遗著皆失。

娄谅之学"以收放心为居敬之门,以何思何虑,勿忘勿助为居敬之要",当时学者多有讥其"近陆""似禅"。胡居仁曾说娄谅"陆子不穷理,他却肯穷理,石斋(陈献章)不读书,他却勤读书。但其穷理读书,只是将圣贤言语来护己见耳",还是"六经注我"。实际上娄谅主张的是心学化了的朱学。《明儒学案》载,王守仁"年十七,亲迎过信(广信府),从先生(娄谅)问学,相深契也。则姚江之学,先生为发端也"。对明代王氏心学的产生发挥了"启明"作用。

娄谅长子为兵部郎中娄性。性登成化十七年(1481年)进士,因得罪守备太监蒋信,被除名。弘治十一年(1498年)为提学苏葵聘主白鹿洞书院。时书院刚大修,复增建,增田。性以家学渊源为名士。虽因得罪宦官罢职,反得文士拥戴。又因各地书院兴复者不多,故四方闻风而至白鹿者众,一时达五百余人,至院舍不能容,而借住附近乡间民房。这是白鹿洞书院生徒人数的最高记录。娄性撰写过《白鹿洞院田记》,可惜在嘉靖以后的洞志中,均被人归入张元桢名下。大概亦是因为娄氏皆遭株连的缘故罢。

娄谅与胡居仁门下士尚有夏尚朴(1466—1535年),字敦夫,号东岩,广信府永丰(今江西广丰县)人,正德六年(1511年)进士,历主事、知府、山东提学副使、南京太仆少卿,传娄、胡主敬之学主张"才提起便是天理,才放下便是人欲","卓然竖起此心,便有天旋地转气象"[1]。曾与湛若水、王守仁契相切磋。在永丰有东岩书院,在仙掌山之东,尚朴尝集诸生讲学其间。

与胡居仁、娄谅同道讲学的罗伦,字彝正,号一峰,吉安府永丰人。举成化二年(1466年)进士第一,为修撰。曾欲登吴与弼之门而未为接受。尝与胡居仁、娄谅会讲。弃官,以疾求归,隐于永丰金牛山讲学,家贫,日中不能举火,尝对客谈学不倦。以笃志力行见长。尝读书于永丰问渠书院。讲学于金牛洞书院。尝为广昌饶秉鉴所建雯峰书院撰文记事。永丰知县郑清于弘治间建一峰书院祀之。

---

[1] 《明儒学案》卷四。

四、翟溥福等地方官对江西书院建设所作的努力

洪熙以后,江西的书院多有地方官吏带头兴复、创建。翟溥福、李龄、苏癸、邵宝、韩雍、姚堂等人对江西书院的复兴发挥了不可忽视的作用。

翟溥福对白鹿洞书院的重建。翟溥福,字本德,广东东莞人。永乐二年(1404年)进士,历青阳、新淦知县,迁刑部主事,进员外郎,为尚书魏源器重。正统元年(1436年)诏举廷臣堪为郡守者,魏源以翟为应。乃擢为南康知府。在康郡,翟颇有作为。被称为江西第一贤守。

正统三年(1438年),翟重建久已荒废的白鹿洞书院。正统七年(1442年),应江西道监察御史张谦的建议,胡俨写了《重建白鹿洞书院记》。记文说翟"率僚属捐俸入为倡,三邑尚义之士……闻风而起,或出资,或力役。划秽、除荒、取材、就工,先作大成殿、大成门、贯道桥,次作明伦堂、两庑、仪门、先贤祠,以及燕息之所"。

翟溥福这次重建白鹿洞书院,力图恢复宋元原貌,但所建殿宇从名称上略有差异,将礼圣改大成。

朱熹在洞时,曾欲建祠专祀李渤等人,但因礼圣殿未成而罢。淳熙间朱熹门人曾绘朱熹像祀于洞中,朱熹尝劝撤毁之。朱熹死后,开禧元年(1205年),山长李中主等绘程颢、程颐、朱熹像合祀于讲堂中,这是以讲堂兼祀前贤。

翟溥福重建白鹿洞书院,另建先贤祠(又称三先生祠)祀李渤、周敦颐、朱熹,并以程颢、程颐、张载、陈瓘、刘涣父子为配。后来主事者又将翟溥福亦衬配于祠中。

翟溥福重建白鹿洞书院,系地方官员捐俸为倡,率星子、都昌、建昌(含今永修、安义)三邑人士集资修建的。据志书记载,这时为首的士绅尚有,叶刚、杨振德、梁仲、万志濂、彭孟鲁、余康常、杜子诚、杜子章等。由此可见,虽有官员领头主事,实际上白鹿书院并未列入朝廷官学建制,仍是地方人士公建的"乡党之学"。明代其他地方的书院,亦

多有地方官员倡兴或倡复。

翟溥福对于白鹿洞书院的重建是"鹿响再振"的实践。他在江西、在全国,为书院的兴复起了带头作用。翟溥福真可谓"江西第一贤守"。《明史》将翟作为"循吏"列传,亦为得当。

翟溥福使白鹿洞书院开始了一个新阶段,奠定了明清白鹿洞书院建设规制的基础。目前白鹿洞书院建筑物的大致布局仍延续着这个规制。胡俨为翟溥福重建所撰记事碑是白鹿洞书院中现存的最古的一块石碑。

史书上对翟溥福重建白鹿洞书院这件事,曾有过不同的估价。弘治间张元桢在《重修白鹿洞书院记》中说:"昔翟守起废,未尝延师聚徒。"而教师讲学授徒,则自李龄于化成三年(1467年)聘胡居仁任教才开始的。也有不同记载,如天顺二年(1458年),陈敏政《重建贯道桥记》称:"天顺戊寅春,余修书院往视,适乡贡进士李昊与其徒数人读书院中。"另《同治南康府志》称:"庐山白鹿洞书院废,溥福倡众兴复,延师训其子弟,朔望躬诣讲授。"据载:翟聘汪康(永乐二年进士,星子人),由临川归星主讲白鹿书院。如此看来,明代白鹿洞的教学活动亦应自正统翟溥福开始。

韩雍(1422—1478年),字永熙,南直隶长洲(今江苏苏州)人。正统七年(1442年)进士,授御史。史称其"负气果敢,以才略称",历直隶、河道、江西诸道。景泰二年(1451年)擢广东按察副使,复因大学士陈循荐为右佥都御史巡抚江西。在赣韩请追谥文天祥为"忠烈",谢枋得为"文节"。作为封疆大吏,他提倡"气节",建祠庙,办书院。这是从政治思想、伦理思想来维护"名教""纲常",以巩固朱明政权的统治。然而亦必须肯定他提倡的"爱国"和"气节"的积极意义。

韩雍在江西任内提倡修复各处书院,卓有成效。景泰三年(1452年),韩雍指示广信知府姚堂(字彦容,浙江慈溪人,正统四年即1439年进士)与贵溪知县李宣,在元末废毁的三峰山徐岩象山书院旧址,重建象山书院。大理寺卿,弋阳李奎为记称:"景泰癸酉夏,郡守姚公堂致书于奎曰:去年秋都宪韩公巡抚至郡,贵溪庠生陆崇上书言:九世祖文安公为宋儒,建象山书院于应天山,绍定间徙于县南三峰山下,皆所以讲学而崇祀。今废,乞为重建。公韪其请,遂命守躬履其地,相度方位,复为祠堂,中构以堂,两旁翼以庑,前构以门。其费皆守捐俸为倡,邑庠生及民之好义者争先乐助,董其事则知县李宣"等。"逾时告成迎文安公及梭山、复斋三先生之像合祀焉!""都宪公倡之于上,郡守公承之于下,有功于名教为不小也"。

景泰四年(1453年),韩雍又支持姚堂倡修鹅湖书院于宋代旧址——鹅湖山下官道旁。李奎复为之记。记称:"大江以西,古称文献之邦,书院之建不知有几,惟鹅湖之名与白鹿洞并称天下。""景泰四年春,郡守四明姚公堂按行属邑道经鹅湖,寻访旧址,惟见朽柱一楹屹立丛棘中,顾瞻慨叹,亟欲兴复。适都宪姑苏韩公巡抚至郡,守以为请。公曰:此盛举也,崇敬尚贤,有司之首务,容可缓乎?遂授以成算,涓吉兴工,创以祠堂,后为寝室,两旁翼以廊庑,中肖四先生像,前构楼,又前凿泮池,不逾月,靡不翼然以新。仍以鹅湖书院揭其扁,示不忘旧也"。

景泰四年,韩雍又指示姚堂新建叠山书院于府治上饶县城南。叠山书院原有二处。一处在弋阳,为谢枋得门人所建。一处在上饶安辑乡(即今横峰县之葛源),为谢枋得讲学处。后者于元末毁于兵火。韩雍、姚堂又新建于府城。奏请赐谥,春秋致祀,聘师聚徒。

姚堂还先后修复了端明、怀玉诸书院。韩雍则为一些书院的新建、修复而题辞。

曾聘请胡居仁掌教白鹿洞书院的提学佥事李龄,字景龄,广东潮阳人,宣德乡举。成化元年(1465年)为江西提学佥事,与南康知府何浚重修白鹿洞书院,增学田、祭器、书籍。大学士李贤(1408—1466年)、彭时(1406—1475年)与李龄本人均有记。彭记载:白鹿洞书院"正当庐山五老峰下,前守翟侯尝兴复于久废之余,今守何侯等成提学佥宪潮阳李公之志,经营措置重加修葺"。彭等由南康府城星子县"循冈阜北行十余里,乃折而西行,路径崎岖,一水凡五六度而后至。盖其间山势秀拔,左右环拱如合抱状。前有清溪,上下多巨石,石间刻字多文公遗迹。背山临水,栋宇翼然,西为礼圣殿,又西为先贤祠,东为明伦堂,又东为文会堂。俱有廊庑门塾,制作合度,不侈不陋。而又缭以垣墙,树以松竹,深邃清旷,诚于读书养性为宜"。

李龄尝制定了《白鹿洞书院生徒八戒》,当作院规。其主要内容有:

一.诸生入洞悉遵文公《教条》及董、程《学则》,真西山《教子斋规》,不可有违。

朔望行香及早晚堂仪俱依府县儒学仪式。

一. 读书必循序,不可躐等。先读《小学》,次读《四书》《五经》及御制书、史、鉴,各随资质高下。

一.诸生有过,先生喻之于上,朋友劝之于下,务令迁改。果冥顽不悛,斥之。毋令阻坏学规。

一.凡上司按临,先生迎于枕流桥内,诸生迎于枕流桥下路傍拱立。礼生引至延宾馆,唱礼。先生先拜,诸生次拜而退。……

一.诸生不许拆毁门扇、窗棂、板壁,擅自更改及损坏床、桌、椅凳,亦不许纵令家人侵取本洞栽植及附近人家竹木。……戒条相当琐屑,涉及面却较广,这也是一个特点。李龄从朱学,但却并未真正领会朱熹创办书院的原意,将董、程《学则》移入洞中,混淆了大、小学的不同性质。

作为江西提学风宪官,李龄所至之处,都对江西诸多书院予以关切。

弘治间,江西提学佥事苏葵对书院建设颇有贡献。苏字伯诚,号虚斋,广东顺德人。成化二十三年(1487年)进士。弘治八年(1495年),以翰林院编修出为江西按察司提学佥事。十年案临、视学过庐山白鹿洞书院,悯其荒废,思图更新。在巡按王元善、王宗锡、陈铨,按察使陆衍,佥事沈锐、沈清支持下与知府刘定昌大新之。重建礼圣殿、礼圣门、明伦堂、文会堂、学舍六十间。重修先贤祠,徙周敦颐、朱熹于新创之二先生祠祀之,增置田亩,酌定规制,聘原兵郎中娄性主讲。张元桢、何乔新(1427—1502年)与娄性皆为撰记。娄记载,苏"撤其故而新之,材美工良,仑奂之丽,数倍于前,较之淳熙之盛,不多让焉!十三郡士慕风云集者,不远千里而来,凡五百有奇"。据《光绪江西通志》载:苏"性刚介不苟合",以正直、清廉,反而被"镇守太监董让诬奏被系,遣法司盛洪等刑讯,将以刑。南昌诸生百人排闼而入,拥癸去。事竟得雪"。正德间,提学副使李梦阳为纪念苏癸的办学功绩,将苏神主置于先贤祠中,并有《苏先生入白鹿洞先贤祠告文》传世。告文称其"衿珮作气,抗折权贵,威武不屈。兹洞之兴,公与有力"。"德祀","功祀","二者公并有之"。

弘治间,邵宝亦对江西书院建设作出了贡献。邵宝(1460—1527年),字国贤,号二泉,南直隶无锡(今江苏无锡)人。三岁而孤,事母孝,学于江浦庄㫤,成化二十年(1484年)进士,授许州知州,朔望会诸生于学宫,讲义利之辩。巫言龙骨出地中为祸福,宝取骨毁于庭,杖巫而遣之。弘治七年(1494年)入为户部员外郎,历郎中,迁江西提学副使。迁浙江按察使,布政使。正德四年(1509年)以右副都御史总督漕运,忤刘瑾,罢官。瑾诛,起贵州巡抚,户部侍郎,南京礼部尚书,卒谥文庄。其学以洛闽为的,尝声称,愿为真大夫,不愿为假道学。尝在无锡倡兴东林书院,王守仁为之记。在江西白鹿洞书院,改周、朱二先生祠为宗儒祠,以林泽之、黄榦、蔡沈、黄灏、李燔、胡泳、吕炎、吕焘、彭芳、周耜、彭蠡、张洽、冯椅、陈宓十四人从祀。新创忠节祠祀诸葛亮与陶潜等人。又建独对亭,自为记。邵宝复讲学洞中,有《谕习士相见礼》《谕来学》二则讲义传世。邵宝又在洞中命人刻书。据郑廷鹄《白鹿洞志·镂版》所记:至嘉靖末,洞中所存之"《易经》五十九片,《书经》

板五十三片,《书经》板六十八片,《礼记》板共二百九十七片"。"俱邵宝刻"。

据载:邵宝尚奏请修建江州濂溪书院。释莱开讲。这是朝廷敕令修建书院的重要例子。

洪熙至弘治间,由翟溥福至邵宝等官员,皆为正德以后江西书院的发展奠定了基础。

第二节 明正德、嘉靖间江西书院建设

一、明正德、嘉靖间江西书院发展概况

明正德、嘉靖间,江西书院的发展在前阶段的基础上进入高潮。这时正是封建庄园经济日趋没落,工商业经济逐渐萌发的历史变迁时期。各种社会矛盾逐渐剧化,统治集团本身亦日益腐败,政治、经济、文化上都出现了危机。明初确立程朱理学的统治地位,而程朱理学本身却以朱熹已经穷尽其说而拒绝进一步发展,面对新的局势无能为力。这就为新的学说的发展开辟了道路。这时,在学术思想领域起带头作用的是陈献章及其弟子湛若水,有突出建树的则是王守仁。而书院的发展则是与湛若水、王守仁等人带头提倡分不开的。湛、王的学术活动,学派的发展,则又以书院为基地。明初的书院不仅少,而且在教学形式方面也逐渐失去了活力。由于湛、王及其后学的努力才产生了新的变化。

史称:正嘉之际,王守仁聚徒于军旅之中,徐阶(1494—1574年)讲学于端揆之日,流风所被,倾动朝野,于是搢绅之士,遗佚之老联讲会,立书院相望于道。朝廷虽几次意欲抑制都未能奏效。

正、嘉间江西新建书院见表13。

表13　正、嘉间江西新建书院

时间		院址	院名	创办人	备注
正德二年	1507年	玉山	玉山书院	谢氏	
正德六年	1511年	南昌（含新建）	阳春书院	朱宸濠	朱为宁王
正德七年	1512年	进贤	征士书院	李梦阳	李为提学副使
正德七年	1512年	进贤	钟陵书院	李梦阳	李为提学副使
正德七年	1512年	新淦	金川书院	李梦阳	李为提学副使
正德八年	1513年	高安	筠阳书院（凤仪书院）	邝鄽	邝为知府
正德十一年	1516年	永丰	泷冈书院	田汝耔	田为提学副使
正德十四年	1519年	信丰	崇正书院	冼充	冼为知县
正德十五年	1520年	安福	东廓山房	邹守益	后亦有会
正德间	1506—1521年	南昌	丹陵书院	魏良弼	
正德间	1506—1521年	高安	槐东书院	谢廷	
正德间	1506—1521年	建昌（今永修）	扶风书院	周广	周为知县
正德间	1506—1521年	南城	斗湖书院	夏良胜	
正德间	1506—1521年	分宜	铃山堂	严嵩	
正德间	1506—1521年	铅山	含珠山讲所	费宏	
正德间	1506—1521年	永丰	云邱书院	聂豹	
正德间	1506—1521年	南城	前锋书屋（前锋书院）	罗锦	
正德间	1506—1521年	于都	龙溪书院	袁庆祥	袁为金事
正德间	1506—1521年	永丰	离明书院	刘霖	
正德间	1506—1521年	吉水	养中书院	刘成	刘为知县
正德间	1506—1521年	安福	乐育书院		

续表

时间		院址	院名	创办人	备注
正德间	1506—1521年	安仁（今余江）	阳刚书院	桂氏	
正德间	1506—1521年	永丰（今广丰）	莲湖书院	吕夔	
正德间	1506—1521年	安福	兼山书屋（文明书院）	张鳌山	
正德间	1506—1521年	德兴	银麓书院	徐珊	
嘉靖初	1522—1523年	永宁（今宁冈）	鹅峰书院	陆时雍	陆为知县
嘉靖二年	1523年	南康	旭岭书院	黄廷宣	黄为通判
嘉靖三年	1524年	峡江	求仁书院	钱琦	钱为知府
嘉靖三年	1524年	清江（今樟树）	石龙书院	钱琦	钱为知府
嘉靖四年	1525年	会昌	湘江书院	赖贞、赖元	
嘉靖六年	1527年	德化（今九江）	肄武书院	何棐	何为兵备副使
嘉靖六年	1527年	鄱阳	湖东书院	徐一鸣	徐为提学副使
嘉靖六年	1527年	太和	静斋书院	陈凤悟	
嘉靖八年	1529年	安仁（今余江）	见山书院	桂萼	
嘉靖十年	1531年	永丰（今广丰）	东岩书院	夏尚朴	
嘉靖十二年	1533年	大余	梅园书院	陶谐	陶为南赣巡抚
嘉靖十三年	1534年	宁州（今修水）	凤山书院（山泉书院）	蒋芝	蒋为知州
嘉靖十五年	1536年	上高	金石书院	沈学	沈为教谕
嘉靖十五年	1536年	安福	复古书院	邹守益等	系讲会式书院

续表

时间		院址	院名	创办人	备注
嘉靖十五年	1536年	庐陵	青原会馆	邹守益等	系讲会式书院
嘉靖十六年	1537年	广昌	石冈书院	李乔	
嘉靖十七年	1538年	瑞金	绵江书院	王釴	王为知县
嘉靖二十年	1541年	新城（今黎川）	正宗书院	王材	
嘉靖二十年	1541年	新余	北山书院	晏若川	
嘉靖二十一年	1542年	南丰	紫阳书院	向稿	向为知县
嘉靖二十五年	1546年	吉水	石莲洞	罗洪先	
嘉靖二十八年	1549年	清江（今樟树）	仰高书院	李檠	李为知府
嘉靖二十八年	1549年	宜春	昌黎书院	刘廷浩、徐栻	刘为知府徐为知县
嘉靖二十九年	1550年	永丰	六一书院	张言	张为知县
嘉靖二十九年	1550年	永新	东华书院	徐衍祚	徐为知县
嘉靖三十二年	1553年	南城	明德书院（从姑山房）	罗汝芳	
嘉靖三十二年	1553年	安福	连山书院	邹守益等	系讲会式书院
嘉靖三十二年	1553年	永丰	夫山书院	梁汝元	
嘉靖三十五年	1556年	南昌	正学书院	张元冲	张为布政使
嘉靖三十七年	1558年	安福	复真书院	邹守益等	系讲会式书院

续表

时间		院址	院名	创办人	备注
嘉靖三十七年	1558年	湖口	射圃书院	沈沼	沈为知县
嘉靖三十八年	1559年	德兴	二贤书院	何迁等	何为巡抚
嘉靖三十八年	1559年	德兴	绪山讲院（文麓精舍）	王守胜	
嘉靖三十九年	1560年	太和	萃和书院	郭应奎	
嘉靖四十二年	1563年	婺源	虹东精舍	胡考	胡为知府
嘉靖四十三年	1564年	龙泉（今遂川）	群英书院	冯衡	
嘉靖四十五年	1566年	萍乡	昌文书院	杨自谐、蒋时模	杨为同知、蒋为知县
嘉靖间	1522—1566年	贵溪	忠礼书院	夏言	有敕额
嘉靖间	1522—1566年	南城	道一书院		
嘉靖间	1522—1566年	宁都	宁都书院	陈大纶	陈为知县
嘉靖间	1522—1566年	乐安	大成书院	董翀鹏	
嘉靖间	1522—1566年	乐安	园通书院	董燧	
嘉靖间	1522—1566年	乐安	雪峰书院	董时望	
嘉靖间	1522—1566年	南昌	龙光书院	吴桂芳	
嘉靖间	1522—1566年	南昌	洪崖书院	李迁	
嘉靖间	1522—1566年	分宜	钤麓书院	严嵩	
嘉靖间	1522—1566年	南昌	清溪书院	喻南岳	
嘉靖间	1522—1566年	南昌	香城书院	谢廷杰	
嘉靖间	1522—1566年	万载	三峰书院	龙国臣	
嘉靖间	1522—1566年	万载	凤鸣书院	彭澄	
嘉靖间	1522—1566年	永丰	求志书院（求志堂）	聂豹	
嘉靖间	1522—1566年	永丰	太极书院	郭汝霖	

续表

时间		院址	院名	创办人	备注
嘉靖间	1522—1566年	吉水	正学书院	罗洪先	
嘉靖间	1522—1566年	吉水	文明书院		
嘉靖间	1522—1566年	新余	东湖书院	晏氏	
嘉靖间	1522—1566年	高安	西郊书院	廖逞	
嘉靖间	1522—1566年	安福	前溪书院	刘教	
嘉靖间	1522—1566年	安福	天香会馆	赵新	系讲会式书院
嘉靖间	1522—1566年	安福	石屋山房	彭簪	
嘉靖间	1522—1566年	万载	绿筠书院	辛滔	
嘉靖间	1522—1566年	安福	梅源书屋	刘晓	
嘉靖间	1522—1566年	安福	近圣会馆	朱淑相	系讲会式书院
嘉靖间	1522—1566年	上饶	闻讲书院（一称忠礼书院）	夏言	
嘉靖间	1522—1566年	贵溪	严家书院	徐越	
嘉靖间	1522—1566年	万安	王兴书院	王门弟子	系讲会式书院
嘉靖间	1522—1566年	鄱阳	浮州书院	应鸣凤	应为知府
嘉靖间	1522—1566年	安仁（今余江）	管峰书院	吴汝斯	
嘉靖间	1522—1566年	德化（今九江）	濂溪先生书院	陈洪濛	陈为兵备副使
嘉靖间	1522—1566年	丰城	莲槎书院	李材	
嘉靖间	1522—1566年	丰城	罗山书院	李遂	
嘉靖间	1522—1566年	丰城	剑东义馆	袁伯明	
嘉靖间	1522—1566年	于都	濂溪书院	何廷仁、黄宏纲	
嘉靖间	1522—1566年	吉水	仁文书院（文江书院）		

续表

时间		院址	院名	创办人	备注
嘉靖间	1522—1566年	婺源	福山书院	吴辕	吴为知县
嘉靖间	1522—1566年	婺源	学道书院	吴辕	吴为知县
明嘉靖末	1561—1566年	新城（今黎川）	东园书院（皆春堂）	张槚	
明嘉靖末	1561—1566年	新城（今黎川）	廪山精舍	邓元锡	
明嘉靖末	1561—1566年	南昌	崇德书院	高则益	
明嘉靖末	1561—1566年	南昌	罗源书院	万廷言	
明嘉靖末	1561—1566年	湖口	成德书院	吴淞	
明嘉靖末	1561—1566年	宜春	秀江书院		籍严氏产为之
明嘉靖末	1561—1566年	金溪	象山书院	程秀民	程为知县

粗略计算共计108所。其中地方官员带头倡兴的近40所，占三分之一。

宋、元书院在正德、嘉靖间重建兴复的见表14。

表14　在正德、嘉靖间重建兴复的宋、元江西书院

时间	院址	院名	修复人	备注
正德间	德兴	双溪书院	王氏后裔	提学副使蔡清支持
正德间	万年	翠岩书院	叶氏后裔	
正德间	万年	松冈书屋	柴氏后裔	参政吴廷举支持
正德间	万年	石洞书院	参政吴廷举、副使许廷光	
正德间	鄱阳	忠宣书院	洪氏后裔	巡按臧凤支持
正德间	乐安	鳌溪书院	知县穆世杰	

续表

时间	院址	院名	修复人	备注
正德间	南城	盱江书院	提学副使李梦阳	
正德间	太和	云津书院	刘氏后裔	
正德间	高安	文溪书院	陈氏后裔	
嘉靖间	婺源	紫阳书院	知县曾汴	
嘉靖间	德兴	蒙斋书院	程氏后裔	提学副使王宗沐支持
嘉靖间	德兴	柳湖书院	知县俞记	提学副使王宗沐支持
嘉靖间	德兴	息斋书院	提学副使王宗沐知县许公商	
嘉靖间	德兴	归轩书院	邹氏后裔	巡抚汪元锡支持
嘉靖间	上饶	御书院	知县陈添祥	王宗沐作记
嘉靖间	永丰（广丰）	霞溪书院	知县孙昭	
嘉靖间	丰城	龙光书院	陈氏后裔	
嘉靖间	临川	临汝书院	同知蔡元伟	
嘉靖间	上犹	东山书院（浍滨书院）	知县谷同	
嘉靖间	永丰	武城书院	曾氏后裔	
嘉靖间	庐陵（今吉安）	白鹭洲书院	知府黄宗明	王门子弟为会
嘉靖间	清江	芎林书院	知府李槃	
嘉靖间	新淦	高峰书院	知县田邦进	

约计25所。其中官员倡修的13所，得到大员支持民间兴修的5所。

正德元年为1506年，嘉靖四十五年为1566年，共计61年。平均每年兴复或新建二所多。这还不包括明代新建和宋元原有、明代前期已有修复，或者始终维持的书院在内，从数量上说，应该是空前的。

从书院的教学活动看，江西王学特别活跃，产生了讲会式的书院群体，在全国也处于前列。这不能不说又是一大特色。

二、江西几所著名书院的新动向

在正德、嘉靖间江西历史上一些著名书院普遍活跃起来，不仅作为文化遗迹，成为文人学士凭吊古迹，表达崇敬与思念的地方，而且又有新的活动内容，新的活动方式。

（一）白鹿洞书院

白鹿洞书院自元至正十一年（1351年）被毁，至正统三年（1438年）翟溥福重建，中间经过87年的荒废。又经李龄、苏癸、邵宝三次大修、增建、置田，已具相当规模。正德元年（1506年），提学副使蔡清又亲自"典教洞学"。蔡清（1453—1508年），字介夫，号虚斋，福建晋江人。成化二十年（1484年）登进士，即归里专事讲学，后授礼部主事，升吏部郎中，又以终养归。正德元年起江西提学副使、取士主张"先德行后文艺"，教人"必极蕴奥"，议论精确。在洞中开示学生，务尽其性。舒芬、夏良胜、邹守益等皆出其门。因与宁王朱宸濠不协，去职。罗钦顺（1465—1547年）称其：“一生做穷理功夫，且能力行所学。”鉴于蔡清与白鹿洞的密切关系，其神主一直放在书院先贤祠（报功祠）。清雍正二年（1724年）又从祀孔庙。

正德六年（1511年），李梦阳为江西提学副使，多次来到白鹿洞修志、凿井、增建、清田、整顿规制、讲学授徒，颇有作为。

正德十年（1515年），提学佥事田汝耔在白鹿洞刻《史记集解》130卷。共镂版2000片。田，字勤甫，河南祥符人，弘治十八年（1505年）进士。白鹿洞在宋代就有刻书活动。淳祐间，方岳亦曾刻过"先贤书传"。而田刻《史记集解》，就现存史料看，则是规模最大的一次。

正德十三年（1518年），王守仁手书《中庸古本》（含《修道说》）、《大学古本》（含《大学古本序》），使人"千里而致之洞中"，入石"以就正于"朱熹。是时前后提学副使唐锦，知府陈霖尚先后置田、清田。后王守仁率兵大破宁王朱宸濠，至白鹿洞多有题识，并聚门人讲学。

正德十五年（1520年），巡按唐龙（1477—1546年）在兵燹之后寻访书籍，清理田亩，奏请以蔡宗充为府学教授兼白鹿洞山长。由巡按奏请朝廷选官主持书院，这在明代是一种特殊的现象，可能与安定江西的人心，笼络江西士人有一定的关系。

嘉靖初，知府罗辂、张愈严，巡按徐岱，提学副使徐一鸣，在白鹿洞亦多有活动。提学副使赵渊，又祀陆九渊入宗儒祠。

嘉靖九年（1530年），知府王溱辟洞讲修堂（明伦堂）后，这是白鹿洞书院有"洞"之始。嘉靖十四年（1535年），知府何岩又置一石鹿于洞中。这又是白鹿洞有"石鹿"之始。

嘉靖十五年（1536年），湛若水重访鹿洞留有诗作。湛于弘治十七年（1504年）曾初访白鹿洞亦有诗作。

嘉靖十七年（1538年），武进榜眼，史学家、理学家薛应旗（字仲常，号方山）以九江教授应提学副使徐阶之聘，兼任白鹿洞书院山长。薛应旗乃是薛敷教的祖父，顾宪成、顾允成的老师。史称："东林之学来源于薛。"他对东林学派的形成有影响。东林书院的创建和发展，也吸取了白鹿洞书院的经验。

嘉靖二十年（1541年），左参议王梃（字子长，浙江象山县人，进士）至白鹿洞讲学。讲义中提到"时壬寅仲春，梃与西庐赵子游白鹿洞，读象山先生义利说及考亭先生跋语。因叹曰：'是学之不明于天下久矣'。固为反复阐明二先生之意"。

嘉靖二十三年（1544年），巡按魏谦吉重修宗儒祠、斋舍，整理器用，清理洞田，选南康府、九江府生童三十余人入洞肄习，聘南丰教谕郑守道主教事。郑有《重兴白鹿洞记》碑传世。

嘉靖二十七年（1548年）参政张元冲置田。之后巡按曹汴建思贤台于洞上。

嘉靖三十一年（1552年），提学副使郑廷鹄视学白鹿洞，登台讲学，有《白鹿洞讲义四首诣诸生》。巡按肖端蒙至白鹿洞讲学，题匾、置田。郑有《新置都昌洞田记》。郑廷鹄为白鹿洞卓尔山、后屏山、左翼山命名，复主编《白鹿洞志》，三十三年成，自为序。

嘉靖三十四年（1555年），永丰王朱厚燍、瑞昌王朱拱摇各捐田入书院，邹守益、敖铣分别撰记。邹尚讲学鹿洞有传与讲义流传。

嘉靖三十六年（1557年），提学副使王宗沐（1523—1591年）又有增建，"引诸生讲习其中"。

嘉靖三十八年（1559年），巡抚何迁（1501—1574年）又有增建。

嘉靖四十年（1561年），巡抚胡松、提学副使黄国卿，先后讲学洞中。

嘉靖四十三年（1564年），分守南九道参议冯谦又重修书院，清理田赋，充实藏书。接着知府张纯、教授李资元、主洞陈汝简等又继续进行了建设工作。他们复校和增补了郑廷鹄主编的《白鹿洞志》，重刻朱熹的《白鹿洞赋》和陆九渊的《白鹿洞书堂讲义》于石，请著名理学家王畿（1498—1583年）写了《重修白鹿洞书院记》。王为王阳明高足，在林下数十年，到处讲学。星子是金陵至豫章途中必经要道，他曾多次在白鹿洞留下自己的足迹。"嘉靖乙丑"，他"赴吊念庵罗子，回舟过彭蠡"，应张纯与洞主杨汝简之邀，在白鹿洞书院讲学。王讲义利之辨与致知难易，有《白鹿书院续讲》传世。陈汝简与生徒三十余人将《续讲》立石洞中，这块石碑还保存在书院碑廊中。

嘉靖间，对白鹿洞书院建设有所建树的人不少。如高贲亨，字汝白，浙江临海人，正德九年（1514年）进士，做过江西提学副使。曾在白鹿洞立下《洞学十戒》，戒条纲目如下：

一曰：立志卑下，

二曰:存心欺妄,

三曰:侮慢圣贤,

四曰:陵忽师友,

五曰:群聚嬉戏,

六曰:独居安肆,

七曰:作无益之事,

八曰:观无益之书,

九曰:好争,

十曰:无恒。

此外,尚有刘世扬、王慎中(1509—1559年)、吴国伦、魏良器等皆在白鹿洞讲学。

(二)象山书院

象山书院亦毁于元末,景泰间韩雍、姚堂重修后,成化二十年(1484年)又诏命贵溪县再次修缮。

正德五年(1510年),武宗赐"象山书院"额。次年,提学副使李梦阳与知县谢宝兴又修葺旧屋,增建门堂坊匾与仰止亭。此亭位于徐岩上的中峰山腰。据徐霞客称:其"高悬崖际,嵌空环峡,仰高峰而俯幽壑",为一胜境。次年,书院落成,李梦阳、杨廉(1452—1524年)、夏言(1482—1548年)、桂恭省以诗文赞颂盛典。

夏言于嘉靖间,复为书院凿井,建象麓草堂、三峰亭。亭堂建成时,夏尚朴、费宏(1466—1535年)等皆临庆祝。

嘉靖二十二年(1543年),知县袁凤鸣又有增修,王宗沐曾来讲授陆王心学。

嘉靖间,知县周如斗、汪万仞、姚筐等尚相继置田以供祭祀、束脩、膏火之用。

(三)鹅湖书院

景泰间于鹅湖山麓鹅湖寺旁重建后,弘治间徙往鹅湖山之绝顶。正德六年(1511年),李梦阳命知县秦礼即故址重建正堂五楹,外门三楹,前立石坊,仍扁文宗书院。汪伟记其事,记称:书院"最后移于山的绝顶,正德辛未冬十有一月,提学副使关西李梦阳按县,枢农登谒,欹险危峻,人迹殆绝,屋且坏,乃下寻故址。则已鞠为荆榛久矣。概然兴怀,顾县尹秦曰,先哲遗躅在是奈何去之,而以奇险为哉!吾欲复旧观?如何?秦侯曰:此礼夙心也。乃畚去毁砾,剪除宿秽,为屋若干楹,仍扁曰,文宗书院。落成舍奠,如亲睹四君子周旋一堂而聆其声欬"。"李公以节行文章表见于时,其督学江右,专以存心穷理为教化首务,而不拘于文字尺度间。于先哲过化之地,表章尤力,所以开导风示后进意甚盛。上之所好,下必有甚者焉,斯道其将复明乎!"

(四)怀玉书院

怀玉山原有杨亿读书之精舍,淳熙间,朱熹等在此讲学。有司与门人扩为书院。元为僧寺所占。成化间,佥事方中与知府姚堂重建。正德六年,李梦阳檄地方官吏率玉山士子重建于元进士郑伯飞所建芳润堂侧。宁王兵变又沦为僧寺。

嘉靖三十三年(1554年),提学副使王宗沐与巡抚马森,巡按徐坤檄有司复改僧寺为书院。嗣后,巡抚何迁,巡按郑本立,布政张元冲,按察使翁大立,参政陆稳,知府林光祖,周淑合力大新,命鄱阳知县沈桂,铅山知县陈垣董其事,堂曰明德,曰易简,如白鹿洞规制,置田33顷,岁入田租3300余石,以奉祀养士。张元冲(后为巡抚)复聘王畿、钱德洪主讲席、立讲会,传布王氏心学。成为江西王学重要据点之一。钱编有《怀玉书院志》,邹守益为序。

(五)白鹭洲书院

白鹭洲书院毁于元末。嘉靖五年(1526年),知府王门弟子黄宗明重建书院讲堂,聘师讲学。

嘉靖二十一年(1542年),知府何其高迁建于府城南关外仁寿山慈恩寺,改名白鹭书院。罗钦顺、邹守益、欧阳德、聂豹、罗洪先、尹台、胡直(1517—1587年)等人皆讲学于此。亦记其事。

(六)盱江书院

盱江书院本为宋儒李觏讲学之处,毁于元末。正德七年(1512年),李梦阳毁东岳庙,改建于西街。籍淫祠田产归书院,选士之俊秀者入院肄业,并自为记。正德十一年(1516年),田汝耔命知府韩辙,同知何思修建。田为记。

嘉靖三年(1524年),书院院址为益王并吞。

(七)濂溪书院

濂溪书院在江西甚多,以赣州、江州为最著名。

江州濂溪书堂为周敦颐手创。南宋时数度增筑,潘慈明、吕胜己、朱熹、赵崇宪以及周氏后裔皆曾在此有所作为。元代仍设有山长。吴澄亦在此留居。

明正统初,分巡南九副使焦宏即旧址重建。而后,副使陈玠,景泰间,巡按项璁,成化间,巡按徐杰皆有修葺。弘治末,邵宝又大新书院。正德元年(1506年),奏请祀典。九江榷使郑汝美亦倡建廊舍,塑像。

嘉靖间,榷使邹輗、祖琚,副使谢迪,巡抚何迁相继增建。

嘉靖间,南九兵备副使陈洪濛,又在府城内丰储坊重建,称濂溪先生书院。集诸生肄业其中。

赣州是周敦颐仕宦之处。南宋时,后人建书院于水东玉虚观旁。元季兵毁。洪武初重建。弘治间,知府何珖改建于郁孤台下。正德十二年(1517年),巡抚南赣佥都御史王守仁与知府邢珣迁旧布政司址,守仁题匾"濂溪书堂"。由王之高弟冀元亨主讲,王率诸弟子讲学其中。嘉靖十年(1531年),南赣巡抚陶谐重修。罗钦顺为记。嘉靖三十四年,南赣巡抚汪尚宁又聚徒讲学其中。嘉靖末,知府黄扆又修葺。

三、李梦阳与江西书院

李梦阳(1472—1529年)是明代中叶著名文学家。与何景明(1483—1521年)、康海(1475—1540年)、边贡(1476—1532年)、王九思(1468—1551年)、徐祯卿(1479—1511年)、王廷相(1474—1544年)号称"前七子"。他作为江西提学副使,对江西的书院建设颇有贡献。

李梦阳,字献吉,天赐,号空同子,明陕西庆阳(今属甘肃)人。父李正,曾任周王府教授,徙居河南开封。母梦日堕怀而生,故名梦阳。弘治六年(1493年)乡举第一,次年成进士,授户部主事,迁郎中。因忤权贵,被构下狱,得释。十八年应诏上书,又得罪刘瑾,下锦衣狱,将被杀,幸得康海救免。瑾诛,复故官。正德六年(1511年),迁江西提学副使,并"奉特旨举闻重事"。在江西,振作士气,命诸生毋谒上官,见官亦长揖,毋跪。李自己亦身体力行,御史江万实巡按江西时,诸官皆跪接,独梦阳不予。梦阳以为江奉敕督察官员,已奉敕提督学政,皆奉敕行事,何需屈跪。所至采访"谣俗",诸"义士""笃行"悉奏告表章。废淫祠,兴学校、社学。与郡、县官员共倡修鹿洞、叠山、象山、鹅湖、旴江、东山、怀玉诸书院,并多所题记。尝为宁王朱宸濠阳春书院撰记,并重修《白鹿洞书院志》,建钟陵书院于进贤。此外尚多有"建白"。后以笞淮王府校,与总督陈金,御史江万实不合,得罪羁狱。诸生万余为其讼冤,终以冠带闲住去职。自此益负气自重,致力诗文,当台阁体风行之时,深厌其平庸,倡言"文必秦汉,诗必盛唐",时人誉为杜甫之后第一人。朱宸濠败亡。"坐"曾为阳春书院撰记事,被劾党逆。因大学士杨廷和,尚书林俊力救,削籍归。

李梦阳对白鹿洞书院的建设贡献颇为突出。他于正德六年至九年(1511—1514年),数度来到白鹿洞。在此讲学,清理田亩、租赋,建亭、凿井。李重修《白鹿洞书院志》,自为序。李志分沿革志、形胜志、创建志、石劁志、山志、田地塘志、姓氏志、文志、书籍志、器皿志十个部分。

李梦阳作为明代著名的文学家、书法家曾在白鹿洞留下了相当数量的文章、诗篇、墨迹。当时星子知县崔孜在溪口桥建石牌坊,李亲书白鹿洞书院五个大字刻石。这块石刻至今保留下来,架在书院大门楣上。他为宗儒祠、独对亭、钓鱼亭、六合亭作记、撰铭。其手书宗儒祠记全文石碑,现在还保留在书院碑廊中。他的诗篇《钓台亭成》《白鹿洞偏览名迹》《至白鹿洞》《余邹二子游白鹿洞歌》《再至白鹿洞》《回流山亭》《白鹿洞》《风雩石》《枕流桥》《钓台》《回流山》《井》等都还保存在白鹿洞志书和他的集子里。鉴于李梦阳对白鹿洞书院的贡献,他的神主亦祀于先贤祠中。

在上饶叠山书院,李梦阳支持知府陆征之修复,并请汪俊记其事。

在余干东山书院亦有建树。东山书院建于宋,原在余干城内冠山东峰,元初为胥吏所占,李荣庭高价赎回重建。谢枋得曾为之记。元设山长主之。元末兵毁,明初其地入于寺。弘治时知县沈时重修,正德初又毁于兵火。正德七年(1512年),右布政任汉、参政吴延举、李梦阳与知县徐冠徙建于中峰。李梦阳为之记。

记称:"东山书院故在余千县冠山东峰。旧志曰:南宋时赵忠定汝愚,其弟汝靓,及其子崇宪建。而朱子至则主之而讲学者也。""院故有堂,曰风云堂,盖朱子手笔。"正德六年(1511年),"予按县登山见书院址坏。会江西右布政温江任公以兵留县,又力取其地复之。曰:盗贼不平者,教化不行也。战阵无勇者,亲上之义不明也"。"丈中峰地东西得二十八丈,南北七丈,中构讲堂五间,南面以祠,而堂之东仍构风云堂,西构讲堂,又构东西廊号房以处讲朱子之学者。""是役也,任公出百金,右参政吴公出五十金。""书院成议所祠者。任公曰:夫士群居则杂,杂则志乱,志乱则行荒,故学以养之者大也。书院以萃之者其俊也,俊不萃则业不专。业专则学精,学精则道明,道明则教化行而人知亲长之义,盗贼又不兵而平也。故书院者,辅学以成俊者也。然必人焉以为士师祠焉。"书院立祠赵汝愚、朱熹,以赵汝靓、柴元裕、曹健、胡居仁配。

在进贤与教谕黄懿,训导谈一凤,生员陈云章等毁东岳庙,换福胜寺建钟陵书院。并自为记。记称:"进贤原为南昌钟陵镇故曰钟陵书院。又以周敦颐尚任职南昌而专祠祀之。知县赵汉、王纪成其事。"又称:"郡邑之设学也,所以规贤也;是故庐以居之使之安也,廪以食之虑弗专也,师以临之,友以亲之,经术是游,养之端也,异其衣冠,示殊众也,建之以庙,贤圣毕集,标之趋也,朝钟暮鼓,课艺程能严惰纵也。"

正德六年、七年,正是江西大员忙于镇压"剿除"余干桃源洞"贼"之际。任汉、吴廷举等人为"剿除"忙得不可开交,且屡遭失败。任汉等支持李梦阳,在上饶、玉山、铅山、贵溪、余干等地创社学,修书院,实为"教化"百姓,而使"人知亲长之义,盗贼可不兵而平"也。

李梦阳归河南后,复因阳春书院事,几遭杀身之祸。阳春书院在南昌城顺化门内,系朱宸濠为笼络、招致四方士子而建。由名士庐陵举人刘养正为讲学盟主,一时称盛。作为提学副使赞助其事,为之撰记,亦理所当然。宸濠败,书院亦废毁。嘉靖元年(1522年),建贡院考棚于此。❶

四、王守仁与江西书院

王守仁(1472—1529年)为明代心学大师,号阳明,余姚人,然其"事功"主要都在江西。明中叶,书院的兴起是与他的学派、学说的崛起分不开的。弘治十二年(1499年)举进士,先荐为刑部、吏部主事,尝与湛若水讲学京都。以得罪刘瑾贬贵州龙场驿丞,复又讲学龙场,构龙冈书院。贵州提学副使席书聘主贵阳文明书院。就在贵州,王始悟"格物致知"之意,始论"知行合一"之说。

正德五年(1510年),刘瑾败。三月,王为庐陵知县,聚徒讲学于治

---

❶ 嘉靖三十四年(1555年)考棚毁于火,次年布政张元冲,提学副使王宗沐建正学书院于此。

东青原山,从此开始,奠定了江右王学发展的基础。他以庐陵县为中心,自吉安地区扩展其影响。冬入京,年底任刑部主事,复讲论于京都,虽官位于其上者,亦有贽事以师礼者。由吏部主事、员外郎至郎中再升太仆少卿,南京鸿胪寺卿。

正德十一年(1516年),升都察院左佥都御史巡抚南赣汀漳等处。次年正月赴任,行十家牌法,选民兵,除"内奸",平"漳寇",立兵符,调整基层政权建制,疏请疏通盐法,六月,改授提督南赣汀漳等处军务,给旗牌得便宜行事,又"抚谕贼巢",疏处南赣商税,"平横水桶冈诸寇"。次年又"征三浰","袭平大帽、浰头诸寇"❶。复置平和、崇义、和平诸县。办社学、举乡约,复刻《古本大学》,修濂溪书院。王之门人众多,薛侃、欧阳德、梁焯、何廷仁、黄弘纲、薛俊、杨骥、郭治、周仲、周衡、周魁、郭持平、刘道、袁梦麟、王舜鹏、王学益、余光、黄槐密、黄鏊、吴伦、吴鹤、薛侨、薛宗铨、欧阳昱、邹守益等或随行入赣,或闻风而来,于军务之暇,讲聚不散。

正德十四年(1519年)正月,朱宸濠起兵谋反。王守仁传檄发兵,迅速平定,擒宸濠于樵舍。九月兼江西巡抚。门人多有随行参赞军务,讲学论事者。王守仁在击败并擒获朱宸濠时,尝派兵进驻南康。次年正月,在开先寺李璟读书台旁岩壁刻石记功,后又来到白鹿洞书院。《阳明年谱》说他"徘徊久之,多所题识"。正德十六年(1521年)五月,王守仁又集门人讲学于白鹿洞书院。临行又遗金主洞蔡宗充置田亩。

正德十六年六月,升南京兵部尚书参赞机务。复封新建伯,兼两京兵部尚书。

嘉靖初,在故里先是省亲,复丁忧。四方学者群聚,开稽山书院,聚两浙士子,身率讲习。江西何廷仁、黄弘纲、刘邦采、刘文敏、魏良政、魏良器、曾汴皆来求学。嘉靖四年(1525年),为会于余姚龙泉寺中天

---

❶ 钱德洪《阳明年谱》。

阁，每月以朔、望、初八、廿三为期。门人复立阳明书院于绍兴城内。次年刘邦采等为惜阴会于安福。十二月王守仁作《惜阴说》致邦采等。

嘉靖六年(1527年)五月，兼都察院左都御史总督两广江西湖广军务，出征思恩、田州。经广信(治上饶)、南昌、吉安等地，皆会门人，讲论学问。

嘉靖七年(1528年)，在南宁令季本(1485—1523年)主敷文书院讲席。在平定思、田及八寨、大藤峡后，十一月二十九日，以病归，卒于南安(府治在今江西大余)。

王守仁的学问渊源于对传统儒学的吸收，受到陈献章、湛若水、胡居仁、娄谅诸人的思想传递，也受到了禅宗思想的影响。它的形成有两个三变。正如黄宗羲在《明儒学案·姚江学案》中所说的："先生之学，始泛滥于词章。继而偏读考亭之书，循序格物，顾物理吾心终判为二，无所得入。于是出入于佛老者久之。及至居夷处困，动心忍性，因念圣人处此，更有何道？忽悟格物致知之旨，圣人之道，吾性自足，不假外求。其学凡三变而得其门。"龙场是王氏心学的诞生地，"龙场困处"这是王学形成的关键。其时身处逆境，"情迫于中，忘之有不能"，"势限于外，去之有不可"。辗转外复，动心忍性，然而"悟道"。一切诉诸于本心，用个人意识消解危难险阻。龙场以后又有三变。先是以"默坐澄心为学的"并在贵阳讲"知行合一"。在江西则专提"致良知"。返越以后，"所操益熟，所得益化，时时知是知非，时时无是无非，开口即得本心，更无假借凑泊，如赤日当空而万象毕照"。黄以为"是学成之后只有此三变心"。

王守仁的学问从哲学上讲有三个要点，无非是讲心即理，知行合一，致良知。而他特别重视教育。他以为世之不治，在于学之不明。他以为当时"功利之毒沦浃于人之心髓而习以成性"。而"记诵之广，适以长其傲"，"知识之多适以行其恶"；"闻见之博，适以肆其辨"，"辞章之富，适以饰其伪"，是皆因"圣学"晦的缘故。故王一生皆以弘扬

"圣学"为己任,一生讲学不辍。所到之处,定乡约、兴社学、建书院,以致为讲会,都是抱着"辅君淑民"的宗旨。而其教人紧要处即是存天理去人欲。怎么办则是致良知。他重视师道尊严,注意启发诱导,主张学贵自得,坚持循序渐进,学不躐等,并因其材质而教之,皆是其致良知的经验。

他在江西于军旅之中,"破山中贼"时不忘"破心中贼",且以"攻心为上"。其重视"教化",为领兵将帅中所罕见。其"教化"的业绩,尤其在赣州一带影响很深。甚至相传赣州居民的语音,亦系王氏"教化"的结果。现今观察亦确与周围诸县不同。王守仁在赣州尝建立五所社学,人们皆曾称为书院。东曰义泉书院,南曰正蒙书院,西曰富安书院,又西曰镇宁书院,北曰龙池书院。王守仁尝选"生儒行义表俗者,立为教读,选子弟秀颖者分入书院,教之歌诗、习礼,申以孝悌,导之礼让。未期月而民心丕变,革奸轨而化善良,市廛之民皆知服长,衣手拱揖,而歌诵之声溢于委巷,浸浸乎三代之遗风矣"❶,鉴于此五所社学系从事教化的学校,并且非专事义理之大学。笔者未将其列入书院统计之中。

王氏弟子后学遍布江西,仅《明儒学案》为之立传者,有江右王门之邹守益、邹善、邹德涵、邹德溥、邹德泳、欧阳德、聂豹、罗洪先、刘文敏、刘邦采、刘阳、刘秉监、王钊、刘晓、刘魁、黄弘纲、何廷仁、陈九川、魏良弼、魏良政、王时槐、邓以赞、陈嘉模、魏良器、刘元卿、万廷言、胡直、邹元标、罗大纮、宋仪望、邓元锡、章潢、冯应京等。其中多有建书院聚徒讲学,联讲会,或会讲心学者。而浙中王门蔡宗兖、朱节、钱德洪、王畿、顾应祥、黄宗明、张元冲、程文德、王宗沐、张元汴亦尝出仕或游学江西,建书院、联讲会,留有遗迹。他如薛应旂、徐阶、冀元亨、李材、徐樾、梁汝元、颜均、罗汝芳、耿定向、王栋、贡安国等,有的是江西人在江西讲学,有的虽不是江西籍人,却在江西与书院、讲会建立了不解

---

❶ 钱德洪《阳明年谱》。

之缘。

王守仁讲学往往多由高弟接引。如黄宏纲（1492—1561年），字正之，号洛村，于都人。正德十一年（1516年）举人。"从阳明于虔台。阳明教法，士子初至者，先令高弟子教之，而后与之语"[1]。宏纲列于高弟。"阳明归越"，其"不离者四五年"。阳明卒，居守其家，又三年。直至嘉靖二十三年（1544年）才入任，不久归里。与邹守益、聂豹、罗洪先等联讲会，同讲学，流连颇久。与何廷仁共建濂溪书院于赣州府于都县，讲学其间。"士子有所请质，先生不遽发言，瞠视注听，待其意尽词毕，徐以一二言中其窍会，莫不融然"[2]。其学再变，开始持守甚坚，其后一顺自然为主。其平生厚于自信，而薄于迎合。尝论述杨简之学，说，"慈湖千言万语，只从至灵、至明、广大、至知之性，不假外求。不由外得，自本自根、自神自明中提掇出来，使人于此有省，不患其无用力处，不患不能善用其矣"[3]。

于都何廷仁（1486—1551年），字性之，号善山，嘉靖元年（1522年）举人，初闻阳明讲学南赣，奔赴南康入其门。当时学人聚会于南安、赣州，何廷仁与魏良弼等接引来学。何廷仁"心诚气和，不厌缕觇，由是学者益亲"[4]。又随至越，接引如故。阳明去世后与同门尝会讲于南都（今南京市），诸生往来常数百人。一时人说起王门弟子，称："浙有钱、王，江有何、黄。"何廷仁论学"务为平实，使学者有所持循"。曾说："吾人须从起端发念处察识。于此有得，思过半矣。"又言："知过即是良知，改过即是本体。""圣人所谓无意无情者，非真无也，不起私意，自无留意留情耳。若果无意，孰从而诚？若果无情，孰从而精？"与黄弘纲建濂溪书院，罗洪先尝来讲学，曾予青原等处之讲会。嘉靖二十年（1541年）始谒选。尝知新会县，喜称"吾虽不及白沙之门，幸在其乡，

---

[1]《明儒学案》卷十九。
[2]《明儒学案》卷十九。
[3]《明儒学案》卷十九。
[4]《明儒学案》卷十九。

敢以俗吏临其子弟耶？"❶释莱于陈献章先生之祠，然后视县事。后迁南京工部主事，致仕归。

王守仁去世后，江右王门弟子为传继心学发扬师说，竭尽其力。且代有传人，直至明末清初。他们建书院、修祠堂、联讲会、相约会讲，影响颇深、颇广、颇远。

据钱德洪所撰《阳明年谱》载：嘉靖九年（1530年），薛侃建精舍联讲会于杭州城南天真山。邹守益、欧阳德等亦前后参予其役。嘉靖十一年（1532年），方献夫等为会于京都庆寿山房，欧阳德、魏良弼等皆与之。十二年（1533年），欧阳德合王门同志会于南畿（今南京市），何廷仁、刘阳、黄弘纲予其事。十三年（1534年），邹守益建复古书院于安福。刘邦采、刘文敏、刘子和、刘阳、欧阳谕、刘肇衮、尹一仁等皆预其事，同年。衢州知府李遂建衢麓精舍并联讲会于衢州府治西安县。十八年（1539年），江西提学副使徐阶建仰止祠于南昌，祀王守仁，邹守益、刘邦采、罗洪先、李遂、魏良弼、魏良贵、王臣、裘衍、陈九川、傅然、吴梯、陈介等俱来合会。同年，吉安士民建报功祠祀守仁于庐陵。二十三年（1544年），同知徐珊建虎溪精舍于辰州。当年王守仁自龙场还，尚与冀元亨等讲学于此。邹守益、罗洪先为之记。二十七年（1548年），万安朱衡、刘通、刘弼、刘觉、王舜韶、吴文惠、刘中虚建云兴书院，并联讲会，钱德洪、邹守益皆曾前往讲学。三十一年（1552年），提督南赣汀漳等处军务都御史张烜复建阳明王公祠，于赣州郁孤台前濂溪祠后。同年，复建阳明王公祠于南安。三十二年（1553年），江西佥事沈谧修复阳明王公祠于信丰，于是南康、安远、瑞金、崇义等皆复建阳明祠。三十四年（1555年），欧阳德又改建天真山仰止祠，邹守益为记。四十三年（1564年），江西巡按御史成守节重修南昌王公仰止祠。江西弟子参与者可谓多矣。

其后，德化（今九江市）、庐陵、赣县、崇义皆有阳明书院。

---

❶《明儒学案》卷十九。

《野获编》曾载:"王新建以良知之学,行江浙两广间,而罗念庵洪先、唐荆川顺之诸公继之,于是东南景附,书院顿盛。""书院遍宇内",而江西尤炽烈,前表所列诸书院中,与王门弟子有关者居多。

五、湛若水与江西书院

湛若水(1466—1560年),字元明,民泽,号甘泉,广东增城人。二十九岁往江门从陈献章学。悟出"随处体认天理",深得献章嘉许,并视若水为其学术思想之传人。弘治十八年(1505年)中进士,为编修,获交王守仁,互相切磋。"共以倡明圣学为事"。由编修至侍读、祭酒,侍郎、尚书。中曾归里讲学,两次出使安南,中间亦曾居家讲学。七十五岁(1540年)致仕,晚年致力于讲学。"凡足迹所至,必建书院以祀陈献章。因居高官久,建书院多,弟子众多,以数千计"。《明儒学案·甘泉学案》列传者有吕怀、何迁、洪垣、唐枢、蔡汝楠、许孚远、冯从吾、唐伯元、杨时乔、王道等。

湛若水到处讲学,曾得罪朝延,并引起嘉靖皇帝朱厚熜的憎恶。嘉靖间,朝廷两次废毁书院,首先与他有关。《野获编》载:"世宗所任用者,皆锐意功名之士,而高自标榜,互树声援者,即疑其与人主争衡。如嘉靖壬辰(十一年)御史冯思论彗星而及吏部侍郎湛若水,谓素行不合人心,乃无用道学。思虽用他语得罪,而此言则不以为非。至丁酉年(十六年)御史游居敬又论南太宰湛若水,学术偏陂,志行邪伪,乞斥之,并毁所创书院。上虽慰留若水,而书院则立命拆去矣。比湛殁议恤,上怒呲其伪学盗名,不许。因以逐太宰欧阳必进.其憎之如此。至辛丑(二十年),九庙灾,给事戚贤等因灾陈言,且荐郎中王畿当亟用。上曰:畿伪学小人,乃擅荐植党,命谪之外。湛、王俱当世名流,乃皆以伪学见斥。"《续文献通考》亦载:"嘉靖十六年二月,御史游居敬疏斥南京吏部尚书湛若水,倡其邪学,广收无赖,私创书院。乞戒谕以正人心。帝慰留若水,而令所司毁其书院。"其实,抵斥讲学诸人之事,早有兆端。嘉靖八年（1529年），王守仁举丧之时，"朝中有异议，荫赠谥诸典不行，且下诏禁伪学"。门人黄绾上疏，请有司优以恤典，赠谥，仍与世袭，并开"学禁"，皆"不报"。

湛若水曾两次赴白鹿洞书院朝圣。在他中进士的前一年，即弘治十七年（1504年），初访白鹿洞。嘉靖十年（1531年），南康知府王溱刻湛著《心性图说》《四勿总箴说》石碑于书院，成为书院师生讲习的重要教材。

嘉靖十五年（1536年）八月，湛若水率徒重访白鹿洞。嘉靖十七年（1538年），湛又应江西参政王慎中的请求，特为白鹿洞书院作《心性总箴二图说》，刻石，留于白鹿洞书院以便久远。

在婺源邑南四十五里之福山，湛若水曾讲学于此。门人议改僧寺为书院，县令吴辕成其事。九十高龄的湛若水尚曾予青原会馆。

湛若水高弟何迁（1499—1572年），字益之，号吉阳，德安府籍（今湖北安陆）江阴人。嘉靖二十年（1541年）进士，尝与徐阶联讲会于京师灵济宫。曾为巡抚江西右副都御史，于嘉靖三十八年建闻泉亭、好我亭于白鹿洞书院。

何迁复支持张元冲，建正学书院，于南昌阳春书院旧址。并修建怀玉、濂溪诸书院。

六、何棐的肄武书院

江西九江府有肄武书院，颇具特色。据《同治九江府志》所载：九江有明代教习武学之书院，在府城内东南九江卫门内。嘉靖六年（1527年），兵备副使何棐以武弁子弟无教而创。有正厅，旁翼两廊，前为大门，计楹三十余，中甓甬道，围以石垣，命学官一人领之，教习武经、六艺。

查《光绪泰兴县志》，何棐，字辅之，号笃斋。父何岱，岁贡生，官指挥，兄棐，为定海主簿。棐登弘治十五年（1502年）进士，授浦城知县，擢御史。正德中洪钟,彭泽用兵川蜀,为监军。调广西副使,进南太仆少卿。嘉靖五年(1526年)迁江西副使,备兵九江,倡建肄武书院,训诲武弁子弟,学兵法、韬略。后乞病归,著有《笃斋遗稿》。

其孙何璞,万历十六年(1588年)举人,为白鹿洞山长,德兴知县,都昌教谕。尝编其祖正德间监军时之文为《绣斧西征录》。

讲究武学的书院不多,江西仅见一所,列以备考。

第三节　明代江西书院的讲会与会讲

一、讲会与会讲概述

何谓讲会？何谓会讲？学术界长期混淆不清,古人记述也模糊,有进一步澄清之必要。

前些年有人提到,关于书院讲会制度有三种意见。

其一曰:"讲会",亦称"会讲"。

其二曰:"讲会"是讲学,"会讲"才是不同学术观点的论辩。书院应提"会讲"制度。

其三曰:宋元称"讲会",明清称"会讲"。只是时期不同,实质是一致的。

笔者认为:

(一)"讲会"与"会讲"两辞虽常有人混用,但实非相同概念而各有涵义。"会讲"系学术聚会、学术讨论或会同讲学等活动。而"讲会"乃学术组织、学术团体,故有"联讲会"之说(例见下文)。

(二)有人以为"讲会"与"会讲"之别,以是否有不同学术观点的争论来区分。此说不妥。正如明代吕柟说:"不同乃所以讲学,既同矣,又安用讲耶!"讲会或会讲都包含着各种各样的学术争论和讨论。

(三)"讲会"在宋代有,明清亦有。宋代有"会讲",明清亦有。

"讲会"在宋代已有记载。淳熙七年(1180年)朱嘉兴复、主讲白鹿洞书院,即设有"讲会"。朱熹离去后,其在康郡、庐阜诸弟子仍依师例联讲会,展开讲学活动,这都是前面已经说过的。黄榦在《周舜弼墓志》称这种讲会为集,或者叫作"季集"。"集"与"会"似乎是一个意思。正如"鹅湖之会",也可以称作"鹅湖之集"一样。他们"季一集","迭主之"。"唯先生书是读"。"有过则规劝之"。看来此类讲会有一定课题与读书、问难、规劝等具体内容,更有时间、地点、主者等会务规约,实乃有定制之学术团体、学术组织,或学习团体和组织。

"会讲"之记载,似更早于"讲会"。乾道三年(1167年)秋,朱熹、张栻会讲岳麓。淳熙二年(1175年)初夏,朱熹、吕祖谦、陆九龄、陆九渊的鹅湖集会。这些都是众所周知的。

宋代白鹿洞书院史料中,另有"会讲"记载。嘉定十一年(1218年),陈宓《流芳桥志》云:"新安朱侯在建桥白鹿洞之东南陬,面直五老,溪流甘洁,未之名。同游江西张琚、罗思、姚鹿卿、闽张绍燕、潘炳、郡人李燔、胡泳、缪惟一会讲洞学毕,相与歌文公之赋,特名流芳。既揭楣间,因纪岸左。"另一系景定元年(1260年)之《枕流桥志》,志云:"永嘉陈淳祖假守是邦,被命造朝,以书考日谒辞鹿洞会讲。预者……诸生几百人……"

南宋讲会组织与会讲活动当然不限于康郡、庐阜。如《宋元学案·东莱学案》载,吕祖俭"监明州仓","时明州诸先生多里居。慈湖(杨简)开讲于碧沚,沈端宪(沈涣)讲于竹洲,絜斋(袁燮)则讲于城南之楼氏精舍,惟舒文靖(舒璘)以宦游出。先生以明招山中父兄中原文献之传,其于讲院无日不会也。甬上学者遂以先生代文靖,亦称四先生"。这是既有讲会,又有会讲的记载。后人亦有称之为"讲会"或"会讲"。《宋元学案·东发学案》则载,"东发(黄震)尝与杜洲之讲会",这就指明是"讲会"。

明代有记"讲会",亦有记"会讲"者。明代之讲会或者会讲,以胡居仁创办较早。《明儒学案·崇仁学案》载:胡居仁"归而与乡人娄一斋

（娄谅）、罗一峰（罗伦）、张东白（张元桢）为会于弋阳之龟峰、余干之应天寺"。论者谓胡"开明代书院讲会之先河"，或谓其"开会讲之先河"。

明中叶后，"讲会"逐渐遍布大江南北，成为某种学术组织、学术团体，其规矩亦渐邃密。如王门之惜阴会、青原会、西原会、云兴会、君山会、光岳会、复初会、南樵会等。不仅王门有讲会，湛氏、朱氏亦有其讲会，如湛门之天泉会，朱门之紫阳会，等等。

王门最早的讲会在余姚，前节亦已说到，是王守仁亲自主持的。据钱德洪《王文成年谱》载，嘉靖四年（1525年）九月，归姚省墓。"先生归，定会于龙泉寺之中天阁，每月以朔、望、初八、廿三为期。书壁以勉诸生曰：'虽有天下易生之物，一日暴之，十日寒之，未有能生者也。承诸君之不鄙，每予来归咸集于此，以问学为事，甚盛意也。然不能旬日之留，而旬日之间，又不过三四会；一别之后，辄复离群索居，不相见者动经年岁；则岂惟十日之寒而已乎！若是而求萌蘖之畅茂条达不可得矣！故予切望诸君勿以予之去留为聚散。或五、六日，八、九日，虽有俗事相妨，亦须破冗一会于此。务在诱掖奖劝，砥砺切磋，使道德仁义之习，日亲日近，则势利纷华之染，亦日远日疏。所谓相观而善，百工居肆以成其事者也。相会之时，尤须虚心逊志，相亲相敬。大抵朋友之交，以相下为益。或议论未合，要在从容涵育，相感以成，不得动气求胜，长傲遂非。务在默而成之，不言而信。其或矜己之长，攻人之短，麓心浮气，矫以沽名，訐以为直，挟胜心而行愤嫉，以圮族败群为志，则虽日讲时习于此，亦无益矣！'"

据《明儒学案·浙中王门学案》载：钱德洪（1496—1574年），号绪山，余姚人，王阳明平朱宸濠归，钱德洪与同邑范引年、管州、郑寅、柴凤、徐珊、吴仁数十人会于中天阁，"同禀学焉"。

王门影响最大的讲会大概要数安福——青原的"惜阴会"了。

据钱德洪《王文成年谱》载，"嘉靖十五年（1536年），门人邹守益建复古书院于安福，祀先生。师在越时，刘邦采首创惜阴会于安福。嘉靖五年(1526年),间月为会五日。先生为作《惜阴说》遗之。"既后守益以祭酒致政归。与邦采等建复古、连山、复真诸书院。为四乡会。春秋二季,合五郡,出青原山,为大会。凡乡大夫在郡邑者皆与会焉。于是四方同志之会相继而起,惜阴为之倡也"。为便于了解《惜阴会》之实情,现将王守仁《惜阴说》与邹守益《惜阴申约说》摘抄于后。

王说云:"同志之在安成(安福古称)者,间月为会五日,谓之惜阴,其志笃矣。然五日之外孰非惜阴时乎!离群而索居,志不能无少懈,故五日之会,所以相稽切焉耳。呜呼!天道之运无一息之或停,吾心良知之运亦无一息之或停。良知即天道,谓之亦则犹二之矣。知良知之运无一息之或停者,则知惜阴者,则知致良知矣!"

邹说云:"吾邑惜阴之会始于丙戌(1526年),复古之创,始于丙申(1536年)。凡我同志或五六年,或七八年,或逾十年,或逾二十年,或三十年矣。三十年则一世矣,十年则天道一变矣!迩者绪山(钱德洪)、龙溪(王畿)二君自浙中临复古,大聚青原,考德问业将稽师门传习之绪。而精进者寡,因循者众,是忽实修而崇虚谈也"。"自今以往,共决除旧布新之策,人置一簿用以自考,家立一会与家考之,乡立一会与乡考之。凡乡会之日,设一先师位于堂,焚火而拜,以次列坐,相与虚心稽切。居处果能恭否,执事果能敬否,与人果能中否,尽此者为德业,悖此者为过失。德业则直书于策以示劝,过失则婉书于策以示戒。其入会者亲书姓名及字,及生辰,下注愿如约三字。其不愿者勿强,其续愿入者勿限。时嘉靖己酉(二八年,1549年)正月"。

在"致良知"之征途中互相规劝、稽切,"考德问业,稽师门传习之绪"。即王门讲会之基本内容。

此类讲会乃民间学术团体、学术组织,犹如近世之道德会、读书会、讲用会、研究会之类。时安福有连山、复真等四乡会,县城则曰复古会。庐陵有西原会,万安有云兴会,府城则称青原会。青原有会馆,亦称九邑会馆,即吉安府之九邑(庐陵、吉水、安福、龙泉、永丰、万安、永新、泰和、永宁)。会馆有堂(传心堂),有祠(先贤祠,祀王守仁,后又以邹守益、罗洪先、欧阳德、聂豹配),有楼(仁树、见山两书楼)。会有会规、会约、会期,有会田、会仓,有主盟之大儒,有经理之士绅。青原大会时,除九邑"同志"外,大江南北,不远千里,学者云集。王畿、钱德洪等著名学者均多次由浙江前来参予会讲。如此断断续续,绵延凡数十百年。此乃民间联讲会之大概。

此外,尚有在职官员倡兴之讲会。如张元冲为江西布政使,嘉靖三十五年(1556年),与提学副使王宗沐在巡抚何迁、巡按徐绅、郑本立等支持下"辟正学书院,与东廓(邹守益)、念庵(罗洪先)、洛村(黄宏纲)、枫潭(万虞恺)联讲会"❶。又如徐阶为辅臣时,于嘉靖三十二年至三十三年(1553—1554年),"为讲会于灵济宫,使南野(欧阳德)、双江(聂豹)、松溪(程文德)分主之,学徒云集至千人"❷。嘉靖三十七年(1558年),"何吉阳(何迁)自南京来,复推先生(徐阶)为主盟,仍为灵济之会"❸,此乃当朝执政主持之讲会。因执政主张讲学,倡"联讲会",故讲会之风遍及海内。

既联讲会,必有聚会之期,展开会讲。王守仁说,"间月为会五日",此五日便是讲会之会讲日。

会讲又不局限于讲会有,亦有学者非定期相约会讲的。如嘉靖二十九年(1550年),"念庵曾约江浙同志会于冲玄";嘉靖三十九年(1560年),"春,绪山复约于怀玉,同志自远而集凡百人"❹。

讲会与会讲亦不囿于某所书院,前面说到京师灵济宫即非书院。万历间南昌滕王阁、杏花楼、龙光寺由进士舒曰敬主盟,亦有讲会组织,亦有会讲活动。❺

---

❶《明儒学案》卷十四。
❷《明儒学案》卷二十七。
❸《明儒学案》卷二十七。
❹ 邹守益《怀玉书院志序》。
❺《同治南昌府志》。

万历间,东林书院亦有讲会组织与会讲活动。

正因明代中叶以后,书院讲会组织与多种会讲活动之普遍展开,促使书院之教学形式有了新的发展,产生了讲会式书院、宣讲式书院、聚徒式书院鼎足而立。

明末,书院讲会又与士人结社相联系,增加了新的意义。

清代仍有讲会与会讲。尽管朝廷不许结社,但这是禁不绝的。

容城孙奇逢倡联"苏门会"(亦称苏门社),订有《苏门会约》。该会亦称"十老会",与会者大概都是些抱有"脱尘之想"的宿儒、遗老。

宁都魏禧族子魏征士、魏建姝为诸友生建有"丽泽社",魏季子尚为其规条作序。该社成员则系潜心于"摩励文行"的学子。

高攀龙从子高世泰主持东林书院讲会。徽州士人"振兴紫阳大会,订六邑同人岁以朱子生日行释菜礼,讲学三日,一遵白鹿遗规,严斥歧趋,循正道"。

南丰谢文洊(约斋)建程山学舍聚徒讲学,康熙元年(1662年)春,桐城方以智(僧无可)来访,会讲旬日。绍兴章誉(刘宗周门人)亦来讲学数月。康熙四年(1665年)夏,星子髻山宋之盛访学程山,约宁都易堂魏禧。彭任与谢文洊会讲旬日。康熙八年(1669年),彭士望复携子婿来程山学舍与约斋相会、讲论。康熙十一年(1672年)桐城陈焯、广昌罗桨、南城刘良复来程山会讲。

清初,地方官员亦有参与或倡联讲会和组织或参与会讲的。如江苏巡抚张伯行常与东林会讲。江西湖西道施闰章延毛奇龄与杨洪才会讲庐陵之景贤、白鹭洲书院。成性督关南赣与知府孔觉所等即"濂溪书院为讲学之会"。

二、江西著名讲会与讲会式书院

江西有讲会,又有讲会式的书院。这种书院乃讲会之会所,而不以聚徒著称。

(一)

安福士子较早师事王守仁者,有邹守益与刘晓。晓字伯光,号梅源。正德八年(1513年)举人。王守仁为南京鸿胪寺卿,即往受业。嘉靖初,同宗刘邦采、刘文敏皆同而去越,师事王守仁。刘邦采,字君亮,号师泉,嘉靖七年(1528年)举人。嘉靖五年(1526年)邦采自越归,与刘文敏、刘晓、刘阳、刘肇衮、尹一仁、刘独秀、张崧、刘子和、刘宾朝、黄旦、李挺、王钊、周严原、王铸、朱调、王樌、赵思孔、朱淑湘、康钟、彭湘等联惜阴会。刘晓尝作《安福惜阴会志引》叙其事:"天启斯文,笃生我阳明夫子大明圣学,吾邑士从游者殆数十人,四乡豪杰骎骎兴起,盖有未及门而所立卓然者,诚一时之盛也。晓之事夫子也,最早,愧无以为诸君子倡,因念生也异方,不能时往受教而在乡也,又势各有便不能聚一,惧夫离群索居固有因而息焉者矣。乃与诸同志立为惜阴会,期以各双月望日轮,有志者若干人主供应,择地之雅胜居焉。互相切磋,务殚厥心,尽五日而散。与会者非有大故,不得辄免。孔子曰:学而不讲,是吾忧也。曾子曰,君子以文会友,以友辅仁。而聚友惜阴,尤夫子拳拳之教也……"

嘉靖六年(1527年),王守仁过庐陵,寄刘邦采等书曰:"诸友始为惜阴之会,当时惟恐只成虚语。迩来乃闻远近豪杰闻风而至者以百数,此可以见良知之同然,而斯道大明之几于此亦可以卜之矣。明道有云:'宁学圣人而不至,不以一善而成名。'此为有志圣人而未能真得圣人之学者则可如此说。若今日所讲良知之说乃真是圣学之的传。从此学圣人却无不至者,惟恐吾侪者有一善成名之意,未肯专心致志于此耳。"嘉靖十三年(1534年),邹守益落职归,亦予其事。

嘉靖十五年(1536年),知县程文德(1497—1559年)与邹守益共建复古书院。大门额"复古书院",仪门额"惜阴"。程文德、邹守益、聂豹(1497—1563年)为之记。

邹记称:"复古书院松溪程侯之所作也,初毅庵孙侯萃讲于学宫,环听者不能容,乃即四乡为惜阴会,以间月为期五日。而散邑大夫士谋于诸父老曰:'是暴寒无恒也。'盍敛义为居之规,有先为倡矣,而无主之者。迄十年未克就。嘉靖丙申(1536年)程侯量移而至,以朔望讲于学宫,闻是议而趋之。乃躬相度得旧学宫于东郊。"记文提到了继任知县俞则全等人,江西提学副使徐阶(1494—1574年)以及巡抚江西右副都御史胡岳对此书院创建赞助之功。云:"圣天子懋昭敬一以绍放勋重华之绪,而公卿至于百执事罔不丕应。""中丞所以保厘","督学所以敷典","郡邑所以承流而宣化"。"协然以崇正学、迪正教为好,非时兴唐虞之盛乎!夫上之所好,下从而趋之,故上好经义则宋可复矣,上好诗赋则唐可复矣,上好训诂则汉可复矣;上好德行道义而弗厌倦焉,其不可复唐虞三代乎!"

程记述书院创建之始末,设置之规模,文末重申:"人以真而圣,圣斯人也。人而不能圣者,是自离其真也。名近而实远焉,言道而行背焉,显修而幽忽焉,尚得谓之真乎!吾党欲为人,则不容以不真矣。诸士慎之哉!"

聂记称:"学有古今,故人有古今,治亦有古今。欲还古治,当求古人,欲求古人,当复古学。""阳明先生悼俗学之涂炭生民也,毅然倡道东南,而以良知为宗。盖良知者未发之中也,不学不虑自知自能,故曰良知。有志之士闻风而从者,惟江西为盛,江西之盛惟吉安,吉安之盛惟安福。故书院之建,惟安福有三,题曰复古者,期有事于古人之学而学焉者也"。"复古书院之建,东廓邹先生力倡其成,主之者松溪程先生也。堂阁、斋舍、庖湢、几榻、器用无弗备"。"又有田若干亩,以资会馔之费,会有期,司会有长,会乃若干人。若某等十数辈皆面承良知之教。与东廓同游者,虽所诣有浅深,要皆斐然成章。然而协赞书院之成咸有力焉"。

嘉靖二十七年(1548年)与三十五年(1556年),钱德洪、王畿(1498—1583年)等皆先后率门徒来会。钱德洪有《惜阴会语》略称:"余其自戊

申尝与龙溪子赴青原、复古会。今九年而再至。见穷乡邃谷虽田夫野老皆知有会,莫不敬业而安之。""盖吾师以人人同得之心启之于前,诸先达以人人同得之心发之于后,诸父老子弟以人人同得之心率之于躬。故导之而从,鼓之而奋,以有今日。夫道有本,教有端,入而得,行而成,诸子弟凤膺父师之教,亦尝究极师门,知其得之不易也"。"夫学不及微非入也,遇物而反非得也,人我未同非行也,无传于后世非成也。不究其初无以见斯道之明,不要其终无以考斯学之相引于无穷。此先达之所谆谆,亦诸子弟各思其职责也"。罗洪先(1504—1564年)亦于二十一年(1542年)、二十五年(1546年)、二十九年(1560年)多次来会。

嘉靖四十一年(1562年),尹一仁、刘扬重修,并编撰《复古书院志》。

隆庆六年(1572年),知县李忱建尊经阁,并祀王守仁、程文德与邹守益。

(二)

前述安福书院有三,其二名连山、复真。连山书院(亦称连山书屋),在县北桑田。嘉靖三十二年(1553年),邹守益与刘阳等人所筑。刘阳说:"讲学邑北,得连山书屋,东廓先生以疏属阳,阳乃疏诸同志,既而不两旬而赞集,不两月而书屋成。"岁时会讲于此。

复真书院在县南洲湖,亦称复贞书院。嘉靖三十七年(1558年)冬,邹守益首倡,与刘邦采、刘阳、尹一仁、周儒等就北贞观废址建。既有四乡之会,县西复建识仁书院、复礼书院(今归属莲花县),县东建道东书院。

四乡书院中,《复贞书院志》尚存,可知书院、讲会式书院之概况。南乡诸人先是讲学松云庵,有松云会。后乃建复贞书院于洲湖。

复贞之建,邹守益尝作《创建复贞书院序》叙其事。序称"嘉靖丙戌(五年)吾邑诸同志举惜阴之会,阳明先生揭天道常运无一息停者以发其义。一时意气翕聚,人人思奋,劝善规过,以不预为耻。丙申十五年(1536年),松溪程侯(程文德)始作复古书院。堂曰文明,曰茂对,于是邑中有大会所矣！癸丑(三十二年),北乡同志始作连山书屋,堂曰自疆、曰玩易,于是北乡有同会所矣！南乡耆旧俊髦倍于三乡,而每会辄僦屋移具,湫隘而劳琐,或因以中废。师泉(刘邦采)、梅源(刘晓)、三五(刘阳)、湖山(尹一仁)诸君病之,谋诸东川周子(周儒)慨然倡其义,而具疏属四友诣门敛之。首诣山房,山翁助银五两修屋,五两置田,如连山例。以薪速观厥成,无荒坠师训。及我耆旧恩以贞教其子弟而勿纳于邪,乃我俊髦思以顾之,其明命而勿虚其生。幸相与扬图之"。

书院不三月而成,据刘邦采《创建复真书院后序》载,书院"前后有楼,中堂有庑,栋及四层,层各五间,左右翼以厢房"。书院既成,刘阳复疏告,称,既有书院,遵古训,"当有藏书之阁,有诸经、诸子、诸史,俾学者探讨"。时"先生长者,暨诸同游各以书至,越数月,书数千卷萃矣！"又据周儒记称:门扁复真,邹守益之笔,前楼扁萃胜,聂豹、罗洪先之笔,堂扁砥德砺材,刘阳笔。后楼扁聚奎,以"每惜阴会同志斯楼,故以聚奎名"。复有邹先生行台等。

复真之会,每岁一大会,三小会。万历间王时槐订会规十七条如后:

一、学以求仁为宗。

一、克己以求仁,当知所致力。

一、所谓心者,非有形状,唯一生生之理而已。

一、孟子曰苟能克之,足以保四海。

一、敬者此心廓然大虚。

一、大学言致知,鲁言求仁,非有二也。

一、世儒之必趋释氏者无他,彼以为释氏能超生死。

一、道若大路岂不易简。

一、学必见于躬行。

一、孔门绝学至程门始大明，宋末渐晦，阳明先生思救其支离之弊，稍辨正之，实则非有异于程门也。

一、学贵潜心。

一、会时宜肃容敛气。

一、会中同志或有过失，不必对众面斥。

一、在会百十余人，则志行之纯骏，过失之有无，自不能齐。

一、程朱教人皆以敬为入门。

一、礼以范俗，而士者民之望也。

一、举业一事……实圣学中之一事也。

复真志中，有刘阳嘉靖四十二年除夕（1564年年初）记事，与刘邦采嘉靖四十三年除夕（1565年年初）记事。刘阳记称："四十二季癸亥同除夕于复真之舍。盖先是相携而至。共惜寒腊者，有掌余中岁事者，有四方之客，合二十有三人。听斋龄最长，是岁七十有六。后一季者梅石也，两峰后二季，师泉后四季。台州与三五山人，与湖山共六十八。后二季者寒江也，心川、竹冈后二季，半冈后六季。雪蓬五十有七，后五季者易庵。其壮者，若少者，王静夫、王瑞心、王汝玉、周渊甫、宋康天、刘仲先也。仲默为泉翁仲子，启兆为山人次儿，亦执侍焉。庐陵吴汝峰、徽之婺源余弘斋客也……深更余子援琴而操，盖猗兰之曲。辞有之荠麦之茂，君子之守，得无感于守之之义者乎。狮泉翁曰：兹一岁终，当因考成，其各自考之乎！其成与其未之成，其所成者大与未大也。与其自讼于内，为愧与自快。"刘邦采记称："甲子岁，皇明嘉靖之四十三季也。同志之讲业于复真者，相于寒腊之会以供除事，乃谋诸狮泉子。狮泉子许，因叹曰：'安得有客如昔者余子孝甫鼓猗兰之操也。'在座者曰：'自为宾主可也。'已而忽报庐陵周原山至，携其子姓命阼、命官、德进，并其受业者吉水王汝玉、肖章节、肖汝宣、彭德天凡七人，乃廿五日也。越三日又泾邑吴竹山、太平杜了斋偕其弟龙崖、婺源詹东镜、广德濮省愚，了斋有徒太平杜汝绋、青阳陈行甫，凡七人。越二日又金溪徐居安携其徒昆山归和甫、胡维静、祁门李如梅、陈子乐，凡五人至。暮夜泊舟，明晨登岸，既而导者永新颜监甫、庐陵李茂春也。越明日，湖山之宗人尹汝楠、尹时卿来自永新。尹以用、朱汝治、朱以相、王思正、刘唐益又次。而康子敬、王正吾、康国用维是同志之掌岁事者。康征夫、朱纯甫乃率其子弟僮仆以供事。征夫之仲子士宋童而执事，虽烦不怠。主宾交欢于一堂，暮云拥树，雨霰交集，而杯盘杂陈，歌诵咸和，庄生所谓天乐者也。狮泉子乃举酒谢众宾曰，千里远来，四海一堂，衣冠之盛，会古今之良夜也……元旦之明日，永新颜山农携其子宾无忘劳于披雪之访，乃共语除旧布新云。"

除四乡之会外，尚有里会、宗会之设。《邹东廓先生文集》中有《题安和里小会籍》一文，似可作证。称："安和里小会槎江、上城、草堂、陈山诸友所立也。嘉靖丙辰（三十五年，1556年）春，东廓子趋南里招仙之会，相与顾湜明命，以无忝所生，无为虚谈，虚见，坐费光阴。同志翕然以奋，乃视各立小会缉然此志。"邹文集中尚有《书肖氏宗会卷》，乃有关宗会的记载。

（三）

前段说到，"春秋二季，合五郡，出青原山为大会"。青原则成为讲会活动之中心。不仅是江西王门讲会于此，且其他各省多有来会者。

青原山在吉安府庐陵县（今吉安市）隔江东南，从吉水嵩华山穿峡，盘亘数十里，原以禅宗七世僧行思道场而名盛。离城十五里，相传文天祥尝题"青原山"三字，尝存。

唐神龙初，即有寺名"安隐"。开元间，行思在此主持。宋名为净居禅寺。黄庭坚有游青原诗。

正德间，王守仁知庐陵县曾讲学于此。"邹守益谒见，问格致与慎独之疑。"守仁曰："致吾心之良知于事事物物，则皆得其理矣。慎独所以致知也。"❶

---

❶《青原志略》卷三《传心堂纪述》。

嘉靖初,王守仁总督两广、江西、湖广军务,出征思恩、田州,复留青原会诸门人。

嘉靖初,安福王门弟子为惜阴之会,复聚各地"同志"大会于青原。据邹守益《泰和万安会语》称:"往岁癸巳,九邑同志胥会于青原,以无忘先师惜阴之训,耄倪欣欣也。"癸巳为嘉靖十二年(1533年),即为青原惜阴会之始。始主其事者有,邹守益(东廓)、罗洪先(念庵)、聂豹(双江)、欧阳德(南野)等。而刘邦采(狮泉)、刘文敏(两峰)、刘晓(梅源)、刘阳(三五)、刘方兴(龙山)、陈九川(明水)、陈嘉模(蒙山)、周祉(原山)皆会于此。后刘邦采、胡直(庐山)与王时槐(塘南)又相继主盟。当道者建创传心堂于僧舍之后,祀王守仁(阳明),后又以邹、罗、聂、欧阳四人配,亦称五贤祠。

青原大会时,钱德洪、王畿曾十年两次光临。嘉靖二十七年(1548年)戊申,钱、王赴青原、复古之会,其门徒多有随从者。嘉靖三十五年(1556年)丁巳,二人复予其会。

嘉靖三十五年(1556年),湛若水以九十岁高龄游南岳。登石鼓书院回,经青原山,邹守益行礼惟谨。吉安士大夫集于此。湛揭"大同默识"四字与众人讲论。邹守益、刘邦采等送往赣州。三十八年(1559年),湛又欲去武夷。门人何迁(巡抚)檄郡邑作文明亭于青原山以待,而湛已不能行。

万历间,邹元标(南皋)、郭子章(青螺)、罗大纮(匡湖)又迁传心堂至谷口,旁建九邑会馆。时人将青原与白鹿、岳麓、石鼓相比美。

(四)

庐陵还有西原惜阴会,并有会馆,馆址系杜审言诗社原址,隆庆元年(1567年),王时槐、陈嘉模倡讲会。刘文敏、刘邦采、周祉、周禄、刘敳、刘学朱、贺泾、贺祉等均临讲论。其会约定每岁季月有小会,九月有大会,四方来聚者千百人。万历八年(1580年)置会田。十一年(1583年)建馆。视岁之丰歉由郡调剂经费。先是王、陈二人主其事,后由贺祉主之。绵延数十百年。

庐陵复有依仁会，先依白鹭洲书院，后于庐陵城内建依仁书院。兵部尚书、吉水李邦华尝主盟，巡抚解学龙为之记。

时吉安府各县亦有会。或数县有联会。如泰和、万安两县就有联会。据邹守益《泰和万安会话》称，往岁癸巳九邑同志胥会于青原，以无忘先师惜阴之训，毵倪欣欣也。泰和、万安之交联，属为一会，凡二十余年。会于梅陂、会于先天阁、会于古城、会于海智。每速予临之，有三至、五至。其中如乙巳（二十四年）与丁未（二十六年），即两聚于古城。

万安王门士子于嘉靖二十七年（1548年）重建云兴书院，联云兴会。曾迎钱德洪讲学于此。时王舜鸣（希元）、刘愨（樵梅）、邹士元（志伊）等相继主盟。

嘉靖甲午（十三年）有永新之会。万历初，尚书尹台致政归捐资，与知县朱贤在巡按吴遵支持下，废淫祠，建书院，视复古、复真之制，为会，称崇正书院讲会。

万历中，余懋衡知永新县，建明新书院，亦为讲会式书院（会所）。

一时各处皆有会，金溪的疏山有翠云会，乐安有会，虔台有会，正学有会，滕王阁、龙光寺、杏花楼、虎邱山（在吉水）皆有会。讲学之会遍江右。南昌亦有豫章会馆，为豫章诸儒讲学之会所。

三、邹守益、罗洪先等人的讲学活动

邹守益（1491—1562年），字谦之，号东廓，江西安福人。幼曾从其父邹贤宦游南都。《青原志略》称，王守仁知庐陵县，讲学青原山，即往问学❶。正德六年（1511年）会试，王守仁恰为同考官，取为第一，廷试第三，授翰林院编修。丁忧归里。王守仁巡抚南赣，邹守益亦赴虔台从学。朱宸濠叛，邹守益从王守仁平叛，参赞军务。世宗即位赴官，曾

---

❶ 志书称邹守益在庐陵入守仁之门，而《明儒学案》称初见于虔台。

绕道余姚，复请学于王守仁。嘉靖三年（1524年），以议世宗朱厚熜生父称号而忤旨，下诏狱拷掠，寻谪广德州判官。在广德废淫祠，建复初书院，与学者讲学其间。又自广德赴越见王守仁，王守仁叹其不以迁谪为意。复迁南京礼部郎中。闻王守仁卒，为位哭，服心丧。与吕柟、湛若水、王畿、薛侃等讲论。考满入都即引疾归。久之以荐起南京吏部郎中，召为司经局洗马，迁太常少卿兼侍读学士，出掌南京翰林院。改南京国子祭酒，得罪落职归里。隆庆元年（1567年），追赠礼部侍郎，谥文庄。

邹守益是江右王门的主要代表人物。江右王门指的是江西的王学传人。黄宗羲在《明儒学案·江右王门学案·序》中说："姚江之学，惟江右为得其传，东廓（邹守益）、念庵（罗洪先）、两峰（刘文敏）、双江（聂豹）其选也。再传为塘南（王时槐）、思默（万廷言），皆能推原阳明未尽之意。是时越中流弊错出，挟师说以杜学者之口，而江右独能破之，阳明之道赖以不坠。盖阳明一生精神，俱在江右，亦其感应之理宜也。"王守仁曾以曾参赞颜渊的话来称赞邹守益，说："曾子云以能问不能，以多问寡，若无若虚，犯而不校。谦之近之矣。"守益之学被称为阳明正统。

邹守益在朝任职时短，而在乡讲学时长，即使在朝仍不忘讲论。他在广德州不仅自己讲学，尝与同门王艮会同讲论，风动邻郡。在乡则聚讲更勤。"大会凡十"，"常会七十"，"会聚以百计"，范围更加广大。居家讲学之地称东廓山房。与诸子弟联讲会，而讲学之足迹遍江南。杭州天真、武夷冲玄、宁国水西、徽州齐云诸会，"咸一至"。而江西则复古、连山、复真、洪都、云兴、古城、石屋、武功、香积、虔台、云津、怀玉、白鹿洞都有其足迹，皆被推为皋比。而青原、白鹭聚讲，则听讲为常以千计。有人曾用"负墙侧聆者肩摩，环桥跂睹者林立"来形容守益讲学之盛况。

邹守益一生讲学皆以申论师说为旨归，故罗洪先称邹守益"能守其师传而不疑,能述其师说而不杂"。邹守益特别强调"慎独"。"戒慎恐惧所以致良知"便是他一贯的、不断阐明的基本观点,是他所传授的"师说"。他一开始从王守仁那里领会的,就是《大学》的"格致"与《中庸》的"慎独"是一回事,而慎独就是戒惧,就是致良知。他强调"戒慎恐惧",需健行或自强不息。要慎言,谨行,战战兢兢,如临深渊,如履薄冰,一日不可松懈。他将这样的观点,主要灌输到他所主持、影响的一切讲会和书院之中,通过会讲活动以相规劝。

与邹守益关系密切,观点又相一致,同时在传授师说方面作出贡献的,还有同郡的欧阳德。欧阳德(1496—1554年),字崇一,号南野,江西泰和人,甫冠应乡举,即从王守仁学于赣州,不应会试者再。后登嘉靖二年(1523年)进士。为六安州建龙津书院聚生徒论学。入为刑部员外郎,改翰林院编修。"时桂萼在朝,学禁方严,薛侃等既遭罪谴。京师讳言学"[1]。德却与大学士方献夫、翰林程文德、侍郎黄宗明及戚贤、魏良弼、沈谧等为会于庆寿山房。黄绾、钱德洪、王畿、林春、林大钦、徐樾、朱衡、王惟贤、傅颐等四十余人皆预焉。嘉靖十二年(1533年),德作为南京国子司业,复"合同志会于南畿"。据钱德洪《阳明年谱》称:"自师没同门既襄事于越,三年之后归散四方,各以所入立教,合并无时。是年欧阳德、季本、许相卿、何廷仁、刘阳、黄弘纲嗣讲东南。洪亦假事入金陵,远方志士四集,类萃群趋。或讲于城南诸刹,或讲于国子鸡鸣,相和相稽,疑辨相绎,师学复有继兴之机矣。"后为宝尚卿,太仆少卿,南京鸿胪卿。以父忧归,复以养母,留待居家。在里则青原、复古诸会必至,与邹守益、聂豹、罗洪先等主盟会,远方学者自至,而"称南野门人者,半天下"。以荐复故官,为太常卿,掌祭酒事,升礼部侍郎,兼翰林学士。母忧丧毕为礼部尚书。徐阶等人于京师灵济宫讲论"致良知"之说,德以"宿学"居显位。其为人处事,与邹守益相类,敢于直言而不避权贵,临危不惧,尝声言:"吾惟求诸心,心知其为是,即

---

[1] 钱德洪《阳明年谱》,时在嘉靖十一年(1532年)。

毅然行之，虽害有不顾；知其非，虽利不敢为。此吾所受于吾师而自致其良知者也。"[1]

罗洪先（1504—1564年），字达夫，号念庵，江西吉水人。王守仁讲学南赣，闻其名，读其书，欲往。以年尚幼父止，而未及其门。嘉靖四年（1525年），举乡试，因父病未赴会试，而师事同里李中得儒学"根柢"。既而师事黄宏纲、何廷仁，日究王守仁"致知"之旨。嘉靖八年（1529年），进士第一，却以为"大夫事业，更有许大在，此等三年递一人，奚足为大事"。授翰林院修撰，明年即告假归。嘉靖十二年（1533年）充经筵官。嘉靖十八年（1539年）召拜左春坊左赞善，道经南都，晤王畿等王门学者，置辨累日。趋泰州访王艮。次年抵京则与唐顺之、赵时春"日相期许，以天下自任"。冬忤旨落职归。从此与邹守益、欧阳德、聂豹、彭簪、刘邦采等为会讲学。青原、复古、连山，复真皆预。嘉靖三十七年（1558年），严嵩"以同乡故，拟假边才起用"。洪先告以"毕志林壑"，力辞不就。二十五年丙午（1546年）十月，于乡间辟石莲洞居之。据胡直记载，"洞故虎穴，荆莽翳郁不知年矣"，洪先"异之，遂加攘剔，阅其中可容百余人。远望类莲花故名"。洪先"自是多洞居"。钱德洪、王畿偕"青原士友同声至者百数十人"。复与知县王西石修雪浪阁为士友之会。又建正学书院。嘉靖四十三年，卒。王畿等不远千里吊问。隆庆元年谥文恭。

洪先求学不名一师。曾慕罗伦之为人，并师事李中。与同门虽观点并不一致，却能求同存异，与王艮、王畿、唐顺之皆能相处成至交。洪先为学泛观博览，无所不窥。自天文、地志、礼乐、典章、河渠、漕饷、边防、战守以至阴阳、卜筮、算数无不精究，堪称博大，人才、吏事、国计、民情悉加意咨访。尝曰："苟当其任，皆我事也。"其本意为干一番大事业。壮年以后，"睹时事日非"，才"绝意仕宦"。一生安于贫贱，不求富贵，人称其"辞受取与，咸裁以义"。临终四壁萧然。有人问"何至

---

[1] 徐阶《欧阳公神道碑》。

一贫如洗",洪先说"贫困自好"。对于王畿等会讲近城市,劳官府,亦"痛切相规"。

洪先尝游匡庐,赴白鹿留下诗文。有人说,白鹿洞中现存的六幅诗碑上的《游白鹿洞歌》为其所留。我以为此事殆不可靠。此诗如作于万历辛巳(1581年),则罗已逝世多年。如作于正德辛巳(1521年),罗年仅十七岁。方当励志求学之时,似不能有求仙学道涉身世外之想。

聂豹(1487—1563年),字文蔚,号双江,江西吉安府永丰人。正德十二年(1517年)进士,知华亭县。清乾没一万八千金,以补漕赋。修水利,民复业者三千余户。兴学校,识拔徐阶于诸生中。嘉靖四年(1525年)召入为御史,有谏名。巡按福建,过杭州渡江见守仁。出为苏州知府。时守仁出征思、田,豹致书问学。守仁殁,豹设位再拜曰:"昔未称门生者,冀再见耳,今不可复得矣。"北面再拜称门生。以忧归。家居十年,与邹守益、欧阳德、罗洪先联讲会,讲论青原、白鹭间,身体力行"致良知"之说。以荐起知山西平阳府,令富民出钱建关隘,练乡勇以防"寇"。以功升陕西副使备兵潼关。言官劾在平阳乾没,辅臣夏言本恶之,罢其官。归里,复逮之,时方与学人讲《中庸》,校突入械系之。系毕,复与学人终前说而去。逾年得出。嘉靖二十九年(1550年),都城戒严,礼部尚书徐阶念前情为豹伸冤,谓其知兵,召为巡抚顺天右佥都御史。未赴,转兵部右侍郎,又转左侍郎,协理京营戎政。仇鸾请调宣大兵入卫,豹谓宜固守宣大,宣大固则京师安。三十一年(1552年),为兵部尚书,加太子少傅。徐阶、欧阳德为灵济宫之会,豹亦预之。以阻开海禁,忤旨落职归。隆庆元年,赠少保,谥贞襄。其里居讲学处,在永丰双溪,建有云邱书院,并尝与守益、德洪讲学于刘氏求志堂。

聂豹为政清廉,即因谤身陷囹圄,竟能泰然处之。豹历职四十余载,有治国安邦之构想,尝以为"治天下必以正风俗得贤才为本"。其要务在四事:①敦本实以兴正学;②清寺田以备赈恤;③核官籍以均徭役;④考宦余以励风节。而四事中则以"学校为本"。因"人才未振,风俗未醇,民力未裕,国用未舒",责在"士夫"。欲善风俗,当从善士夫始,而善士夫当自善学校始。豹特别重视"兴学育才",教人以明伦,明经义,为重德行。育才按《大学》之义,以治平为理想。豹联讲会,办书院,宣扬心学,皆以为此。

邹、欧阳、罗、聂为江右王门四巨子,青原讲会之领袖。后人将其与王守仁同祀于传心堂,故称五贤祠。他们是江右讲会与会讲中心人物,也是全国讲会与会讲的一些著名中心人物。

第四节　张居正废毁书院与隆庆、万历年间江西书院的发展

一、张居正废毁书院

嘉靖皇帝两次毁书院。十六年,御史游居敬针对湛若水,十七年,吏部尚书许杰针对"抚按司府多建书院,聚生徒,供亿科扰",而主张撤毁,虽均从其请下旨实行,但收效甚微。

嘉靖末,徐阶当政,主盟讲学。时,趋鹜者人人自诧"良知"之道。抚臣莅镇必立书院聚集生徒,提倡讲学,希执政见知。莅临地方多驻节书院之中,声称关心讲学。民间故有称呼书院为中丞行台的。

万历初,书院的形势又为之一变。张居正(1525—1582年)虽堪称改革家,为明代最有作为的执宰。然却特恶讲学诸人。《野获编》讲:"他最憎讲学,言之切齿。"万历三年,张在《请申旧章饬学政以振兴人才疏》中便说过:"圣贤以经术垂训,国家以经术作人。若能体认经书,便是讲明学问,何必又别标门户,聚党空谈。今后各提学官督率教官生儒,务将平日所习经书义理着实讲求,躬行实践,以需他日之用。不许别创书院,群聚徒党,及号召地方游食无行之徒,空谈废业。因而启奔竞之门,开请托之路。""违者,提学御史听吏部、都察院考察奏黜,提

学按察官,听巡按御史劾奏,游士人等,许各抚按衙门,访拿解发"。这是由皇帝"批发""下达"要求全国一体遵行的"圣旨"。其中,张居正给书院罗织的罪名为"群聚徒党","空谈废业"。他在给别人的书信中说得更明白。他讲到,以往书院讲学活动,己亦"周旋其间","听其议论矣"。"然窥其微处,则皆以聚党贾誉,行径捷举。所称道之说,虚而无当"。"而其徒侣众盛,异趋为事。大者摇撼朝廷,爽乱名实,小者匿蔽丑秽,趋利逃名。嘉隆之间,深被其祸,今犹未殄。此主持世教者所深忧也"❶。其实根本原因在于张居正所推行的一整套"改革"措施,并非顺利,亦不易为众多士人理解和赞许。在书院内或讲会中多有非议者。张居正反对空谈,主张整顿官学亦不无道理。然采取屠杀学者,钳制舆论,废毁书院之下策,反而树"敌"更多,加速了自己的"改革"事业的失败。

万历七年(1579年),张居正以常州知府施观民借办书院为名,科敛民财为由,废"天下"书院为公廨,卖院田以充"边需"。据有关史籍数计,自应天府以下废书院64处❷,或说书院尽废。

江西省有关地方志有明确记载的,当时江西被废、被毁的书院有:

婺源　紫阳书院

婺源　明经书院

余干　东山书院

上饶　叠山书院

玉山　怀玉书院

贵溪　象山书院

贵溪　玉溪书院

星子　白鹿洞书院

德化(九江)　濂溪书院

---

❶ 张居正《答南司成屠平石论为学书》。

❷ 据《明纪》《明通鉴》。

瑞金　绵江书院

大余　道源书院

永丰　一峰书院

安福　复古书院

庐陵(吉安)　白鹭洲书院

高安　筠阳书院

安仁(余江)　锦江书院

安福　复真书院

吉水　文江书院

这19所书院(肯定是不完全的统计)中多数为官吏倡兴者。其中有被撤毁者,有改祠庙者。

万历十年(1582年),张居正死。次年,邹元标(1551—1624年)等上疏请复书院。书院得到进一步发展。前述诸书院皆复,并有进一步发展。

《野获编》卷二十四有一段综述称:"今上初政,江陵公痛恨讲学,立意蕲抑。适常州知府施观民以造书院科敛见纠,遂编行天下拆毁。其威令之行,峻于世庙。江陵败而建白者力攻。亦以此为权相大罪之一,请令行修复。当事者以祖制所无,折之,其议不实行。近年理学再盛,争以皋比相高,书院事兴,不减往日。"

二、隆庆、万历间江西书院概况

(一)新建书院概况

隆庆、万历间,江西书院虽经挫折,但仍有发展,其新建书院概况见表15。

表15 隆庆、万历间江西新建书院概况

时间	院址	院名	创办人	备注
隆庆元年（1567年）	庐陵（今吉安）	西原会馆	王时槐等	系讲会式书院
隆庆二年（1568年）	清江（今樟树）	明经书院	管大勋	管为知府
隆庆二年（1568年）	南丰	南台书院	金文业	金为知县
隆庆六年（1572年）	安远	濂溪书院	周昊	周为知县
隆庆六年（1572年）	安远	太平书院	周昊	周为知县
隆庆六年（1572年）	安福（今属莲花）	复礼书院	刘元卿	系讲会式书院
隆庆间（1567—1572年）	丰城	宝修书堂	徐用检	
隆庆间（1567—1572年）	南昌	罗溪书院	邓以赞	
隆庆间（1567—1572年）	吉水	江阳书院		祀罗洪先
隆庆间（1567—1572年）	上饶	桂山书院	尚德恒	尚为分守道
隆庆间（1567—1572年）	南昌	鹿溪书院	喻均	
隆庆间（1567—1572年）	南昌	杨山书院	熊亚	
万历元年（1573年）	广昌	南郭云庄	何源	
万历初（1573—1577年）	太和	求仁书院	胡直	
万历初（1573—1577年）	永新	崇正书院	尹台	讲会式书院

续表

时间	院址	院名	创办人	备注
万历初（1573—1577年）	南昌	此洗堂	章潢	
万历五年（1577年）	湖口	联云书院	陈启明	陈为知县
万历十一年（1583年）	湖口	大观楼讲堂	廖汝恒	廖为知县 李材讲学于此
万历十一年（1583年）	武宁	云龙书院	程子侃	程为知县
万历十九年（1591年）	安福	势仁书院	吴应明	吴为知县
万历二十年（1592年）	石城	龙门书院	严思敬	
万历二十年（1592年）	婺源	霞源书院	朱一桂	朱为知县
万历二十一年（1593年）	安福	道东书院	刘书唐等	系讲会式书院
万历二十二年（1594年）	奉新	四贤书院（九贤书院）	冯烶	冯为知县
万历二十三年（1595年）	南康	旭山书院	汪承爵	汪为知县
万历二十五年（1597年）	永新	明新书院	余懋衡	余为知县 讲会式书院
万历二十六年（1598年）	乐平	洎阳书院	王邦本	
万历二十六年（1598年）	德兴	兴贤书院	何镁	何为知县
万历二十八年（1600年）	宜春	高士书院	高为表	高为知府
万历三十年（1602年）	安福	中道书院	刘元卿	讲会式书院

续表

时间	院址	院名	创办人	备注
万历三十一年（1603年）	兴国	鸿飞书院	何应彪	何为知县
万历三十一年（1603年）	新淦	观澜书院	郑耀	郑为知县
万历三十五年（1607年）	广昌	南园书院	黄太次	
万历四十年（1612年）	德化（今九江）	阳明书院	葛寅亮	葛为兵备通
万历四十三年（1615年）	瑞昌	瀼溪书院	陈鼎	陈为知县
万历四十三年（1615年）	兴国	长春书院	吴宗周	吴为知县
万历四十五年（1617年）	浮梁（今景德镇）	二河书院	陈大绶	
万历四十七年（1619年）	信丰	壶峰书院	朱子玉	朱为知县
万历四十八年（1620年）	于都	思皇书院	赛启皋	赛为知县
万历间（1573—1620年）	南昌	龙岗书院	邓以诰	
万历间（1573—1620年）	南昌	敦信书院	张位	
万历间（1573—1620年）	乐安	定安书院	胡伯成	
万历间（1573—1620年）	乐安	卧云书院	董时翀	
万历间（1573—1620年）	进贤	栖贤书院	黄汝亨	黄为知县
万历间（1573—1620年）	崇仁	宝唐书院	李绍春	李为知县

续表

时间	院址	院名	创办人	备注
万历间（1573—1620年）	安福	任仁精舍	朱鸿模	
万历间（1573—1620年）	金溪	宝山书院	聂廷璧	
万历间（1573—1620年）	安福	中南书院	康元穗	讲会式书院
万历间（1573—1620年）	永宁（今宁冈）	正学书院	王俨	王为分巡道
万历间（1573—1620年）	吉水	郑溪书院	龙遇奇	
万历间（1573—1620年）	吉水	求仁书院	胡直	
万历间（1573—1620年）	吉水	泮东书院	邹元标等	系讲会式书院
万历间（1573—1620年）	吉水	复初书院	陈玉辉	陈为知县
万历间（1573—1620年）	吉水	泷江书院	沈裕	沈为知县
万历间（1573—1620年）	吉水	曲江书院	罗大纮	
万历间（1573—1620年）	吉水	同江书院	曾同亨	
万历间（1573—1620年）	庐陵（今吉安）	积秀书院	旷鸣鸾	
万历间（1573—1620年）	庐陵（今吉安）	三清书院	刘士登	
万历间（1573—1620年）	庐陵（今吉安）	万松书院	匡存谷	
万历间（1573—1620年）	铅山	怀仁书院	袁九皋	袁为知县

续表

时间	院址	院名	创办人	备注
万历间 (1573—1620年)	铅山	景行书院	费元禄	
万历间 (1573—1620年)	兴安 (今横峰)	岑山书院 (岑阳书院)	谢光阳	谢为知县
万历间 (1573—1620年)	鄱阳	菁莪书院	朱常清	朱为淮王
万历间 (1573—1620年)	长宁 (今寻乌)	忠文书院		李邦华读书处
万历间 (1573—1620年)	都昌	南山书院		
万历间 (1573—1620年)	乐平	丽阳书院	金忠士	金为知县
万历间 (1573—1620年)	庐陵 (今吉安)	明学书院	曾皋	
万历间 (1573—1620年)	临川	崇儒书院	周孔教	
万历间 (1573—1620年)	浮梁 (今景德镇)	西河书院	沈良佐	
万历间 (1573—1620年)	宁都	金陵书院	温国奇	
万历间 (1573—1620年)	安义	灵溪书院	徐大相	
万历间 (1573—1620年)	南昌	豫章会馆 (崇儒书院)	张位	
万历末年 (1616—1620年)	南昌	友教书院 (澹台祠书院)	王佐	王为巡抚
万历末年 (1616—1620年)	上高	留金书院	李偕	李为分巡道
万历末年 (1616—1620年)	鄱阳	岑山书院	舒其志	舒为分巡道

续表

时间	院址	院名	创办人	备注
万历末年（1616—1620年）	鄱阳	里仁书院	潘一谔	潘为王府长史
万历末年（1616—1620年）	永丰	恩江书院	瞿式耜	瞿为知县

建于前代在隆嘉间修复的见表16。

表16 建于前代在隆嘉间修复的书院

时间	院址	院名	备注
万历间	德兴	拙斋书院	知府王恩迁修复
万历十一年	德兴	勿斋书院	知县关维魁修复
万历三十二年	浮梁	双江书院	知县周起元修复
万历间	彭泽	靖忠书院	邑人修复

新建77所，修复4所，两者相加有81所，自1567—1620共54个年头修建、重建书院平均每年1.5所。

(二) 前朝著名书院在隆庆、万历间的新发展

白鹿洞书院，在隆庆间，曾清理田亩。万历初，在知县伊尧天主持下清理田亩，提学副使江以东尚调整书院建置。

万历七年（1579年），张居正废书院时，江西巡抚邵锐曾以白鹿洞书院有敕额不便拆毁，量留田以备祭祀，仅将建昌（今永修）庄田千余亩变价充边需。白鹿洞停办，然而参议李天植却捐俸以养诸生，使之时时讲习其中。

不久，张居正去世，邹元标等请复全国书院。九江分巡道王桥随即请复白鹿洞书院。在巡抚曹大埜的支持下迅速恢复。随后参政程拱宸请省垣诸大员共同恢复书院田亩，巡抚陈有年将买田者原价赎回，布

政使陈文烛,知府潘志伊等分撰记文述其事。

万历十六年(1588年),分守饶南大右参议张治具亲临白鹿洞讲学,有讲义传世。

万历十七年(1589年)起,江西提学佥事朱廷益又与知府田琯等人连续几年修葺书院增置田亩,清理财务,调整建制,聚徒讲学。朱、田又聘南昌名士、布衣章潢主持书院。章潢(1527—1608年),字本清,南昌人,曾构此洗堂于东湖讲学聚徒,专心理学,多次入吉安青原山参预讲会。章在书院定《为学次第》示学者。要目如后:

一、学以立志为根源

一、学以会文辅仁为主意

一、学以致知格物为入路

一、学以戒慎恐惧为持循

一、学以孝弟谨言为实地

一、学以惩忿窒欲迁善改过为检察

一、学以尽性致命为极则

一、学以稽古穷经为征言

万历二十年(1592年),田琯又重修《白鹿洞书院志》。该志由星子训导、主洞周伟主编,洞生戴策献、熊侯、袁炜、黄希孔预其事,田琯自为序。志分沿革、形胜、人物、祀典、文翰、田地山塘及外志七则十二卷,这是明代内容最丰富的一部白鹿洞书院志书。

万历三十一年(1603年),江西提学副使钱槚(字岳阳,山阴人,万历八年进士)奉王守仁栗主于宗儒祠并祀。按宗儒祠原祀周敦颐、朱熹、陆九渊3人,此时改为4人,原以黄榦、蔡沈、李燔、林择之、吕炎、吕焘、胡咏、黄灏、彭方、周耜、彭蠡、张洽、冯椅、陈宓配,此时又增加陈澔共15人。

万历四十年(1612年),著名地理学家徐宏祖(字霞客,江阴人)游白鹿洞书院。他的《游庐山日记》记载了这件事。

万历间,赵参鲁、李材、沈九畴、葛寅亮、舒曰敬、方大镇等人,对书院的建设颇有建树。

赵参鲁,字宗传,号心堂,鄞县人,隆庆进士。给事中,忤中官冯保,谪高安典吏,被聘为主白鹿洞书院讲席,后官至副御史、巡抚、侍郎、尚书等。赵在白鹿洞曾留有《文忠信行四教说》。他认为"置忠信于中也以示本也,联书者忠信一心也,文行相向列者从忠信出也,是所谓一贯也,彼因人之分四教也,岂未闻一贯耶!""夫子之教忠恕而已矣,道一也,教一也"。

朱廷益,字汝宾,嘉善人,万历五年(1577年)进士。有《白鹿洞讲义》《谕白鹿洞来学诸生》《格物说》留传。

田琯,字竹山,延平人,万历进士,亦有《白鹿洞讲义》传世。

李材,字孟诚,号见罗,丰城人,曾从邹守益学,嘉靖四十一年(1562年)进士,官至南京兵部尚书,为著名理学家。曾讲学白鹿洞书院和湖口大观楼讲堂,有讲义载入白鹿洞志。在丰城建有莲槎书院。《明儒学案》立有《止修学案》。

沈九畴,字箕仲,鄞县人,万历五年进士,万历十五年(1587年)任江西提学副使,在洞中作有《白鹿洞示诸生》诗,如下:

昨日暴人横当路,可惜吾道同坑焚。

几令四海弦诵绝,赖有千载风声存。

五峰作锥判今古,重湖如璧浮乾坤。

贤圣虽已久寂寞,要在后死得讨论。

我来仲冬风日好,竹树森森山径窅。

堂堂向夕松子香,盘石临溪水纹小。

历揽遗迹皆企予,寝寐名山欲投老。

况尔诸生生当斯,前人一一皆吾师。

生平大节各存在,章句小儒何足期。

此诗尚保存在白鹿洞书院碑廊中。

葛寅亮，钱塘人，万历二十九年（1601年）进士，万历四十年（1612年）任九江兵备参议。尚建阳明书院，修濂溪书院于九江，复修白鹿洞书院，定规、讲课、作记，并留有诗。

舒曰敬，字元贞，号碣石，南昌人，万历二十年（1592年）进士，曾任府教授，知县。归里，历主徽州紫阳山，南昌滕王阁、杏花楼，吉水虎丘山讲席。万历四十五年（1617年）知府袁懋贞聘主白鹿洞书院，学者云集，教学称盛。

方大镇，字君静，号鲁岳。万历十七年（1589年）进士，曾与邹元标、高攀龙、冯从吾、余懋衡等人一起讲学京师首善书院。万历四十七年"隐于白鹿"，"与门人讲学不辍"。白鹿洞志书中有方的讲义存留。其后，天启四年（1624年）尝赴青原山访问邹元标。

贵溪三峰山的象山书院，于万历八年（1580年）虽遭毁令出售。然而当时贵溪知县伍袁萃却捐资赎回，改名象山祠。不久又奉令复建。其后继任知县吴继京等复陆续加以重修，并请陆氏后人奉祀。

鹅湖书院在万历七年是否被毁，缺乏记载。然而万历十八年（1590年）南昌进士刘曰宁与铅山知县唐应绍曾予以重修。

白鹭洲书院，于万历元年（1573年），因洲上易遭水害而迁至郡城北隅，称白鹭书院。万历七年改为湖西公署。张居正败，复改为白鹭书院。万历十四年（1586年），知县钱一本倡议重修，王时槐等皆予其事。钱亲自讲学，课试其间，并复订书院志。万历二十年（1592年），知府汪可受与永新进士甘雨复倡建书院于白鹭洲上。汪等重定院规、禁约，定科举额，编书院志。吉水曾同亨尚书，南昌万廷言佥事，安福邹善太常卿，庐陵习孔教侍郎，庐陵陈嘉谟参政，庐陵彭应时佥事皆予其事。其后参政龚道立、知府吴士奇与王时槐、邹元标等又讲学其间。

特别需要提到的是友教书院，亦名澹台祠书院。该祠原在南昌澹台灭明墓前。为南宋隆兴府知府程大昌所创，久废。明洪武间参议李思聪，万历间，知府范涞先后重修。万历末，巡抚王佐倡建为书院。李材、涂宗濬、邹正方、陈致和等先后讲学其间。友教书院祀澹台灭明,为省会名书院,成为明末江西省由官方支持的讲学活动中心。

南安府道源书院于万历十一年(1583年),由知府叶明元复修。而后巡按陈敦,知府宋万叶,推官郑道兴,知县刘宦成又重建。副使龚道立尝讲学其中。

三、泰州学派与江西书院和讲会

张居正废书院,禁讲学,还杀了江西著名讲学人士梁汝元(何心隐)。梁乃泰州学派的重要人物。泰州学派以王艮为首,许多人士皆与江西书院的建设有密切关系。

王艮本人于正德十五年(1520年)奔赴南昌入王守仁之门。艮亦有江西籍弟子三十余人,其中徐樾(波石)是贵溪人,颜钧(山农)是永新人,罗汝芳(近溪)是南城人,潘士藻(云松)、董高是婺源人,罗楒,程伊,程奉先是南昌人,董燧是乐安人。而王栋、耿定向则皆在江西活动,与书院讲学颇有渊源。

王艮(1483—1540年),字汝止,号心斋,泰州安丰场人。正德间奔南昌师事王守仁。对于他在南昌拜王守仁为师的经过,《明儒学案·泰州学案》是这样说的:"时阳明巡抚江西,讲良知之学,大江之南,学者翕然顺从。"而王艮僻处,"未之闻"。有黄文刚者,吉安人而寓泰州,"闻王艮言论,诧曰:'此绝类王巡抚之谈学也。'"艮"喜曰:'有是哉!虽然王公论良知,艮谈格物,如其同也,是天以王公与天下后世也;如其异也,是天以艮与王公也。'即日启行,以古服进见,至中门举笏而立,阳明出迎于门外。始入,先生(艮)据上坐。辩难久之,稍有心折,移坐于侧。论毕,乃叹曰:'简易直截,艮不及也。'下拜自称弟子。退而绎所闻,间有不合。悔曰:'吾轻易矣!'明日入见,且告之悔。阳明曰:'善哉!子不轻信从也。'先生复上坐,辩难久之,始大服。遂为弟子如初。阳明谓门人曰:'向者吾擒宸濠,一无所动,今却为斯人动矣。'阳明归越,先生从之。"来阳明处求学者多有先从王艮指授者。

王艮作为地位低微的一介寒士,既折服于王阳明,又能使王阳明为之心动,自有他的过人之处。在他至巡抚衙门前,以海滨生名义见王守仁时就赋诗二首。一首:

孤陋愚蒙住海滨,依书践履自家新。

谁知日日加新力,不觉腔中浑是春。

又一首:

闻得坤方布此春,造违艮地气斯真。

归仁不惮三千里,立志惟希一等人。

去取专心循上帝,从违有命任诸君。

磋磨第愧无胚朴,请教空空一鄙民。

这就冲破了守门人的阻拦,被王阳明立即延入。

二人论道时,说及天下事,王阳明讲"君子思不出位",意思是他一介草民不必去管天下大事。

王艮却认为己虽"草莽匹夫",但"尧舜君民之心"始终未忘。

王阳明仍然认为,舜与"鹿豕木石"共处,快乐得忘记了天下。

王艮却认为,那是有了尧那样的圣君,而现在……这就打动了王阳明的心田。

王艮在王阳明生前、死后到处讲学。在广德复初,秦州安定,绍兴阳明,泰州东淘等地讲学,弟子众多。鉴于他的弟子中多数为劳动人民,故后人有称之为平民教育家的。

贵溪徐樾(字波石)系嘉靖十一年(1532年)进士,为王艮高弟。在贵溪建有严家书院,讲学聚徒。学者自四方来,志称"云集"。颜钧则为其高弟。

颜钧,字之和,号山农,永新人。先师事刘邦采,无所得,乃从徐樾,得王艮之传。讲学江淮、两浙等地颇有影响。其高弟有梁汝元、罗汝芳等。

梁汝元,亦名何心隐(1517—1579年),字柱乾,号夫山。吉安府永丰县人。少补诸生。从山农而得闻王艮心学立本之旨。当时吉安府邹、欧、罗、聂大师以学问知名,梁汝元不以为然。弃科举业,专以"求道"、讲学为事。在乡里聚梁氏宗族,建聚和堂,并建学于其左,称夫山书院。"设率教、率养、辅教、辅养之人,延师礼贤,族之文学以兴。计亩为租,会计度支,以输国赋。凡冠婚丧祭,以迨孤独鳏寡失所有,悉裁以义,彬彬然礼教信义之风,数年之间,几一方之三代矣"❶。由于邑令暴政,并有赋外之征。汝元揭露之,故被诬下狱。幸好友程学颜救助,方得脱险。后与程入京,与罗汝芳、耿定向等讲学京师,一日与张居正同会灵济宫,互相得罪,种下怨毒。汝元谓定向言:"张必官首相,必首毒讲学,必首毒汝元。"❷梁汝元在京师"辟各门会馆,招来四方之士,方技杂流,无不从之"。汝元参予了谋去严嵩之谋略。严败,为严党所恨,埋名隐居讲学多年。万历初,孝感讲学四年,湖北巡抚陈瑞差官欲缉拿。万历七年(1579年)被缉,解送武昌,为巡抚王之恒承张居正旨意杖杀于狱中。梁虽被诬为"妖人""奸犯",但在好友和崇奉者心目中却是英雄人物。

黄宗羲在《明儒学案·泰州学案》中说:"泰州之后,其人多能以赤手搏龙蛇。传至颜山农、何心隐一派,遂复非名教之所能羁络矣!"正因如此,梁汝元以及颜山农都遭到迫害。梁汝元被杀,颜山农"以布衣讲学,雄视一世",屡被诬陷,几乎遭杀害。

梁汝元致力于家族的管理和教育。继承了江州陈氏义门,合族共处,耕读相辅的传统,且更加具有理论色彩。然而有的学者认为,这仅是他齐家的活动,最后的目标则在治国、平天下。当然,这在当时,仅仅是一个不能实现的空想。

梁汝元尝建会,其会已不同于一般讲会。有讲会的特点,又有新的

---

❶ 邹元标《梁夫山传》。
❷ 《何心隐集》。

含义。似有政治团体，社会团体的作用。除在家乡外，在京建有复孔堂，在湖北有求仁会馆等。

梁汝元与传统的理学家们有一个相反的主张。不是讲"无欲"，而主张"寡欲"和"育欲"。

邹元标撰《梁夫山传》称："夫山死且不朽，余又何赘？余又安能默已耶？时余偕罗礼科抵明德乡，游文忠公之泷冈，文毅公之金牛书院，道经梁坊，宿焉。见夫山书院依然如故，以故不得不起敬而为之传云。"

南城罗汝芳（1515—1588年）亦颜山农门人，字惟德，号近溪。少读书其父罗锦所建之前峰书屋。颜山农被捕入狱，生命危，汝芳"为之营救，不赴廷对者六年"❶。嘉靖二十三年（1544年）进士，知太湖县，擢刑部主事。出知宁国府，以讲会《乡约》为治。聘贡安国至志学书院。公事多决于讲堂。丁忧归，讲学从姑山房（明德书院）。补东昌知府，建见泰书院。迁云南副使，转参政，行乡约于海春书院。途经贵州之龙冈，讲学龙冈书院，讲阳明之学。尝于南城，倡复盱江书院。万历五年（1577年）进表京师，讲学广慧寺，朝士多从之。忤张居正勒令致仕，归与弟子在浙江、江苏、福建、广东等地讲学，所至弟子满座。罗归田后，山农复至，侍候如当初，其弟子欲替代，罗汝芳曰："吾师非汝辈所能事也。"卒，门人私谥明德。

罗汝芳尝欲倡设江西全省之讲会，其《柬合省同志》书称，"江右，赖先达讲学立会，在诸郡邑兴起已非一日矣。所少者，通省合并一会。不肖昨吊周巡抚公于省中，获接宗师岩泉徐公，倦倦此意。其时在会诸缙绅共议会于南昌塔寺。归途以告吉安诸缙绅，咸谓省中事体未便，惟永丰地僻路均，且聂泉崖兄力任供应，兹幸议定，敬报贵邑诸道宗，更相告约。凡缙绅士夫及高尚隐逸，俱以来年二月中旬为始，悉赴永丰，共成合省大会。诚吾明宗社之福，而吾道大明之庆也……"罗以

❶《明儒学案·泰州学案序》。

何心隐的故乡作为讲学基础,进一步说明其间的关系。

罗汝芳成为万历间江西讲会的领袖人物之一。

泰州学派另一代表人物王栋(1503—1581年)亦在江西活动。栋字隆吉,号一庵,泰州人,系王艮族弟,后师事王艮。嘉靖三十七年(1558年)以岁贡生,选授星子县训导,大吏以其学行著称,聘主白鹿洞书院讲席,与巡抚胡松,提学副使黄国卿同讲论于洞中。后转南城训导,升南丰教谕,在南丰每五日集诸生员升堂训以心身切要之学。曾称:"不责人为真工夫,不动气为真涵养。"隆庆二年(1568年),与南丰知县金文业倡捐共建南台书院,从游者众。其为学之大端有二,一则禀心斋格物之旨而洗发之。言:"格物乃所以致知,平居未与物接,只自安正其身,便是格其物之本,格其物之本,便即是未应时之良知。至于事至物来,推吾身之知而顺事恕施,便是格其物之末。格其物之末,便即是既应时之良知。"故致知格物,不可分析。再则不以意为心之所发。称:"自身之主宰而言,谓之心,自心之主宰而言,谓之意。心则虚灵而善应,意有定向而中涵。自心虚灵之中,确然有王者,名之曰意耳。"❶

栋后为深州学正。

第五节　明末江西书院

一、魏忠贤废毁书院和天启间书院概况

天启间,阉党魏忠贤废毁书院,主要针对无锡东林书院、陕西关中书院、江西仁文书院和徽州紫阳书院。其中东林则针对孙慎行、顾宪成、高攀龙等,关中针对冯从吾、江西针对吉水邹元标,而徽州则是针对婺源的余懋衡。

先是顾、高等人讲学无锡东林,而邹、冯、余及各家讲于北京之首善,朝野风动。他们借讲学而议朝政,量裁人物,形成有相当影响的学

---

❶《明儒学案·泰州学案》。

术、政治势力,遭到敌对势力的忌恨,终于造成流血事件。

魏等在天启皇帝朱由校的支持下,废毁全国书院,并大规模屠杀东林党人。在江西遭到废毁的,据粗略统计有18所:

婺源	紫阳书院	婺源	福山书院
乐平	泊阳书院	玉山	怀玉书院
德化(九江)	濂溪书院	进贤	征士书院
进贤	钟陵书院	进贤	栖贤书院
铅山	鹅湖书院	浮梁(景德镇)	双溪书院
南昌	友教书院	南昌	正学书院
安福	复古书院	安福	复贞书院
庐陵	白鹭洲书院	太和	萃和书院
吉水	仁文书院	高安	筠阳书院

此外,盱江、象山书院情况不详,白鹿洞虽未见毁坏记载,但曾任山长的李应升却被杀害。

天启间江西新建的书院仅有3所,见表17。

表17 天启间江西新建的书院

地址	院名	创办人	备注
婺源	富教堂	余懋衡	
乐安	道乡书院	庄学曾	庄为知县
吉水	依仁馆	李邦华	

这些书院建成以后,还有新的修复和讲学活动。如在白鹿洞书院,由于推官李应升主持其事,而有所起色。

李应升(1593—1626年)是著名学者。字仲达,号次见,南直隶江阴(今江苏江阴)人,万历四十四年(1616年)进士。授南康府推官。天启二年(1622年),南康知府袁懋贞请其主白鹿洞教事。

李重修《白鹿洞书院志》。他与当时分守九江兵备左参议陆梦龙,知府夏炜分别作序。李志分形胜、沿革、先献、明教、文翰、祀典、田赋七则。

李立洞规,并申请洞学科举。即每遇岁、科考试时,经省批准给予书院肄业童生若干入学名额。从此,书院的教学活动与科举考试制度又进一步结合起来。

李在书院立讲会,据《同治南康府志》载,李应升"在南康律己清严,公庭如水,兴复白鹿洞书院,立馆舍招集士人,旬有小会,月有大会,会期亲诣洞宿,与诸生质疑问难,推明紫阳之教,一时从游学者千里应之。其成名于世者,指不胜屈"。就这段记载可知,当时的白鹿洞既是聚徒式的书院,也是讲会式的书院。

李不久升任监察御史,诸生但宗皋、余忠宸等一百余人请熊德扬撰去思碑以颂扬、怀念李应升。李应升离开鹿洞后,仍与鹿洞师生保持联系,始终关心书院教学,后来李为魏忠贤所诬入狱,白鹿生徒余忠宸等尚有破产营救、入狱照应,并料理后事者。

魏废全国书院,其势虽凶,却也受到了某种消极抵制。有的书院虽然已毁。实际上,仍然保存着。如鹅湖,留下了祠庙。高安筠阳书院"以改建公署报"而已。白鹿洞依然未动。其中损失最大的算是浮梁双溪书院。原建于元,元末毁,万历间周起元知浮梁兴复之。天启五年,作为江苏巡抚周起元被害。波及双溪书院,亦毁为民居。

二、崇祯间江西书院概况

崇祯间,江西书院在遭受魏忠贤阉党废毁的打击后,略有发展,但明代书院此后一蹶不振。

始建于崇祯间的江西书院见表18。

表18 始建于崇祯间的江西书院

时间	院址	院名	创办人	备注
崇祯七年（1634年）	永新	文行书院	管正传	
崇祯九年（1636年）	庐陵（今吉安）	依仁书院	李邦华	
崇祯九年（1636年）	清江（今樟树）	明崇书院	王心纯（为祀推官王相建）	王为知县
崇祯十年（1637年）	宜春	王公书院		
崇祯十年（1637年）	湖口	射圃书院		
崇祯十一年（1638年）	奉新	淡香斋书院	胡治云	
崇祯十二年（1639年）	奉新	三立居书院	胡受益	
崇祯十二年（1639年）	南城	紫阳书院	王恒京	王为知县
崇祯十三年（1640年）	南城	凤冈书院	王恒京	王为知县
崇祯间（1628—1644年）	丰城	龙门书院	谢文龙	
崇祯间（1628—1644年）	新城（今黎川）	肖曲山房	黄端伯	
崇祯间（1628—1644年）	德化（今九江）	嘤鸣会馆	文士宏	
崇祯间（1628—1644年）	建昌（今永修）	石谭书院	熊德明	
崇祯间（1628—1644年）	广昌	香山学舍	谢天锡	

续表

时间	院址	院名	创办人	备注
崇祯间（1628—1644年）	崇仁	归仁书院	吴学周	
崇祯间（1628—1644年）	吉水	兴仁书院		
崇祯间（1628—1644年）	南昌（一说丰城）	石井书院	姜日广	
崇祯间（1628—1644年）	南昌	檀溪书院	熊文举	
崇祯间（1628—1644年）	吉水	仰山书院		

前朝所建书院亦有在崇祯间重建的，如吉水崇桂书院和德兴银峰书院。前朝所建的一些书院在天启、崇祯间虽有所修举，然而这时的书院却进一步官学化。主要表现在两方面，一是不少书院有了科举名额，白鹿洞、白鹭洲皆是如此。另一个表现是官员兼任书院山长者增多。其中白鹿洞是最突出的。白鹿洞书院事务成为南康府"李署专责"❶，除李应升外，戚良史、钱启忠、王彝章、廖文英等府推官均先后主持了白鹿洞书院。

崇祯间，江西提学参议侯峒曾与提学副使蔡懋德相继讲学白鹿洞，而朱天麟、黄瑞伯、王思任、吴炳等忠义之士都曾来白鹿洞讲学，并参与了其他书院的建设。

著名的抗清志士编修杨廷麟与进士胡梦泰、处士查应璋等曾共同主持修复鹅湖书院。胡梦泰曾有记。胡梦泰记称："忆天启年间阉婆孕子尽任冠带，时怒臂与之角者无他人，东林讲学诸君子也。阉怒诸君子，力窃诏毁天下书院，鹅湖书院亦在毁中。吾铅诸多士愤然群起而争之。曰有四先生而夫子之道大明，毁书院撤宫墙之藩也，是将驱

---

❶ 司理推官的衙署亦称"李署"。李《落落斋遗集》载有《与戚司理》书。

天下士人蚕室有死不可,时邑父母屈于多士之议,祠得不毁,四先生之像巍然。""吾师机部杨先生访泰鹅湖山下,瞻拜四先生像,见阶鞠茂草,屋为炊薪,怆然久之"。曰:"昔稔闻捍卫四先生士之盛勇之甚,岂不毁于仇,而酷于息?"胡梦泰等遂亟力修复之。

赣县知县陈履忠,曾迁建濂溪书院于城南,并更名濂泉书院。

崇祯初,南昌知府彭期生复友教书院在毁废之余,巡抚解学龙与提学副使陆云祺、蔡懋德尝加以重修,延师讲学,聚会其间。新建万尚烈、进贤涂绍煃、安义涂凤虞等先后主其事。

吉安知府林一柱重建白鹭洲书院。吉水在籍兵部尚书李邦华连年主盟。

提学副使蔡懋德重兴高安筠阳书院,延师、课士于其中。

三、邹元标、余懋衡、李邦华等人的讲学活动与江西书院

魏忠贤废书院在江西针对邹元标、余懋衡。邹、余通过书院讲学确颇有影响。

邹元标(1551—1624年),字尔瞻,号南皋,吉水人。泰和胡直尝师欧阳德、罗洪先得王守仁之传,邹元标从其游,即有志于心学。万历五年(1577年)进士,观政刑部,以谏张居正夺情,言张居正"才虽可,学术则偏,志虽欲为,自用太甚",且进贤未广,断刑太滥,言路未通,民隐未周。遭廷杖、谪戍都匀卫,并险遭暗害。居正殁,拜吏科给事中,奏复书院,又以忤旨谪南京刑部照磨,兵部主事。进吏部员外郎。以病免。起验封司,以忧归里。于里居讲学吉水仁文书院与吉安、匡庐等地书院,讲会前后三十年,从游者日众,名益高,"中外疏荐遗佚凡数十百上,莫不以元标为首"❶。光宗即位,召拜大理卿,未几,进刑部侍郎,复转吏部,转左都御史。荐涂宗濬、李邦华等,与冯从吾建首善书院,集"同志"讲学其间,为阉党所忌恨。魏忠贤以"宋室之亡由于讲学",而

---

❶《明史·邹元标传》。

传旨将加严谴。天启四年(1624年),邹元标辞职归,遂卒于家。次年,御史张纳请毁天下讲坛、书院,并力诋邹元标及其仁文书院,降旨削夺,书院亦为拆毁。至崇祯朝才复故官。

邹元标为明代后期江右王门的重要人物,讲会之领袖、书院之皋比。万历间青原、白鹭讲会皆由其主盟。与郭子章、邹德溥、罗大纮、刘同升讲学其间,修复、定规皆赖其力。

其乡里讲学之处仁文书院,是邹元标主持的书院,旧名文江书院,在吉水县东门外旧义仓地。张居正废书院出售为民居。知县陈与相为邹元标购之。万历十一年(1583年),知县徐学聚建仁文书院,邹元标为之记。称:"县庠水流而东汇为鉴湖、汪洋滂蓄。左有地隆然高阜,相传为盐仓岭,俗名东义仓。仓徙入城,创文江书院。万历庚辰,江陵尽毁天下书院,市地归民间。海宁陈侯令兹邑,谓余居湫隘,以俸易而归余。癸未,余滥尘省垣,以复书院请,上报曰可。余折简归其地于侯。已而侯升比部去,兰溪石楼徐侯至。余申之曰:此故辱名礼让之场,荆莽蒙翳久矣。开兹堂奥,以待来学,其侯今日事乎。幸无让。侯乃筮日、庀材鸠工,以丞沈公有孚董其事,为屋三层,缭以周垣,翼以重廊,视昔倍加宏丽,名曰仁文书院。谓吾邑仁峰崒崔,文水濴汩,馆介其间,又取曾子辅仁、会文之旨,今多士知所取裁。"

邹又称:"粤稽上古、学校庠序、上无异教,下无异学。""书院古未有也。宋诸大儒出,阐明圣绪。如白鹿、鹅湖、石鼓、岳麓皆其过化名区。后踵其迹者,书院遂遍域中,亦仿党庠塾序,余意辅学政之所未逮云。盖学政废弛,士师之所督责,父兄之所期盼,子弟之所传颂,惟占毕是习。稍一说正学,相群讧哗,以为是不利进取。至书院,非齐明盛服不临,非仁义不谈,咏斯、游斯,有不赧然内愧,勃然神竦,回心向道者,非其也"。

最后表示:"元标进未得行斯道于朝、退愿得明斯道于野。俾乡子弟孝友忠信,雍雍翼翼,庶上不负圣天子明盛之世,下不负良有司振作之美,而余眷眷欲开斯进之意,庶几其不孤也。"

其后知县黄流芳、沈裕相继扩建。邹元标曾长期讲学于此。

天启间,仁文书院则首当其冲,房屋大都拆售。但在知县顾其国支持下,生徒奉元标神主另立明德祠,弦咏不断。

崇祯十五年(1642年),平湖沈中柱为吉水知县,次年,恰好为邹元标修复仁文书院六十周年与邹之门人李日宣、娄文华、张磷、李日文,曾子瑜等重建之。迎元标神主立其中堂,仍署明德祠,名堂曰宏道,院门仍额仁文书院。

吉水尝有泮东书院。邹元标联讲会,尝会讲于此。

沈裕除扩仁文书院外,尝与邹元标共建泷江书院。

余懋衡,字持国,号少原,徽州婺源(婺源今属江西省管辖)人。万历二十年(1592年)进士。授永新知县。倡建明新书院,联讲会讲求实用之学,置田以赡士。邹元标尝为之记。学者预明新讲会者众。征授御史,出按陕西,建正学书院与冯从吾同讲学。寻以忧归里。起复,擢大理寺丞,引疾去。天启元年(1621年),擢大理少卿进右佥都御史共理京营戎政,再进右副都御史,改兵部侍郎。廷推南京吏部尚书时推余,时皇帝欲用余,余以自己资历浅力辞而归。在京师与邹元标、冯从吾共讲学首善。在乡里与汪应蛟(户部尚书)、游汉龙(布政)、潘之祥(参议)、汪秉元(郎中)及翰林院五经博士朱德洪、知县卢化鳌集多士讲学紫阳书院。复于福山书院联讲会,讲学富教堂。并预郡城紫阳之会。天启四年(1624年),再授前职,以魏忠贤党势盛,坚卧不起。五年(1625年),张纳等诋毁讲学诸人以邹、冯、孙、余为首,谓其"南北主盟,互相雄长,请赐处分"。余等同日削夺。崇祯初,复其官。

吉水李邦华(1574—1644年)为邹元标门人、字孟闇。万历三十二年(1604年)进士,知泾县。以异政行取拟以御史用。时值党论初起,朝士多诋顾宪成。李邦华与其友善,遂指目李邦华亦系东林人士。故越三年才拜命。在朝有谏名。万历末,引疾归。《明史·本传》称:"时群小力排东林,指邹元标为党魁。邦华与元标同里、相师友、又性好别黑白。或劝其委蛇。邦华曰,宁为偏枯之学问、不作反覆之小人。闻者益嫉之。"出为山东参议,不赴。天启元年(1621年),为易州兵备副使。二年,迁光禄少卿,即还家省父。擢右佥都御史巡抚天津军府、进兵部侍郎。复返家省父。四年夏,抵京,为阉党所恶,引疾去。次年削夺。崇祯元年(1628年)起工部侍郎总督河道,寻改兵部协理戎政。进兵部尚书,左都御史。李自成攻占山西,李邦华请以太子监国南京,又请定、永二王分封护衢,皆不行。城破,自杀。李邦华作为效忠明廷之忠臣,受到福王以及清廷之表彰。

李邦华一生既作官,又讲学,其中家居讲学二十余年。在吉水、庐陵及赣州办学多处,与书院及讲会联系密切,学徒众多。

李邦华幼时尝随父李廷谏读书于长宁(今寻邬)忠文书院。后父子自相砥砺,同赴南昌应试,同中万历三十一年(1603年)举人。

天启、崇祯间,李邦华曾在白鹭洲书院连年讲学,建依仁会自主盟,复捐资修缮,助膏火,后在巡抚解学龙与提学黄道周、侯峒曾的支持下,建依仁书院为会所。解学龙记称:"尝考治平之盛,一德而同风俗,大都名卿大夫鼓倡于上,而群士承顺于下。""王道既阙,士大夫始有抱器以陶淑人群者,洙泗为万代之宗,始无论关西、琅琊,传经教授尝至千万人。唐末暨宋,而白鹿、石鼓、应天、岳麓四书院最著,名世大儒多出其中。此后世会馆所自昉也。盖士君子具可为之材,体一贤之学,其所群聚而讲明者,皆彝伦之大,济世利物之道。其施行于世者,亦即平日数究之绪,扬论之旨。故进则见诸事,退则明其理,虽诲谕于闾族,鼓倡于朝堂,其所施若异,而为化民成俗之助则一矣。李大司马先生直节清修,风动寰区,自筮士牧民以至柄在军国,所为匡勷内外,惠泽生民者,业已重诣久远,脍炙人口。已暂退而同诸从游之士,阐明圣传,究心绝学,逍遥里间,深衣幅巾,和颜婉纶,虽田夫孺子亦谆谆,而进教之未尝有倦色。先生自忘其峻显,而诸士相与左右服从之不舍,筑依仁馆于里中","务学不如务师","师道立则善人多"。"吉州自欧阳南舒、罗文恭诸巨公著忠孝之节,从事于良知之旨,道风之盛,遂为天下最称,不异邹鲁也。万历间邹尔瞻先生复倡道讲德于其乡,四方有志之士群以为依归"。李邦华"盖独得忠介(邹元标)一灯",其影响颇为深远,"教泽一振,士人咸趋,庶几于成周"❶。

邹元标门人钱启忠(1595—1643年),亦有功于书院建设。钱字沃心,号清溪,鄞县人。幼即认真认读,虽在枕、厕,亦"咿唔不遍口"。天启元年(1621年)举人,以省伯父、临江知府钱若赓曾游学江西,拜于邹元标门下。崇祯元年(1628年)进士,与刘之纶、金声、黄端伯、朱天麟等结"千秋不朽社",谈道论学,倾向于阳明,又以"名节"律身居官,观政兵部,即上疏请复天下书院。钱后为南康府推官,提学副使蔡懋德以白鹿洞书院之事相委。白鹿洞书院向为推官职掌,然多数人未尝问学,徒稽田税出入而已。钱接任后一如李应升,每朔望毕至书院,集士子讲论。对生徒课业随机指点,复刻印《一贯编》《朱陆问答》《二程语录》《传习录》以及颜钧、何心隐、罗汝芳著述,并将书版藏于书院。复与饶州推官朱天麟共同讲学。后调抚州府推官,刑部主事,开礼部员外郎,补山东布政司参议,兼按察司佥事提督学政。

明代江西新建书院,有年代可考者：

洪武间　19所

永乐间　9所

洪熙宣德间　2所

正统弘治间　28所

正德嘉靖间　108所

隆庆万历间　76所

天启崇祯间　22所

共约265所书院

---

❶ 载《同治庐陵县志》。

有一些始建于明代的书院,尚不明其年代,补缀于后(见表19),共23所。

前后相加,共288所。与宋代相比,数量亦已超过。

明代江西书院由洪武、永乐间的冷落,至洪熙以后的再振,至正嘉间发展到高潮。隆万之际承其余绪继续发展,虽屡遭打击仍然继续,直至明末,才因整个局势的败落而走下坡路。就其学术倾向,先程朱而后王学。就其形式看,讲会式书院的建设,为中国书院史的发展增添了新的风采。明末,随着王学渐衰,在江西出现了"时文"❶的聿兴。艾南英、陈际泰、章世纯、罗万藻皆抚州人士,以"时文"巨匠名扬四海。这就表明了士人求学目标的变化,亦为清代江西书院沦为科举的附庸打下基础。

明代多次废毁书院,自洪武初,至嘉靖中,至万历初,至天启间,前后五次之多。❷作为朱明王朝的专制体制确与书院的自由讲学格格不入。即使在张居正、魏忠贤败后,请复书院时,仍然有人以祖制无书院而不予支持。此外,尚有其他的破坏,如住在南城的益王府曾侵夺过盱江书院,玉山沐黔国公亦强夺怀玉书院,前者经罗汝芳申请另建,后者经府推官李光春上牒力争,才得以归还。而嘉靖间,提学副使徐一鸣废淫祠堂湖东书院於鄱阳,为镇守大监所诬,械送至京,经诸生呼救,廷臣交章方得脱身。而梁汝元被害,颜山农险遭杀害,李梦阳几遭不测,正如前面所叙,都与书院讲学有关。由此可见,兴书院、联讲会,不拘守于章句之中是有风险的。

表19 一些始建于明代但不明其年代的江西书院

时间	院址	院名	创办人	备注
明	赣县	崟岗山房	刘承直	

---

❶ 即应科举之"八股文",亦称"帖括"。

❷ 诸书皆称明代四次毁废书院,实际是五次,朱元璋虽曾建洙泗书院、尼山书院,但为孔府的一部分。与各地的书院(官办民办)都不一样。

续表

时间	院址	院名	创办人	备注
明	高安	南嬛书院	吴江、吴汇	
明	高安	息园书院	徐沧如	
明	高安	傍莲书院	刘恊子	
明	宁州（今修水）	云溪书院	丁云溪	
明	彭泽	柳洲书院（春衣书院）		
明	南昌	云中书院	李耿	
明	宁州（今修水）	鸣阳书院	陈存之	
明	万安	梅坡书院	刘因	
明	吉水	嵩阳书院	罗彦辉	
明	吉水	化成书院	曾祥宁	
明	婺源	中心精舍	余世儒	
明	新昌（今宜丰）	曲江书院	毛懋诗	
明	新昌	四知书院	胡学新	
明	新昌	尉山书院	刘全瓘	
明	万载	朱溪书院	李克庵	
明	万载	步云书院	杨嘉和	
明	万载	竹泉书院	欧阳恕	
明	万载	万松书院	晏朝瑞	
明	于都	龙门书院		
明	新余	明经书院	慕明管	
明	瑞金	螺峰书院		
明	会昌	驻罗庵书院		

公元十六世纪是江西书院发展的高潮，诸多论者之中，有以为我国此时经济发展曾与欧洲处于同一起跑线上之说。反观当时书院的发展与王门子弟的讲学活动，确能发人深思。从湛若水、王守仁提倡讲学，

确使参与学术活动的范围大大扩展,尤其是讲会的建立,会讲的展开,更使学术活动在更大的规模上、更快的速度上深入民间,在野士绅,以至山村"细民"皆有与会者。至少是江西历史上一次大规模的文化普及运动。而这次文化普及运动,是与江西的资本主义经济的萌芽分不开的。明代江西是南北交通的要道。两广、福建通往长江流域以及华北、京师大都经过江西。景德镇、吴城镇、樟树镇、河口镇这四大名镇作为当时江西千百座市镇墟集之首,在发展商品经济,实行雇佣劳动,剥取工商利润诸多方面,已经呈现出资本主义的萌芽。而在这个背景之下,王阳明学派发现"自我"强调"人"的"主观能动作用",不能不说是一种折光,发展到梁汝元等人已经冲破了名教的羁络,东林诸人提出了"工商皆本"的口号,至黄宗羲更提出将政事公议于学校的主张,这皆是从书院中反映出的信息。而书院的讲会,亦由学术团体向政治团体转变,成为一种政治派别,东林、复社、匡社等,亦皆发人深思。

然而,我国终究没有在发展资本主义的道路上走下去。明廷在李自成起义军的冲击下垮了,重新建立起新的王朝,中国又回到专制统治下。前面说到,讲学有杀头的风险,那么埋首"时文"却有做官发财的希望。这就逐渐成为清代江西众多士人的榜样。这可能也是清代江西学术衰落的一个原因吧!

第六章 清代江西的书院

第一节 顺治间清廷对书院的控制和
江西书院的修复

一、清初朝廷对书院的基本政策及顺治间蔡士英等人对江西四书院的修复

清兵入关,取得中央政权,建立新朝。以少数民族贵族入主中原。在文教方面,屡兴文字狱,稍涉嫌疑,往往大肆屠杀,株连甚广。同时也对部分士人采用争取、笼络的手段,设学校,祀孔孟,尊理学,重科举。而对于明末思想比较活跃的书院讲学活动和士人结社现象,非常敏感、警惕。顺治九年(1652年)下令:"各提学官督率教官、生儒,务将平日所习经书义理,着实讲求,躬行实践,不许别创书院,群聚徒党,及号召地方游食无行之徒,空谈废业。"同年,又在各地学校明伦堂左刊立《卧碑》,明令:"军民一切利病,不许生员上书陈言,如有一言建白,以违制论,黜革治罪。""生员不许纠党多人,立盟结社,把持官府,武断乡曲。所正文字,不许妄行刊刻,违者听提调官治罪"。这种对结社的明令禁止,对刊刻文字与讲论的严格控制,显然也是针对民间书院及其讲会的。

不许别创书院,对原有的书院怎么办呢?多数论者只是提到《清朝续文献通考》所载:"古无所谓书院也,庠序而已。我朝自顺治十四年,从抚臣袁廓宇请,修复衡阳石鼓书院,嗣后各省以次建设。"其实不尽如此,就江西省而言,地方官员早已对江西原来的书院依次葺修矣。

江西巡抚蔡士英会同藩、臬诸司于顺治十年（1653年）前后，将鹅湖、白鹿洞、白鹭洲、友教所谓四大书院依次恢复、整理、聘师、开讲。他在《澹台祠记略序》中称："王道之极大莫如教人才，而学校以进身，反成谋利之地。书院以穷理，犹近为己之门。有志者宜何图焉。是故余于江西务尽复诸书院，如白鹿洞、鹅湖、白鹭次第修举，最后乃及澹台祠，祠成而北上矣。"

对白鹿洞书院，最早加以修整的是蔡士英的助手李长春。顺治四年（1647年），南康知府李长春升本省按察使，临行遗俸嘱前知府聂应井重修白鹿洞书院。后因南昌金声桓起兵抗清，星子生员吴江响应而未成。顺治七年（1650年），聂应井与新任知府徐士仪等重修白鹿洞书院，李长春自为记。继而提学道赵函乙、兴屯道翟凤翥皆予鹿洞兴复诸事。顺治十一年（1654年），蔡士英与继任巡抚郎廷佐命府、县清洞田，修堂庑、整规制。次年，蔡又与李长春讲学洞中。此事蔡与熊维典皆有记。十四年（1657年），知府薛所习又置田，修殿堂，改讲修堂为彝伦堂，增补李应升所作《白鹿洞书院志》。直至顺治末，皆有史实记载。蔡等除命推官、教授等官兼任白鹿洞山长外，尚欲聘方以智、文方、宋之盛、杨益介、熊维典、何大良等前明遗逸、知名学者主其讲学，虽多数未就，而熊、何二人仍被强起合作其事。

对鹅湖书院，顺治九年（1652年），蔡士英倡捐命官吏重加葺兴。分守湖东道安焕记称："昔贤吕东莱当宋学庞时，首与朱晦翁、陆复斋、象山四先生会讲于兹。参同订异，往复辨难，不一卷而足。后儒席其风流，景仰道止，爰为四贤堂以祀之。然递废递兴，时不一代，代不一人，总之，古圣薪传，先儒道脉，必有贤人君子维持系属其间，如日月丽天，江河亘地。经剥复，历晦明，越终古而常存也。混一兵兴，苔残人谢，故院鞠在荆榛间。部台蔡公以今上定鼎之四年假道入闽，过其山，风泉逸响，如聆昔贤磬欬之声，慨然以修复兴举为念。会九年公节钺豫章，讨叛服逆，兴宪考度，雅歌被服之余。亟命吏庀治鸠工为四先生重修坛宇焉。凡书院租田清复捐创之计不遗余力。于以赡岁祀,资后学,悉如旧宪而复增之。其为继往开来兴贤育德至不浅矣。"今公以从龙之彦,起自东北,结发从征,攻城掠地,奕奕丰功。故以勒旗常缕金策,而敦《诗》,说《礼》,造次必于儒者,虽倥偬手未释卷。其笃学力行、纯忠至孝与朱、吕正心诚意、致知存心之学若合符节,而光明洞达宕懿易简,则又陈同父所为推倒一世之智勇,拓开万古之心胸,非邪!先儒未同之论,公殆将兼之……"

对白鹭洲书院,早在顺治三年(1646年),湖西道杨春育,署吉安知府晋承露即加以修复。后因兵乱复遭破坏。知府李兴元奉抚台旨意,立志重兴,至顺治十二年才完成。

对友教书院,甲申后讲席化为厩舍。蔡士英尽驱窃居者,捐俸、召匠重加修葺。藩、臬诸司亦助成其事,置田一百亩,迎黎元宽、陈弘绪课士其中,继任巡抚张朝璘,复加重修。

除了这几所大书院外,地方官员亦相当关注书院的建设,并加强了对书院的控制。清初,一些前明的遗民仍有建书院聚徒讲学、创会结社,开展会讲活动的,鉴于朝廷颁有禁令,故多数采取比较隐蔽的形式,将自己讲学的场所取了另外的名称。这个问题下面还要提到。

二、顺治间江西书院的发展

始建于顺治间的江西书院见表20。

表20 始建于顺治间的江西书院

时间		院址	院名	创办人	备注
顺治初	1644年—	南丰	程山学舍	谢文洊	
顺治初	1644年—	南昌(含新建,下同)	冰雪堂	杨益介	
顺治初	1644年—	宁都	易堂	魏禧等	

时间		院址	院名	创办人	备注
顺治初	1644年—	星子	髻山草堂	宋之盛等	
顺治初	1644年—	南昌	中山书塾	何一泗	
顺治八年	1651年	清江（今樟树）	乐育书院	蒋显捷	蒋为分守道
顺治八年	1651年	清江（今樟树）	肖江书院	洪见清	洪为知府
顺治十年	1653年	南昌	蔡公讲堂	蔡士英	蔡为巡抚
顺治十年	1653年	安仁（今余江）	云锦书院	翟凤翥	翟为兴屯道
顺治十年	1653年	上高	联璧书院	王徽	
顺治十一年	1654年	新城（今黎川）	涂氏书舍	涂氏	魏禧讲学于此
顺治十二年	1655年	崇仁	文昌书院	谢允潢	谢为知县
顺治十四年	1657年	南昌	章江书院	张朝璘	张为总督
顺治十四年	1657年	临川	兴贤书院	纪振边	纪为知县
顺治间	1644—1661年	丰城	近圣会馆	宋彝	
顺治间	1644—1661年	新城（今黎川）	吴氏书舍	吴氏	谢文洊讲学于此
顺治间	1644—1661年	奉新	东瓯讲堂	胡以温	胡为知县
顺治末	1661年	南昌	新西昌书院	魏双凤	魏为知县

共计18所，其中官员倡建者9所，其余大都不以书院称，系避朝廷"不许别创书院"之令而改称的。

顺治间，就前代书院有新的修复的，除前述四大书院外，尚有以下书院，见表21。

表21　顺治间新修复的其他前代书院

地点	院名	修复人	备注
奉新	九贤书院	知县胡以温	原四贤改九贤

续表

地点	院名	修复人	备注
泰和	萃和书院	邑人	
余干	东山书院	兴屯道翟凤翥	
乐平	泪阳书院	王氏后裔	翟凤翥为记
鄱阳	芝山书院	知府翟凤翥	
都昌	经归书院	知县郑州玺	
赣县	濂溪书院	南赣巡抚刘武元	
南城	紫阳书院	邑人	
德化（今九江）	阳明书院	推官胡宗虞	
德化（今九江）	濂溪书院	郎中、榷使、崔伦奇总兵赵光祖	
庐陵	积秀书院	旷氏后裔	

共11所。当然还有萍乡宋濂书院、永丰一峰书院等在明清之际始终未间断过。

三、清初三山讲学

清初，宋之盛等星子学者，魏禧等宁都学者，谢文洊等南丰学者，以及南昌杨益介、何一泗等人，不仕新朝，安于邱园讲学聚徒，复避书院之名，建馆讲学，并时有聚会。他们办的却正是继承宋明书院讲学传统的书院。

宁都翠微山易堂，有九子魏际瑞（祥）、魏禧、魏礼、彭士望、林时益、李腾蛟、邱维屏、彭任、曾灿。星子髻山草堂有七子，宋之盛、吴一圣、余晫、查世璩、查辙、夏伟、周祥发。南丰程山学舍则有谢文洊及邵睿明、李萼林、傅与、甘京、黄熙、曾日都诸人讲学其中。

（一）

易堂九子以魏氏兄弟为主。魏氏，宁都人。其父魏兆凤（1596—

1654年），字圣斯，号天民，为明邑诸生。甲申（1644年）之变，号哭竟日，遂匿于山中，剪发为头陀，隐居金精之翠微峰，名其堂为易堂。据《道光宁都直隶州志》载："金精山，州西十里，丹崖翠壁，望之如陈云，奇怪万状，道家列为第三十五福地"。"其峰不可名数"，"最著名者凡十二"，翠微其中之一。"在金精山前，色如丹霞，故又名赤面砦。高百余丈，壁立如长剑倚空，中通一线，凿磴而上，横列石板，暗开瓮口，仅容一人，其天险也。魏征君兆凤构亭馆，率其子隐此"。上有易堂诸子讲学处。

易堂为九子讲学授徒之处。乃讲求实学，不求举业的书院。因九子皆为遗民，避官府禁令和牵制而未名书院而已。九子皆"躬耕自食"，切劘读书，而名闻海内。

易堂讲学尚有讲会，立有堂规，探究学问，在清代大江之南颇有影响。

其九子如下。

彭士望（1610—1683年），字达生，躬庵，号树庐先生，南昌诸生。自少英姿卓荦，奉父命师事黄道周（1585—1646年）。适黄以事被逮，彭士望裹粮行谒，倾身营护，周旋缇骑，慷慨不挠，公卿皆敬之。甲申变后，史可法督师扬州，招之，至则进奇策，请用高、左兵清君侧之恶。不能用。南明隆武元年乙酉（1645年），携妻子同林时益徙居宁都。与李腾蛟、邱维屏、魏祥、魏禧、魏礼、彭任、曾灿为性命之交，砺名节，讲学翠微之易堂。杨廷麟抗击清兵，守赣州，假援湖西道。隆武二年丙戌（1646年），改湖东道治临江府。赣事败，廷麟死节。彭士望倾囊寻取其遗孤，变姓名，抚养成人。尝与宋之盛、谢文洊至交，相与论学，过往甚密。后与林时益徙居宁都冠石，耕读、聚徒讲学。家居讲学以耻庵名其堂，文集亦称《耻庵集》。早年以阳明致良知之学为宗，仰溯周、程、朱、陆，晚年为学务实用。主张："黜浮伪，专事功，省议论，毕力于有用之实学。"先后读书讲学授徒于翠微、冠石、草湖等处。

李腾蛟（1609—1668年），字力负，号咸斋。尝与陈际泰、罗万藻、邱维屏合为课文会。甲申后，窜去诸生名籍，交翠微峰易堂魏氏兄弟，同隐山间。李腾蛟最长，诸子兄事之，李腾蛟益折节自下。后别居三巘峰以经学授生徒。

邱维屏（1614—1679年），字邦士，号松下先生，慢庶老人。魏氏兄弟之姊丈。初攻举子业，23岁补弟子员第一，侯峒曾尝奇其文。甲申之后，隐翠微峰与同志讲学易堂。传称其"性高简率穆，读书多妙语"。时文、古文、诗词皆为所长。其"与人坐对经日不一言，有疑而问者，穷日夜娓娓不倦。尤精易数、律历及泰西算法，都不假师传，冥想力索而得之。年六十尚往还翠微与河东教授弟子，手批口讲，日夜不辍业"。

魏祥（1620—1677年），一名际瑞，字善伯、长公，号伯子、东房。宁都人，天民长子，顺治十七年（1660年）岁贡生。资敏捷，善强记，于兵刑、农谷、礼制、历法皆能穷折原委。易堂九子中唯魏际瑞周旋于官宦之间，终于被害。

林时益（1618—1678年），字确斋、作霖，南昌诸生。本姓朱，名议霶，为明宗室，曾为奉国中尉。甲申变后，闻彭士望言魏氏兄弟之贤，金精诸山奇秀豁目，乃变姓名携家依之。卜居冠石，佣田而耕，与门人带负锄山间。康熙七年（1668年），清廷诏故明宗室弟子窜伏山林者，还田庐，复姓名，时益久客宁都，弗归。

魏禧（1624—1680年），一名际昌，字凝叔、永叔，号叔子、裕斋、勺庭先生，天民仲子。年十一首拔弟子员，又师事本邑贡生杨文彩。甲申后，弃举子业，从父隐居翠微峰，与彭士望等为易堂学。志书称其"束身砥行，读书论古，公卿贵人慕名愿见弗往，独与沉沦穷约者游"。曾教学于新城（今黎川），又常居勺庭授经。"四方从游者日至，惟以实学古谊相摩切"。清廷于康熙二十九年（1690年），以博学宏词征，不就。尝与谢文洊、宋之盛等会讲于程山。年四十曾出游四方，涉江逾淮，于苏州交徐枋、金俊明，于杭州交汪沨，乍浦交李天植，常熟交顾祖禹,常州交恽日初、杨瑀,方外药地、槁木,皆遗民。

魏礼(1628—1695年),字和公,天民季子,幼时从叔兄学,比弱冠,更刻苦自励,弃举子业,尚游历,足迹几遍大江南北。于白鹿洞书院朝圣留有诗篇。

彭任(1624—1708年),字逊士,号中叔,又号草亭先生,宁都人。诸生,尝结庐三巘山,名所居曰一草亭,足不履城市。康熙初,被聘主白鹿洞书院,不就。一度讲学于都。常访其友谢文洊、甘京,会讲程山。

曾灿(1625—1688年),又名传灿,字青藜、止山,号六松老人。工辞章,宁都人,岁贡生。南明时杨廷麟守吉安、赣州,曾氏兄弟欲以闽赣山泽间十万之众应,以赣州城破、杨氏殉难而罢。灿薙发为僧,遨游多年,归筑六松草堂,躬耕、读书、讲论、著述、授徒,不出。

九子皆有文字传世。

易堂作为书院,乃九子讲学处所之总称。实有勺庭、冠石、三巘、六松、塘角等多处。彭士望、魏礼有《易堂记》。彭记称:"乙酉(1645年)冬,魏冰叔知天下未易见太平,与其友将为四方之役,谋所以托家者。时邑人彭宧得兹山,创辟,凝叔合知戚累千金向宧买山,奉父母及兄善伯、弟和公居焉,旁及其知戚。始远人林确斋,予以义让,不甚较赀。余视赀多寡,最凝叔兄弟及曾止山,次谢、杨诸姓,又次邱邦士、李力负,俱邑人。丙戌(1646年)冬,闽及赣郡继陷,诸子毕集,始决隐计。丁亥(1647年)合坐读史,为笔记,论列问,面课古文辞,抽古人疑事相问难,为诗,诗一遵正韵。朔望,凝叔父魏圣期翁暨诸子衣冠,述乡约六谕,徐及古今善行事,内外肃听。是冬,诸子言《易》,卜得离之乾,遂名易堂。"

易堂的教学活动讯息散见于方志与诸子文稿,而彭士望《易堂三馆教式序》,则比较集中地反映了诸子讲学的基本教育观。序称:"世之治,其必由师乎!天下惟少年果锐之气,足以有为。而豫教无素,则血气聪明,债张狡诈,外诱内迁百瑕并见,驯至老死曾莫征余习。彼汉唐之际所称智能勇功,负赫赫之誉,尚不免于偏疵,为有道所指,使百姓不见三代之治,岂非士教学不醇,去隆古绝远之明验耶!明承宋治,理学修明,太祖肇国,首严教事,一时髦俊必先历学职,而后入为名公卿,长育人才不可胜用。自甲科贵重驱天下为制举业,其术实足以取科第而止。父兄艳望,靡子弟而从之。为之师者,复讹谬相踵就其间,以捷得、速化为能事,家诵人说,真意消亡"。"所谓天理、人彝、世务、经术,咸以为迂阔无当,尽弃去不顾,天下遂以大坏不可救"。"吾易堂士多奇伟,持高节。而李子力负、邱之邦士、魏子凝叔尤检身端,饬负人伦之望。二十年来,绝意进取,隐居教授,近益以古道励诸生馆各条为式。式不必尽同,其大旨则同于善俗、淑身,求寡过于天下。见者或警为创异。予比年百虑衰谢,惟殚心教术,晓夜孜孜,以为古今人才绝续如火传,然一日不得薪,则万古之火于乎熄。其远者不可得而闻矣。我江右南丰谢秋水、甘健斋,星子宋未有,新建杨友石俱当世楷模,授徒州里,与吾易堂三子互相倡发,顾自以世与我违,无所用,乃默然卷怀修之其家,传之其人,思以守先王之未坠。此固君子不得志于时者之所为也"。"诸子彬彬参错数百里内风声并树,此岂可不谓师道之盛,而此泽有未尽用藏者耶!《语》曰:'德不孤,必有邻'。盖言盛也,必以久也"。

易堂作为书院亦刊刻图书,有易堂刊本图书。易堂亦有结社活动,魏季子尚为子侄所结丽泽社撰序。

江西自邹守益、欧阳德、罗洪先、魏良弼、刘邦采、王时槐、邹元标等人宗阳明,讲心学,艾南英、陈际泰等工贴括,其声力气焰皆足风动一时。易堂独以古人实学为归,而风气之振,由魏禧为领袖。方以智尝至山中,叹曰:"易堂真气,天下无二矣。"

当是时,南丰谢文洊讲学程山,星子宋之盛讲学髻山,弟子著录皆

数百人,与易堂互相唱和。❶

（二）

南丰程山在县城西马退山琴台石下。《民国南丰县志》称:"里人谢文洊与门人黄熙、甘京、曾日都、封浚等建堂讲学其中。题其门曰程山学舍。内有尊洛堂、玩古堂及石室。学者称谢为程山先生,与宁都翠微峰、星子髻山并称三山。"

谢文洊(1616—1682年),字秋水,号约斋,又号顾庵,因讲学程山,世称程山先生,南丰县人。明诸生,年二十就读于广昌香山其父谢天锡所创建之学舍。崇祯十二年(1639年)乡试报罢归,时见天下方大乱,遂弃举子业,一意于禅,有出家之志。甲申后,脱县学生员之籍。是岁读《陆象山集》,始专志于儒。后又读王畿《龙溪集》、王守仁《阳明集》,专志良知之学。顺治四年(1647年)始为会,并讲学,与李蕈林、邵瘠明、傅与、甘京等讲论良知之说。其举会甚密,每朔望必大会。谢"说到痛快处,诸后进有面赤者、色沮者、机兴㲲㲲者,书课中有痛悔极艾者"。顺治六年(1649年)三月,大会于新城(今黎川)神童峰,有讲友王圣瑞者,精于罗钦顺《困知记》,力斥阳明学说。谢文洊与其争辩累日,而为之所动。归,遂取《困知记》读之,但仍不合。顺治十一年(1654年)始馆于程山,颜其堂为"尊洛",自署为"约斋"。继而李、邵、傅、甘诸友皆折节称弟子。从游者日众,经师封浚、进士黄熙皆入其门下。其间尝讲学新城梅源吴氏之书舍,并往易堂访友。顺治十四年(1657年)复读《困知记》,始一意以程、朱之学为归宿。易堂彭士望前来与程山诸子论学。次年,易堂彭任来访,留住,同讲学于程山学舍。顺治十八年(1661年),前南丰知县张齹鉴求见,与谢结交。次年,张将家传吴道子所绘孔子像赠与学舍悬挂、崇祀。

康熙初,程山学舍之学术往还更加频繁、活跃。康熙四年(1665年),星子髻山宋之盛来访。二山以书信论学有年,这时才相见切磋。

---

❶ 参见《清史稿·文苑》。

相互论及"程子识仁,儒禅差异,程朱学脉,无善宗旨之弊"。宋之盛言,"学舍当立一规矩,令学者自晨至夜有所持循"。谢文洊以为:"友人俱散处,又各有当务,难作一定之格。欲立格,还当其商。在家应务当如何?在馆授徒当如何?出外行远当如何?以不齐之中,作一齐之格,方可。"时魏禧在新城涂氏学舍。谢、宋着人相邀。魏走百二十里赴会。魏禧建议程山"贵堂会讲,弟意欲增二条。今之君子,不患无明体者,而最少适用。然在学道人,尤当练于物务,使圣贤之言见诸施行,历历有效,则豪杰之士争走向之"。"余谓会讲日当分三事。一讲学,今所已行是也;一论古,将史鉴中大事或可疑者,举相质问,设身古人之地,辩其得失之故;一议今,或己身有难处事,举以质人,求其是而行之,或见闻他人难处事,为之代求其是。于三者外,更交相规过。过有宜于公言以要其必改者,则公言之,有宜于独言者,则解班后私言之。当日所议有确切足训者,令退书一则,编于公堂,永作观习。如是,讲学,则是非之理明;论古,则得失之故辨;议今,则当事不眩;规过,则后世可惩。应内外兼取,体用互通"❶。此会三山毕至,为当时最盛之举。宋之盛留居程山学舍旬日,与谢文洊及诸生论讲,相处甚欢。

康熙五年(1666年),谢文洊自书《教子孙家法》云:"以明经立品为本,以读史达才为用,以医业为游艺,以诗文为润泽。能世守此,虽兴隆有数,亦不至坠吾家风。"

康熙八年(1669年),易堂彭士望率子婿来访。彭士望作《程山学舍记》。次年,又会讲于新城梅源。康熙十年(1671年),方以智来访,至次年春方别去。康熙十二年(1673年)十月,赴星子拜谒宋之盛之墓,编订《宋之盛讲录》。十一月,过白鹿洞书院,"拜祠下,肃然起敬,徘徊不忍别"❷。复与建昌熊维典同订《宋之盛传》。康熙二十一年(1682年)卒。门人私谥"明道",史称其为学,以"畏天命"为宗,以"诚

---

❶ 魏禧《与谢约斋手简》。
❷ 《程山年谱》。

信"为本,以"识仁"为体,以"切己"为安,以"主敬"为归,以"经世"为用。

彭士望《程山学舍记》称:"谢子约斋生子固之乡,方壮岁即洒脱世故,捐制举艺,独有志于圣贤之道,为之二十二年。"晓夜孜孜。"晚乃得程山居之。与封浚、黄熙、甘京诸子笃躬行,修古礼,昼所为,宵必书之,考业计过,会朔望面相质订。一二老友时过从辩析疑义。诸子中或显达崇闻望,出入循循,里中人不问而知程山弟子。程山居城西偏,石图砥可坐数百许人。在独孤及弹琴马退石之左,林塘幽寂,修竹翳如,堂三楹,馆室亭榭凡数处。浚、京与师尝授徒其内。吾易堂诸子每过,必出所撰著述,近日行事,讲贯连日夜,互为规益。星渚宋未有曾一至,居旬日,叹为生平仅事。四方远近之游而过之者,殆无不知程山有谢山之学"。"予由是思大地凡九万里,其间,帝王将相所战伐攻取,攘而得之,久或百十年,或数年,革命代兴。薄海内外,视胜国若蜕遗,奉其正朔、国号、政令,无敢异。其名人巨公,偶一据浮游蚁子之地,殚其技能、才慧,栩栩然自为得,思以易天下而传后世。俯仰陈迹,或亦未免为人所訾謷。乃若鲁邹、泗泽、濂溪、考亭、象山、百原、九痴、龙场、石莲洞之区,果何人居之?帝王有所不能夺,天下有所不能私"。"名之今古,无有穷极。是必其独居衾卧。对妻子顾影影,表里莹澈,而毫无愧怍者也。虽令勋业盖天下,文章擅一时,有不可侔而致。呜呼!岂不浩然大丈夫也哉!"彭士望对谢文洊这样的高度评价,当然也是易堂诸子本身心情的流露,在当时的历史条件下,确皆堪称"浩然大丈夫"矣!

(三)

南康府治星子县城南四十里有丫髻山,简称髻山。里人宋之盛在此辟学舍,名为髻山草堂。宋与同里吴一圣、余晫、查世球、查辙、夏伟及门人周祥发同讲学于此,人称"髻山七隐"。

宋之盛(1613—1667年),字未有,明亡改名佚,又名惕,字未知,号白石野人。幼孤,苦读。尝为白鹿洞书院生徒,受知于侯洞曾、蔡懋德两提学官。并聆听他们的教诲而牢记心头。崇祯十二年(1639年)举人。甲申后,隐居不仕,乡居,于髻山建草堂,惟以讲学为己任。其学"以明道为宗,以识仁为要"。晚年读胡居仁《居业录》,而"持敬之功"益密。顺治十七年(1660年),易堂彭士望来访,留住四个月。宋先与彭士望、林时益交友,后,曾赴程山与谢文洊、魏禧会讲旬日,学术影响四方。当道曾聘其主白鹿洞书院讲席,再三,皆不就。卒,门人私谥文贞。其卒,谢文洊有祭文,称:"洊自癸巳、甲午(1653年、1654年)已知南康有宋先生隐居讲学,心窃响往之,思一造其庐。及后彭躬庵、林确斋得交先生,洊与先生亦通音问。乙巳(1665年)僧石与从先生至程山,相见互倾倒。时魏叔子教授新城,先生以书付石与招至。合程山诸子作旬日之聚。彼此以学互质,订一时契合之乐,自谓有生仅事。""洊之遇先生契合无间,方自快幸,谓绝学之昌明必自"。"先生之道,遭时之变,不得大行于世,固世运之不幸,而后之学者,犹得读遗书而兴起有为也。则先生之道未尝不传"。

吴一圣,字敬跻,与宋之盛同科举人。康熙十二年(1673年),被南康知府廖文英强起为白鹿洞书院主讲。查世球,亦明诸生,尝破产募勇士与星子吴江同起事反清,事败,赴难。

三山讲学主持者们,虽曾出于应制举,而弃举业科名,虽曾入于性理之学,然能不沉醉其中而致力于经世致用。惜因时变而不得用于当世,这也是一种悲剧。然而,他们讲学的经验,教训仍然可以深入发掘,以供研究。

第二节 康熙间江西书院的发展

一、康熙间江西书院的新建与兴复

康熙间,江西书院有很大的发展,新建书院甚多,约61所,平均每年1所。其概况见表22。

表22　康熙间江西新建的书院

时间		院址	院名	创办人	备注
康熙元年	1662年	南昌（含新建）	洪都书院	董卫国	董为巡抚
康熙二年	1663年	清江（今樟树）	云岩书院	张晏	张为知县
康熙二年	1663年	清江（今樟树）	王侯书院	士民公建	为知府王抚民而建
康熙三年	1664年	丰城	剑江书院	何士锦	何为知县
康熙三年	1664年	泸溪（今资溪）	鹤城书院（养正书院）	地方官员	
康熙初	1664—1668年	万载	吴公讲堂	吴自肃	吴为知县
康熙四年	1665年	安义	董公书院	魏济众	魏为知县
康熙五年	1666年	新昌（今宜丰）	文昌书院	黄运户	黄为知县
康熙五年	1666年	庐陵（今吉安）	景贤书院	施闰章	施为湖西道
康熙六年	1667年	清江（今樟树）	龙冈书院	士绅公建	为施闰章而建
康熙八年	1669年	萍乡	焕文书院	孟宗舜	孟为知县
康熙八年	1669年	德安	小山书院	姚文燕	姚为知县
康熙九年	1670年	南昌	刘公书院	刘楗	刘为布政使
康熙九年	1670年	赣县	见山书院	顾大申	顾为榷使
康熙十年	1671年	南昌	韩公书院	韩廷芑	韩为督粮道
康熙十一年	1672年	安义	文山书院	陈瑾	陈为知县
康熙十二年	1673年	都昌	潘公书院	潘如安	潘为知县
康熙十二年	1673年	奉新	董侯书院	董宏毅	董为知县
康熙十四年	1675年	南昌	宸箴书院	李世昌	李为分巡道
康熙十五年	1676年	南昌	元钧书院	李元桂	李为督粮道
康熙十六年	1677年	南昌	邵公讲堂	邵吴远	邵为提学道

续表

时间		院址	院名	创办人	备注
康熙十七年	1678年	南昌	槐阴书院	王新命	王为布政使
康熙十九年	1680年	都昌	曾公讲堂	曾王孙	曾为知县
康熙十九年	1680年	南昌	江渚书院	杨同宪	杨为知县
康熙二十年	1681年	清江（今樟树）	观澜书院	陈克峻	陈为知府
康熙二十三年	1684年	鄱阳	汇源书院	黄家遴	黄为知府
康熙二十四年	1685年	永新	赵侯书院	赵作霖	赵为知府
康熙二十四年	1685年	鄱阳	希贤书院	查培继	查为巡道
康熙二十五年	1686年	乐平	凤游书院	朱充	朱为知县
康熙二十八年	1689年	龙南	龙城书院（龙门书院）	郑世逢	郑为知县
康熙三十年	1691年	靖安	双溪书院	高克藩	高为知县
康熙三十一年	1692年	南昌	新豫章书院	马如龙	马为巡抚
康熙中叶	1692年左右	彭泽	共学书院	吴士宏	吴为知县
康熙三十二年	1693年	新余	缑山书院	李廷宰	李为知县
康熙三十五年	1696年	定南	吴公书院	吴迩	吴为知县
康熙三十六年	1697年	靖安	毛公书院	毛鹃	毛为知县
康熙三十六年	1697年	南康	阳明书院	王材成	王为知县
康熙三十六年	1697年	信丰	桐山书院	方正玉	方为知县

续表

时间		院址	院名	创办人	备注
康熙三十六年	1697年	安仁（今余江）	龙门书院	孙沃	孙为知县
康熙四十一年	1702年	奉新	陈先生书院	陈廷枢	陈为知县
康熙四十二年	1703年	永新	秋山书院	张士琦	张为知县
康熙四十七年	1703年	广昌	桂园书院	赖泌	
康熙四十八年	1709年	长宁	石溪书院	邵锦江	邵为知县
康熙四十八年	1709年	鄱阳	澹湖书院	地方官员倡建	
康熙四十九年	1710年	上高	敖阳书院	王檀	王为知县
康熙五十年	1711年	宜春	宜阳书院	江为龙	江为知县
康熙五十一年	1712年	上饶	信江书院（紫阳曲江钟灵）	周錞元	周为知府
康熙五十二年	1713年	南城	崇儒书院（崇德书院）	郭维莪	郭为同知
康熙五十二年	1713年	万年	姚西书院	韩奕	韩为知府
康熙五十三年	1714年	泸溪	澄心书院	魏文汉	
康熙五十九年	1720年	新余	香岩书院	公建	
康熙间	1662—1722年	宜黄	凤冈书院	胡虞继	胡为知县
康熙间	1662—1722年	万载	马脑山房	张明德	
康熙间	1662—1722年	龙泉（今遂川）	五峰书院	赵嗣朴	赵为知县

续表

时间		院址	院名	创办人	备注
康熙间	1662—1722年	弋阳	玉峰书院	顾广淳	顾为知县
康熙间	1662—1722年	余干	梅桂书院	鲁志	
康熙间	1662—1722年	义宁州（今修水）	东谷书院	徐氏	
康熙间	1662—1722年	新城（今黎川）	竹林书院	孔皖琼	
康熙间	1662—1722年	奉新	二何书院	士民为两位何知县建	
康熙末	1722年	清江（今樟树）	孙公书院	孙嗣清	孙为知府
康熙末	1722年	上高	高湖书院	傅氏	
康熙末	1722年	上高	汇海书院	简提	

前朝书院在康熙间得以修复的见表23。

表23 在康熙间得以修复的前朝书院

院址	院名	时间	修复人
吉水	登东书院（泰东书院）	康熙初修复	曾子瑜
庐陵(吉安)	青原会馆	康熙初修复	湖西道施闰章
庐陵(吉安)	复初书院	康熙初修复	贺氏后裔
峡江	惜阴书院	康熙元年修复	湖西道施闰章
玉山	怀玉书院	康熙三年修复	邑人
丰城	龙山书院	康熙三年修复	知县何士锦
安福	复贞书院	康熙三年修复	周焕等
新淦	高峰书院（移建惜阴）	康熙四年修复	知县胡之琳
宜春	昌黎书院	康熙四年修复	知府李春芳

续表

院址	院名	时间	修复人
万安	龙溪书院（濂溪书院）	康熙五年修复	知县胡枢
高安	筠阳书院	康熙九年修复	知府刘登科
都昌	南山书院	康熙九年修复	
安仁(余江)	竹庄书院	康熙十年修复	邑人
安福	道东书堂	康熙十年修复	邑人
上高	金石书院	康熙十年修复	知府刘登科
进贤	钟陵书院	康熙十年修复	聂当世
义宁州(修水)	濂山书院	康熙十一年修复	知州徐丰岭
峡江	观澜书院	康熙十二年修复	通判许廷瑜
安福	识仁书院	康熙二十年修复	邑人
德兴	兴贤书院	康熙二十一年修复	知县王清彦
乐平	慈湖书院	康熙二十五年修复	知县朱充
南城	凤冈书院（改名于公讲堂）	康熙二十五年修复	知府于翔汉
兴安	岭山书院	康熙二十八年修复	知县曹学隽
吉水	仰山书院	康熙三十二年修复	
婺源	湖山书院	康熙三十二年修复	祭酒吴苑
大余	道源书院	康熙三十二年修复	知府靳襄
瑞金	绵江书院（改名阳明书院）	康熙三十四年修复	知县田俞
吉水	文明书院	康熙四十七年修复	
婺源	明经书院	康熙五十二年修复	胡氏裔孙
弋阳	叠山书院	康熙五十六年修复	知县吕文楼
德兴	息斋书院	康熙间修复	余氏裔孙
永丰	恩江书院	康熙间修复	邑人
泰和	匡山书院	康熙间修复	张贞生

此外尚有一些书院在康熙间被毁而修复的，见表24。

表24 在康熙间被毁而修复的书院

院址	院名	备注
吉水	仁文书院	康熙元年被毁,次年施闰章修复
萍乡	宗濂书院	康熙十年被毁,二十九年重建

在新建的书院中,比较突出的是豫章书院(或称新豫章书院)。

志载,古豫章书院建于南宋,但其详情已不可知,在饶鲁传记中略有透露。而清代的豫章书院则在南昌进贤门内书院街。此地旧有理学名贤祠。明万历初,巡抚都御史凌云翼与潘季驯先后修葺。祀宋、元、明诸儒,或称豫章24先生祠。被祀者有:罗从彦、陆九韶、陆九龄、陆九渊、李燔、黄灏、张洽、吴澄、吴与弼、罗伦、胡居仁、张元桢、欧阳德、邹守益、罗洪先、魏良弼、舒芬、罗钦顺、胡直、罗汝芳、王时槐、邓以赞、李材、邓元锡等,时而亦有学者在此聚会讲论学问。

清康熙二十八年(1689年),巡抚商丘宋荦(1634—1713年)重建理学名贤祠,祀澹台灭明等47人。新增者有:澹台灭明、范宁、韩愈、范仲淹、欧阳修、周敦颐、程珦、朱熹、张栻、黄榦、蔡元定、真德秀、陈澔、饶鲁、胡俨、蔡清、邵宝、王守仁、胡敬方、万思谦、万廷言、章潢、邹元标等。宋荦等大吏并与南昌人士讲学其中。

清康熙三十一年(1692年),巡抚马如龙(字见五,绥德人,康熙十一年举人)重建祠庙,并在祠右明故都督刘挺故宅建为书院,额曰"豫章"。马聘南昌进士熊飞渭主书院讲席。熊飞渭,号损斋,字渔滨,康熙三年(1664年)进士。尚主桂林书院,离豫章后又主白鹿洞书院,殁于鹿洞。豫章书院成为由巡抚直接掌管的省城书院,逐渐取代了友教书院原有的地位。

康熙五十六年(1717年),巡抚白潢重建豫章书院,延请原右通政使,新城(今黎川)进士鲁瑗主讲。总督常鼎、白潢与学政王思训等倡捐以给膏火,并购书籍。白、王征选各府州县知名士子肄业书院,亲临课考,选择优秀作文刊刻流传。鲁瑗,字建玉,号留耕,康熙二十四年(1685年)进士。曾任主考,两任国子司业,太常少卿,学者称西村先生。白又疏请清圣祖爱新觉罗·玄烨赐额。五十八年(1719年),玄烨御书"章水文渊"额,由专差送到,悬挂书院之中。白自为祀。祀称:"皇上亲洒宸翰,书'章水文渊'四大字颁赐豫章书院。"潢"率任事诸臣暨院中诸生谢恩赡礼咏叹圣天子崇儒养士意深且重"。书院立于"前巡抚臣马如龙,在康熙三十一年"。"又前此者,康熙二十八年","前巡抚臣宋荦市地进贤门内,创理学名贤祠,祀澹台予以下47人,与都人士讲学。如龙并祠西建立书院,诸生来学者众,累科乡荐名隽颇出其中。二十年来废不复举。臣受事经年,驭吏绥民稍有余暇,思有以振兴文教。幸前规俱在,扩而充之,益营斋舍数十楹。就提学臣王思训岁科两试所得士亲加考阅,拔其尤者百几十人,俾肄业焉。给以廪饩,复购《十三经》《二十一史》,唐宋大家文集,先儒语录,性理诸书"。置之"以备搜览"。"月有二课,第其高下延聘科目名儒,致仕家居者为之主讲习。于是次年庚子值乡荐之期,疏恳广额九名视浙、楚中额以鼓厉士气"。"西江固文章道德之渊薮也。自欧、曾为大家鸿笔为千百年学者指南,而朱陆讲学于淳熙、绍熙间,门墙代兴。明之康斋、敬斋、整庵诸贤,绍李、张、黄、蔡以致知格物相传续。而念庵、东廓、水洲之徒,复崇阳明以推广良知之遗绪。学术盛而名位亦与之俱崇,朝内半江西之谣竟有明之祚,巍科世阀,常甲于天下"。"论者谓国家之元气系乎人材,人材之盛衰由学校之兴废。太学聚于京师,郡县之学偏"宇内。"书院者诸儒以经术教授其乡,杖屦、琴书,学者闻风景从,较之王国设馆更为切实。然宋世四大书院,江西白鹿洞则知江州周述为之,湖南石鼓则知衡州刘耀为之,岳麓则知潭州朱洞为之"。"世徒知明复,南轩诸先生讲学,授徒之功,而不知营斋舍,赡生徒,非司牧地方有力者不能胜任"。朱熹"知南康军而益宏白鹿之制,则又身当其任而为所得为,故其盛至于今不废"。潢则"又身当其任之所得为,不敢以难自诿"。故竭力而为书院建设尽其所能,的确作出了相当贡献。

建于康熙朝比较著名的书院,尚有广信府的信江书院。信江书院亦称曲江书院、钟灵讲院、紫阳书院。原址在上饶城水南钟灵桥南黄金山麓。

康熙三十六年(1697年),郡人原拟建知府张国桢生祠(张号觐公,直隶宝坻人,例监起家。三十三年任广信知府)。张不受,改建书院,名曰曲江。然实为义学。康熙五十一年(1712年),知府周錞元修葺,改名钟灵讲院,延师主讲,召上饶、永丰(今广丰)、铅山、玉山、贵溪、弋阳、万年、兴安(今横峰)七邑士子,肄业其中。文渊阁大学士、吏部尚书安溪进士李光地(1642—1718年)为之记。李记称:"文明之运始于国家,而视乎推行者之至不至。""西江人文地,在宋庐陵、临川、南丰诸子为文章宗师,濂溪、明道、伊川于此相授焉。南渡后有陆氏兄弟以学行与朱子道义相切,而朱子趋朝来往,必由信州取道,故玉山之讲、鹅湖之会道脉攸系,迹在此邦"。太守周君"慨然远览仿玉山、鹅湖遗址,檄其属邑修复。百年茂草屹尔宫墙。而又即府治佳处创为钟灵书院,临溪环山"。虽在都市,却"有林泉之趣"。"招致士之秀者,近百人讲肄其中。又以文翁在蜀,相如为之师,退之在潮,赵德为其教,不远千里求宿学者督率。""作兴之先时,郡士科名寥落,自书院设立,明年即有首举于乡者,后遂连年相踵起。故曰,山川之秀有开之者也,人文之盛有倡之者也。"李记进一步强调了书院的价值和地方官员在兴复书院时的作用。他虽然时常强调书院在宣扬理学中的作用,在正谊明道中的价值,然而作为当权者,当然必须以科甲成果作为书院功效的标志。

饶州府芝阳书院亦建于康熙间,原为希贤、澹湖两书院。先是康熙二十四年(1685年)饶州府、南康府、九江府三郡士绅欲为分巡道查培继立生祠。查不许,而建希贤书院于鄱阳城内茶场巷。祀历代名宦,他们是汉宋均(九江太守),晋陶潜(彭泽县令),唐狄仁杰(彭泽县令)、颜真卿(饶州刺史)、白居易(江州司马),宋范仲淹(知饶州)、周敦颐

(知南康军)、朱熹(知南康军)、王十朋(知饶州)、杨简(知乐平县),明王守仁(江西巡抚)、葛寅亮(分巡饶南九道按察副使)、张有誉(饶州知府)等。查复捐俸置田。查自为记。

康熙四十八年(1709年),又建澹湖书院于府学学左,后改建于明伦堂东。

直至乾隆间,两院合为芝阳书院。

二、清廷对江西书院的关照

康熙朝,清廷对于书院并不像某些人所说继续采取冷漠的态度,而是给予种种关怀,对于江西尤为突出。

前面已经讲到,康熙间,清圣祖爱新觉罗·玄烨曾赐豫章书院"章水文渊"匾额。受到同样待遇的,还有白鹿洞书院和鹅湖书院。

白鹿洞书院,康熙二十四年(1685年),巡抚安世鼎疏请玄烨赐额与颁发国子监《十三经》《二十一史》。安与提学道高璜,分巡饶南九道查培继,知府周灿等筹建御书阁于明伦堂前。

康熙二十五年(1686年),玄烨亲书匾额"学达性天"赐予白鹿书院,次年送到。同时得赐"学达性天"额的有周敦颐、张载、程颢、程颐、邵雍、朱熹祠堂及岳麓书院。所颁发《十三经注疏》与《二十一史》亦于二十六年四月奉到。同时得赐的,有岳麓书院与直省学宫。以后,玄烨又陆续颁赐《古文渊鉴》《朱子大全》《周易折中》等书,均藏入白鹿洞书院御书阁中。

赐额、御书奉到时,恰好由南丰学者汤来贺主持白鹿洞书院。

汤来贺(1607—1688年),字佐平,号惕庵,江西南丰人。祖父汤邦翰,嘉靖举人,隐居读书。父汤绍中,崇祯进士,授仪曹归隐。汤来贺早年师事新城(今黎川)黄端伯,笃信程朱理学。登崇祯十三年(1640年)进士。是年夏,即任扬州推官,赈济灾荒,平反冤狱,并以清廉著称。高杰率军欲入扬州城,汤来贺顺民意不纳,拒月余,高杰只得离去。巡盐宦官强迫地方官行属员礼,汤来贺不屈。史可法器重其才,有"立品以千秋自命,立志以圣贤为法"之荐章,推其为"天下治行第一"。任职四载,擢刑科,因弹劾马士英,改礼部主事。逾数月出,以广东按察司佥事巡海粤东。过南岭时作诗云:"誓告山灵去,不持一砚回,万一违素志,归时此遇灾。"在岭南审雪无辜以"廉直"著,又因"招抚"诸功,晋广东左布政使。唐王在闽,苦于饷银不支,汤来贺适经海道运饷银十万至,救其急。擢户部侍郎,复改兵部又以尚书衔兼巡抚。唐王败,因受宦官、权臣排挤未应桂王招而归田,为遗民,才四十岁。

汤来贺隐居乡里,改字念平。范文程、洪承畴相继举荐,不赴。为诸弟同在乡侍候父亲,读书著述、讲学授徒,如此数十年。乡党友善,遇事尽力"化有事为无事,化大事为小事"❶。

康熙二十三年(1684年),江西巡抚安世鼎重修白鹿洞书院,遣员聘主讲席,汤来贺亦固辞不赴。安又命提督学道高璜,分巡道查培继致书相劝,谓,"此乃入山,非出山也,愿公勿鄙夷此席"。乃允启行。次年五月入洞,沿途礼遇备至。据干建邦《业师汤文恪公传》载:"迎送者郡邑、郊迎于会城者高公,闻其至而即就见者安公。"以志同道合而相处者查公。南康郡伯周公灿委广文迎章门,而自与同城僚属迎诸溪。查培继致书庆来贺抵洞,书中有"香名已达层霄"之语。也就是说,汤掌白鹿之事,甚至已经惊动了朝廷。

康熙二十六年(1687年),安世鼎陪部郎奉清圣祖玄烨御书"学达性天"额至洞。先是抚院通告府县,将与钦差偕临,是非常盛典,必须百凡整肃。据称:"府县惶惶莫措",而求助于汤来贺。来贺遂派人飞驰兼程致书安世鼎,叙南康、星子风景,引用"节用""爱民"之理。安复函谢教。另差人檄渝体谅南郡、星邑贫困,概禁铺设供应,并减从乘舟以省人夫。悬挂匾额时,安世鼎亲于大成殿,请汤来贺行大礼。来贺因病剧未与。礼毕,安具执贽问床前,并出讲书明伦堂。汤来贺强起

---

❶ 干建邦《业师汤文恪公传》。

补拜于殿阶之下。

汤在白鹿洞书院前后三年,年已八十,仍抱病讲学、立学规。任干特为堂长,复有学长、斋长、典谒、引赞、典书诸职事,皆选生徒任之。四方学者云集。时湖北潜江进士莫大岸,年已七十,亦远道慕名前来拜于门下,与干特、干建邦父子同窗求学于洞,传为美谈。来贺说经课艺:"不剿袭无极太极之微言,不驰骛登高行远之绝境。独谆谆以事亲、从兄、谨言、慎行、忠君、泽民,俾各自有随时随分努力实践。"

安世鼎尚撰《白鹿洞书院御书阁记》叙其事,记称:"康熙丙寅,皇上御极之二十有五载也。治隆三代,道迈百王,武功振而四海澄清,文德敷而万方于变。士多操安弦之乐,野有家给人足之风,议论考文,垂千秋之令宪,巡方省岳,洽亿姓之欢心。受正朔者,已极雕题凿齿之众。颂盛德者,不假瑶环、银瓮之祠,郅隆之盛,亘古以来所未及也。"安于"察吏安民而外,仰见皇上崇儒重道之盛心。凡有兴文造士,可以敷扬圣化者,勉力图维"。查白鹿洞"近复渐至废颓",遂檄提学道高璜、布政使张所志、按察使孙兰、分巡道查培继"公同计议"专委知府周灿重为修理,延南丰乡绅汤来贺主洞事,"开筵授讲,四方之士负笈而至者以千百计,彬彬乎极一时之盛矣。复蒙皇上允臣所请,敕赐御书扁额、经书"。随复檄令周灿"于书院内东南爽垲之地,起建御书阁一座,供奉钦颁书籍,以昭敬慎之忱"。乃兴工建造、"仅两月告竣"。

康熙五十六年(1717年),玄烨御书"穷理居敬"匾额与"章岩月朗中天镜,石井波分太极泉"楹联,赐予鹅湖书院。巡抚白潢据布政使许兆麟与绅士鲁瑗等呈请上疏:"恭谢天恩",并记其事,其记称:"康熙五十六年秋七月,潢奉命镇抚西江,陛辞日,特赐御书鹅湖书院扁额一面,楹联一对。额曰'穷理居敬',联书'章岩月朗中天镜,石井波分太极泉'。""潢以九月莅洪州,越明年夏四月,赍至书院悬挂讫。衣冠士庶扶杖来观,凤翥鸾翔,光腾霄汉","潢窃惟宸藻辉煌,有目者共睹,而'穷理居敬'一言尤为学者所宜详玩也。盖理无形而著于事,事至赜而统于理。大而君臣、父子、兄弟、夫妇、朋友,小而食息起居;显而礼、乐、兵、刑,微而鬼神、性命,莫不各有其理。学者于凡事之来随其大、小、微、显究其所当然,更穷其所以然"。"或读书以讲明义理,或尚友以鉴别是非,或应事接物以审量当否,皆格物以穷理之事也。敬者学之,所以成始而成终也。敬,德之聚也。君子庄敬日强,安肆日偷。静时不敬,则昏迷纷扰,无以立天下之大本;动时不敬,则懈慢放肆,无以行天下之达道。故学以居敬为基,作室无基则栋梁何寄,为学无基则身心何依"。"敬之不可须臾离也"。

"学达性天"匾额尚悬于婺源婺阳书院。据载,康熙三十二年(1693年),国子祭酒吴宛尝请摹"学达性天"匾悬于正厅。

赐白鹿洞书院"学达性天"匾,赐鹅湖书院"穷理居敬"匾,说明康熙皇帝在书院建设上,也继承了程朱学派的教育思想和书院宗旨,读书穷理、讲学、治经,最终的目的是做"涵养"功夫,是在尽性方面达到天理所要求的境界。安世鼎、高璜等人的长稿记叙,亦不过是进一步表明臣下的职责和表达了书院尊奉程朱理学的宗旨。

对于白鹿洞书院,玄烨还有特别的关心。据毛德琦《白鹿书院志》所载,康熙五十三年(1714年),星子县知县毛德琦铨叙引见时,玄烨还提到朱熹讲学一事。这是继康熙五十一年(1712年),朱熹升配十哲后之记忆犹新,毛德琦深受感动。毛在《白鹿书院志》序言中说:"甲午琦补授星子令,引见澹宁居,天颜悦豫,顾铨臣曰:'星子县尔等曾到否?朱子讲学在此。'复顾琦曰:'此人去得。'琦自念一介小臣,藉先贤过化之所,邀圣恩之一顾,深以不克负荷是惧……"所以毛德琦抵任后,即认真为白鹿洞书院的各项建设竭力奔波。他增器具、清田亩、核书籍、严课考、修院宇、定规则、勤讲论,以至于重编庐山和书院两志,确实忙得不可开交。这表现了玄烨对星子,对白鹿书院,对朱熹讲学,对书院事业的关注,体现了康熙在思想文化领域提倡程朱理学的国策。

三、江西著名书院在康熙年间的新发展

康熙间,不仅新建书院颇多,而且前朝旧院亦有新的发展,这是与清廷继承明代崇文重儒,阐扬朱熹理学,笼络士子,强化纲常伦理,维护专制统治的因素相顺应的。

(一)

除皇上亲自关心外,地方官员亦不遗余力。首先承其"恩泽"的是白鹿洞书院。

在顺治末,著名学者黄宗羲游庐山,曾至白鹿洞书院"朝圣"。黄有《匡庐游记》传世,这时白鹿洞周围仍有茂密的森林。黄的游录称:"薄暮虎声震地。"据载:黄在白鹿洞书院曾谒礼圣殿。黄说:"先圣及从祀皆像设,嘉靖间易天下文庙以主,此以书院得如故。然而,两庑模范尽已剥落僵仆,诚不如主之为愈。"其他建筑还有宗儒祠、文会堂、先贤祠、彝伦堂等,"规制大略从翟守也"。

康熙间,白鹿洞书院得到朝廷和地方官员的关怀,屡有兴修,置田,清租,聘师,招生,讲学,购书,订规,留诗,祀祭贤圣,规定科举名额等事连绵不断。

康熙元年(1662年),在江西总督张朝麟(字温如,汉军正蓝旗人)带领下,府县官员重建明伦堂、宗儒祠,并由府教授新城(今黎川)杨日升掌教,推官朱雅醇督理洞事,朱雅醇作《重修白鹿书院宗儒堂记》叙其事。据《同治新城县志》载:杨字东曦,号集虚,顺治十二年(1655年)进士,曾捐俸银葺白鹿洞书院。他崇拜朱熹,每日抄录《朱子语类》一篇,说"修、齐、治、平俱在此矣","当道延掌洞课,与诸生讲心性之学,所甄拔皆知名士"。

康熙六年至七年(1667—1668年),府推官巫之峦,汪士奇相继兼督洞事,并与其他地方官一齐修葺书院。提学道吴炜(大兴举人)为之作《重修白鹿书院记》。

康熙九年(1670年),廖文英为南康知府。廖于晚明曾任南康府推官,主书院教事。这次"荣任"知府,虽已改朝换代,仍然对书院事务十分关心。他先是自己掌书院,修建院舍,增置院田,清理田租,组织开垦荒田、荒地、荒塘,装修圣贤像设,并重修书院志。廖又先后聘宜春张自烈、星子吴一圣主讲,开展会文讲学活动。其时星子举人钱正振亦曾设帐于此,主讲鹿洞。张自烈,字尔公,号芑山,明季诸生,初入太学即负盛名。明亡,"屡膺荐辟不起"。康熙十年,廖文英"迎寓匡庐,情文备至",在书院主讲。康熙十二年去世。"遗命愿从白鹿游,因葬芑山于鹿洞之侧"。廖文英作挽:"先生生不隅,八十老全人。讨古枯心血,逃名扫客尘。英容知道大,守正缓天真。留骨匡庐麓,陶潜前后身。"张在鹿洞有相当多的诗文、讲说流传。

康熙十六年(1677年)以及之后的几年中,南康知府伦品卓(滦州,拔贡)在布政使姚启盛(字际斯,辽东人),提学道邵吴远(字戒三,仁和进士)的倡捐支持下,对书院院舍大加整修。他"鼎新彝伦堂、文会堂、先贤祠、三先生祠,添堂、亭、号舍七十四间,重新修整计六十五间,通共一百三十九间。瓦砾茂草一时仓奂"。这是清初第一次大规模的大整修。志书称为"兵燹之后大加经营"。伦品卓自己撰写了《重修白鹿书院碑记》记事。

康熙二十二年(1683年),江西巡抚安世鼎(字铸九,汉军镶红旗人,贡士),提学道高璜,分巡道查培继(字壬望,勉斋,海盐人,顺治九年进士)等人,委知府周灿重修书院。二十四年又礼聘南丰汤来贺主洞务,并由府学教授任副讲,典管诸多事务。汤来贺所订《白鹿洞书院学规》纲目如下:

一、专心立品; 二、潜心读书;

三、澄心烛理; 四、虚心求益;

五、实心任事; 六、平心论人;

七、公心其学。

高璜,字诣师,汉军镶黄旗人,康熙九年(1670年)进士,康熙二十一年(1682年)为江西提学道。据《光绪江西通志》载,"始至即以江西先正之文训戒士子,一时士习咸知向古","尤振拔孤寒,两试榜出,首列皆贫儒耆宿,人服其公"。"士之贫者量以学租之羡给之。学宫、书院、前贤名迹之废坠者,捐俸复之"。其为白鹿书院制定了《白鹿洞书院经久规模议》,议中包含:洞规、禁约、职事、洞中事宜、仪注、合用器具、祭器、书籍,每年支给常例、经费、洞租征收等十余项。议中再一次肯定了朱熹、胡居仁、章潢的《揭示》《续规》《为学次第》以及李龄、高贲亨戒条。明确规定了主洞应"聘海内崇正学,黜异端,道高德厚,明体达用者","无则不妨暂缺"。副讲应聘"通《五经》,笃行谊者为之"。除此之外,由主洞、副讲择学徒任为堂长、正副管干、典谒、经长、学长、引赞等执事。经长负责经义斋事,学长负治事斋事。这两斋的分设,是特别值得注意的。凡学徒有疑义,"先求开示于经、学长;不能决,再叩堂长;不能决,再叩副讲;不能决,再叩主洞,不许躐等"。此外还有伙夫、樵采、门斗等服务人员。主洞除供膳外,每年束脩银六十两,副讲除供膳外,每年束脩银三十六两。堂长、管干等职事生,每年亦发给数量不等的津贴。每月给二两四钱,作为洞生月课赏格。其时物价,米一石(150斤)需银五钱。洞中每日上百师生伙食(米、腐、菜、盐、豉、薪炭及先生肉食茶酒)、油、烛、纸等各项开支共需银一两五钱。

康熙二十八年(1689年),提学道邵延龄(字大年,平湖进士)聘星子进士钱正振(字侯起)主持洞事(这是第二次掌教洞中)。钱又校订增补了廖文英的《白鹿洞书院志》。

康熙三十一年(1692年),巡抚宋荦(字牧仲,商丘人)赴洞整顿规制、增田、讲学,复聘安义举人徐京阶任教书院。这一年,著名诗人查慎行游庐山白鹿洞,作有《庐山记游》。记中有二千多字记叙游览白鹿洞的经过。查至洞先谒"礼圣殿",其时殿中悬挂玄烨御书"学达性天"及"万世师表"二匾,"中设至圣先师像,旁列四配十哲,两序七十二贤及配享诸儒皆像设"。此时主要的建筑物尚有"御书阁""彝伦堂""宗儒祠""文会堂""先贤祠""忠节祠""三先生祠""诸葛武侯祠"以及伦品卓、安世鼎等人的讲堂祠庙。

康熙三十二年(1693年),江西巡抚马如龙赴白鹿洞书院课士、评卷。马曾引《苏湖教法》于鹿洞"训迪生徒"。这说明,马继续实行了胡谧提倡的分斋教学。马聘熊飞渭主讲,熊又聘生徒为堂长、学长诸职事。

康熙三十四年(1695年),提学道王综(字考斋,蒲城人,康熙九年进士)制定"戒""勉"各八条。其目如下,八戒为"戒游惰、戒狎戏、戒欺诈、戒矜傲、戒苟安、戒驰骛、戒忌嫉、戒纤刻";八勉为"立志、敦本、主敬、致诚、明经、学古、专课、持重"。

康熙三十六年(1697年),熊飞渭病卒于白鹿洞,马又聘都昌解元邵良杰主洞事,徐京阶仍在洞中任教,时学徒仅二十余人。邵字万之,号六溪,康熙三十五年解元。他任教鹿洞,年已五十岁,"每语生徒以朱子学规乃积德之基,入道之门"。他曾前后两次掌教白鹿洞共十余年,"一切规条、讲义大都原本紫阳,益以己说"。

康熙四十八年(1709年),南康府学教授,兼主白鹿洞书院教事熊士伯请求建专祠祭祀朱熹。此事得到了江西巡抚郎廷极(字紫衡,汉军镶黄旗人,荫生)和藩臬诸司支持。次年祠成,定名为"紫阳祠"。他们将朱熹门徒林用中、蔡沈、黄榦、吕炎、吕焘、胡泳、李燔、黄灏、彭方、周耜、彭蠡、冯椅、张洽、陈宓及陈澔等人木主由宗儒祠随迁此从祀。这是白鹿洞书院为朱熹及其门徒设专祠的开始。南康知府张象文写了《文公朱子专祠碑记》,此文于康熙四十九年刻石,石碑现存于书院中。宗儒祠则祀祭周敦颐、程颢、程颐、张载、邵雍、陆九渊、王守仁诸人。

康熙五十一年(1712年),署知府蒋国祥呈请仿白鹭书院例,另棚考试白鹿洞书院童生。省批定为每逢岁、科考定取四名,永为定例。巡抚郎廷极、布政使傅泽渊聘原敬主白鹿洞讲席。原敬,本姓元,字元功,号晨斋,乐安人,康熙四十年(1701年)岁贡生,曾被福建巡抚张伯行聘掌九闽书院,参与编校《正谊堂丛书》。原敬在白鹿洞订有《白鹿洞续规》,有如下各条目:

一、居敬以立基; 　　二、随事以穷理;
三、黾勉以力行; 　　四、严密以克己;
五、循理以处事; 　　六、推己以待人。

原还将私人所藏书籍捐赠书院。郎廷极有《送原先生赴鹿洞讲席诗》碑,现存书院明伦堂。

康熙五十二年(1713年),知府叶谦派星子、建昌(今永修)、都昌、安义四县教官按季轮流至白鹿洞督课。次年又聘邵良杰主讲书院。

康熙五十四年(1715年),星子知县毛德琦奉委协理鹿洞事务。毛至院中课士评文,修葺房舍,清理田亩,整复规制,重修书院志。康熙五十八年修《白鹿书院志》成,巡抚白潢(汉军镶白旗人,笔帖式出身,后官至大学士)、学政王思训(字畴五,昆明人,以翰林院编修提督学政)等作序,志分形胜、兴复、沿革、先献、主洞、学规(包括讲义)、书籍、艺文(包括记、书、诗等)、祀典、田赋十部分,共十九卷。

康熙间,任教白鹿洞之著名学者还有,广昌罗荣,星子干建邦,庐陵欧阳齐,建昌周杰,建昌淦泓勤等,来游生徒除本省外,尚有南北各省士子。白鹿洞是面向全国的书院。

(二)

鹅湖书院自顺治间蔡士英修复后,"三藩之乱",铅山适当其冲,兵燹之余,旧屋废坏。康熙二十二年癸亥(1683年),铅山知县辽东举人潘士瑞重加修葺,院容为之一新。康熙二十八年(1689年),巡抚宋荦檄铅山训导信丰岁贡生郭逢军重修。康熙五十四年(1715年),铅山知县桐乡进士施德涵,集绅士阙旧址,而恢复扩展之。规模宏敞,制度聿新,外头门,次泮池,中建大堂,内堂奉四先生神主春秋致享。李光地为之记。李记称:鹅湖之会,"后人就其地立为书院以祠四贤","前代屡有所举,或曰朱陆之异同,五百年来以为口实,今同堂而祀于古者配袝之义何居？余曰：不然。二子之相崇重者至矣。朱门诲学者以持守,每推服象山为不可及,白鹿延讲,朱子为之避席称善,陆之于朱则有泰山乔岳之叹。故朱熹子有言,南渡以来,理会切实工夫者,吾与子静两人而已。原其讲辨往复之旨,一则虑玩心高明之失实,一则恐着意精微之离真。二者于末学诚皆有弊焉。虽朱子之谓宜舍短集长,庶无堕于一偏也"。"朱子叙道统渊源并以周、程、张、邵释奠精舍,未尝以其小不同者为病,然则朱、陆之共俎豆于一堂也,而又何猜乎！"前知县潘士瑞修后又颓废。"桐乡施君德涵以名进士来尹是邦,政修人和,百废俱举,倦怀名迹,力为更新。更诸上宪皆留意文事故请上辄报,加以慰奖"。"余惟为政者首访邦之名记胜迹,继而修之。古之君子皆然,况夫群哲论道之区,学术源流移风百代而可以翳诸荒榛乎","书院之建,实与国家学校为表里"。

接着,鹅湖书院得到了玄烨的赐敕。

与鹅湖书院同处广信府之玉山怀玉书院。康熙初,玉山县城仅有居民四五十户,荒凉废坏。康熙三年(1664年),邑人重建怀玉书院于端明书院旧址。起初,邑士绅拟建署知县同知黎士宏生祠,以黎曾召集流亡,县城复具规模故。黎不许,改为书院,额称怀玉书院。院祀朱熹。康熙六年(1667年),知县湘潭进士唐世征,又修葺,并增祀：汪应辰、吕祖谦、陆九渊,以四人皆曾讲学玉山之故。康熙二十二年(1683年),知县诸暨余毓浩复增修。康熙五十二年,知县钱塘沈景韩又重修葺,李光地与沈皆有记。李记称："为政者以新学校育人材为先。然学校之新也,必先聚集人士而启告以圣贤为学之意。幸而其地为圣贤所生长,所游经,则遗教流风往往而在。于是有贤者莅政于兹,咨诹旧迹,兴起坠绪,感动奋发,必陪于他邦。""怀玉书院旧有之而不修,前哲风流,来者无所矜式。沈侯景韩以名家子来宰兹邑,上顾高山仰止生慕,下视城阙嗣音兴嗟,周爱名区于稽文献,廓宇聿备,祀事孔严,盖将表前修于渺茫,振斯文之微欤！此岂世俗从政劳劳于薄领填委者所能知哉！"

(三)

江州的濂溪书院,于明末清初毁于兵火。康熙三十一年(1692年),巡抚宋荦与马如龙先后檄九江知府大兴,知府朱俨率德化(今九江)、彭泽、湖口、瑞昌、德安五县知县,倡捐公建,宋荦自为记。宋记称:"西江理学,必首江州,虞伯生所谓庶几邹鲁之者也。江州庐山胜甲天下,茂叔周子自道州来终老其间,用故里之溪名其水曰濂溪,而濂溪先生之名遂与庐山并,理学之盛自此始。"闻知先生书院"自兵荒以来倾毁已甚,为慨叹久之"。"先生书院之废兴,即天下理学兴衰所关系也。理学一日不衰,先生书院不可一日废"。"兴废起衰非吾徒事与？""适江州守朱君俨亦有同心,爰共捐俸敦故址庀材兴工更新之"。

赣州濂溪书院,康熙十年(1671年),成性督关南赣,曾与知府孔觉所,经历毛倬人,宿儒彭受之等,相与即此为讲会由成性撰会约数章,旨在宣明义理,躬行实践。康熙十六年(1677年),书院毁于三藩之兵火。康熙三十三年(1694年),巡道白启明与知府任进爵首倡捐俸重建。宋荦为记并题额。康熙四十八年(1709年),知府休宁朱光圉又重加修葺。

南昌府义宁州原有景濂书院。明天顺间,重修改濂溪。后合祀周敦颐、黄庭坚,改称濂山。康熙七年(1668年),知州徐永岭复建,仍称濂山。康熙二十八年(1689年),知州诚振荣与学正罗榘又重修。

(四)

吉安府庐陵县白鹭洲书院。康熙三年(1664年),由知府沈阳郭景昌,知县大兴于藻重加修葺。随接有湖西道施闰章与张贞生、张自勋、毛奇龄、杨洪才诸人讲学其中。康熙十年(1671年),提学道黄虞舟应张贞生之请,恢复书院科举。康熙十四年(1675年),因"三藩之乱"而毁于兵。二十七年(1688年)起,知府会稽罗京逐渐修复。罗重订馆规,请于提学道邵延龄准予增扩书院科举,重修书院志。关于白鹭洲书院科举,先是生员黄珆等呈称:先朝"吉州之鹭院科举与南康之白鹿洞,南昌之澹台祠俱有定额。而吉州之元魁科举每由鹭院"。"顺治年间尚有其例,但或多或少未有定额。康熙十一年学宪黄因张学士贞生之请,每学增十数名几于复旧。自遭楚逆,书院毁,而书院之科举竟废。今幸罗公祖捐俸重建。教育人才其功德直与宋之江公先后并辉千载一时也。生等切念书院兴则书院之科举亦且复"。罗京转呈后,邵批"今科试该属除正案三等前大学十名、中学五名、小学三名俱照例准取科举入闱,此外再增大学八名,中学四名,小学二名以为鹭洲书院科举,永为定额"。罗京尝为修复书院记其事。记称:"余下车见白洲之上止有振鹭于飞,何白鹿洞常盛而白鹭洲可中坠乎!乃毅然复之,自捐其费,一丝一粒不以取民,一事一役不以烦士,僚属之助各随其力,遂幸告成。而又备糈养士读书其中,课文训德,月必有会。"

罗京所订馆规,共十三则:

一、论书院之性质;　　　二、论书院之山长;

三、定书院之供给;　　　四、论心性;

五、定课试;　　　　　　六、说诵读;

七、谈体会;　　　　　　八、讲文章;

九、议理学;　　　　　　十、崇清介;

十一、尚端重;　　　　　十二、规定匪类不容引入书院;

十三、有关宿舍事务。

罗京本以为"必久与诸生相聚,岂知院方告成",即罢官而去。

康熙五十二年(1713年),吉安大水,书院尽漫于水,惟云章阁因建于高台独存。知府林庭春只能在阁上祀祭先圣先贤。

(五)

袁州府宜春县有昌黎书院,在宜春台东。原为韩文公祠,以韩愈曾为袁州刺史,宋皇祐五年(1053年),知州祖无泽建祠以祀韩。祖尝复袁州州学,请李觏为之记,为古文名篇。明正统景泰间,韩雍与知府姚文、王炬移建于北。嘉靖二十八年(1549年),知府刘廷浩与知县徐栻的改建为书院。曾建原道阁以供生员肄习其中。万历间,知府郑惇典、汪若水先后增修。明末毁。

康熙四年(1665年),湖西道施闰章,知府李芳青,与协镇副将许北献、同知孙席庆、夏统龙,推官郑爌率四县(宜春、分宜、萍乡、万载)知县捐俸为倡,为四邑士绅共建的书院,选四邑生员肄业其中。次年,宜春知县崇明陆炳谦复课士于书院。康熙七年(1668年),以白鹿洞、澹台祠、白鹭洲之例呈请经提学道大兴吴炜准录书院科举。大学八名、中学五名、小学三名,并定为永例。康熙八年(1669年),李芳青清查荒田十二顷为书院田。郑爌有重修书院记,李芳青有科举、院田记。施闰章尝与张自勉讲学于此。康熙间,教学始终维持,志书载有山长多人。郑记称:"癸卯冬三韩李公来守是邦与予二、三同僚属,文武同心协泰,修城葺学,缮桥梁构郡治,百废渐兴。署中旧额景韩,公实响往之。余因道及昌黎书院为茂草,讲学不行,人网则效。适分守参议施公按部,余从李公后相率白其事,辄慨然首倡。又得进士袁君继梓偕乡绅梁君体植共襄斯举。爰相旧址诹日重建,堂庑巍然,楼阁翼翼,斋舍庖湢,以次而备。中祀韩公,旁仍旧典,以李翱、皇甫湜、卢肇、郑谷为配之。自兹以往,道德之所由成,教化之所由一,政治之所由美,韩公传道砺世之心所由昭示来兹,皆于书院是赖,顾不重欤。予司理兹郡,讼牍简少,爰请太守李公暨诸寅属同课诸生,遴其尤者,肄业书院中,亲行训督。相与明圣贤之指,究平治之略,如父兄于子弟,朝行而夕导焉。又日给廪饩,俾得一意下帷。颇谓一时盛事。"

饶州余干东山书院始于宋,前章已有概述。为朱熹"过化"之处。顺治间,曾由官员倡复。康熙八年(1669年),知县江南岭复倡修,并课士其中。呈请提学使黄虞舟批准特增科举三名。教谕举人蔡毓志,系德安蔡元思后裔,尝主理书院事。手书胡居仁《续鹿洞学规》,谓"鹿洞吾家学,而诸生亦文敬乡人,愿共勉"。又聘胡居仁后裔胡之治讲学书院,并订定《东山学规》。

四、施闰章与江西书院

施闰章(1617—1683年),字尚白,一字屺云,号愚山,安徽宣城人。祖施宏猷以儒学著称,闰章少孤,事叔父如父。从沈寿民游,博综群籍,善诗、古文辞。顺治六年(1649年)进士。授刑部主事,以员外郎试高等,擢山东提学道。崇雅黜浮有冰鉴之誉。《聊斋·胭脂》故事中就曾说到他。秩满迁江西参议分守湖西道。在任内,新建庐陵景贤书院,修复白鹭洲书院、昌黎书院、仁文书院、惜阴书院和青原会馆。行部至郡邑与当地学者会同讲学。并主持青原与景贤书院讲会。聘毛奇龄讲学其间。其讲学,首辩志,又以为载道者德也。以文人行薄,自古有之。强调士必先器识而后文章。康熙六年(1667年),以裁秩归,士民于临江府建龙岗书院祀之。康熙十八年(1679年),召试博学宏词,授翰林侍讲,参予纂修《明史》,典试河南。康熙二十二年(1683年)转侍读卒。其学以体仁为本,好扶掖后进。好学不倦,尤工于诗、词,领东南词坛数十年。

康熙五年(1666年),在施闰章主持下,在白鹭洲书院进行了一场著名学术辩论——庐陵辩论。先是施氏极为关注境内的白鹭洲书院,常与乡绅张贞生等讲学其中,并主持了中断多年后的首次白鹭洲书院讲会与会讲活动。时湖南名士杨洪才率徒数人专程前来"讲姚江之学"。施氏又邀退居崇仁(今江西崇仁县)之原白鹭洲书院山长毛奇龄与杨氏辩论三天。辩论中,毛氏以为:"不宜舍事物求心情。"杨氏"不之辩"。第三天午餐时,毛氏说:"不迁怒实难。吾昨责官庖以阙供也,今又责之,直迁怒矣,宜何以治之?"这时,杨氏"乃举手肃四座曰:'若此者,可仍求之事物否?'大家阒然。毛氏大悟,即下拜曰:'受教矣'。"❶辩论至此结束。施氏将辩论内容做了记录。康熙十七年(1678年)，毛奇龄又据施氏记录中涉及《诗经》部分的内容，辑为《白鹭洲主客说诗》一卷。

景贤书院在庐陵仁寿山。明代原有景贤祠祀王守仁。施闰章讲学青原、白鹭。康熙五年(1666年)，复就景贤祠旧址建讲堂取名景贤书院，施与张贞生等人讲学其间。康熙六年(1667年)，知府郭景昌，知县于藻等又加以修复，建屋取屋租以为书院供给，聘山长，集生徒。由宣讲式书院改为聚徒式书院。施记称："书院称景贤者何？曰存古也。曷言乎存古者，庐陵旧有景贤祠以祀王文成先生者也。地据高阜凭江面山，久废为榛莽之墟，尝过太息，谓有司盍复诸。予讲学白鹭、青原间既二年，诸君子欲为别置讲堂。君谋佥同，选地惟旧，于是卜筑于景贤之遗址，以其名归余。余固谢曰：君子耻名胜其实，未闻无实而弋名者之。为辞之再四，终弗能禁。""乃祀文成如其旧，而虚其堂为讲学之所，是为景贤书院"。

吉水仁文书院原建于明。明末清初仍然维持，康熙三年(1664年)却遭拆毁。施闰章闻知此事，亟力加以修复。李元鼎作《兴废记》称："虽当鼎革以来而先师(邹元标)木主祀于其中，岁时俎豆不替。""施愚山皆以先世渊源之谊躬亲祭奠，岂惟忠介、九原有知实式灵焉！凡属师门弟子莫不举手加额以为斯道兴起有日矣"。"不知何故有拆毁仁文之议。余以寄栖会城，传闻不敢信。以为既非江陵借端，又非逆魏煽祸，宁复有此。未几而书院果毁矣。举礼乐雍容，道德文章之区，一旦鞠为茂草，何哉？""独是此二十年吾乡白鹭、鹿洞、澹台名书院为督抚中丞所葺修，而恢复者不可枚举，近日如章江书院有建，洪都书院有建，青原、白鹭讲学之会已经举行。乃值圣道中天之日，余辈不能为先师保此数椽之坛"，"真名教之罪人也"。施闰章《重修书院引》称："吉水旧有仁文书院，衣冠辐辏，岁时弦歌不辍，盖中介邹先生讲学处也。"

---

❶《国朝先正事略·毛西河先生事略》。

"昔之者,以为无用,遂议废屋而墟其地"。"君子又重伤之矣"。"近与邑大夫语及,慨然任复兴之役"。这就在"城市仰止亭旁"重建。

康熙末,邑人又重建。祀邹元标及弟子108人。并以有功于书院之明知县徐与相、徐学聚、黄流芳、沈裕、沈中柱与守道施闰章祔食。

康熙间,玄烨本人的关心,为清代江西书院的发展奠定了基础。

第三节 雍正、乾隆、嘉庆间的江西书院

一、三朝书院建设概况

三朝书院建设概况见表25。

表25 三朝书院建设概况

时间	院址	院名	创办人	备注
雍正二年1724年	彭泽	敬业书院	彭滨	彭为教谕
雍正三年1725年	安远	聚五书院	钟文奎	
雍正间 1723—1735年	龙泉（今遂川）	砥英书院		
雍正间 1723—1735年	安远	片云书院		
雍正间 1723—1735年	浮梁（今景德镇）	昌江书院	张景苍	张为知县
乾隆初1736年	上饶	碧溪书院	李文跃	李为知县
乾隆二年1737年	金溪	仰山书院	阎延浩	阎为知县
乾隆三年1738年	兴国	潋江书院	徐大坤	徐为知县
乾隆四年1739年	临川	青云书院	李延友	李为知县
乾隆五年1740年	奉新	冯川书院	徐元勋、赵希知、沈陶安	赵、沈为知县
乾隆五年1740年	会昌	紫云书院		

续表

时间	院址	院名	创办人	备注
乾隆五年1740年	广丰	丰豀书院（致道书院）	詹广誉	詹为知县
乾隆七年1742年	定南	莲塘书院	余应祥	余为知县
乾隆八年1743年	南康	旭升书院	游绍安	游为知县
乾隆八年1743年	永新	禾山书院	王瀚	王为知县
乾隆九年1744年	万载	龙河书院	严在昌	严为知县
乾隆九年1744年	上犹	永清书院	钟羲	
乾隆九年1744年	庐陵（今吉安）	石阳书院	钱升	钱为知县
乾隆十年1745年	南丰	嘉禾书院（琴台、琴城）	叶重熙	叶为知县
乾隆十一年1746年	进贤	曲水书院	向德一	向为知县
乾隆十一年1746年	上高	近圣书院	赵颐、周晖	赵、周为知县
乾隆十三年1748年	建昌（今永修）	修江书院	邱元遂	邱为知县
乾隆十四年1749年	于都	雩阳书院	左修晶	左为知县
乾隆十四年1749年	南昌	程公书院	大塘程氏	
乾隆十七年1752年	庐陵（今吉安）	瀛奎书院	李文龙	
乾隆十八年1753年	武宁	正谊书院（豫宁书院）	邹应元	邹为知县
乾隆二十一年1756年	萍乡	鳌洲书院（金鳌书院）	沈延时	沈为知县
乾隆二十一年1756年	庐陵（今吉安）	文明书院	河东乡公建	

372

续表

时间	院址	院名	创办人	备注
乾隆二十四年 1759年	莲花	琴水书院	李其昌	李为厅同知
乾隆二十四年 1759年	上饶	灵山书院	邹应元	邹为知县
乾隆二十四年 1759年	义宁州（今修水）	成孝书院	万来英	
乾隆二十四年 1759年	新城（今黎川）	黎川书院	卢菘	卢为知县
乾隆二十六年 1761年	新淦	凝芳书院	朱一深	朱为知县
乾隆二十八年 1763年	安仁（今余江）	龙溪书院	李尚宗	
乾隆二十九年 1764年	信丰	桃江书院	程化鹏	程为知县
乾隆二十九年 1764年	乐平	翥山书院	元克冲	元为知县
乾隆三十年 1765年	崇义	阳明书院	罗洪钰	罗为知县
乾隆三十二年 1767年	信丰	莲山书院	吴大勋	吴为知县
乾隆三十六年 1771年	太和	云亭书院	二十五都公建	
乾隆三十七年 1772年	太和	华阳书院	五十八都公建	
乾隆三十七年 1772年	星子	五吾书院（寄傲山房）	查复经	
乾隆三十八年 1773年	浮梁（今景德镇）	绍文书院	黄泌	黄为知县
乾隆三十九年 1774年	鄱阳	芝阳书院	秦承恩	秦为分巡道

续表

时间	院址	院名	创办人	备注
乾隆四十年 1775年	浮梁 （今景德镇）	景仰书院	兴圣纪	兴为饶州府同知
乾隆四十三年 1778年	崇仁	相山书院	曹尽	曹为知县
乾隆五十年 1785年	德化 （今九江）	新濂溪书院	初之朴	初为知府
乾隆五十二年 1787年	高安	养正书院	都世告	都为知府
乾隆五十六年 1791年	庐陵 （今吉安）	双江书院	公建	
乾隆五十七年 1792年	广昌	盱源书院	陈士纯	陈为知县
乾隆间 1736—1795年	永丰	永澜书院	北坊文会公建	
乾隆间 1736—1795年	瑞金	罗台山书院	罗台山	
乾隆间 1736—1795年	上犹	丛春书院	蔡章明	
乾隆间 1736—1795年	永丰	文明书院	南坊文会公建	
乾隆间 1736—1795年	泰和	萃升书院	13—18都公建	
乾隆间 1736—1795年	武宁	字云巢	盛漠	
乾隆间 1736—1795年	丰城	狮山书院	敖宗湖	
嘉庆二年 1797年	宜黄	崇文书院		
嘉庆八年 1803年	南昌	新东湖书院	黎承惠	黎为知县

续表

时间	院址	院名	创办人	备注
嘉庆九年 1804年	义宁州（今修水）	印山书院	赵增	赵为知县
嘉庆十一年 1806年	瑞昌	东皋书院	毛锡昌	
嘉庆十一年 1806年	安仁（今余江）	起云书院		
嘉庆十九年 1814年	铅山	文公讲堂	刘式典等	
嘉庆二十二年 1817年	清江（今樟树）	章山书院	朱渌	朱为知府
嘉庆二十三年 1818年	进贤	龙松书院	公建	
嘉庆间 1796—1820年	龙泉（今遂川）	蔚起书院		
嘉庆间 1796—1820年	安福	友仁书院		

其中雍正间5所,乾隆间51所,嘉庆间10所。

前朝书院在此时修复的见表26。

表26 在雍正、乾隆、嘉庆间修复的前朝书院

时间	院址	院名	修复者
雍正间	安福	乐育书院	邑人
雍正间	建昌（永修）	扶风书院	
雍正间	南昌	虎溪书院	程氏裔孙
雍正七年	南城	盱江书院	学政傅玉雪
乾隆三年	彭泽	五柳书院	知县李松泰
乾隆五年	庐陵	凤岗书院	
乾隆五年	庐陵	明学书院	邑人

续表

时间	院址	院名	修复者
乾隆五年	临川	兴鲁书院	知府刘永锡（李绂主讲）
乾隆五年	崇仁	草庐书院	
乾隆七年	临川	青城书院	知府唐孝本
乾隆七年	安福	复古书院	知县黎芝
乾隆十年	贵溪	象山书院	知县彭之锦
乾隆二十二年	玉山	端明书院	布政使汤聘
乾隆二十三年	万安	云兴书院	
乾隆二十六年	永宁（宁冈）	巽峰书院	知县何朝福
乾隆二十九年	分宜	钤阳书院	知县杨长柱
乾隆三十三年	宁都	梅江书院	学政金甡
乾隆三十六年	婺源	福山书院	知县田化
乾隆三十八年	浮梁（景德镇）	双溪书院	知县黄泌
乾隆四十五年	石城	琴江书院	知县杨伯年
乾隆间	永丰	湖头书院	金氏后裔
嘉庆间	乐安	鳌溪书院	训导刘万程
嘉庆间	德兴	拙斋书院	
嘉庆十三年	丰城	盛家洲书院	
嘉庆末	永丰	文儒书院	李维均

共25所。

合计91所。其中绝大多数是地方官员倡建、倡修的。

二、雍正间江西书院发展的曲折

雍正初,清世宗爱新觉罗·胤禛一度对书院的建设有所压抑。雍正四年(1726年),江西巡抚裴帅度、九江分巡道刘均等倡修白鹿洞书院,刘均有《重修白鹿洞书院记》,记载这件事的经过。裴帅度又奏请朝廷派遣一人担任白鹿洞书院掌教。胤禛将此事交付"部议","部议不准"。胤禛"深嘉"部议。其时正式理由是"至于设立书院,择一人为师,如肄业者少,则教泽不广,如肄业者多,其中贤否混淆,智愚杂处,而流弊将至于藏垢纳污,如释道之家处寺庙矣。若以一人教授,即能化导多人俱为端人正士,则此一人之才德,即可膺弼重任,受封疆之寄而有余,此等之人,岂可易得?"其实所谓"人才难得",根本不是什么理由,所以不准,无非是怕"贤否混淆""智愚杂处"和"藏垢纳污"而已。这大概与雍正朝初期,对政敌之戒备心理有一定关系。此事又与江西主考查嗣廷试题案恰好为同一年,恐怕亦非巧合。

裴㷫度(1668—1740年),字晋武,一字香山,山西曲沃人,附贡生。雍正元年(1723年)为江西巡抚,雍正四年离任,为左都御史,却因在江西任内催科不及罢戍南浦驿。雍正六年(1728年)方归故里。裴在南浦,自号南浦老渔翁,与邓由高(自号东湖钓者)、陶成(自号牝兰主人)、恽鹤生(自号西山樵叟)等相交。人称豫章四叟。裴的罢戍,恐怕亦与白鹿洞书院之事"碰钉子"不无关系。

应该说,由于巡抚大人都碰了钉子,所以雍正四年以后的几年中,江西书院新建和得到修复的都极少。大概除去雍正九年(1731年)巡抚谢旻、布政使李兰对友教书院的重修之外,很难再能找到更多的史料。如白鹭洲书院那样,雍正二年(1724年),知府吴铨等倡修、布政张楷为记,直至雍正末才有新消息。

雍正后期,朝廷对书院的政策才有了一个很大的转变。雍正十一年(1733年),胤禛下诏赐各省会书院帑金各一千两。胤禛对他自己态度的前后变化尚有一段表白。他说:"朕临御以来,时时以教育人才为念,但稔闻书院之设,实有裨益者少,浮慕虚名者多,是以未尝敕令各省通行,盖欲有待,而后颁降谕旨也。近见各省渐知崇尚实政,不事沽名邀誉之为,而读书应举者亦颇能屏去浮嚣奔竞之习,则建立书院,择一省文行兼优之士,读书其中,使之朝夕讲诵,整躬励行,有所成就,俾远近士子观感奋发,亦兴贤育才之一道也。"又说:"督抚驻札之所,为省会之地,着该督抚商酌奉行,各赐帑金一千两,将来士子弟群聚读书,须预为筹划,资其膏火,以垂永久,其不足者,在存公银内支用。封疆大臣等并有化导士子之职,各宜殚心奉行,黜浮崇实,以广国家菁莪棫朴之化,则书院之设,于士习文风,有裨益而无流弊,乃朕之所厚望也。"

各省会城书院为直隶莲池,江苏钟山(在江宁)、紫阳(在苏州),浙江敷文,江西豫章,湖南岳麓、城南,湖北江汉,福建鳌峰,山东泺源,山西晋阳,河南大梁,陕西关中,甘肃兰山,广东端溪(在肇庆)、粤秀(在广州),广西秀峰、宣成,四川锦江,云南五华,贵州贵山。广东两所各赐千两,湖南两所、广西两所与各省一样仅供一千两。一说此千两为营建之赏,一说此一千两需岁取租息,赡给师生膏火、束脩。至于"奉天沈阳书院,於每学学田租田银内酌量拨给,作为师生膏火。其余各省、府、州、县书院,或地方官拨公经理,俱申报该管官查核"。"在京师设立金台书院,每年动拨直隶公项银两,以为师生膏火。""令有志向只无力就师各生入院肄业。"

豫章书院所得一千两置田二百七十九亩,每年额收租谷三百五十余石,以供书院食用。由南、新两县分别经管。如有不敷,济以南、新节备仓谷。在皇帝的提倡下,雍正十三年(1735年),江西巡抚常安咨部暂动公项银六千两交典商生息,每年息银七百二十两,以资豫章书院各项经费。

由于朝廷政策的转变,白鹿洞、白鹭洲、道源等书院逐渐又有了新的修举。

三、乾隆间江西书院的大发展

乾隆间,江西书院有很大的发展,这与清皇朝的提倡,是分不开的。

乾隆元年(1736年),清高宗爱新觉罗·弘历下令:"书院之制,所以导进人才,广学校所不及。我世宗宪皇帝,命设之省会,发帑金以资膏火,恩意至渥也。古者乡学之秀者,始升于国,然其时诸侯之国皆有学。今府、州、县学并建,而无递升之法。国子监虽设于京师,而道里辽远,四方之士不能胥会,则书院即古侯国之学也,居中讲习者固宜老成宿望,而从游之士亦必立品勤学,争自濯磨,俾相观而善。庶人材成就,足备朝廷佐使,不负教育之意。""若仅攻举业已为儒者末务,况籍为声气之资,游扬之具,内无益于身心,外无裨于民物,即降而求文章成名,足希古之立言者亦不多得,宁养士之初旨耶?""凡书院之师长,必选经明行修足为多士模范者,以礼聘请。负笈生徒,必择乡里秀异,沉潜学问者肄业其中,其恃才放诞,佻达不羁之士,不得滥入。书院酌仿朱子《白鹿洞规条》,立之仪节,以检束其身心,仿《分年读书法》予之程课,使贯通乎经史。有不率教者,则摈斥勿留"。继而又规定教师有成绩的"奖励","议叙",学生"器才尤异"的,可"准予荐举"。胡廷对书院的重视,固然是看到书院的作用,而实际上还是要加强控制,以后不仅对省会书院,而且对府县书院,都要求山长由官厅聘任,学徒由官员考察,新建书院需申报批准,并由教官担任监院。学徒课试不仅有师课,尚有官课。逐步使书院的组织、领导、经费等向官学靠拢,纳入官方控制之中。

乾隆间,新建和修复前朝书院数量虽然不多,然而顺治、康熙间所建和修复的书院,此时大都有新的修葺,教学活动亦有新的安排。故就书院活动的总量看,应该是清代之最高潮。

在此期间,白鹿洞书院受到了特殊的关怀。

弘历曾向白鹿洞书院赐诗、赐赋,并于乾隆九年(1744年),赐"洙泗心传"匾额。

弘历《白鹿洞诗》原文:

李渤结庐后,绛帐开紫阳。

经纶归性命,道德焕文章。

剖析危微旨,从容礼法场。

祇今传鹿洞,几席有余香。

弘历《白鹿洞赋》原文如下：

流鄱阳之洪浸，峙五老之奇峰。星分翼轸以上耀，境接吴楚而旁通。掠地灵之所萃，实间气之攸钟。吾闻山苍苍其含翠，水淼淼其如油，松蒙蒙而黛蔚，石磊磊其云浮。伊眠鹿之町疃，乃是创而是修。架修橼以为屋，笋高构而成楼，聚群英以游息，惟古圣之研求。陆有登邹之屐，水有泛泗之舟。想前修其未远，知遵路之所由。是地也，李氏为之开先，晦翁为之善后。讲一理之渊源，致四方之奔走，既道薮而学渊，亦书左而史右。绛帷卷处，月霁阶前；书带抽时，翠迷洞口。缅遗迹于匡庐，仰先贤之启牖，此向风者所以争先，而至今长留为不朽也。

乾隆间，白鹿洞书院教学活动记载甚多，略述于后。

乾隆三年（1738年），知府董文伟与主洞章国录等人立《朱子白鹿洞教条》于洞中，并附以程董二人《学则》。其时白鹿洞有生童一百余人，其中除南康、九江两府外，尚有江西其他府县，以及江南、湖广、福建等地人士。

乾隆五年（1740年），安福举人，原白鹿洞生徒王岐瑞，编《朱子白鹿洞书院讲学录》问世，该书包罗了朱熹讲学白鹿洞时的各种重要文献，成为书院师生的重要教学参考书。

乾隆十年（1745年），巡道李根云修葺书院，巡抚陈宏谋（1696—1771年）视察并讲学白鹿洞。陈宏谋，字汝咨，广西临桂人，雍正元年（1723年），恩科修建并讲学豫章书院。乾隆六年（1741年），任江西巡抚，其时靖道模为白鹿书院山长，作有《鹿洞续规》，陈有鹿洞讲义，内容为:《吾与回言终日章》与《回也其庶乎章》。

乾隆十三年（1748年），知府赵立身修建院宇，赴院督课。赵离任时，主洞熊直宋率生徒百余人立《郡伯赵公教思碑》。

乾隆十六年（1751年），白鹿书院洞前山长邵良杰从祀邵康节祠。乾隆十年，知府曹邦兴就曾有过邵良杰从祀邵雍祠的申请。此次算是实现了。巡道和其衷作《邵解元从祀邵康节祠记》记其事。山长李金台亦有《邵解元从祀邵康节祠序》。

乾隆三十一年(1766年),知府陈子恭又修葺书院,重建文会堂,增加生徒膏火,聘苏州府昭文县进士、著名汉学家顾镇主教白鹿洞。陈子恭自撰《白鹿书院重建文会堂记》与《白鹿书院童生加额增膏记》记其事。顾镇作《郡伯陈公教思碑记》,生徒立《虞东顾夫子教思碑记》,时生徒增至143人。

乾隆三十五年(1770年),鄱阳史珥主洞。史珥系明儒史桂芳(惺堂)后代,字师戬,号汇东,乾隆十九年(1754年),为编修、主事。二十五年归养,历主名山讲席。史氏数世与鹿洞关系密切。史桂芳就曾于鹿洞肄业和讲学。珥则于乾隆九年曾肄业鹿洞,受业于靖道模。珥立靖道模《鹿洞续规》及《惺堂先生话录》碑于洞中。就在这一年中,徐鹤龄、吴敬之、吴泰来、彭渚等人合同编刻《庐山、白鹿古迹诗选》传世。

乾隆四十九年(1784年),袁枚(1716—1797年)来白鹿洞游览。袁系著名文学家,字子才,号简斋,随园老人,钱塘县人,登乾隆四年(1739年)进士。对古代书院制度亦有研究,本书开头就引用过他的研究成果。他在乾隆四十九年清明过白鹿洞,留有诗篇。

乾隆五十年(1785年),南康府建昌县郭祚炽主洞。郭字药池,乾隆二十六年(1761年)进士。郭曾立《体用一源,知行并进》碑于洞中。郭讲学洞中,其中从游者竟达三百人之多,并大都有姓氏可考,刻于碑后。志载,对郭"士林仰之若山斗"。

乾隆五十二年(1787年),江西提督学政翁方纲视学鹿洞。翁多次到过鹿洞,对鹿洞相当关心。

翁方纲(1733—1818年),号覃溪,大兴人,乾隆十七年(1752年)进士。乾隆五十一年(1786年),任江西学政。翁曾在鹿洞讲学,留有诗作。

乾隆五十九至六十年(1794—1795年),署南康知府周兆兰校补重刊毛德琦《白鹿书院志》。毛志原版此时蛀蚀甚多,周重搜朽版,刊印传布。毛志原本现在已经少见，今各处藏本大都是周兆兰校补本。

乾隆间，在白鹿洞任教的著名山长还有以下几人。

魏定国，字步千，号慎斋，广昌人，康熙四十五年（1706年）进士。官至吏部侍郎，自县至卿三十一年，乾隆十七年（1752年）任白鹿洞书院山长，有《励学约言小引》《魏慎斋夫子讲义》等留在碑刻中。

李植，字立俊，号净亭，江西新昌（宜丰）人，乾隆十年（1745年）进士。先任知县，改任南康府教授，充白鹿洞书院副讲。《同治新昌县志》称，他"勤于考课，守朱子遗规，崇务本之学。书籍有霉蠹者捐俸买补，虽百金勿惜也，致仕归囊无长物。家居聚徒，从游者，乡试获隽甚多，师范尊严，人比之胡安定云"。

戴第元，字正字，号囲，大余人。乾隆二十二年（1757年）进士，官至太仆寺少卿。乾隆二十七年（1762年）为白鹿洞书院山长，时其子戴心亨、戴衢亨（1755—1811年）同游学鹿洞留有诗作。心亨，字习之，乾隆四十年（1775年）进士。衢亨，字荷之，乾隆四十三年（1778年）状元，曾入阁为大学士。

熊为霖，字浣青，鹤价，新建县人，乾隆六年（1741年）解元，次年进士，曾任州县，为乡试同考官，官至翰林院侍读。他博学多才，善文章，累主书院讲席。乾隆三十二年（1767年）掌教白鹿洞书院，后来还主讲过岳麓书院。

侯学诗（1726—1792年），字起叔，号苇园，江宁人，乾隆三十六年（1771年）进士，历官至抚州知府。乾隆四十五年（1780年），任教白鹿洞书院，培育人才，卓有成就，世传"豫章五子，白鹿二生"，皆出其门。二生即建昌（今永修）吴崇绅，字赉贞，嘉庆七年（1802年）进士，武宁卢浙，字让阑，嘉庆四年（1799年）进士。

沈琨（1745—1808年），字兼三，号舫西，浙江归安人。乾隆三十六年（1771年）进士。曾为内阁中书，军机处行走，后为御史、知府，曾任教梅花书院，乾隆五十二年（1787年），曾掌教白鹿洞，后殁于徽州紫阳书院。

谢启昆(1737—1802年),字良壁,号蕴山,南安府南康县人,乾隆二十五年(1760年)进士。官至广西巡抚,卒于任。谢为名诗人,曾与翁方纲等论诗。乾隆五十四年,曾应聘主讲鹿洞书院,在他的《树经堂集》中,留有很多涉及鹿洞的诗。

作为省城最高学府的豫章书院,乾隆间屡有兴修,课士始终维持发展。

乾隆七年(1742年),巡抚陈宏谋订《豫章书院学约》十则:

立志向　明义利　立诚教　敦实行

培仁心　严克治　重师友　立课程

读经史　正文体

此学约尚发往省内各书院仿照执行。

陈离任诸生尚有教思碑记其事。残碑今在南昌十八中内。

乾隆二十年(1755年),巡抚明德以每年息银720两不足以赡膏火,奏请将前借帑项解部归款,请于九江、赣州两关平余银及城濠地租银内拨一千两为经费,并奉盐院岁拨匦费银四百两,又建昌子埠银及吉安重议盐规银六百两,如仍不敷,则拨鹿洞租银添建斋舍,复购储书籍,广肄业生徒额数,定规条,严课试,并有修葺。乾隆三十二年(1767年),巡抚吴绍诗,乾隆三十四年(1769年),巡抚海明,乾隆四十年(1775年),巡抚海成陆续加以修葺,乾隆四十四年(1789年),巡抚郝硕又修葺,并于常课外特设诗赋一课。乾隆四十五年(1779年),送所校士赴江南迎銮应试,取一等二名赐举人,二等三名赏缎匹。乾隆五十年(1785年),盐道张中煜详准每年拨匦费五百两充膏火。乾隆间彭元瑞(1731—1803年)、徐尽山、侯学诗、梁机、帅念祖、郭祚炽、邹玉藻先后掌教。

省城另一所大书院友教书院,虽然在豫章书院兴盛以后,一度仅有祀祭,教学无闻,然而在乾隆间,仍然得到修葺,成为布政使特别关心的书院。乾隆三十三年(1768年),省城士绅呈请修复,乾隆三十八年(1773年),江西布政使李瀚全面清查地租,增拨经费,酌宜章程,延师掌教,招生童,设管院,遂见起色。乾隆四十八年(1783年),布政冯应骝又重加整修。院中前堂为书院,后堂为君子堂。乾隆五十三年(1788年),王昶为江西布政使,亲自主讲书院,重修院舍,整顿规制,讲学其中。安义进士杨继熊等相继主讲席。杨为乾隆四十三年(1778年)进士,号兼山。

象山书院在明末废毁后,仅为祠庙,长期未能恢复。乾隆十年(1745年),贵溪知县以梅花墩旧义学低洼狭小,不能真正成为士子群居讲学之所,时城西巍峙溪旁之万安山,为"附郭水口"之风水宝地,被认为是读书讲学之"善"地。于是彭捐俸入为倡,于万安山废寺拓基兴修,匾额"象山书院",彭与士绅多有题识。蔡兆圻(号象麓先生)、蔡锟(号兼山)父子相继主讲席。一时来学者众多,几不能容。蔡锟有《象山书院翠屏楼题名记》,勾画了万安山象山书院的简略概貌。

鹅湖书院于乾隆五年(1740年),由知县潮阳进士郑之侨主其事。书院田地山林,明代以前无从考究,清初亦久侵于豪民、浪僧。郑之侨重加清理。原有田285亩余,地142亩余,山1125亩余,塘6亩。被侵渔与荒芜仅有田179亩,经郑清理并倡增后,有田569亩余,共有田租441石余,并置店租,合山税地租共99两余。

郑作《书田志》记其事,附于郑刻《鹅湖讲学会编》之后,郑在《鹅湖讲学会编》中称:"书院既设而无岁租以赡之,育士之意何此,其义可知也,其类不可忽也。额租四百余担,久侵没于豪民、浪僧,欲骤而夺其所有,恐积久者殆不可复乎。侨寒俭无力,不能捐清俸置学田,惟时存此作养人材之至意。于争垦不休者置于官,于好义乐施者赏于官,增以新产可计二顷有奇。统合康熙五十一年以后大约得岁谷四百四十余担,运贮官仓。一以给本斋山长俸钱,一以资诸生膏火。自是讲学行礼多士日奋兴也,虽然世远则易忘,法久则弊生,后之视今,不亦如今之视昔耶。爰作《书田志》付梓,知都图有别者按籍可稽也。东西南北有界,虑豪强兼并也。载以佃户姓名谷数者,后人查察不至有名无实也。后世有力君子能缵承而光大之,庶斯文厚幸,之侨之厚幸也。"

时余干张司真,宁化雷镃(1697—1760年),铅山高为考、张时泰、张家楷、丁柱等先后设帐于此。

白鹭洲书院自乾隆初开始,屡有兴修记载。

乾隆六年(1741年),吉安知府吕肃高聘府教授新城(黎川)进士黄文则为山长。据载,黄文则掌教"注重发明《六经》诸史之蕴"。复与知府同选诸生课艺佳作,汇辑刊刻,以为鼓励。乾隆十三年(1748年),知府王铭综聘府教授宜黄进士符乘龙为山长,到职后,曾颁《课规十则》于院中。王复请庐陵知县周作哲与乘龙同修《白鹭洲书院志》。前知府沈作朋尚为撰序。而后金坛冯秉忠,钱塘进士孔兴浙复相继主教。孔颁《学说四则》训导诸生。王铭综在白鹭洲颇有作为,尝捐俸银倡增束脩、青火,定正副课额。冯秉忠尝撰《王太守教思碑记》述其事。孔复汇集历代题咏为《鹭洲集》。

乾隆三十八年(1773年),吉安知府卢崧率所属倡捐增建号舍数十间,增建逢原堂,修葺道心堂,于书院课务躬身亲问,立簿稽勤,评定优良。

江州濂溪书院在乾隆亦有不断增修之记载,知县高植、知府董榕(后为兵备道)在莲花峰下多有增修。书院经费遂改为本金发店生息,后因莲花峰下,书院为涧水所侵袭,院屋遂圮坏。乾隆二十八年(1763年),知府温葆初以生息经费迁院城旁僧寺暂设。教授奉新进士宋五仁改于府学设教,于明伦堂课士。乾隆五十年(1785年),知府初之朴在城内世德坊重建,或被称为新濂溪书院。

赣州濂溪书院于乾隆八年(1743年)分巡吉南赣道朱陵与知府汪宏禧重修。以会昌进士吴湘皋为山长,编撰《濂溪书院志》。时学使课士,赣州大风拔屋,压死者数十人,引起震动,故重修考棚、书院,不遗余力。乾隆十七年（1752年），分巡吉南赣道方浩，乾隆二十四年（1759年），分巡吉南赣宁道董榕相继修葺、扩建、增田、课士。而后知县卫谋，知府窦忻又相继修建。

抚州府兴鲁书院为曾巩兄弟所建，后废。

乾隆五年（1740年），抚州知府刘永锡重建，李绂（1673—1750年）曾在此讲学并为之记，云："余少时以试事至郡城必登香栭峰慨然望古徘徊遗迹而后去焉。乾隆四年，郡侯刘公至抚，力求所以教养士民者。谓江西名书院之多甲天下，鹅湖、鹿洞、象山、青原皆前贤讲学之区，而豫章书院朝廷授餐养士，圣祖皇帝赐额在焉。抚为大郡，独无讲学之地，因以修旧来告，询所谊修者，予惟抚郡书院始建于南湖之上，所谓南湖道院也。"后冯去疾改为"临汝书院"，"祀朱子"。"今南湖湮，旧迹泯矣！"李壁"始创峨峰书院于青云峰下，今亦莽为荒墟"。明郡士"就下桥寺废址建崇儒书院，今复为寺"。叶梦得"建槐堂书院于郡学之西，以祀陆子，最宜修复，今就其基建明伦堂更无舍地"。"惟子固先生兴鲁书院在郡城最中，踞雄胜之势，左环林木，右依县学，绝纷嚣，宜讲习，且诸生诵法孔子顾名兴义，莫良于兴鲁。曾子传孔子之道，子固先生又承曾子家学，诸生将仰师乡先达，亦无过于子固先生者，则兴鲁修复为宜"。"书院曰兴鲁，道统在焉，岂直文事已哉"。"刘公以为然，遂偕余相度规制，发资匠石刻期庀事"。"余与临川令李侯经纪其事，半岁落成""前为大门，中为讲堂五楹，堂前后列黉官为学子肄业所，后为极高明楼……"乾隆四十六年（1781年），知府陈朗又修。陈记云："抚州旧有兴鲁书院，李穆堂先生曾主讲席，年七十悬车归里奏对时，以朱子'道问学'之功居多，陆九渊'尊德性'之见为卓。上以为是，御制课以荣其行。"今嗣孙适园先生以少司空里居，陈朗延主讲席。

建昌府盱江书院，乾隆九年（1744年），知府杨宏志拨公田充膏火、束脩，聚南城、南丰、新城（今黎川）、广昌、泸溪（今资溪）五县生童课之。乾隆十一年（1746年），知府叶新增修。乾隆十三年（1748年）广昌进士赖晋，中进士归，主讲盱江书院。乾隆十八年（1753年），新城进士陈道捐银二千两存典生息。时书院经费开支为：

束脩银	一百二十两
掌教仪银	四两
夫脚银	四两
茶叶银	四两
节礼银	十二两
监院薪水银	十八两
生童膏火四十人	四百两

乾隆二十年（1755年），知府姚文光徙建于武冈山，但由于地势太高，风雨侵袭。乾隆二十二年（1757年），知府孟绍又移建旧址。

袁州府昌黎书院，乾隆十六年（1751年）知府杨遑将学田余租修葺书院，每年仲春谕四邑生童报名造册，送考取录酌给膏火，委府县教职司训迪。乾隆二十四年（1759年），知府陈廷枚计岁租余额优给生徒膏火，聘山长，仿白鹿、豫章规条，以后知府庐松、林其宴先后修葺。

瑞州府筠阳书院，乾隆二十四年（1759年）知府嘉应州，进士杨仲兴鉴于书院隳弛，且地隘，及率三县改建于城北高广地。三县均置田亩、竹山，改名凤仪书院。课试之事委教授蔡溉办理。著名经学家戴震（1723—1777年）为记，云："瑞州旧有筠阳书院，在南城奉宋周子、二程子、张子以暨朱子、陆子，而明王文成亦与焉，号七贤。今太守杨公守兹郡阅二载，百度俱举，闵其即于隳弛，且地隘乃徙建北城高广地。""更以新名凤仪书院"，"往昔为书院也者，求学士真儒必此焉"。"岁时届其地则儒先尤讲学，砥节相语以道德，相勉以躬行。自宋以来书院之立，咸若是。""今贤太守爱民重士，兴学校，育人材。""稽旧时书院迁而新之，聘师置弟子，期之以通经，蓄道德，所以储士待国家之用。"

南安府道源书院于雍正末经知府游绍安修葺，规范多具。陈宏谋《豫章书院学约》发至南安，游复作文记事，并新修讲堂以奉之。乾隆

十二年(1747年),江西布政使署巡抚彭家屏为订《南安道源书院学约》六则,曰:

　　一立志向　　一敦品行　　一崇俭约
　　一读经史　　一严功课　　一正文体

其前三条检点身心,后三条讲究学业,而讲究学业亦为检点身心,而检点身心才能讲究学问。

乾隆间,江西全省书院逐渐形成一个由官府全面控制的网络,省有巡抚、布政使直接控制的豫章、友教书院。各府有濂溪、道源、信江、兴鲁、盱江、芝阳、凤仪、白鹭洲、昌黎诸书院。各州县厅亦有知县控制的书院。这种书院山长多由官员委聘,或由教官兼任,应聘者亦多半是休致之官,监院之礼金、车马和薪水亦由书院承担。书院之经费亦掌握在胥吏手中,这都是书院日趋官学化的表现。

四、嘉庆间江西书院的状况

嘉庆间,江西书院承康熙、乾隆两朝发展之余绪,继续维持,略有所发展,然而总的趋势是逐渐走向下坡路。

白鹿洞作为有全国影响的书院,其经费也日益困乏,这不是白鹿洞没有田亩收入来源,而是中饱侵吞的结果。

嘉庆九年(1804年),巡抚秦承恩,借南昌友教书院存银二千两,为白鹿洞置田,并重修书院,秦自为记。其时白鹿洞书院经费已亏至七千余两,以致"院长修膳有缺,生徒膏火不给"。秦命"廉干倅员"查田亩"按籍稽核","向时积负,严限追偿"。又"改议规条,一矫旧弊"。复借款修建、置田,以图复兴。但以二千两的借款,填七千两之亏欠,终究无补于事。多年的侵蚀、败落,哪是几名"廉干"所能振作!秦自己虽声称要"承继朱熹旧规,以为多士法",但总不能改变"学时文专为科举的学风,学生对身心性命、经济之学俱不暇论"。他在那篇自记里也只好解嘲地说,"朱子所为教规,亦未尝不为捷取科举之助","有明以来，凡鸿儒硕学，能建功立德者，无不精时文，而早取科举以去。盖讲之也明，体之也切，则发于文者，不期而自至，所谓得则俱得者也"。可见，他实际上也还是要学生读《四书》《五经》的程、朱注疏，熟习时文，醉心举业的。

次年，阳湖洪亮吉（1746—1809年）游庐山，曾讲学鹿洞书院。洪有《游庐山记》记其事："……十五里经回流山至白鹿洞书院。周君（注：知县周吉士）已候道左，相与登洞前，眺石桥飞瀑。诸生在院者亦鹄立相迓，并闻私语云：'苏内翰去，洪内翰来，不知可相敌否？'诸生大半皆丰城人也。遂升讲堂并谒礼圣殿。夫子暨七十二贤均有塑像，盖仿曲阜孔庙所作。文翁西蜀，壁绘圣贤，李渤中堂，屋陈俎豆。盖山惟此一隅不为佛刹所占云。……"洪亮吉，字君直，号北江，乾隆五十五年（1790年）进士第二名，为名翰林，诗文有奇气，曾督"贵州学政"以"古学教士"，因贵州僻远，"无书籍，为购经史、通典、文选等，散置各府书院"，又奏请《礼记》宜用郑玄注，陈澔所注不足以阐发经义。他曾以直谏获罪，戍伊犁，后召返。洪为乾嘉间著名汉学家、文学家，道德文章为世所重，并曾历主洋川、梅花等书院讲席。洪在白鹿洞书院开堂讲学，应该是白鹿洞书院在嘉庆年间的一件值得记载的事。洪在书院讲学未见山长接待，似系师位已虚，此亦可见书院的衰败。

当然，嘉庆间，白鹿洞书院也不乏知名学者为山长的，如，黄因莲，字东秀，号谷生，新城（今黎川）人。少年为翁方纲所赏识，乾隆六十年（1795年）进士，曾主试浙江。嘉庆七年（1802年）乞归养，曾先后被聘主白鹿洞、豫章、盱江等书院讲席。又如邓梦琴（1723—1808年），字虞挥，号簣山，江西浮梁（今景德镇）人，据志书载，其"少负异姿，观书目十行。下为文，操笔立就"。尝"游漳浦蔡新之门，得窥闽学之源流"。乾隆十七年（1752年）进士，历任州、县主官，敷政"悉本儒术"，所至"以振兴文教为先"。乾隆六十年（1795年），擢汉中知府，继署陕安道。嘉庆二年（1797年）以疾归。历主玉山端明、鄱阳芝阳、星子白鹿洞诸书院。著有《懋亭集》等书。又如嘉庆十八年(1813年),东乡诗人吴嵩梁尝主白鹿洞书院讲席。吴嵩梁(1766—1834年),字兰雪,东乡人,嘉庆五年(1800年)举人。吴有诗才,弱冠入都,为王昶、翁方纲,法式善推重,徧学海内名士。其诗传日本、朝鲜,号称诗佛。嘉庆十六年(1811年)主讲鹅湖,编完《鹅湖书田志》。学政潘世恩(1770—1854年)为作《鹅湖书院记事碑》。嘉庆十九年(1814年)编《庐山记游诗集》,翁方纲作序。序称:"吾与西江诸友论诗,前则谢子蕴山,今则吴兰雪,最其秀也。西江秀气在匡庐,而蕴山、兰雪先后应聘主鹿洞讲席……"

吴嵩梁尝主鹅湖书院,重新清理田亩,增修《鹅湖书田志》。先是大源境山有近四十顷为峰顶寺僧侵占。邑人士据明万历十四年碑文以讼。吴嵩梁申请议复书院山界。知府王庚言勘清查明,如所以判归书院,另将胥吏欺隐田亩详加清查,使田增至880余亩,每年收租870余担,山41顷。王庚言为《书田志》作序,学政潘世恩之记称:吴"君于讲学之暇,又能考据金石文字,以扩复前规,其意良厚"。书院山长除了教学外,怎样处理书院经济事务也成为若干著名书院山长的重要职责。相比之下,一些地方士绅公建和管理的书院,山长倒可以比较集中精力于教育人才了。下面要讲到的东湖书院大概就是一例。

彭良裔,字斗槎,号观麓,南昌人,嘉庆四年(1799年)进士。休致后,历主白鹿洞、白鹭洲讲席,晚嗜教学,颇有造诣。

就在嘉庆十八年,阳湖派代表人物,著名学者恽敬(1761—1821年)亦来庐山,来白鹿洞书院游览。

恽敬,字子居,阳湖人,乾隆四十八年(1783年)举人,"精研经训,深求史传兴衰治乱得失之故,旁览纵横名法兵农阴阳家言,较其醇驳而折衷于儒术,特以传其识而易其词。""敬自谓其文自司马迁而下无北面"。自言其学非汉非宋,学者别称为阳湖派。

嘉庆二十一年(1816年),九江道任兰祐,又重修白鹿书院,增置田亩。

洪亮吉、恽敬都是当时大学者,可惜都没有在江西哪所书院长期留住、讲学,从而扩大其影响。

嘉庆间,还需要提到的是南昌东湖书院。

古东湖书院于明初撤并430余年后,即清嘉庆八年(1803年),南昌知县,罗山进士黎承惠(亦名世亭,字湛溪,后累官至总督)依南昌士绅倡议,在东湖之西又重建东湖书院,其建置经过大略如后。

先是南昌士绅鉴于南昌城内豫章书院、友教书院均为省管书院,分别由巡抚、布政使主管,在全省范围内选拔生、监肄业。而省内各府、州、县均有书院训迪子弟,至于南昌作为一省首县,却无书院。故于乾隆中即议论兴复东湖书院,三数十余年"屡议屡寝",未能见诸实行。直至嘉庆七年,黎承惠捐俸二千两白银代缴了前任知县陶正伦亏款而得寓馆一所,见"地广二百余丈、屋几六十余间"作为重建书院的基础。次年秋。黎承惠又倡捐。黎自捐银五百两,"请绅士互相激劝,城乡好义之家踊跃捐输",共筹款一万三千余两。工程自9月26日动工,至10月12日完成,在这项工程中,将"卑者加高,隘者加广,曲榭回廊拆勿用,花圃箭亭规以为室,先生讲堂,弟子斋舍增新仍旧,计百十余间"❶。

黎承惠又将南昌士绅的建院请求,购置屋宇地基、修旧建新的经过,呈报南昌知府衙门,并转报江西巡抚、布政使司、按察使司、粮道、盐道各衙门。经过批准,于嘉庆九年(1804年)春聘师、招生、开学。南昌知府杨焯与黎本人各为之作记。

黎承惠等人于建院之初,即制订了多达二十七条的《东湖书院条规》❷。明确规定了每年开馆、散馆日期;教师的条件与聘请办法;经费收入数额与管理方案;经管人员职责和轮换安排;招生对象和人数;课试日期和方法;祀祭先贤名单;书院的纪律与奖罚制度等项事宜。

东湖书院采取了以田租、店租和存款利息并举,并以存款利息为主

---

❶ 黎承惠《重建南邑东湖书院碑记》。
❷ 存《道光南昌县志》。

的方法筹集办学经费。从而解决书院的日常修膳、祀祭集会、教师束脩薪金、学徒膏火奖赏、杂役工食、经理补贴、课试纸张等项经费开支。在第三条中,明确规定书院"现存银八千两,每年山长修膳及诸生膏火奖赏等项需银八百两,必须筹划生息足敷岁用方可垂久。付托不慎,恐有他虞,恳恩立案交本省盐筴讨家具领,代为经理,按月一分行息,经管人员具摺四季支取按数开发"。以存款利息作为维持书院经费开支的主要来源,这在当时来说,是既简便,又稳妥的办法。这对书院教学的以垂久远是一个有利条件。这也说明了清中叶以后,大中城市书院的当权士绅中,商人或者说兼管商业的地主成份日益占重要地位。

东湖书院聘请山长的条件、办法,用语不多,却切中乾隆、嘉庆年间其他书院的弊病。嘉庆六年(1801),王昶在《天下书院总志序》中,谈到书院"后乃为郡县者攘为己有,且各请院长主之。而所谓院长,或为中朝所荐,或为上司属意,不问其人学行,贸贸然奉认为师,多有庸恶陋劣,素无学问,窜处其中,往往居家而遥领之,利其廪给,以供糊口。甚至诸生有经年而不得见,见而未尝奉教一言,经史子集,诗赋古文之旨,茫无所解……"黎承惠确是一位肯有作为的地方官员,与他一起创建东湖书院的绅士们,大概是针对这种大员专制,地方人士以束脩奉上官亲友的弊端,呈请抚臬各宪批准,明确规定:"书院必请本邑先生,首甲科、次乡举、次明经,择其中年过五旬,文行著望者,禀县具关敦请。同隶本籍可以常住在院与诸生讲贯……如延外处山长,公议不送脩金,生徒概不赴院肄业。"这项规定很受欢迎,后来曾为江西许多府、州、县书院所效法。有的书院还附带规定,按月按季发放束脩,或外地山长谁请来,由谁自付束脩等。

东湖书院对在学生徒的人数亦有明确规定,肄业额为生监内正课生三十人,附课二十人,童生正课二十人,附课十五人。以后又有所增加,总数达到一百十余名。条例中还有年长廪生代表学徒轮年参加书院管理的规定,另外对学徒尚有严格的纪律约束。

条例中尚有一条规定说:"山长既属本邑先达,管公又属老成绅士,院中一切均可商办,不必另请监院,以免縻费。"可是十九年后,至道光三年(1823年),这项规定为巡抚程含章所取消,程下令"设书院监院,委本县教谕,训导轮年监管"。清代对书院的创办与教学活动向来控制严格,朝廷颁有文件,派有官员。尽管有的地方士绅试图使这种控制有所削弱,但终究是很难实现的。

东湖书院条规还明确规定,每月三日、二十三日为师课,十三日为官课,由官、师出题,生童就试,不得无故旷课、延期交卷或请人代作。师课范围无非是科举所需的《四书》文、《五经》文、试帖、诗赋、策论,等等。这所书院实际上是为科举准备的。童生入泮或生、监中举尚要发放喜银。黎承惠在《重建南昌东湖书院碑记》中虽曾讲过不少要"志于道""尚志""不以浮华饰经术""不以科名趋时"的话,要求学徒"成全材","志圣贤",等等。其实只不过是希望大家不要太"片面地追求"科举成就,而科举成就还是"要追求"的。东湖书院在江西是各州、县中有代表性的书院,就它对科举的态度,亦可见清代中叶江西书院的大略。

条例规定"每月朔望……诸生齐集讲堂,听候山长讲书或山长先期出示某书、某几章,令诸生自行理会,至期各抒己见,质疑问难,以求折衷"。这里既规定了教师"讲书",又规定了诸生"自行理会",既有"各抒所见",又有"质疑问难"。这里表现了多种教学组织形式的并举或者结合。

嘉庆十一年(1806年),绅士黄麒瑞又捐银五百两,其后人黄中横、中杰(均为进士)又凑满二千。知县龙澍特为作碑记加以表彰。以后,知县、士绅陆续集资,至道光初,存款积累上万两。

五、汉学家与江西书院

清代书院就其内容看,有汉学家讲学的书院,有古文学家讲学的书院，有宋学家讲学的书院，亦有专心科举的书院。江西的书院多以科举相标榜，承明代艾、陈遗绪，时文极盛，汉学家影响极为薄弱，仅举数例。

著名汉学家顾镇尝主讲白鹿，顾镇（1699—1771年），字佩九，古湫，苏州昭文（今常熟市）人。以乡有虞山，学者因号为虞东先生。乾隆三年（1738年）举于乡。乾隆七年（1742年）入署湖南巡抚蒋溥幕，"凡簿书、章奏、兵刑、钱谷皆司其成"。乾隆十五年（1750年），蒋荐举经学授顾为国子监助教。乾隆十七年（1752年）成进士，迁宗人府主事，充玉牒馆纂修，后以年老乞休。先是虞山陈祖范以博学清望，设教苏州紫阳书院，顾"往执弟子礼惟敬"，"而一切经解史义，往复辩难"，经其"穿穴诣微，得古人所未见"。陈殁，顾承其遗绪，"驾其说而恢张之"。顾居京师，复游黄叔林、陶正靖之门，学益进，以名经师扬天下。先设教京师金台，人称："自振铎成均以至授经首善，游门墙者千人，登甲科者百计。"而其"宦情素淡，好爵难摩，早抽林下之身，大起名山之业"。致仕南归，相继掌教于虞山游文书院，庐山白鹿洞书院，而终以江宁钟山书院，人称其"惇良介朴善海人，每阅文数百卷，旁乙横抹，蒿目龟手，一字不安，心精思而代易之，至烛烬落数升、血喀喀垄涌而蚕眠细节，犹握管不止"。尝调亭"讲学"与"博古"之说，以解其纷。著有《虞东学诗》《钱法考》等。作为经学家，虽讲学白鹿洞，但时间甚短，影响有限。

经学家江永（1681—1762年），字慎修，婺源人，年二十一为县学生，三十四岁补廪膳生。作为经学家影响很大，大经学家戴震尝入其门。然而他对婺源、江西的书院未发现更多的有直接影响的材料。

经学家彭元瑞（1731—1803年），字掌仍，一字辑五，号芸楣，南昌人。乾隆二十二年（1757年）进士。屡任高官，曾任翰林院掌院学士、吏部、工部尚书、协办大学士，得到乾隆、嘉庆两朝恩宠，尝讲学豫章书院。然此人主要经历是在做官。

阮元（1764—1849年），字伯元，号芸台，江苏仪征人，乾隆五十四年（1789年）进士，官至体仁阁大学士，是著名经学家、教育家，尝建诂经精舍于杭州，学海堂于广州。嘉庆十七年（1812年）至二十一年（1816年）为江西巡抚，曾讲学豫章、友教两书院。

经学家王昶（1724—1806年），字德甫、兰泉，号述庵、琴德，江苏青浦（青浦县，今属上海市）人。少颖异，博学善文，及长游苏州为学者赏识，尝肄业于紫阳书院，从惠定宇学，潜心经术，讲求声音训诂之学。沈德潜院长，尝选其与钱大昕等人诗，称吴中七子。乾隆十九年（1754年）进士，官至副都御史、刑部侍郎。尝应阮元之请，讲学诂经精舍。曾任江西按察使、江西布政使，于乾隆四十五年（1780年）、乾隆五十三年（1788年），两度来白鹿洞视察。他在南昌还整顿友教书院，订有规条。在第二次视察鹿洞之后，他决定编写《天下书院总志》，在《天下书院总志序》中，他说：“乾隆庚子余按察江西，过庐山，谒白鹿洞书院，徽国公祠。见其废弛，玩愒，教者失其所以为教，学者失其所以为学，心窃悯之。欲收拾整顿，稍复旧观，而旋以忧去。戊申，由云南布政使移任江西，复过庐山，则其废弛玩愒，尤甚于昔者，因思鹿洞为天下书院之首，其废若此，则其余州县书院，似此更多。遂取各省志书及府、州、县之志，所载书院，汇而录之，将剞劂以贻诸大吏，俾之留心于教养。”王昶曾讲学鹿洞，并讲学友教书院，手订规条如后。

（一）友教书院旧名友教条，本为澹台子羽祠。宋程大昌有记，在府学南棉花街。明万历十五年知府范涞檄知县何选重修，国朝顺治十一年巡抚蔡士英重葺（记载府志），益以田租，延师课士，与白鹿洞、鹅湖、白鹭洲并列为四大书院。雍正八年巡抚谢旻、布政使李兰重修。迨后祠祀仍旧，教学无闻。乾隆三十三年绅士呈清兴复书院，以束脩、膏火用费不赀中止。乾隆三十八年布政使李瀚饬县清查田租，收租变价供主讲脩膳之费，随详清兴复书院，酌定章程，延掌教，设监院，造就生童。乾隆四十八年布政使冯应榴详准重修。院中前堂为友教书院，后为君子堂,前后均有两庑,计屋十二间,又于西庑之西建屋四间。五十四年春,昶又添建四间,凡二十间,其头门三间,二门三间,围墙三面,头门外有屏墙,亦重修整。

(二)士人当志在圣贤,力求仁义,上通性命,内治身心,疏水可甘,缊袍何耻,定不忮不求之念,坚不虑不去之守,穷则独善其身,达则兼善天下。朱子白鹿洞条规已举其要,诸生但有悉心遵奉,毋庸另立规条。

(三)孔子谓"多见多闻",又谓"君子博学于文"。故"四教"先之以文,而"四科"列以文学。其后,颜子言,"博我以文"。子思言"博学审问"。盖博学者,圣学之所从入也。今士子群经且不能读,何况其余。拿陋空疏,徒为识者所鄙。诸生中不乏聪颖通材,有志自立者,应将"经、史、子、集"以次浏览,务期博雅闳通,不愧儒林文苑。即质有不逮,或专习一经,以一说而通众说;或专习一史,认一史而通诸史;或通天文算术;或为古文骈体;或习诗词;或研说文,小学、金石文字,各成专门名家之业。

(四)现今功令轮年徧习《五经》,当此经学昌明之会,士子更宜踊跃奋兴,精心循诵。今除五十三年已习《诗经》外,嗣后应当接习《四经》。昔欧阳文忠公,虞文靖公皆言前贤授受每日读经三百字,遗训可遵,岂容暴弃。在院生童等每日必读熟经文三百字。查《诗经》四万八百四十八字,应以一百三十六日读完;《书经》二万七千一百三十四字,以九十日读完;《易经》二万七千四百三十七字,以八十日读完;《礼记》九万八千九百九十四字,以三百三十日读完;《春秋》一万五千九百八十四字,以五十四日读完;共须六百九十日读完,不及两年即能遍诵。监院按书、按日,十日一令背诵,如有不熟诃斥,随之责其再读。倘某经应读若干日,倍其日而犹不能背诵,则是志气昏惰,屏之出院。其有《五经》之外,或兼读《周礼》,或兼读《仪礼》,或兼读《左传》,课之背诵如瓶泻水,则是有志研经之士。课文如在一等,作为特等;如在特等,作为超等；本在超等，即与第一同领奖赏。

（五）坊间经文只取拟题，即有删读经文以趋偷巧者，最为士习人之害。院中生童务读全经，即《礼记》，"曾子问""三年问"之类，不得私行删减。监院于背课时，留心稽核。

（六）孟子曰："夫仁在乎熟之而已矣。"所谓深造，而自得资深而逢源皆熟之谓也。读文何独不然。本年开馆之日，监院先问诸生生平、读熟古文、时文共有若干，写成自录，亦于背经之日一体背诵。而本司亦于课期至院时，酌量抽背经文，以验勤惰。

（七）易之兑象朋友讲习。故孔子以学之不讲为忧。《中庸》谓："审问、明辨皆讲学也。"陆子至白鹿洞讲《君子喻义章》，学人至有愧悔流涕者。朱子以为"切中深痼之疾"。今日白鹿、鹅湖俱系昔贤讲学之地，而友教堂本与四大书院并列。前徽未抹，嗣其席者，未闻讲明而切究之，未免有亏师道。今书院中定于一、六日清晨，监院先至讲堂，仿大昕鼓微之法击鼓三通，诸生齐集堂上，院长出而升座，监院率诸生三揖以次引坐。院长或讲经一章，或讲史一则或《家礼》、或《小学》《近思录》、或《大学衍义》；摘条讲解，总于存心养性，立身行己，居官经世之课；曲鬯旁推，极深致远，务期诸生豁然贯通，粹然领悟。讲毕，监院令能文者二人将所讲之语，录为讲章，收存院内，每月终汇录申送，俾本司阅之，亦得资丽泽他山之益。

（八）书院内、外课皆为正课。内课以三十名为率，生监为二十名，童生十名。外课以二十名为率，皆生监无童生。至附课生童俱无定额。生监正课缺出，则以外课屡考在前者补之，童生正课缺出，亦于附课内照补之。俟添置膏火房屋另增额数以广翘材。

（九）每月三课。初八日课《四书》文一篇，《经》文二篇。十八日课《四书》文一篇，《经》文一篇，诗一首。二十八日课《四书》文一篇，《经》文一篇，策一道。虽专以《四书》文为主，而使诸生各加肄习，庶不至于偏废。至每月初八课期，本司亲至点名、散卷，其十八、廿八两期，监院代点。

（十）每课点名后，派首领一员在院稽查，生童毋许携卷出院。自三月至八月，日长不给行烛；自九月至二月给烛尽一更不再给；二更仍未完卷者黜之。

（十一）增附生在院六年，已经岁科四试，而从未名列一等者即应甄别。

（十二）在院诸生不许随意出入，司阍者记之，呈于监院，出入多者戒饬。

（十三）书院生童向惟南昌、新建两县准其肄业，但为省会育材之地，自当一视同仁。嗣正课缺出即行文各学教官。将现在学院所试各列一等前三名诸生令其送院，予以膏火。其有投刺求试者，择其文理明通取之。务在采择谨严，不得徇情受嘱，滥以庸材充数。

（十四）书院并无书籍何以资诸生翻阅。今置《廿一史》及《明史》一部，汲古阁《十三经疏》一部，《通鉴纲目》及《续纲目》《纲目三编》一部，御纂《七经》各一部，王步青《四书大全》一部，《文选》一部，《通志》《通典》《通考》各一部，《离骚》一部，《古诗纪》《唐诗录》《宋诗钞》《宋诗存》《元诗选》《明诗综》各一部，《老》《庄》《荀》《列》《韩》各一部，《小学》《近思录》《家礼》《大学衍义》各一部，《朱子全集》一部，《说文》《玉篇》《广韵》《经典释文》各一部，《唐宋八家古文别裁》一部，钦定《四书文》一部。此后经费有余，再为增置。

（十五）院中书籍本资诸生翻阅，但无人经管必虞残缺。令于诸生中择老成勤慎者二人立为斋长，令其每季晒晾，毋致霉烂蛀蚀，且完箧其锁钥。如有内课诸生取阅，及外课生欲携以外出者，皆必告之斋长而后取阅，毕仍送还。监院半年一查，倘有不全，责问斋长（斋长遗失书籍黜之）。庶几免于遗失。至监院如有更换，应交代后任，出具接收册报司存集。

（十六）课期发案后，监院将超等前三名文字收起，俟年终呈送本司,择其尤者刊刻。

（十七）书院房屋已修过,三年后如坍塌,渗漏,床席家具已用至二年后,如有破坏损折,监院具详请修。俟司中委员覆勘估定银两再行修理。

（十八）诸生课卷由监院制备,半年造具清册请领纸价,并刷订,价银每卷三厘。

（十九）每课奖赏超等第一名八钱,余六人,特等三钱,一等前三名二钱。童生上取者亦二钱,监院按月造册详司请给。

（二十）每逢课日给予茶饭,每席坐六个,菜四盘,连饭给银三钱,又总设茶炉,均使司阍者办之。

（二十一）院长每年束脩一百六十两,膳金四十两,监院按季赴司支取。

（二十二）住院内课诸生向例每月膏火银八钱,实不足认供馆粥,今加增四钱,每月共一两二钱。薪水之资绰然宽裕。至外课诸生月给四钱亦不足以资鼓励；今酌增四钱,每月共八钱,按月发给。一课不到,扣除十日膏火。

（二十三）澹台子栗主及君子堂诸先贤应于二八两月下旬监院择日祭祀,报知本院主祭,并令南昌、新建两县东西分献,如知县有事不能到,即嘱院长、监院代之。(各用小牢一筵,六豆,六酒,三爵),祭礼每次销银四两。

（二十四）监院每年课诵生童、检查书籍,稽案出入颇为劳勤,每年应给与薪水银二十两,并以四季支领。

（二十五）司阍二名向来月给四钱,今添给二钱,并责其每日打扫干净。

（二十六）书院田租二庄；一在生米东塘官庄,肖场、业城下、元坊、杨陂陇等处,岁收乡斛租谷一百六十一石七斗七升；一在丰安慈姑下五里余家桥地方。庄屋仓储俱备,岁收乡斛租谷六百一十一石五斗二升。乾隆三十九年武生严赵饬捐田一庄坐落新邑丰乐上湛圩,计田二十七亩三分九厘,额收漕斛谷十六石八斗。四十年知县陶正伦收竹林庵僧田二庄:一坐落上湛圩,一坐落倖东、共田五十六亩四分,额收漕斛谷五十四石一斗九升零。由县经理,而县丞及生米司巡检督收之。以江西常平仓内有谷一石价银六钱,共计枭得银五百六两五钱七分。其后又于豫章书院存余膏火内拨银三百两。四十九年南昌府、南昌县又每岁各捐助银四十两,今后藩司亦每岁捐助银一百两。

（二十七）计田租捐拨共得银九百八十六两五钱,束脩膏火所需究属不敷。今署宁都州丰城县知县李培、署进贤县试用知县徐炎、奉新县知县邵凤鸣、临川县知县顾鉴、新城县知县朱树翚、铅山县知县杨诰然、署鄱阳县、兴安县知县陈盘言等七县知县又愿每年每捐一百两,共银七百两,助资善举,甚属可嘉。除详明两院永远遵办外,另行刻石讲堂,俾传勿替,嗣后司中按季催缴,以供散给,自可无忧缺乏。

（二十八）通计内课三十名,每人每月一两二钱,一月应银三十六两,除封印开印外,十一个月共用三百九十六两（逢闰加三十六两）。外课二十名,每名每月八钱,一月应钱十六两,除封印开印外,十一个月共用一百七十六两（逢闰加十六两）。每课超等以五名为率,奖赏第一名八钱,余四名六钱,每课三两二钱,一月三课应九两六钱,以十一个月算,共计用银一百三十二两（逢闰加十二两）,特等以十名为率,每名三钱,每月三课应九两,以十一个月算,共计用九十七两（逢闰添九两）。一等前三名及上取童生三名共六名,每名各二钱,一月三课应三两六钱,以十一个月算,共计用三十九两六钱（逢闰添三两六钱）。每课给诸生饭十桌,每桌四钱,每课银四两,一月应十二两,以十一个月算,共计用一百三十二两（逢闰添十二两）。院长脩膳共钱二百两。诸生课卷每月用一百五十本,每本三厘,该银四钱五分,以十一个月算,计用四两九钱五分（逢闰添加五分）。致祭澹台祠及先贤,每年二次,每次四两,共银八两。监院每年给予薪水银二十两。司阍二名,每名每月六钱,共一两二钱,一年共计十四两四钱(逢闰加一两二钱),右共计每年用银一千二百二十一两九钱五分(逢闰添九十两另二钱五分,计银一千三百十二两二钱),比较一年所入一千五十四两六钱二分,嗣后闰年及额外之用自可有盈无绌。❶

六、新城学派与黎川书院

前面说到新城(黎川)进士陈道捐资资助盱江书院二千两一事。陈氏为新城(黎川)大族,人才辈出,在文教学术方面,可谓江西清代中叶之群秀。

先是有陈氏自宋代迁入新城,明末有陈以汧者随其父陈一翰隐于大溪山,以读书讲学为一生事业,教授生徒自给,以汧之子陈世舜经商致富,仿范氏义庄之法,以田二千亩赡宗族,定规约为义庄。

世舜之子陈道(1707—1760年),字绍洙,号凝斋。少承家学,父命其读《小学》《近思录》,谓:"吾家世受此书,为学、为人之本。"尝肄业国子监,受知于孙嘉淦,复师广昌黄永年学古今文法。沈潜宋儒之书,旁及水利、农田、军政、边防诸事,然长于古文。乾隆十三年(1748年)进士,然不入仕,其学专崇濂洛,兼资陆王,提倡有体、有用之学、之文,道学与经济皆备。承父志,世代经管义庄。庄有堂、仓、塾、楼,陈氏子弟有志者皆得以读书、治事于庄中。藏书万卷,建藏书楼,即为读书之舍。姚鼐尝为作《陈氏藏书楼记》。复与讲友黄祐、知县卢松倡建黎川书院,捐巨款为书院经费。陈氏世代为黎川书院集资兴修、讲学,使该书院几成"陈氏书堂"。其子守诚、守诣、守中、守训、守誉多有登科甲与入仕者,孙辈登科甲者代有其人。新城学派肇自陈道、南昌彭元瑞、铅山蒋士铨(1725—1785年)、武宁汪轫皆乐从其游。其徒鲁仕骥传其学,孙陈用光、曾孙陈兰祥继之,著有《凝斋集》。

鲁仕骥(1732—1794年),亦名九皋,字絜非,号乐庐,自称山木居

---

❶ 载王昶《春融堂集》六十八卷。

士、山木士人，乾隆三十六年（1771年）进士，家居十余年，出任夏县知县，卒于任。少受业陈道为宋学，后谒朱仕琇（1715—1780年）于建宁，受古文之法，与桐城姚鼐（1731—1815年）善。姚称："观其言动恭饬有礼，而知其学之邃，读其文冲淡和易，而知其必为君子。"鲁谨守传注而涉猎经史甚多。其族弟鲁滨、子鲁祠元、甥陈用光传其学，曾为陈氏作《陈氏义庄记》与《广仁堂规约》。

陈用光（1768—1835年），字硕士，一字实思，陈道孙，承家学，师舅父鲁仕骥，复师蒋士铨、姚鼐。嘉庆六年（1801年）进士，历任浙江、福建学政，主河南、江南乡试，仕至礼部左侍郎。为学力崇汉儒，不背程朱，为古文浑厚精深。先自凝斋以宋儒之学为教，其父守治遵其说。用光幼时习闻之，言动必循礼，然其治经却不墨守门户。尝删改陈澔《礼记集说》，对《四书》《春秋》"皆有己见"。著有《太乙舟集》。陈用光于福建学政任内，曾为漳州诸生作《白鹿洞讲义书后》云："义利之辩之切于人也，非独为士者，服儒衣冠宜以是责。虽不学之齐民，苟能辨乎是者，尝见重于乡党，而其身亦免于祸患矣！""夫尊朱陆之讲义谓之名而教诸身者将为其实也，非为其名也"。不然口称"吾朱子之徒"，而考其"立心制行"则相反，"是谓色取仁而行违，是得罪于朱子也"。愿诸生"为其实而不为其名"，潜心"自修为励，而不以哗世取宠"。

陈兰祥（1775—1829年），字伯芝，陈道曾孙，道光九年（1829年）进士，有《翠斋文集》。再如陈溥、陈受学为陈道玄孙，皆以讲学知名，尽得桐城古文之法，著述颇丰。

黎川书院在新城（今黎川）东门内环胜山。陈道、黄祐与知县卢松倡率公众创设，祀朱熹、李觏、邓元锡，学舍三十余间，卢自为记。卢记称："唐开元中置丽正书院以聚文学之士，而书院之名著于史。至宋时天下书院四则师儒所自营也。嵩阳、岳麓、鹿洞、东林皆名儒躬主讲席，守先待后从之游者彬彬称盛焉。国朝文治休明，省城书院特奉恩纶建设赐给膏火，而郡邑之间闻风兴起，皋比相望，械朴菁莪之化未有溥博若斯者也。""新城固文献地,士知向学。""绅士鼎构书院,经营伊始,爰鼓舞以助其成。""夫古之书院师儒主之,今之书院官司统一,岂索缚驰骤之为哉。为学之道,不敛之则不深,不舒之则不畅。《记》曰,敬业乐群。敬也者敛之也,乐也者舒之也。书院之设,群聚而讲贯,所以舒之也。舒必反于敛,则敬为之本。吾愿居中者乐亲正人,乐习正士。于鼓诗弦诵之中,会中正和平之旨。习之既久,气益舒而守益固,于以出任天下事,粹然为有体有用之儒"。卢松虽为郡县之官员,然在江西历任诸县、诸府之时,修复与新创书院,颇有作为。在新城、在南丰、在吉安……皆如此。其于"舒""敛"之说亦颇能发人深思。

陈、黄诸人创设黎川书院颇有强调自治,抵制官府"统之"的倾向,在《黎川书院章程》中,明确规定:"山长公议请本县科甲,先甲后科。如上宪荐人,其脩金由县署致送,书院不重开销。""膏火额数""官长捐廉广取者,书院不给"等。

新城,陈、鲁两氏为主,一批桐城派之追随者,先后执教于黎川、盱江诸书院,活跃于南昌、金陵。门弟子及讲友同调颇多,确有一定影响,人称为新城学派或建昌学派。当乾嘉之际,天下文章推桐城,而新城亦盛,为一大支派,影响数十百年。这大约是江西书院在乾隆间颇有特色之一页。

第四节 道光至清末的江西书院

一、道光以后江西书院状况

道光以后,江西书院新建的数量颇多,然而滥极。其中相当多是私塾、会馆、文会、祠庙性质的机构。在统计中,已经剔除又剔除,所余者,因缺乏进一步剔除的根据,只得录以备考,见表27。

表27 道光以后新建的江西书院

时间		院址	院名	创办人	备注
道光元年	1821年	浮梁（今景德镇）	南阳书院		
道光元年	1821年	安福	寅洲书院	赵孟连	
道光二年	1822年	进贤	梅庄书院	公建	
道光三年	1823年	丰城	逢源书院		
道光三年	1823年	进贤	熊氏书院	熊姓公建	
道光三年	1823年	长宁（今寻邬）	玉屏书院	李景昌	李为知县
道光三年	1823年	奉新	岐峰书院	邹三立	邹为知县
道光三年	1823年	万载	高魁书院	潘维新	
道光初		临川	刘公义学	刘体重	刘为知府
道光三年	1823年	乐安	安浦书院	何文芳	
道光三年	1823年	东乡	汝东书院	吴鸣凤	吴为知县
道光三年	1823年	浮梁（今景德镇）	东山书院		
道光四年	1824年	安仁（今余江）	石溪书院	周作人	
道光四年	1824年	新昌（今宜丰）	凤冈书院	漆开泰	
道光四年	1824年	湖口	松山书院	刘斐常	
道光五年	1825年	临川	汝阳书院	桂殿芳	
道光六年	1826年	万载	东洲书院	陈文衡	
道光七年	1827年	万载	彦威书院	张明芳	
道光七年	1827年	万载	龙冈书院	汤存馨	
道光八年	1828年	安福	道东书院	车田士绅公建	
道光九年	1829年	永新	秀水书院	武穆醇	武为知县
道光十年	1830年	安福	同文书院	周增	
道光十一年	1831年	会昌	新湘江书院	欧阳俊	
道光十二年	1832年	上饶	双桂书院	铭惠	铭为知府

续表

时间		院址	院名	创办人	备注
道光十三年	1833年	南昌	新洪都书院	张寅	张为知府
道光十五年	1835年	瑞昌	紫峰书院	董思诚	董为知县
道光十六年	1836年	安远	濂江书院	陈隽	陈为知县
道光十六年	1836年	永宁（今宁冈）	玉峰书院		
道光十六年	1836年	兴国	宝贤书院	夏侯显	
道光十七年	1837年	义宁州（今属铜鼓）	奎光书院	客籍士绅公建	
道光十七年	1837年	兴国	南山书院		
道光十七年	1837年	彭泽	五柳书院	陶澍	陶为两江总督
道光十九年	1839年	上高	景高书院	高载	高为知县
道光十九年	1839年	上高	五之书院	高载	高为知县
道光十九年	1839年	上高	西箴书院	高载	高为知县
道光十九年	1839年	永宁（今寻乌）	联奎书院		
道光十九年	1839年	庐陵（今吉安）	阳明书院	地方官员	
道光十九年	1839年	太和	翔和书院		
道光廿年	1840年	南昌	经训书院	刘体重	刘为按察使
道光廿年	1840年	万载	龙云书院	陈锦韵	
道光廿年	1840年	安福	道学书院	彭翀霄	
道光廿年	1840年	义宁州（今修水）	西平书院		
道光廿年	1840年	永宁（今宁冈）	龙江书院		
道光廿一年	1841年	分宜	龙标书院	习世黄	
道光廿二年	1842年	赣县	阳明书院	王藩	王为知府
道光廿三年	1843年	永丰	求知书院	冯洵	冯为知县
道光廿三年	1843年	万载	龙桥书院	公建	

续表

时间		院址	院名	创办人	备注
道光廿三年	1843年	万载	龙洲书院	公建	
道光廿四年	1844年	义宁州（今修水）	梯云书院	公建	
道光廿五年	1845年	奉新	西坪书院		
道光廿六年	1846年	万载	正源书院	王盛林	
道光廿六年	1846年	庐陵（今吉安）	渝义书院	邱日韶	
道光廿七年	1847年	婺源	开文书院	公建	
道光廿七年	1847年	会昌	敬承书院	胡技能兄弟	
道光廿八年	1848年	太和	澄江书院	沈衍庆	沈为知县
道光廿八年	1848年	永丰	明德书院		
道光廿九年	1849年	弋阳	东壁书院	公建	
道光卅年	1850年	义宁州（今修水）	仁义书院		
道光卅年	1850年	万载	育英书院	李宗汉妻杨氏建	
道光卅年	1850年	乐安	尚义书院	公建	
道光年间	1821—1850年	龙泉（今遂川）	萃升书院		
道光年间	1821—1850年	长宁（今寻乌）	仁丰书院	刘道清等	
道光年间	1821—1850年	龙泉	逢源书院	黄阔元	
道光年间	1821—1850年	庐陵（今吉安）	敬修书院		
道光年间	1821—1850年	庐陵（今吉安）	爱莲书院	周赵王	
道光年间	1821—1850年	庐陵（今吉安）	兼善书院	肖魁斌	
道光年间	1821—1850年	长宁（今寻乌）	文明书院		

续表

时间		院址	院名	创办人	备注
道光年间	1821—1850年	永宁（今宁冈）	筍峰书院		
咸丰初	1851年	庐陵（今吉安）	文喆书院	公建	
咸丰初	1851年	安福	中南书院（兴文书院）	杨文燮	杨为知县
咸丰元年	1851年	奉新	登云书院	公建	
咸丰元年	1851年	新余	瀛洲书院	张方钜	张为知县
咸丰元年	1851年	兴国	文澜书院		
咸丰元年	1851年	萍乡	凌云书院	蔡振玉等	
咸丰二年	1852年	庐陵（今吉安）	文山书院	黄泳霓	
咸丰五年	1855年	德安	桂香书院	黄浦熊村公建	
咸丰五年	1855年	长宁（今寻乌）	启文书院	兰韫山	
咸丰七年	1857年	婺源	教忠书院		
咸丰六年	1856年	石城	屏山书院	陈勉昭赖材	
咸丰七年	1857年	庐陵（今吉安）	双忠书院	彭怡怡堂	
咸丰九年	1859年	庐陵（今吉安）	宾兴书院	公建	
咸丰九年	1859年	吉水	培元书院	公建	
咸丰九年	1859年	万载	启秀书院	范元达	
咸丰九年	1859年	石城	横江书院	赖举杨刘雪恭	
咸丰十年	1860年	义宁州（今修水）	聚奎书院	查吉峰	

续表

时间		院址	院名	创办人	备注
同治初	1862年	进贤	服古书院	二十三都公建	
同治元年	1862年	义宁州（今属铜鼓）	至城书院	土籍人士	
同治初	1862年	大余	碧莲书院	黄鸣珂	黄为知府
同治二年	1863年	万年	植桂书院	项珂	项为知县
同治二年	1863年	婺源	崇报书院		
同治二年	1863年	赣县	爱莲书院	王德固 丛占放	王为署道 丛为知府
同治二年	1863年	永丰	义首书院	符为霖 吴定九等	
同治三年	1864年	余干	忠敬书院	王必达	王为知县
同治三年	1864年	永丰	螺城书院	彭际盛	彭为知县
同治四年	1865年	新城（今黎川）	崇正书院	金时宜	金为知县
同治四年	1865年	义宁州（今修水）	凤巘书院	邓国恩	邓为知州
同治四年	1865年	庐陵（今吉安）	漾源书院	梁佐汤	
同治四年	1865年	龙泉（今遂川）	文藻书院		
同治五年	1866年	石城	长松书院		
同治五年	1866年	莲花	崇正书院	周颐	
同治五年	1866年	奉新	上义书院	公建	
同治五年	1866年	义宁州（今修水）	培元书院	熊际盛	
同治六年	1867年	萍乡	南台书院		
同治七年	1868年	太和	槎江书院	公建	
同治七年	1868年	进贤	南台书院		
同治七年	1868年	兴国	飞鱼书院		

续表

时间		院址	院名	创办人	备注
同治八年	1869年	庐陵（今吉安）	至乐书院		
同治八年	1869年	庐陵（今吉安）	桂馨书院		
同治八年	1869年	义宁州（今修水）	鳌峰书院		
同治八年	1869年	吉水	石莲书院	公建	
同治八年	1869年	太和	千秋书院	公建	
同治九年	1870年	安福	庐江书院	公建	
同治十年	1871年	石城	鳌峰书院	温和羹	
同治十年	1871年	万年	萃英书院	两乡公建	
同治十年	1871年	万年	拱辰书院	北乡公建	
同治十年	1871年	赣县	云从书院	黄德溥	知府
同治十年	1871年	义宁州（今修水）	泰交书院（陶英书院）		
同治十二年	1873年	高安	进修书院	邹宗孟	
同治间	1862—1874年	宁都	纯青书院		
同治间	1862—1874年	安福	象冈书院		
同治间	1862—1874年	安福	宗孔书院		
同治间	1862—1874年	安福	文昌书院		
同治间	1862—1874年	龙泉（今遂川）	崇文书院		
同治间	1862—1874年	龙泉（今遂川）	聚星书院		
同治间	1862—1874年	庐陵（今吉安）	兴贤书院		
同治间	1862—1874年	庐陵（今吉安）	志学书院		
同治间	1862—1874年	信丰	东山书院	温焕春	

时间		院址	院名	创办人	备注
同治间	1862—1874年	义宁州（今修水）	高峰书院		
光绪初	1875年	德安	梦符书院	熊梦符	
光绪初	1875年	德安	谓璜书院	熊梦符	
光绪元年	1875年	义宁州（今修水）	崇德书院		
光绪四年	1878年	庐陵（今吉安）	培元书院	匡汝谐	
光绪五年	1879年	莲花	兴贤书院	贺永清	
光绪十一年	1885年	宁都	仁义书院	刘乙 曾梧岗	
光绪十二年	1886年	万载	鹅峰书院	龙壬臣妻 宋氏	
光绪十四年	1888年	庐陵（今吉安）	涧东书院		
光绪十六年	1890年	庐陵（今吉安）	尼金书院	李崇谦	
光绪十八年	1892年	萍乡	栗江书院	柳恩城等	
光绪廿三年	1897年	新昌（今宜丰）	新兴书院	公建	
光绪廿四年	1898年	浮梁（今景德镇）	西河书院	汪龙光	
光绪廿六年	1900年	石城	大由书院	曾海魂	
光绪廿九年	1903年	浮梁（今景德镇）	元升书院	元升文社 三畏堂	
光绪间	1875年—	高安	白云庵书院		
光绪间	1875年—	宜春	天禄书院		
光绪间	1875年—	浮梁（今景德镇）	北斗书院		

续表

时间		院址	院名	创办人	备注
光绪间	1875年—	庐陵（今吉安）	崇德书院		
光绪间	1875年—	庐陵（今吉安）	耕心书院	彭怡怡堂	
光绪间	1875年—	萍乡	崇文书院		
光绪间	1875年—	万载	东山书院		
光绪间	1875年—	万载	正谊书院		
光绪间	1875年—	万载	多文书院		
光绪间	1875年—	赣县	章贡书院		
光绪间	1875年—	赣县	花园书院		
光绪间	1875年—	兴国	怀德书院		
光绪间	1875年—	兴国	方聚书院		
光绪间	1875年—	万载	石溪书院	郭世华	
光绪间	1875年—	万载	尚志书院	郭治清等	
光绪间	1875年—	万载	明德书院	闻际誉等	
光绪间	1875年—	万载	以吾书院	吴道芳等	
光绪间	1875年—	万载	友仁书院	刘明鸣等	
光绪间	1875年—	万载	敬业书院	辛超常等	
光绪间	1875年—	万载	时修书院	赖用宾等	
光绪间	1875年—	万载	久大书院	钟维总	
光绪间	1875年—	太和	培文书院		
光绪间	1875年—	太和	同升书院		
光绪间	1875年—	太和	集贤书院		

另有若干书院，难以断定时间，录以备考，见表28。

表28　难以断定时间的若干书院

时间	院址	院名	创办人	备注
清	南昌	棠冈书院		

续表

时间	院址	院名	创办人	备注
清	宁都	崇仁书院	廖念祖	
清	赣县	正蒙书院		
清	赣县	夜光澄清书院		
清	庐陵（今吉安）	云程书院		
清	庐陵（今吉安）	性存书院		
清	庐陵（今吉安）	两都文库书院		
清	婺源	太白精舍		
清	瑞金	翠伯书院		
清	瑞金	文成书院		
清	赣县	四留书院		
清	义宁州（今修水）	文台书院		
清	义宁州（今修水）	鸣阳书院		
清	义宁州（今修水）	培英书院		

除了以上书院外,修复的也不在少数。然而有名家讲学。确有特色的书院并不多。

道光间,江西书院无论从教学内容和管理方面来看,均趋下坡路,然尚能维持。

道光初,程含章巡抚江西。曾捐资万两,修缮各府书院,间亦泽及州县书院。白鹿洞得八百两,各地书院各得二、三百两不等。程含章,字月川,云南景东人,举人,为江西巡抚多年,兴水利、赈灾、抚恤孤独,修建书院,颇有政声。

道光间,还有一些著名的书院山长。如宋鸣琦(1673—1840年),字步韩,号梅生,教授宋五仁之子,奉新县人,尝肄业奉新冯川书院。乾隆五十二年(1787年)进士,曾掌临江府萧江书院讲席,由主事、员外郎、御史,拣发四川以知府用,尝创九峰书院。官至川南、苍梧道、广西盐法道、署按察使,被议归。道光六年(1826年)由江西布政使聘主友教书院。次年,巡抚韩文绮还聘主豫章书院。道光十年(1830年),巡抚吴光悦复聘主豫章,十七年方解归,著有《心铁石斋文集》。又如张维屏(1780—1859年),字子树,号南山,训导张炳文子,广东番禺人。道光二年(1822年)进士,由知县同知至知府。在南康府署任内自兼任白鹿洞书院山长。归里后为学海堂学长。其在白鹿洞讲学,以"见其过而内自讼"为题。又作有《鹿洞书院讲书记》传世。他又立《匡庐诗课》课士,将私人书籍赠送白鹿洞。从他的《白鹿洞示诸生》诗中,可见他的教育主张:

> 名教有乐地,洞辟匡山陲。
> 二李去已远,荒榛掩颓基。
> 南唐至南宋,沧桑几兴衰。
> 紫阳来守郡,修复教在兹。
> 教思实无穷,千载仰洞规。
> 当年陆象山,相善亦相资。
> 后儒讲异同,辨论成支离。
> 大道若大路,奚必分两歧。
> 实学在躬行,口说徒尔为。
> 果为君子儒,往者皆可师。

再如帅方蔚(1798—1871年),字子文,一字叔起,号石邨,奉新人。自幼资性聪敏,十三岁入学,为巡抚秦承恩器重,延入官署与其子作伴共学。道光六年(1826年)进士第三,历编修、御史。道光十八年(1838年)告归,历主名山皋比,先白鹿,后豫章、经训,颇有影响。在白鹿洞四年而去,生徒立《帅子文夫子教思碑》记事赞颂师德。

白鹿洞书院作为海内有一定代表性的名书院,值得记载的事迹很多。

道光三年,程含章捐银后,知府狄尚炯将此八百两重修书院。程含章又奏告朝廷,由"每岁盐务充公项下拨给银千两",从而使生徒由90名增至130名,膏火由五个月增至八个月。程、狄二人分别撰记立碑于洞。程在记中少不得又在"正心诚意"和"义利之辨"上做一番文章。而狄在记中,则是大诉其苦,大讲其康郡、星邑地狭财穷。"星子洞租供山长官役费,都昌、建昌、安义洞租以赡诸生60人,童生30人,岁给薪水仅五月也。"

以盐务充公银补助书院经费,表明白鹿洞书院向官学化的道路上又迈进一步。但是只解决了暂时的膏火费用,而日常修缮之费,仍然没有着落,又只得转向民间。

道光十年(1830年),都昌陈尚忠捐修。道光十三年(1833年),都昌吴应祥、吴峻捐修。道光十八年(1838年),都昌贡生吴泰捐修。吴因从事陶瓷业而巨富,捐1.2万余缗大修书院各项建筑,余泰又与同邑陈梦悦补刊毛德琦的《白鹿洞书院志》。道光廿一年(1841年),都昌进士曹履泰捐修,安义张兆奎捐修。道光廿三年,陈尚忠之子陈洋汉又捐修。廿七年(1847年),张兆奎又捐。大凡私人捐款,均立石记事,得到官府褒奖。

道光廿七年,鉴于书院日常经费日益困难,知府邱建猷呈请粮道邹鸣鹤,每岁拨漕运银千两充书院开支。

然而好景不长。道光卅年(1850年),盐务改章,盐款停拨,经费又陷入困境。咸丰三年(1853年),漕米又停运,粮款停发,白鹿洞经费陷入绝境。更因太平军兴,九江成为战场。因兵燹,屋宇有倒坏者,有拆毁者,器具有被窃取者,生徒星散,书院停办。

在太平天国与清廷交战中,江西书院,凡被太平军所波及者,皆在毁坏之列。一方面,太平军所过之处,因书院祀孔"妖"故必遭破坏。另一方面,因清兵借据书院驻兵,或因清兵抢掠商贾,烧毁房宇,而使租息无着,存资烟灭。

兵燹后,书院才陆续得到修整,如咸丰七年(1857年),星子解元潘先珍拨本县团练经费修葺白鹿洞书院。潘先珍虽为儒生,却学曾国藩的样子,是星子县团练的组织者,积极参与镇压太平天国运动立有"功勋"。在镇压太平军的过程中,江西一些地方绅士曾积极参与、组织团练,为湘军引路、供输,并协同作战,追捕小股起义军等,其中不乏书院之山长。如永丰状元刘绎,身为白鹭洲书院、景贤书院山长,即兼任全省团练总办,他亦以团练经费重修了白鹭洲书院。石景芬为饶州府团练的组织者,因军功任按察使,后任九江濂溪书院山长。南丰进士汤云松曾任江苏按察使,督办全省团练亦归主白鹿、盱江等书院。南昌进士吴增逵亦曾参与合办团练得官,归主鹅湖、白鹿。前面提到的帅方蔚亦以镇压有功加道衔。他们集"刽子手"与"牧师"于一身,相当合谱。

用团练经费修建书院,说明在这批道学先生看来,这是"维护名教","整顿纲常","镇压异端"事业的一个部分。

咸丰、同治间,江西书院有新建的,有恢复的,然大多数是民间人士倡兴的,官员带头修的很少。此外,还出现了开设近代课程,由教会创办的书院,如九江的同文书院与桑林书院。此二书院为基督教卫理公会所创,延绵数十年,其中同文曾改名南伟烈大学,桑林曾改名儒励书院。后均为中学。在豫章书院中曾复设孝廉书院专取举子入学。

二、经训书院与黄爵滋、皮锡瑞

经训书院在南昌城内。先在系马桩,后迁干家巷。创建人为刘体重。刘字厚山,山西赵城县人,举人出身,由知县捐同知,尝署南康、临江诸府。道光四年(1824年),任广信知府,重修信江书院。复调吉安、抚州诸府，一直关心书院建设。道光十九年（1839年），升按察使。道光二十年（1840年），刘以南昌省会城内书院皆注重制艺，换句话说，这些书院都是科举之附庸，欲倡明经学。于是在进贤门内系马桩建书院，名为"经训"。刘首捐俸银千两，邀各道、府、州、县劝助，事未成而升迁去。

道光廿三年（1843年），继任按察使温予巽（陕西汉阴进士）又捐俸为倡，复征各属劝捐完成。道光廿七年（1847年），因来学者众，书院房舍狭小而移往干家巷。刘、温前后两任除所建房屋外，尚拨存典肆银近七千两，按月一分行息，作为师生束脩膏火之费。

经训书院首聘在籍进士黄爵滋为山长。黄爵滋（1793—1853年），字德成，号树斋，宜黄县人，少于凤冈书院肄业，嘉庆十七年（1812年）入学。次年拔贡，任建昌府泸溪县（今资溪县）训导。嘉庆廿四年（1819年）中举。道光三年（1823年）进士，由编修、御史、给事中、鸿胪寺卿、大理寺少卿、通政使至礼部、刑部侍郎，曾支持林则徐禁烟。道光廿二年（1842年），丁艰归赣，主持豫章书院讲席。刘体重、温予巽相继请黄兼主经训讲席。尝仿胡瑗教法，引导诸生钻研经解、诗赋，既读书，又治事，集古今政事成败为法戒，史称"造就者多致通达"。

黄尝作《经训书院记》称："豫章素崇经术，名儒理学代有传人。不独匡庐、彭蠡灵秀钟奇，抑亦先正典型师承有自。天下四大书院江右实居其二。果能培植本根，宜更有忠信才德，魁奇绝特之士踵生其间也。"今"以制艺取士，而教士者亦反以制艺束之，无怪乎士之逐末而忘本已。"赵城刘公"陈臬江右创建经训书院，盖务本也。"温公与监院教官肖国琛、黎树培继成之。"详课士之式，酌善后之宜，聘予兼掌院事。于经解、策论外，兼课诗赋，而制艺、试帖则专归之豫章、友教各书院焉"。

江西各书院长期均以制艺、试帖为基本课程，经训书院独树一帜于其中。然而道光以后，西学东渐，经学考据已非学术之先导，晚了一个世纪。

经训书院以经学为教学内容,并有名家讲学其中,除前所言帅方蔚外,德安进士李退生、新建进士万良及黄岩王棻皆曾主讲席。光绪十八年(1892年),著名经学家皮锡瑞为江西学政龙湛霖所聘,主经训书院多年。

皮锡瑞(1850—1908年),字鹿门、麓云,湖南善化(今长沙)人。因敬仰伏生,名所居为"师伏堂",学者因称其为师伏先生。少好学,聪颖,年十四(1863年)补善化县学生员。同治三年(1864年)肄业城南书院。同治十二年(1873年)拔贡。光绪八年(1882年)中顺天乡试,与萍乡文廷式、义宁(今修水)陈三立同科。多次赴会试未中,潜心讲学著述。光绪十六年(1890年),主桂阳龙潭书院讲席。光绪十八年至经训书院前后七年之久。据称:其掌教以经史辞章课士,不课八股,申明微言大义之学,教人以经学当守家法,解经当实事求是,不当党同妒真。他因材施教,循循善诱,诲人不倦。书院生徒于经解有未能明辨者,亲为指授,并作文以示范。集任教时所作经解文集为《经训书院自课文》。一时高才隽秀,咸萃聚经训书院,学气为之丕变,儒林传为佳话。❶

皮锡瑞本人在主讲经训书院时,一面讲学,一面著述。此时著有《尚书大传疏证》《古文尚书疏证辨正》《孝经古义》《九经浅说》《今文尚书考证》《孝经郑注疏证》《两汉咏史》《尚书古文考实》《史记引物书考》《古文尚书冤词评议》《郑志疏证》《圣证论补评》《六艺论疏证》……其中有的就刊于南昌。❷

皮锡瑞在十九世纪末曾积极参加谭嗣同等人主持之南学会,推为学长,主讲学术一科。曾遭到王先谦、叶德辉等人妒忌,而不得不离湘赴赣。在赣仍然宣传变法主张。为豫章书院山长及昌城官绅所嫉恨。

---

❶ 皮学伟《皮锡瑞生平事略》,载《岳麓书院通讯》1985年第2期。
❷ 参见《皮锡瑞(鹿门)先生著述总目表》,载《岳麓书院通讯》1985年第2期。

戊戌政变后,皮曾作诗悼念谭嗣同、杨锐等六君子。为此,南昌官绅、学阀唆使御史徐道焜弹奏,称皮"在赣七年,无一实迹可指,附和康梁,心悦诚服……"光绪二十五年(1899年)春,遭到惩处,革除举人,回籍编管。光绪廿八年(1902年),虽经湖南巡抚俞廉三奏请注销参案,开复举人,然仍令随时察看,至死"察看"未除。

豫章、经训两书院,由学术思想的分歧发展到政治态度的对立和斗争,成为江西书院史最后的一页。豫章书院中所设的孝廉书院,虽然提高了程度,然而并未从根本上改变,或者较多地扩充实学的内容,因而只得借助太后镇压维新人士的政治风浪,向皮锡瑞挥起大棒,不过进一步表明自身的"贫乏"。

三、书院社会背景的微妙变化与书院的衰落

随着历史的向前发展,书院长期存在的问题也愈显突出。其中最突出的,还是过去讲过的两个问题。

一是书院长期存在着官学化的问题。在教学内容、教学方法、办学风气、组织管理等各方面,都存在着日益严重的官学化的问题。主要表现:朝廷和地方官吏对书院的控制日趋加强;教学内容由于官方的种种限制日益贫乏;治学风气、教学方法由于官僚习气的影响而日见单调,以至僵化。官僚政治的腐朽积习对书院办学与教学活动的侵袭日加严重,以至造成许多书院的山长或"疲癃充教","多有庸恶、陋劣、素无学问,窜处其中"者;或"悉由大吏推荐,往往终岁弗得见,以束脩奉之上官而已";亦有一人兼数地、数处书院山长;或"居家而遥领之,利其廪给,以供糊口"。士子或"以儌薄相高",或"贪微末之膏火,甚至有头垂垂白而不肯去者";或"借书院为纳交声气之地,觞酒酬酢,庆贺往还,游荡门外,招摇门中"。这些书院与官吏直接执掌的官学一样腐败,因循苟且,形同虚设,成为庙堂、传舍、会馆。❶

---

❶ 见拙作《我国古代书院的特点和研究书院的价值》。载《教育研究》1985年第10期。

这些问题，在江西某些地方也是相当突出的。如广信府弋阳县有汪炳龙者，字雨时，号化亭。咸丰二年（1852年）进士，曾为知府。归里后被地方官员聘主信江、双桂、芗溪、象山四书院山长。此四书院相距数十百里，如此"遥领"，如何能使生徒受益。上饶县志曾对汪有赞美之辞。汪见广丰进士郑咨臣贫困，荐郑为信江书院山长以代己，自己少收三几百两束脩而"士林为美谈"。又如浮梁县（今景德镇市）有十几所书院，实际上都是些会馆公所之类。如苏湖书院实为苏湖会馆，岭南书院实为广肇会馆，鹭洲书院实为吉安会馆，芝阳书院实为波阳会馆，紫阳书院实为婺源会馆，昭武书院实为抚州会馆，宁绍书院为宁波会馆，宛陵书院为宁国会馆，青阳书院为蓉城公所，筠阳书院即瑞州（治高安）会馆，新安书院即徽州会馆，新吴书院即奉新会馆，湖北书院即湖北会馆，洪都书院即南昌会馆，章山书院即临江（治清江，即今樟树市）会馆。❶这些会馆以书院名，并不说明书院的发达，只能说明书院之衰落。前面提到黎川书院、东湖书院都对腐败现象作过种种抵制。新昌县（今宜丰）漆开泰祖孙三代人建凤冈书院，前后十数年竣工，捐田千亩，并以三万两巨资存店生息以资费用。郡、县本拟入告议叙，漆氏立止之，其意图就是怕省城大吏加以控制，或私荐山长，影响教学之进展。

二是大部分书院逐渐沦为科举考试的附庸。虽然书院的发展日益增多，以至后来"一乡一邑，书院林立"，有些地方简直泛滥成灾。然而"所工者惟文章"，"所求者惟科举"，课试、讲习，无不以科举为目标，以闱墨为中心。师长以科名相标榜，士子孜孜以"帖括"，既不研习经书义理，亦不知历史掌故，更不明经世致用之学。连封建士大夫都大呼："经史之故籍无存"，"圣贤之实学与无"了。绝大多数都成了研磨登科应举敲门砖的"作坊"，成为"死读书、读死书、读书死"的场所，历史上有过的生动活泼的传统全被窒息。这时的书院成了社会文化科学发展

---

❶ 景德镇市教育志编辑室提供资料。

的障碍，以至不得不被纯开设近代课程，采用西方教学制度、教学方法的学堂所替代。❶

书院与科举连结在朝廷推行科举制度的条件下，有其必然性。因为科举制度本身有它的导向作用，必然对学校的教育指导思想、教学内容和教学方法产生决定性的影响。然而问题不仅在于考试制度和方法，关键还在于八股取士的内容和形式，愈来愈不能适应鸦片战争以后政治经济的新形势，科举终于结束了自身的存在价值，同时书院制度也走向末路。

在讲到书院的衰落时，必须说到，书院本身社会背景的变化问题。

我国，包含江西古代书院设置的地点，原先皆依山林，即闲旷之地，如桂岩、东佳、华林、白鹿都是如此。设在中心城市的是极个别的，如江州景星书院。在江西建于唐五代的十几所书院中，只占7.7%，北宋近40所书院中，亦仅有建昌军盱江、虔州清溪、抚州兴鲁三所建于郡城之内，仅占7.7%。绍兴间16所书院中，只有一所即饶州洪氏的忠宣书院在郡城，占6.2%。隆兴到开禧间江西50多所书院中建于郡城，或如景德镇等市镇的也只有五所，亦不到10%。只是在嘉定以后，建在中心城市的书院才多起来，并且成为各地士子游学活动集中的地方。如抚州的羲峰、临汝、槐堂，南昌的东湖、豫章、宗濂，赣州的濂溪、先贤，袁州的南轩，吉州的白鹭洲，临江军的清江，瑞州的西涧，南安军的道源，饶州的番江以及信州的御书院。甚至象山精舍亦被袁甫迁到贵溪县城旁边。一方面，有朝廷对书院的关注；另一方面，也说明在比较安定的环境下士人趋向中心城市求学的心情日益增长。这与商品经济的发展和学术文化交流的频繁紧密相关。东湖、临汝、白鹭洲、濂溪都成为一时的学术中心。明代，尤其在讲会组织和会讲活动广泛开展以后，交通方便的地方逐渐形成一个个学术中心。南昌的阳春、正学、友教书院以至于杏花楼、滕王阁，吉安的白鹭、青原，赣州、九江的濂溪书院都

---

❶ 见拙作《我国古代书院的特点和研究书院的价值》。

相继成为学术中心。至清代,豫章、友教与经训鼎峙会城。府治皆有道员、知府各自控制的书院,得到种种优惠,州县城中亦有"父母官"掌握的书院,层次极为分明。

随着在中心城市书院地位日益见重,书院的经费来源和基金保持形式也逐渐发生了变化。早先的书院经费靠地租收入,或者加上山、塘的租金等。书院的办学基金是土地,包括山林,水塘。随着时代的变迁,中心城市的书院的经费逐渐变成依靠息金、店租以至工商盈利。如洪都书院掌有南昌府学前(今中山路中段)与今民德路半边房屋出租取赀。豫章,友教,经训等书院多持有数千、上万两银子的基金,存入店铺之中,月一分生利。如南昌东湖书院则在惠民门内设置典库一所,经费来源全赖典铺收益。东湖书院本身成为高利贷者和旧货商人。基金成为资本,息金已是利润。这都说明了书院社会背景的微妙变化。虽然从总体上讲,清末的书院大都是科举的附庸,然而,一部分书院,主要是中心城市和商业、手工业比较发达地区的书院,其经济大权已逐渐转入工(手工业)、商业者,或兼营工商业、钱典业的土地所有者手中。这是清代中后期城市书院表现的重要特点。粗看起来,这与书院中陈腐的教学内容、僵化的制艺形式是互相矛盾的。其实,此时的科举只是学子进身仕途的敲门砖,亦可为商人子弟利用,反映工商业者的利益和要求。❶

景德镇有一所景仰书院,在嘉庆二十一年(1816年)重修,主要依靠景德镇陶成、陶庆两同业公会集资。陶成俗称做窑户,陶庆俗称烧窑户。而该两公会自然控制在两业的大老板手中。他们成为书院经济来源的承担者,招收的生徒亦为陶成、陶庆两业子弟,而且大都是都昌、鄱阳籍人,虽然教学的内容仍然是制艺,然而这终究是社会背景的变化。❷

---

❶ 参见拙作《南昌东湖书院考述》,载《南昌师专学报》1985年第2期。
❷ 参见徐镇寿《景仰书院小寺》,载《江西教育学院学报》1988年第3期。

四、书院改学堂

书院改学堂有一个过程。本来鸦片战争以后,旧有的教育内容已经不能适应社会需要,这是迟早非改不可的事情。甲午战争后,朝野上下更感旧制极不适用,非改不可。开始对书院提出变通的意见,或创办了一些开设新课程的书院。

先是在上海创设了格致书院。据《上海县续志》载:"格致书院在公共租界北海路。同治十三年(1874年),无锡徐寿暨英国傅兰雅发起,禀报南洋大臣,邀集中西绅商捐资建设。光绪元年(1875年)落成(共用规银7千余两),以便有志之士讲习格致各科学。又蒙英董赞助,添建博物院铁室一所。"其"所有物品,均由英国商人工厂担任捐助。运输各费,亦由轮船公司认捐"。"所有格致器具,颇称完备。延聘西士,教习化学、矿学,按期延请中西名人学士讲演格致学理。复由南洋大臣及津海、东海、江海、浙海、粤海、江汉各关道,分期命有关格致之题,课试给奖,以作士子向学之气。又设藏书楼嘉惠学者。全院事宜,向经公举华洋董事经理。"之后,光绪四年(1878年),上海张焕伦创正蒙书院,分设国文、经史、财务、舆地、格致、数学、歌诗等科,并取消括帖、制艺等功课。光绪二十二年(1896年),陕西巡抚张汝梅等又奏请设立陕西格致实学书院,分科教学,有天文、地舆、吏治、兵法、格致、制造等类。光绪二十三年(1897年),浙江巡抚廖寿丰等又建求是书院。在此前后,数会人士先后建立了各种程度不等的书院讲求新学(西学),在上海有英华书院、清心书院、圣芳济书院、中西书院、圣约翰书院,北京有潞河书院(在通州,燕京大学前身),南京有汇文书院,广州和福州有格致书院,苏州有博习书院……九江也就有了同文和桑林书院。

至于变通书院的办法,则是由山西巡抚胡聘之先提出来的。胡于光绪二十二年(1896年)上《请变通书院章程折》,胡等首先肯定了书院的功绩,发扬"中学"传统的价值,继而说道:"查近日书院之弊,或空谈讲学,或溺志词章,既皆无裨实用,其下者专慕帖括,注意膏奖,志趣卑陋，安望有所成就，宜将原设之额大加裁汰，每月诗文等课，酌量并减。然后综核经费，更定章程，延硕学通儒，为之教授，研究经义，以穷其理，博综史事，以观其变。由是参考时务，兼习算学，凡天文、地舆、农务、兵事，与夫一切有用之学，统归格致之中。分门探讨，务臻其奥。"并"拟就令德书院，另订条规，添设算学等课，择院生能学者，按名注籍，优给膏奖"。"各府属，如有可造之士"，亦"随同甄录调院"。"并于天津、上海广购译刻天算格致诸书，俾贤讲求。""学者有心得，算法通晓者，准令分教外府属各书院，递相传习，借资鼓舞。"复"拟请旨饬下各省督抚，于现在所有书院，评议推行"❶。

同年，翰林院侍讲学士秦绶章亦有《请整顿各省书院预储人才折》上奏朝廷。奏折内称："国势之强弱视乎人才，人才之盛衰系乎学校；欲补学校所不逮而切实可行者，莫如整顿书院之一法。"他提出了整顿书院的三项措施。一是定课程。主张仿胡瑗苏湖教法，课程分类为六："曰经学，经说、讲义、训诂附焉，曰史学，时务附焉；曰掌故之学，洋务、条约、税则附焉；曰舆地之学，测量、图绘附焉；曰算学，格致制造附焉；曰译学，各国语言文学附焉。士之肄业者，或专攻一艺，或兼习数艺，各从其便。制艺试帖未能尽革，每处留一书院课之已足。"二是重师道。主张"书院山长必由公举，不论爵位年岁，惟取品行端方学问渊博为众望所推服者。其算学、译学，目前或非山长所能兼，则公举诸生中之通晓者各一人，立为斋长分课之，而仍秉成于山长。省会书院规模较广，山长而下兼设六斋之长，分廛列舍，与诸生讲习其中"。三是核经费。主张"各属书院，或田亩，或公款生息，或官长捐廉，或绅商乐助，皆有常年经费"，"容有不足，就本地公款酌拨。"秦绶章在奏折中还建议："凡各属书院肄业诸生中，有学业成就超越等伦者，由山长会同府县，咨送省会书院甄别，入院肄业。再于省会振其尤，由山长咨送学政存记，其童生即由学政岁科酌量取进。贡监诸生则于乡试时由学政

---

❶《中国近代史资料丛刊》：《戊戌变法》第二册。

造册咨送监临,于卷面编号外,另加标识,如经学、史学等字样,或经学兼某学等字样,以待考官酌定取中。三场策问经史而外,本得以掌故舆地为问,可著为定式"。"其算学、译学,由学政咨送总理各国事务衙门,予以正途进身之阶,或别设专科"❶。

同时,江西巡抚德寿亦奏称,拟酌裁友教书院童卷,移设算科,并议有章程。❷

光绪二十二年九月,清政府将这些建议"一并通行各省督抚、学政,参酌采取,以扩旧规,而收实效"❸。

还有一种主张,那就是将书院改办学堂。这首先是刑部侍郎李端棻提出来的。他建议各省可以各改一所书院,"增广功课,变通章程,以为学堂",先为试行。❹

之后,张之洞将两湖书院、经心书院改照学堂办法经办。而康有为则于光绪二十四年(1898年)五月,上《请饬各省改书院淫祠为学堂折》,主张将各省府州县书院、社学、学塾统统改为兼习中西之学校。省会之大书院为高等学校,府州县之书院为中等学校,义学、社学为小学。此事引起朝廷各派势力之广泛争论。最后,朝廷降旨,在京师办京师大学堂,各省大书院为高等学堂,郡城书院为中等学堂,州县书院为小学堂,一律兼习中西学,依次而升,并皆颁给《京师大学堂章程》。

八月,变法失败,六君子被害,一切又恢复旧规。九月复令"各省书院照旧办理,停罢学堂"。

光绪二十六年(1900年)发生了八国联军进犯北京事件。次年,签订了"辛丑条约"。中国已面临被瓜分灭亡的危险,朝廷在内外交逼之下,不得不作出改革的姿态。于是兴办学堂之议再起。江西巡抚李兴锐在条陈中又提出了"令各省书院改课经济之学"的主张。而湖广总

---

❶《皇朝经世文新编》第六册《学校》上。
❷《皇朝经世文新编》第六册《学校》上。
❸《皇朝经世文新编》第六册《学校》上。
❹《皇朝经世文新编》第六册《学校》上。

督张之洞、两江总督刘坤一又进一步提出遵照"中学为体,西学为用"的精神,将全部书院改办学堂。清朝廷至此下诏,将书院统统改为学堂,省城书院改设大学堂,府、直隶州、直隶厅书院改设中学堂,各散州、散厅、县书院改设小学堂。

在江西省首先采取行动的是抚州知府何刚德,于光绪二十七年(1901年)将兴鲁书院改为普通学舍。后来改为抚郡学堂,次年,又改为抚州府中学堂。

光绪二十八年(1902年),豫章书院更为江西大学堂,生徒以举、贡、生、监,由各县保送。光绪三十年(1904年)又改称江西高等学堂,这与"癸卯学制"相衔接。

各府书院,除兴鲁外,赣州阳明书院改为赣州府中学堂,九江濂溪书院改为九江府中学堂,白鹭洲书院改为吉安府中学堂,信江书院改为广信府中学堂,昌黎书院改为袁州府中学堂,芝阳书院改为饶州府中学堂,道源书院为南安府中学堂,筠阳书院为瑞州府中学堂,盱江书院改为建昌府中学堂,梅江书院改为宁都直隶州中学堂。有的县也建立了中学堂,如萍乡鳌州书院改为县中学堂,万载龙河书院改为私立龙河中学堂。

各县相继设立县立、公立、私立小学堂,如南昌的东湖,新建的西昌,靖安的双溪,浮梁的绍文,泸溪(资溪)的鹤城,南城的琴城,德兴的兴贤,丰城的龙山,永宁(宁冈)的巽峰,弋阳的叠山,鄱阳的澹湖,余干的东山,婺源的紫阳,上饶的灵山,广丰的丰溪,兴安(横峰)的岑阳,新干的金川,兴国的文澜,分宜的太常,南康的旭升,赣县的爱莲等书院,皆改为县立高等小学堂。也有的改为公立高等小学堂,如永宁(宁冈)的龙江书院改为公立龙江高等小学堂。义宁州(今修水)凤献书院是州立高等小学堂。此外则有鳌峰、西平等公立高等小学堂和梯云等私立高等小学堂。

有的书院改为师范学堂、实业学堂。

至此,三五年内,江西书院的历史从此终结。

鸦片战争后,外国列强用炮艇打开了长期闭塞的国门,伴随着的是给国家民族带来了一系列的耻辱。随着政治、经济情况的变化,教育必须,也必然是要变的。稍有民族自尊心的中国人也都要求改变这种面貌。然而顽固的势力却不肯改变现状。一些著名书院及其山长们打着维护纲常伦理、孔孟朱子传统的旗号,竭力抵制,成为抗拒变革的顽固堡垒。湖南的岳麓书院有这种情况,江西的豫章书院也有这种情况。变法的失败及而后的镇压正是顽固势力对改革的疯狂反扑,政治上是这样,教育上也是这样。不仅有"六君子"被害,就是江西义宁州(今修水)的陈宝箴,亦因支持改革,先被开革,后遭秘密杀害。庚子以后,在学制上,不得不来了一个"全盘西化"。然而,科举考试制度下士子的腐败习气,并没有根本清除,而书院教学模式中,优良传统却被完全抛弃。西方传统教育中的某些弊病,与私塾、科举中死记硬背、墨守成规、束缚个性、压抑才智的旧传统结合起来,使刚刚建立起来的"新教育"又走进了"死胡同"。历史向人们提出了进一步改革的任务,全国是这样,江西亦如此,但这已不是本书所应涉及的范围了。

结 束 语

我国古代的书院(具有学校性质的书院)始建于唐代后期,经五代,至北宋得到了较大规模的发展,成为当时社会生活中不可缺少的一个方面,成为培养人才的重要场所,是我国学校发展第二阶段——读书学校阶段的主要办学形式之一。南宋,书院作为一种学校制度、教育机构,它的办学和教学经验日见完善、成熟。这时以朱熹、张栻、吕祖谦、陆九渊主持或兴办的白鹿洞书院、岳麓书院、丽泽书院、象山精舍等为代表,对其后七百余年书院的建设和教学有不可忽视的影响。

在我国古代书院一千多年的历史长河中,江西的书院得天独厚,不仅有幸地同其始终,且曾数度"独领风骚"。除白鹿洞书院、象山精舍外,唐代的东佳书堂,五代的华林书院,宋代的雷塘书院、樱桃洞书院、盱江书院、濂溪书堂、东湖书院、白鹭洲书院、鹅湖书院,元代的草庐久大堂、静明学塾、慈湖书院,明代的康斋(小坡)书院、石洞书院、复古书院、青原会馆、正学书院、夫山书院、仁文书院,以至清代初年的三山讲学与清末的经训书院,似皆可称雄一时。

书院的开创是建立在古代社会生产力进一步发展的基础上,特别是刻板印刷技术得以发明、推广,印版书籍逐渐流传,私家聚书、藏书事业得以发展的基础上的。也由于中唐以后,军阀混战,天下大乱,士人避乱于比较安定的穷乡、僻壤、山林之间,或聚族而居,耕读为业。由于聚居之家,或隐居之士,建有书堂,或书楼、书屋、书舍,以至书院聚书、藏书,以资读者。还由于受到佛家、道家的寺院、宫观聚众讲经说法的影响。久而久之,原为聚书、藏书之堂屋、院舍,又由于官家"庠序不修","士病无所于学",而逐渐发展成为学者讲学说书之所、士子求学读书之地。这就是具有教学授徒职能的书院产生的大概经过。起源于私家的聚书、藏书,成为古代书院的重要特点。学者讲学以说书为重,士子求学以读书为要,书院的教学活动正是围绕着书而展开的。

我国古代的书院适应一定时代的需要而产生,是适应新的生产力发展与社会生活状况的产物,也是那个时候"教育改革"的一项伟大成果。在其发展中,它又被许多大师当作匡正时弊、实现抱负的重要手段。这是因为书院这种学校制度、教育机构,与当时的官学相比,在办学形式和教学措施方面,确有许多特色。这也是书院制度能在中国历史上持续一千余年而不废的重要原因之一。

书院作为起源于私家藏书、教学的古代大学,在它长期的发展过程中,在办学和教学方面积累了丰富的经验,与官学相比确有很多长处。这些经验的精华部分构成了我国教育史中的一种优良传统。综合各家之言,至少有下列几个方面。

(1)书院由聚书、藏书开始,进而发展了著书、编书、校书、刻书、传书等项事业,又成为学者讲学说书,士子求学读书的教育机构。它不但以大学著称。而且又是学术研究和学者以文会友的重要场所。

书院的师长既从事教学,又从事学术著述、学术研究。宋以后,不管是理学家,还是汉学家,他们中间很多人的重要著作都是书院的讲义和教材,或者是在主持书院教学的同时完成的。

书院往往成为学派活动的基地,甚至是某学派的发源地。北宋的文学家、史学家,南宋的理学家,明代的心学家,清代的汉学家,以至桐城派、阳湖派,等等,大都通过书院一批批、一代代地培育自己的门人、弟子成为学派的继承者。《宋元学案》中提到的不少学术派别就是以书院来命名的,诸如"丽泽诸儒""沧州诸儒""岳麓诸儒""槐堂诸儒"等。

许多著名书院在学术上又实行"兼容并蓄",允许不同学术流派,不同学术观点的发展、论争。有的书院还同时或更替地聘任持有不同观点的学者前来讲学。有些学者还主张,正因为有不同的学术观点才需要讲学,在异中求同,在同中见轻重,见长短。如前面已经多次说到;朱熹主持白鹿洞书院时,就特意请他的论敌陆九渊登台讲学。陆九渊讲"君子喻于义小人喻于利"章,并有著名的《白鹿洞书堂讲义》传世。朱熹对陆九渊的讲学极为敬佩,亲书跋语留在讲义后面。绍定末,端平初,袁甫为江东提刑,他与南康知军史文卿重建白鹿书院,曾聘朱熹弟子张洽与倾向陆学的汤巾相继为书院山长。明万历间持有不同观点的南昌章潢与星子熊滨就同在白鹿洞讲学。清初施闰章为湖西道,曾于吉安府庐陵县白鹭洲、景贤两书院,请毛奇龄与杨洪才讲论他们所持的不同观点。清代的江宁钟山书院即相继聘桐城派的姚鼐和汉学家钱大昕主讲席。有的大师还带着自己的学生去参加学术讨论。在讨论中与论敌商榷、争辩,使弟子们在学术讨论中有所得益。这都推动了学术活动的开展,促进了学术研究的发展。

(2)鉴于书院系私人、家族或地方公众所建,故能以其条件之不同而因院、因师地确定各自的办学方针、课程设置。在历史上出现过许多具有不同培养目标和办学形式,不同治学风格和教学方法,不同教学内容和思想倾向的书院。有的书院注重义理之学,有的则重视诗文,有的重制艺帖括,有的讲究考据之学,也有的重视经世致用。同是讲义理,有的宗程朱,有的专陆王,亦有像宋末的程绍开在信州办道一书院调和朱陆,吴澄实是承继了他的主张。宋代江西分宁双井黄氏办了樱桃洞、芝台两所书院,这是两所注重文、史、诗、词的书院。培养了宋庠、宋祁、黄注、黄序、黄庶等大批文学家、史学家。江西诗派的代表人物黄庭坚就是其中的佼佼者。宜黄杜子野办了鹿冈书院,在他的学生中出了著名的政治家、文学家、思想家王安石。与新学对立的洛学代表人物二程兄弟是周敦颐的学生,周本人是到处兴办书院的大师,二程则曾随周在书院游学。二程的治学风格、思想倾向与王安石很不相同。南宋时理学分为许多派别。朱熹、吕祖谦、张栻、陆九渊、陈亮、陈傅良、唐仲友等人都办书院讲学。他们各自的治学风格、教学内容、教学方法显然不一样。其中朱、陆二人所办书院的不同情况就是一个鲜明的对比。如朱熹的白鹿洞有教规，象山没有；白鹿洞注重藏书、读书，而陆九渊在象山则认为要紧的书不需很多。白鹿讲究"养士"，造就斋舍以待来学。象山精舍则待学徒"裹粮"而来，"结庐"自居。白鹿提倡泛观博览和自己读书，象山则注重学生的履践和师长讲论……

在书院发展的历史上除了学文的书院外，尚有学武的书院。九江兵备副使何棐即创办的肄武书院，招收武弁子弟学习兵法、韬略、武经等就是一例。此外，辽阳亦有习武书院之设。

历史上绝大多数的书院是不分科的，但也有分科的。实行胡瑗的"苏湖教法"。白鹿洞有这方面史实的记载，经训书院也有这方面的记载。

明代嘉靖间江右王门子弟邹守益、刘邦采等人开创"惜阴会"，王守仁作《惜阴说》相赠。自此以后大江南北继续建起了各种讲会，涌现了一大批讲会式的书院。徐阶执政，提倡讲学，各地方大吏竞相效法，开展会讲，又出现一批宣讲式的书院，这就使得书院的教育形式又有了讲会式书院，宣讲式书院，而与原有聚徒式的书院鼎立而三，朝着多种形式的方向展开。

古代书院的不同特色除了体现在办学、教学形式的区别外，尤其表现在不同学术倾向方面，这是前面已经提到的。而这种学术倾向的不同时常可以从它祭祀的对象中表现出来。汉学家办的诂经精舍祀许慎、郑玄，理学家办的紫阳书院祀程朱，心学家办的姚江书院祀陆王。鹅湖书院是为纪念淳熙二年(1175年)第一次鹅湖之会而建的，故祀祭朱熹、吕祖谦、陆九龄、陆九渊，即所谓四贤。其实正如前述，鹅湖之会有两次，第二次是陈亮、辛弃疾"仿鹅湖故事"的聚会。大概由于修建，主持鹅湖书院的大抵系朱陆的门人后学，他们就不去管陈亮、辛弃疾的事迹了。然而我以为这还是应该注意的。也有的书院祀文学家、政治家，有的祀本族、本地有关的历史名人，有的书院从名称上看就是纪念某某人的。如好多地方有濂溪书院、紫阳书院、阳明书院,各祀祭周、朱、王以及他们的门人、同道。苏州的甫里书院主持人姓陆,祀他们的祖先陆龟蒙。宜春昌黎书院祀故袁州刺史韩愈。九江及附近好些书院祀陶渊明,并争着说陶是该地人。庐陵与吉水也争着祭祀文天祥。再如新淦的金川书院祀练子宁,南丰的南丰书院祀曾巩,南城的盱江书院祀李觏。纪念文化名人,这也是书院的特色和传统,是一种重要的教育手段,也曾是社会精神文明建设中的激励机制。

(3)书院一般具有鲜明的自主性质,这与官学不同。书院从民间集资兴建。或由个人出资,或由家族筹集。亦有由地方公众筹集钱银、田地和房屋的,其中还有的是地方官吏带头倡捐的。公众兴办的书院中。一般都会推举若干经理人员轮流值年负责,掌管办学经费,修缮院舍,购置器具,聘任山长,并与山长共同商办书院大事。很多书院尚吸收年长学徒参加书院管理,担任堂长、斋长、学长、经长、管干、典谒、经长、引赞等职事,管理风纪、经济、迎宾、祭祀、图书、作息等事务。有时学徒还参与了书院志的编校、院田的清查、田租的征收工作。公众代表负责管理,既能反映地方公众的要求,亦可发挥其办学积极性,对书院资金筹集、院舍建设、院产保管,学徒教育都能起作用。学徒参与院务管理,既是人力、物力、财力的节省,亦是对学徒的教育和锻炼。不少大师在书院讲学,对新入门的学徒,采取由高弟先行接待、答问的办法。某些书院所设的堂长、斋长、经长、学长等职事就起着这样的作用。这样做,既能使新入学者在基础知识方面能够作好更多的准备,循序渐进、学不躐等,亦可使讲学的大师能节省时间,专注于更为高深的问题,使讲学活动有更高的起点。这些措施有点像后来的"导生制"。

(4)书院往往聘请学有专攻、德高望重的名师主持院务,为一院之长。这种院长也就是主要的讲师,或称山长、洞主、山主、掌教、主席、主讲等。选聘什么样的人来主持书院讲席,这往往是书院声望高低、教学成败和能否使四方学子闻风而聚的关键。

　　书院及其师长可以选择学生，可以自行确定招收对象的资格、程度、志趣，甚至籍贯、行业和宗族。因此不同的书院在上述几方面可能很不相同。有的书院只招举人，有的招监生，也有的招童生，有的则仅要求志趣相投。有的书院以家族子弟为主要对象，有的则有地域限制，也有的不管哪一族、哪一姓、哪一地，来者不拒。有的对来学生徒要进行考核，亦有的著录即可。

　　在书院制度盛行的时候，学子亦可以自己择院、择师。某一书院若有名师掌教，四方游学之士即会闻风负笈而至，甚至不远千里，"裹粮"而来，"结庐"而居。有的大师在书院掌教，远处学者，已成进士，居然也前往肄业。有的名师解聘离职，讲学他院，许多学徒亦会结伴随行；有的还集资建院，礼请老师留住讲学。一般地讲，书院不可能授予学生一种什么"出身""功名""官诰"，用今天的话讲，也就是不能给学生一张"文凭"，一只"铁饭碗"。然而它却能吸引学生。有的论者可能认为书院有膏伙可以养士，不错，不少书院是有丰厚膏伙的。但大部分书院的膏伙很薄，有的没有，但仍能产生吸引力。这要从两方面看，一方面，四方士子，闻风而至，主要是为了求道问学，为了自身在知识、德行、才智等方面有所长进。正如朱熹所讲的是"为己"而学。另一方面，那就是书院及其师长，确实能够使慕道、闻名而来的士子有所得益，比个人苦读会有显然不同的长进。

　　曾经有人提倡高等学校要实行导师制。他们把导师制说得很好，并说这是六百多年前英国牛津大学和剑桥大学已经开始实行了的。其实导师制在我国早就有了。西汉武帝时的博士弟子员，不就是导师（博士）的弟子吗？不就是实行了导师制吗？导师制作为教学制度（不是教学组织形式）是相对于班级制、活动制、导生制而言的。春秋时，孔丘的私塾大概也是导师制，或者与导生制并存。书院的教学制度基本上是实行导师制，是导师对学徒的全面负责。同时又往往并随着高弟代说,或有疑先扣问斋长、学长、堂长的"导生制"。

书院特别注意对生徒进行思想品德的涵养,绝大多数书院是这样的。他们强调生徒不仅"知"而要"行",不仅注意"文艺",更注意"德行"。正如朱熹在《白鹿洞书院揭示》中所说,"古昔圣贤所以教人为学之意,莫非讲明义理以修其身,然后推以及人。非徒欲其务记览,为辞章,以钓声名,取利禄而已。"也就是既要读书、"穷理""明人伦",又需"笃行之",即"苟知理之当然,而责其身以必然"。书院在教学上对生徒在待人、接物、修身、处事各方面,甚至仪表、礼貌、应对、洒扫等方面都是有所要求的。

书院的教师既是经师,亦为人师。书院对其师长提出了道德和学问两方面的要求。往往要求是年长德高,众望所归者。

书院师生之间一般都有极为亲密的关系,似乎是一日为师,终身不忘,老师去世,学生往往心丧三年。

有的大师在书院中曾要求学生认真读书而"莫问无穷庵外事,此心聊与此山盟",或者建议别人说,"好去山头且坚坐,等闲莫要下山来"。但儒家终非禅宗,书院育人,其目标并非出世,还是要在修身之后推以及人的,要"齐家、治国、平天下"。尽管也讲安贫乐道,但主要着眼点是在出仕。因此关心国事,终究成为书院的一种风尚。当然这关键还在于,有什么样的师长在书院执教。东林书院是其中突出的代表,顾宪成、高攀龙主持时就有过"风声、雨声、读书声,声声入耳;家事、国事、天下事,事事关心"这样的对联。东林讲会也逐渐由学术团体变成古代的政治"党派"。本书前面提到的夫山书院,以及何心隐建立的某些团体,大概也是这样。

(5)书院的教学活动有好多种形式。前面已讲到聚书、藏书是书院的重要特点,书院中许多教学活动是围绕着书展开的。书院中生徒大量的时间是在教师指导下认真读书,自行理会。教师要说的话,亦往往通过自己的著述,让学生自行钻研。用现代语言表述,那就是实行自学为主。

书院中虽然实行自学为主,但也不是像某些学者所言,完全不由教师讲课。实际上除学徒的"认真读书自行理会"之外,还有教师的"升堂讲说",师生的"质疑问难",学友的"互相切磋"。我们现在许多教育学教科书在讲教学组织形式时,往往以为过去的书院中只有个别教学,这是很不全面的。尽管古代书院中确实大量地存在着个别教学的形式,但同样大量存在着体现师长学术思想倾向比较突出,对学徒"自行理会"起着指导作用的"升堂讲说"。许多名家的文集,书院志书、学案中至今还保留了不少书院"升堂讲说"留下的讲义,如朱熹的白鹿洞书院讲义有《中庸首章》,陆九渊的白鹿洞书堂讲义为《君子喻于义小人喻于利章》。查阅有关资料,仅白鹿洞书院,至今尚存有讲义一类的文献资料约四十余种。这种"升堂讲说"的教学组织形式,虽然不能与今天的班级授课的教学组织形式同样看待,但决不是个别教学的组织形式。我们既不能把它等同于个别教学这种组织形式,也不能否定它的存在,必须给它一定的历史地位。

书院的教学活动并不局限在斋舍、讲堂之中。前面讲到的展礼(含祀祭及洒扫应对等),朱熹提倡的优游于山石林泉之间,胡瑗实行的游历名山大川,考察历史名物,以及许多学者所参加的师生共同访学、会讲等活动。我以为,都应看作是书院教学活动的继续、扩展和延伸。

教学过程是教师、学生、客观世界(或可近似地简化为师、生、书)三者构成的三体现象。在这个三体现象中,教师无疑地对教学的全过程起着控制作用,需要"传道、授业、解惑"。学生在教师引导下读书,掌握教材,认识世界,并在德行、才智、性格各方面得到发展。在这个过程中,学生仍然是认识和改造客观世界的主体。这个过程仍然是一个能动的反映过程,这是我们对教学过程本质特点的普遍性的认识,不仅适用于古代的书院,而且在古代书院中体现得相当明显。古代书院特别重视学生读书,反对由教师或他人替代,在读书的基础上强调身体力行。这是符合教学过程的特点和规律的。朱熹是在书院中指导学生读书的一个杰出的代表。他的"循序渐进""熟读精思""虚心涵咏""切己体案""著紧用力""居敬持志"六条《读书法》,是教师指引下,以学生为主体,认真读书,完成教学任务的宝贵经验。

上述几个方面,主要是从书院办学、教学特点和经验讲的,其中很多东西在今天的教育改革中可以借鉴。书院作为古代的大学虽然在性质、含义、任务、内容、规模、组织形式各方面与今天的大学不可同日而语。但是它们均高于初级教育,它们培养的人才均需要面向社会,尤其在于需要培养学生独立学习、独立工作,具有独立适应社会需要的能力方面两者有共同的使命。所以具有一千多年历史的书院制度,无论是成功或失误,其经验都是很有价值的。

有的从事自然科学的学者说,中国教育的传统是墨守成规,死记硬背的,西方则是主张独立思考、启发思维的(大意)。其实我国的教育也有重视启发思考的传统。启发二字的结合就源于孔子。而书院中既然强调自行理会、互相切磋、质疑问难,而且一些大师在讲学与指导学生读书与履践时也一再强调思考,如朱熹就非常强调读书要思考,做事也要思考,"须是更经思量方得"。而陆九渊与王守仁及其后学所办的书院,尤其注重思考,尽管他们的"致良知"和"发明本心"曾被人称作主观唯心论。然而,在那个时代能重视学生的能动作用,强调人本身的价值,仍然有其积极的意义,而且还确有所长。我们现在所讲的"传统教育"倒是西方传来的。20世纪50年代对我国教育影响极大的凯洛夫《教育学》,正是"传统教育"的一个变种。它重知识牢记、轻智力发展的倾向至今对我国教育工作影响极大。当然,也不否定在我国古代教育史中确实有着僵化的东西,书院也不例外。

古代书院制度,尤其是其教育内容、目标,等等,早就不能适应鸦片战争以后社会政治、经济文化变革的需要,被学堂所替代是完全应当的。然而我们也还应当肯定它在中国历史上曾经有过光辉的一页,特别是在办学方式、教学组织形式、教学方法之中尚有可取的一面。对于这一方面，毛泽东在创建湖南自修大学时曾给予了充分的肯定。他在1964年春节及前后多次讲话中表述的某些见解，正是这种看法的进一步发展。

古代书院在它的发展中有各种经验，这些经验是宝贵的、有价值的、值得研究总结的。当然，我们要以实事求是的精神加以分析、判别。这样做，才能对我们发展教育科学，推动教育改革产生良好的作用。同时，我们还必须看到，古代书院中即使是成功的经验、优良的传统，也不能照搬，必须根据今天的需要，考虑今天的条件，经过实践的检验，予以改造、充实。

书院研究的价值不仅体现在它的经验、它的传统的现实意义中。还应该看到，倘若完全离开了书院的研究，那么要弄清唐以后，尤其是宋以来的教育发展史、文化学术思想史是相当困难的。通过对书院史的研究还可以进一步锻炼我们的思维能力，进一步振奋发扬民族优秀文化传统的创业精神。

宋以来许多思想家、教育家都与书院结下了不解之缘。宋初戚同文、孙复、胡瑗、石介都是私家讲学、倡办书院的著名学者。其他如杨亿、乐史、王禹偁、宋庠、宋祁、晏殊、范仲淹、王钦若、李觏、王安石、黄庭坚等著名人物，或者办书院、教书院、上书院，或者支持别人这样做。周敦颐办过许多书院，所到之处常办书院聚徒讲学，著名的江州濂溪书堂是他在嘉祐年间自建的，也是他后来终老之地。周敦颐从事书院教育的实践是理学与书院结合的开始，从此，书院成为理学社会化的重要手段，理学成为书院的指导思想。曾巩曾在南丰书院与李觏办的旴江书院读过书，自己也办过兴鲁书院。南宋的理学大师自杨时讲学东林，胡安国讲学南岳开始，大都在书院中间度过他们的岁月。不仅理学与书院关系密切，就是对理学家有所非议的唐仲友、陈亮，以文学著称的辛弃疾等人，他们也办书院，并在书院中讲学。马廷鸾、江万里、欧阳守道、饶鲁、文天祥、谢枋得等人,亦曾在书院学习过并办过书院。元、明、清三代,也是这样,许多大师在书院中讲学一辈子,最后死在书院中。元代的赵复、吴澄、陈宛、程端礼、陈澔,明代的吴与弼、胡居仁、陈献章、王守仁、湛若水、邹守益、罗洪先、王畿、王艮、何心隐、邹元标、薛应旂、顾宪成、高攀龙、刘宗周。清代的黄宗羲、李隅、顾炎武、王夫之、魏禧、谢文洊、孙奇逢,以及汉学家、桐城派的大师们,都与书院有密切关系。

许多大师产生在书院之中,他们的学术思想孕育在书院之中,又通过书院得到传播和继承。他们的教育思想也扎根在书院的办学、教学实践之中,孕育在自己同时代人,前人办书院、教书院的教育实践中。笔者以为,不能把许多教育家的教育思想简单地归结为他们世界观的直接引伸,其实,恰好相反,倒是要把他们对世界的根本看法,一定程度上看作是其教育经验的曲折反映。所以,笔者认为,如要研究、弄清宋以来的中国教育史,而不研究书院,这是不可能办到的。应该看到,过去若干年中,在教育史领域内,相当程度地忽略了对古代教育制度,教育实际情况,教育改革措施的实效,对书院制度,对书院教学实际的研究。这种多多少少离开教育制度,离开教育实践,单纯介绍若干位思想家的倾向,需要很好改变。我想,这也是研究书院史的科学价值。

笔者对于书院的历史经验了解得很浅薄,但笔者以为,书院的研究很有价值。江西作为一个地区,在书院史上既有其特殊的地位,更有其特殊的意义,希望能引起更多的关切。

后 记

《江西古代书院研究》是关于中国书院系列研究的一部分。这项研究工作得以顺利展开得到了江西教育学院几任领导的支持,得到了本院许多前辈先生与广大同仁的支持,也得到了国家教委和省里有关领导的关心。还应该感谢省教委高教二处的支持。

我学习、研究中国书院史多年,从事这方面的学术工作曾经得到过成仿吾、陈元晖、何寿昌、邱椿、邰爽秋、邵鹤亭、陈友松、毛礼锐、瞿菊农、陈景盘、黄济等诸位恩师的教诲和启迪。近几年又聆听了冯友兰、邓广铭、杨荣春、陈学恂、蔡尚思、张瑞璠、高时良、姚公骞、周树人等诸位先生的指点,得益良多。姚公骞教授又为本书撰写序言。在此均深表谢意。

本书的撰写承陈宗濂老师帮助修改文稿,承陈德森、夏宇、王瀚秋、张文、彭石居、黄冬梅、陈炎成、熊建设、毛秋云、黄西华、纪川、熊炳兰、胡小萍、刘瑛、饶玲、徐灵芝、郑晓茜、杜柟、李润华、高瑶、向晓舟、胡韵红、吴万顺、陆福建、赖简等学友及李松劲、李戈帮助收集、整理资料,协同调查,抄录资料和文稿。江西、北京、上海、南京、浙江、庐山、清华大学、江西师大、故宫博物院和我院图书馆为我提供了许多方便。我的工作得到了江西省文物局、江西省教科所、庐山文教处、湖南大学岳麓书院文化研究所、华东师大古籍所、教科所和教育系、北京师大教科所和教育系、白鹿洞书院文管所、鹅湖书院文管所、星子县文管站、都昌县文教局的支持。宜春地区、景德镇市社联,宜春地区、九江市、景德镇市、奉新县、高安县、德安县史志办,赣州地区、上饶地区、新余市、景德镇市、萍乡市、抚州市、南康、万载、武宁、余江、贵溪、安远、上饶、莲花、新淦、铅山、泰和、崇义、兴国、宁都等县教育志编辑室,奉新县教育局、铅山县文化局为我提供了宝贵的资料,都应该在此再次地表示感谢。

　　还要感谢季啸风、韩达两位老前辈的支持和鼓励,李国钧、李弘祺、李国强三位学术界本家好友的鼓励和督促。

李才栋
1993年3月